Maywald/Miethe · Steuerstandort USA

Zusätzliche digitale Inhalte für Sie!

Zu diesem Buch stehen Ihnen kostenlos folgende digitale Inhalte zur Verfügung:

- Online-Version ✓
- Online-Training
- Aktualisierung im Internet
- Zusatz-Downloads
- App
- Digitale Lernkarten
- WissensCheck

Schalten Sie sich das Buch inklusive Mehrwert direkt frei.

Scannen Sie den QR-Code **oder** rufen Sie die Seite **www.nwb.de** auf. Geben Sie den Freischaltcode ein und folgen Sie dem Anmeldedialog. Fertig!

Ihr Freischaltcode

CKZB-NZQP-XFLL-JKNM-FAGP-XW

www.nwb.de

Steuerstandort USA

Investitionen und Steuern nach dem “One Big Beautiful Bill Act“

Von
Andreas Maywald,
Rechtsanwalt, Steuerberater, New York
Norbert Miethe,
Steuerberater, Düsseldorf

2. überarbeitete und erweiterte Auflage

nwb

ISBN 978-3-482-**67492**-1

2. überarbeitete und erweiterte Auflage 2026

NWB Verlag GmbH & Co. KG
Eschstr. 22
44629 Herne
service@nwb.de

Satz: PMGi Agentur für intelligente Medien GmbH, Hamm
Druck: Beltz Grafische Betriebe GmbH, Bad Langensalza

Um eine gute Lesbarkeit zu gewährleisten, verwenden wir in Fachtexten in der Regel geschlechtsspezifische Personenbezeichnungen. Selbstverständlich sind damit alle Menschen gleichermaßen gemeint.

VORWORT ZUR 2. AUFLAGE

Seit der Erstauflage des „Steuerstandort USA“ im Jahr 2019 hat sich die (Steuer-)Welt in einem nicht für möglich gehaltenen Ausmaß weiterentwickelt und geändert: das Pillar One und Pillar Two Projekt der OECD, die Bestrebungen auf Ebene der Vereinten Nationen zur Ausarbeitung eines Rahmenübereinkommens über internationale Zusammenarbeit in Steuerfragen sowie die durch die Zollpolitik der zweiten Regierung Trump ausgelösten Umwälzungen in der globalen Handelsordnung, nur um die bedeutendsten Entwicklungen zu nennen. Dabei zeigt sich, dass die Größe und der Erfolg der US-Wirtschaft gezielt als Verhandlungsmasse und Druckmittel zur Erreichung des „America First“ Mottos der neuen US Regierung eingesetzt wird.

Enthielt schon der TCJA aus dem Jahr 2017 deutliche steuerliche Anreize für Investitionen und Produktionstätigkeiten in den USA wird dies durch die Maßnahmen des „One Big Beautiful Bill Act“ aus dem Jahr 2025 noch einmal verstärkt. Eine Vielzahl der beschlossenen Regelungen dient zur Verlängerung von aus dem Jahr 2017 stammenden steuerlichen Maßnahmen, dazu kommen weitere bzw. nochmals verstärkte Anreize für Investitionen in den USA. Finanzierungsfragen standen in dem Gesetzgebungsverfahren zwar zur Diskussion, jedoch wurden diese mit Verweis auf das zu erwartende Wirtschaftswachstum in den USA in den Hintergrund gedrängt.

Die Entwicklungen rund um die Zollpolitik der aktuellen US-Regierung und die Maßnahmen des jüngsten Gesetzespakets zeigen deutlich die ungebrochene Attraktivität des US Markts für ausländische Investoren und Unternehmen. Noch wichtiger als in der Vergangenheit ist es jedoch, sich mit den Rahmenbedingungen dieses Marktes auseinander zu setzen, um unliebsame Überraschungen zu vermeiden und erfolgreich zu sein. Das US-Steuerrecht ist zweifellos eines der komplexesten Steuersysteme weltweit (wenn nicht sogar das komplexeste überhaupt) und bedarf einer genauen Kenntnis. Dieses Werk soll auch in seiner zweiten Auflage einen Beitrag zum Verständnis der Regelungen des US-Steuerrechts liefern.

Weiterhin gilt, dass trotz größtmöglicher Sorgfalt, Fehler in der Darstellung des US-Steuerrechts nicht ausgeschlossen werden können und dieses Werk eine professionelle steuerliche Beratung im Einzelfall nicht ersetzen kann.

Wir bedanken uns für die wiederum reibungslose Zusammenarbeit mit dem Lektoratsteam des NWB Verlages bei der Erstellung der Zweitauflage.

New York und Düsseldorf im Dezember 2025,

Andreas Maywald und Norbert Miethe

INHALTSVERZEICHNIS

D. Die Besteuerung von natürlichen Personen

F. Die Besteuerung von deutschen Investitionen in den USA

G. Erbschaft- und Schenkungsteuer

H.II. Der Inflation Reduction Act aus dem Jahr 2022

H.III. Der One Big Beautiful Bill Act aus dem Jahr 2025

I. DBA Deutschland-USA

ABBILDUNGSVERZEICHNIS

TABELLENVERZEICHNIS

A. Allgemeine Rahmenbedingungen für Investitionen in den Vereinigten Staaten von Amerika

I. Politische Rahmenbedingungen

Das politische System der USA basiert bis heute auf Grundlage der amerikanischen Verfassung von 1789 und besteht in einer Präsidialdemokratie, an deren Spitze der US-Präsident steht. Die Verfassung von 1789 besteht aus einem flexiblen System, das die Prinzipien der Volkssouveränität, der individuellen Menschenrechte und der Repräsentation miteinander verbindet[1] und diese Grundideen bis heute reflektiert.

Der Präsident und das Parlament (Kongress) sind in den USA durch eine besondere Form der gegenseitigen Kontrolle (sog. checks and balances) verbunden. Dies liegt darin begründet, dass der Präsident in den USA eine direkte demokratische Legitimation beanspruchen kann und nicht wie in Deutschland durch das Parlament gewählt wird. Die Zusammensetzung des Parlaments wiederum ist unabhängig von der Person des Präsidenten. Dadurch wird zum einen eine strikte Trennung von Exekutive und Legislative durch verschiedene Wahlakte erreicht und zum anderen eine gegenseitige Kontrolle erzielt, da der Präsident und das Parlament verschiedene Zielsetzungen haben können.

Der Präsident wird zusammen mit dem jeweiligen Vizepräsidenten alle vier Jahre durch ein 538-köpfiges Wahlmännergremium bestimmt (sog. electoral college). Der Präsident selbst hat kein Initiativrecht für Gesetze und kann nur mittelbar über Abgeordnete und Senatoren Gesetzesvorlagen einbringen. Der Präsident hat auch nicht das Recht, an Sitzungen des Parlaments teilzunehmen, lediglich einmal im Jahr hält er eine Rede zur Lage der Nation (State of the Union) vor dem Kongress.

1 Braml, Die USA – eine Demokratie im Ringen um ihre Prinzipien, in: Das politisches System der USA, Informationen zur politischen Bildung, Heft 349 v. 11.1.2022, S. 8, hrsg. von der Bundeszentrale für politische Bildung.

US-amerikanische Präsidenten seit der Jahrtausendwende:

Präsident	Dauer der Präsidentschaft	Partei
Bill Clinton	1993-2001	Demokraten
George W. Bush	2001-2009	Republikaner
Barack Obama	2009-2017	Demokraten
Donald Trump	2017-2021	Republikaner
Joe Biden	2021-2025	Demokraten
Donald Trump	Seit 2025	Republikaner

Mit der Wahl von Donald Trump als 47. Präsident der Vereinigten Staaten in 2024 ist es nach Präsident Gover Cleveland (1885-1889 und 1893-1897) erst zum zweiten Mal in der amerikanischen Geschichte zu einer zweiten, nicht aufeinanderfolgenden Präsidentschaft eines Kandidaten gekommen.

Die verschiedenen Minister werden durch den Präsidenten ernannt, wobei es wichtig ist zu verstehen, dass das Ministerkabinett im politischen System der USA keine vergleichbar wichtige Rolle wie in Deutschland einnimmt[1].

Das Parlament, der sog. Kongress, besteht aus zwei verschiedenen Kammern, dem Repräsentantenhaus und dem Senat, und ist das zentrale Verfassungsorgan bei der Gesetzgebung. Das Repräsentantenhaus (in den USA kurz „House" genannt) besteht aus 435 direkt gewählten Mitgliedern aus den Bundesstaaten mit einer Wahlperiode von jeweils zwei Jahren. Das Repräsentantenhaus besitzt das alleinige Initiativrecht bei Steuer- und Haushaltsgesetzen, zudem hat das Repräsentantenhaus das Recht ein Amtsenthebungsverfahren (sog. impeachment) gegen den Präsidenten einzuleiten. Der District of Columbia (mit der Hauptstadt Washington) und die US-Außengebiete haben auf Grundlage der Verfassung kein Stimmrecht im Repräsentantenhaus, dürfen jedoch nicht-stimmberechtigte Mitglieder entsenden. Zur Zeit sind im Repräsentantenhaus Mitglieder des District of Columbia, von Puerto Rico, Amerikanisch-Samoa, Guam, den Nördlichen Marianen und den Amerikanischen Jungferninseln vertreten. Der Senat besteht aus 100 Senatoren wobei jeder Bundesstaat zwei Senatoren entsendet, die Senatoren werden in dem jeweiligen Bundesstaat durch Mehrheitswahl gewählt. Senatoren haben eine Amtszeit von sechs Jahren, wobei jeweils ein Drittel der Senatoren alle zwei Jahre neu gewählt wird. Anders als im Repräsentantenhaus gibt es keine symbolische Vertretung durch nicht stimmberechtigte Delegierte. Zwischen den Mitgliedern des Repräsentantenhauses und dem Senat besteht ein großer Statusunterschied, ein Senator

1 Braml, Die USA – Zwischen Legislative und Exekutive, in: Das politisches System der USA, Informationen zur politischen Bildung, Heft 349 v. 11.1.2022, S. 21, hrsg. von der Bundeszentrale für politische Bildung.

repräsentiert einen ganzen Bundesstaat und ist für sechs Jahre gewählt, wahrend ein Abgeordneter des Repräsentantenhauses lediglich einen Wahlbezirk vertritt und sich alle zwei Jahre zur Wahl stellen muss. Es ist daher nicht überraschend, dass selbst innerhalb einer Partei die Mitglieder im Repräsentantenhaus oftmals eine andere Auffassung vetreten als die Mitglieder im Senat.

Die Judikative wird von dem höchsten amerikanischen Gericht, dem Supreme Court angeführt. Eine der Aufgaben des Supreme Court ist die Interpretation der Verfassung und damit auch die Überprüfung von Gesetzen auf ihre Vereinbarkeit mit der Verfassung. Der Supreme Court besteht aus insgesamt neun auf Lebenszeit ernannten Richtern, die Ernennung erfolgt durch den Präsidenten mit Zustimmung des Senats. Aufgrund der Bedeutung der Richtersprüche des Supreme Court und der langen Amtszeit der Richter haben Neubesetzungen von vakanten Richterstellen einen wesentlichen Einfluss auf gesellschaftliche Themen in den USA, dies hat sich zuletzt in der Neubesetzung der Richterstellen während der ersten Präsidentschaft von Donald Trump (2017 bis 2021) gezeigt. Die Zuständigkeit des Supreme Court ist nicht mit den Zuständigkeiten des Bundesverfassungsgerichts zu vergleichen, sondern geht deutlich darüber hinaus. Als oberstes Berufungsgericht entscheidet der Supreme Court über die Entscheidungen der 13 Circuit Courts nach vorherigem Antrag (sog. Writ of Certioari) oder bei divergierender Rechtsprechung (sog. Circuit Split) zweier Circuit Courts. Die Annahme bzw. Entscheidung von steuerrechtlichen Fragestellungen durch den Supreme Court ist selten. Im Jahr 2024 entschied der Supreme Court den wohl bedeutendsten steuerrechtlichen Fall der vergangenen Jahre, es handelt sich dabei um die Entscheidung Moore v. United States vom 20.6.2024[1] in dem es u. a. um die Frage der Verfassungsmässigkeit der sog. Transition Tax des Tax Cuts und Jobs Act aus dem Jahr 2017 ging.

Die Bundesgerichtsbarkeit unter dem Supreme Court ist zweistufig aufgebaut. Als Tatsacheninstanz fungieren dabei der US Tax Court, der US Court of Federal Claims sowie 94 US Federal District Courts.

Der US Tax Court wurde 1942 aus dem ursprünglichen Board of Tax Appeals, einer unabhängigen Rechtsmittelstelle des Justizministeriums, gegründet und 1969 in das allgemeine Justizsystem eingegliedert. Der US Tax Court besteht nach IRC Sec. 7443 aus insgesamt 19 Richtern, die über steuerrechtliches Fachwissen verfügen (dies ist bei dem US Court of Federal Claims und den Federal District Courts nicht der Fall), eine Entscheidung durch eine Jury ist nicht vorgesehen. Der US Tax Court ist generell in Washington DC ansässig, hält jedoch Anhörungen und Verhandlungen überall in den USA ab. Um eine Klage bei dem US Tax Court zu erheben ist es keine Voraussetzung, zu-

1 Charles G. Moore, et ux. v. United States, No. 22-800, abrufbar unter https://www.supremecourt.gov/opinions/23pdf/22-800_jg6o.pdf. Dazu auch Maywald, IWB 16/2024, S. 665

nächst die im Streit stehende Steuerforderung zu bezahlen, damit die Klage rechtshängig wird (full payment rule). Aus diesen Gründen werden steuerrechtliche Klagen generell bei dem US Tax Court erhoben. Die sachliche Zuständigkeit des US Tax Courts umfasst die Income Tax sowie Estate and Gifts Tax. Um eine Klage vor dem US Tax Court zu erheben muss der Steuerpflichtige innerhalb der vorgesehenen Frist (die in dem betreffenden Bescheid angegeben ist) eine sog. petition einreichen. Gleichzeitig muss eine Gerichtsgebühr i. H. v. USD 60 bezahlt werden. Anwaltszwang besteht vor dem US Tax Court nicht. Für anhängige Klageverfahren wird die Entrichtung der betreffenden Steuerschuld normalerweise ausgesetzt. Für Verfahren mit einem Streitwert von unter USD 50.000 (small tax case) bestehen besondere Verfahrensregelungen um die Verfahrensdauer zu beschleunigen, in diesen Fällen ist die Entscheidung des US Tax Courts allerdings endgültig und kann weder von dem Steuerpflichtigen noch dem iRS angefochten werden (Rechtsmittelverzicht nach IRC Sec. 7463(b)). Gegen Entscheidungen des US Tax Courts kann Rechtsmittel zum Circuit Court of Appeals erhoben werden, üblicherweise besteht für Steuerpflichtige dafür eine 90-Tages Frist.

Die US Federal District Courts sind ebenso wie der US Court of Federal Claims mit nicht auf das Steuerrecht spezialisierten Richtern besetzt, die Zuständigkeit beschränkt sich auf Erstattungsansprüche gegen den IRS, d. h. hier gilt die full-payment rule. Jeder US Bundesstaat (incl. der Distrikt of Columbia) hat mindestens einen US Federal District Court, daneben gibt es US Federal District Courts in Puerto Rico, die Amerikanischen Jungferninseln, Guam, und den Nördlichen Marianen. Daneben sind der Court of International Trade und der US Court of Federal Claims (siehe nachfolgend) spezialisierte District Courts. Richter sind generell auf Lebenszeit ernannt, lediglich für die US Federal District Courts in den US Territorien der Amerikanischen Jungferninseln, Guam, und den Nördlichen Marianen ist die Amtszeit der Richter auf 10 Jahre beschränkt.

Der US Court of Federal Claims, der in seiner jetzigen Form seit 1982 besteht, ist in Washington DC angesiedelt und trifft Entscheidungen durch einen von 16 Einzelrichtern. Die Einzelrichter werden durch den US Präsidenten für einen Zeitraum von 15 Jahren nominiert und müssen durch den Senat bestätigt werden. Die sachliche Zuständigkeit im Rahmen des Steuerrechts ist auf Erstattungsansprüche gegen den IRS begrenzt (full payment-Rule). Die Richter des US Court of Federal Claims sind nicht auf das Steuerrecht spezialisiert.

Als Rechtsmittelinstanz bestehen 12 Circuit Courts of Appeals sowie der Court of Appeals for the Federal Circuit als Rechtsmittelinstanz für den US Court of Federal Claims.

Entscheidungen des US Tax Courts und der US Federal District Courts können zur Berufung an den jeweiligen Circuit Court of Appeal gebracht werden. Die Zuständigkeit richtet sich dabei nach dem Wohnsitz des Klägers bzw. dem Sitz der betreffenden Gesellschaft, die 94 district courts in den USA sind in 12 circuits zusammengefasst. Als

Rechtsmittelinstanz findet keine erneute Tatsachenermittlung statt, die Verfahren werden generell durch drei Berufungsrichter geleitet.

Der Court of Appeals for the Federal Circuit in Washington DC besteht in seiner jetzigen Form seit 1982 und ist sachlich zuständig für alle Rechtsmittel gegen Entscheidungen des US Court of Federal Claims. Die 12 Richter am Court of Appeals for the Federal Circuit werden durch den US Präsidenten auf Lebenszeit nominiert und müssen durch den Senat bestätigt werden. Sitzungen des Court of Appeals for the Federal Circuit können überall in den USA stattfinden.

Abb. A.1 Die 12 Gerichtsbezirke (circuits) der US Circuit Court of Appeals

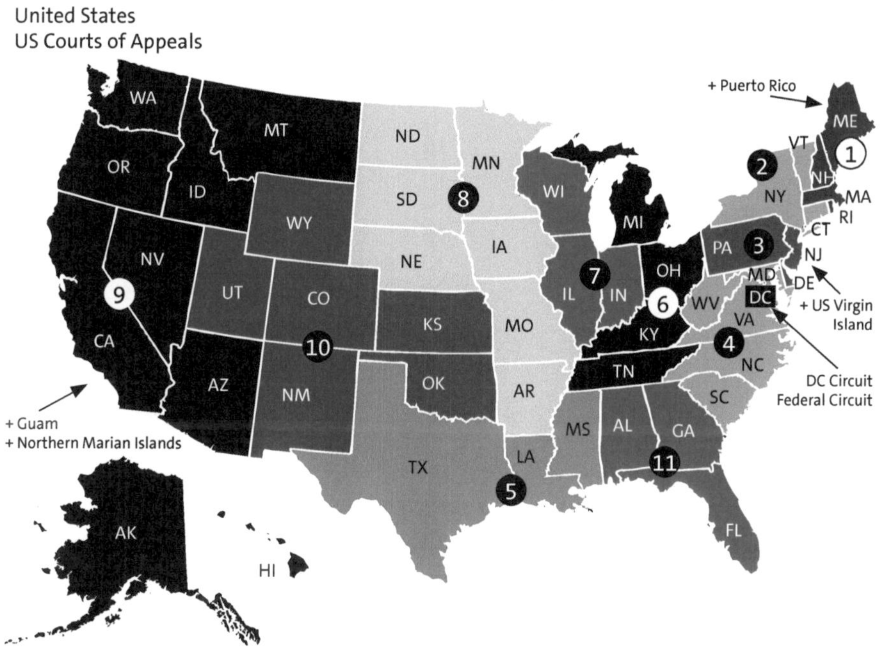

Daneben bestehen auf Ebene der einzelnen Bundesstaaten separate Gerichtssysteme, welche typischerweise auf Ebene eines Supreme Courts des jeweiligen Bundesstaates endet. Die Zersplitterung des Rechtssystems in den USA sowohl in materieller Hinsicht als auch im Aufbau der Gerichtsbarkeit stellt sicherlich eine der größten Herausforderungen für ausländische Investoren dar.

Die USA gliedern sich in 50 Bundesstaaten, den District of Columbia mit der Hauptstadt Washington und verschiedene Außengebiete, von denen die bekanntesten Puerto

Rico, American Samoa, die US Virgin Islands, die Northern Mariana Islands und Guam sind. Die Verfassung der USA garantiert den Bundesstaaten Autonomie in allen Bereichen, die nicht ausdrücklich dem Bund zugeordnet sind. Im Gegensatz zu dem föderalen System in Deutschland findet eine Zusammenarbeit zwischen dem Bund und den einzelnen Bundestaaten nur in Ausnahmefällen statt, in vielen Bereichen beschränkt sich die Rolle des Bundes in der Verteilung von Mitteln an die verschiedenen Bundesstaaten. Eine direkte Mitwirkung der Bundesstaaten an Gesetzgebungsverfahren auf Bundesebene ist im Vergleich zum föderalen System in Deutschland nicht vorgesehen. An der Spitze eines jeden Bundesstaates steht der Gouverneur.

Abb. A.2 Die Bundesstaaten der USA

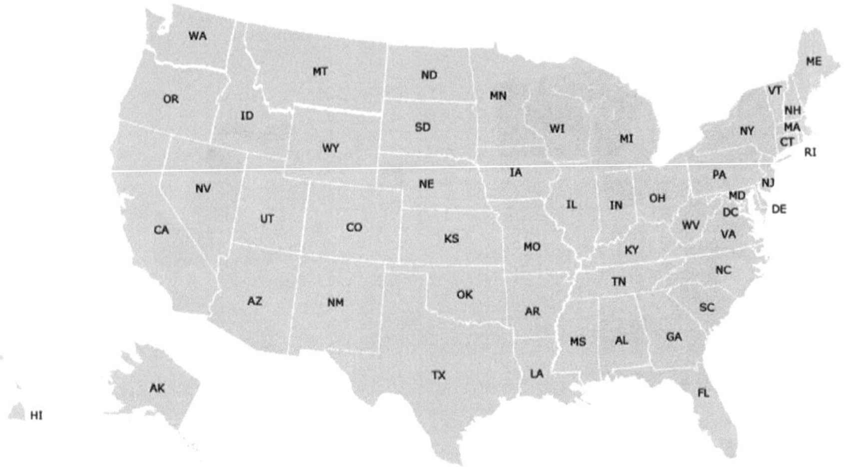

Ein Berufsbeamtentum wie in Deutschland ist in der US-amerikanischen Verwaltung auf Bundes- und auch Bundestaatenebene unbekannt. Vielmehr ist es üblich, dass Mitarbeiter zwischen Posten in der Verwaltung und der freien Wirtschaft hin- und herwechseln. Insbesondere in Führungspositionen werden Mitarbeiter in der Verwaltung bei einem Regierungswechsel in großem Stil ausgetauscht, die Anstellungsverträge von vielen Mitarbeitern in leitenden Positionen in der Verwaltung sind von vornherein auf eine Legislaturperiode beschränkt.

Das politische Leben in den USA wird von zwei großen Parteien dominiert: den Demokraten (blaue Farbe, inoffizielles Wappentier ist der Esel) und den Republikanern (auch als GOP „Grand Old Party" bezeichnet, rote Farbe, Wappentier ist der Elefant). Die Demokraten entwickelten sich aus der Partei Thomas Jeffersons, die bereits vor 1800 gegründet wurde. Die Republikaner wurden 1850 von Abraham Lincoln und anderen Gegnern der Ausweitung der Sklaverei gegründet. Die Demokraten werden allgemein eher als die liberalere Partei angesehen, die Republikaner dagegen als die konservativere Partei. Die politische Tendenz der vergangenen Jahrzehnte (insbesondere des letzten Jahrzehnts) zeigt einen deutlichen Trend hin zu radikalen Positionen in beiden Parteien und deutlich weniger Bereitschaft zu Kompromissen, die in beiden Lagern auf Akzeptanz stoßen. Dieser Trend hat sich während der zweiten Amtszeit unter Präsident Trump noch einmal deutlich verschärft.

II. Wirtschaftliche Rahmenbedingungen

Auch nach der Finanzkrise in den Jahren 2008/2009 und der Corona Pandemie in den Jahren 2020/2021 sind die Vereinigten Staaten immer noch die größte und bedeutendste Wirtschaftsmacht weltweit. Die US-Wirtschaft steht für mehr als 20 % der weltweiten Wirtschaftsleistung[1] und ist immer noch deutlich größer als die Wirtschaftsleistung von China. Bezogen auf das Bruttoinlandsprodukt pro Kopf belegen die USA im weltweiten Vergleich Rang 6 (gegenüber Rang 9 in 2018), während Deutschland auf Rang 16 (in 2018 auf Rang 17) zu finden ist.[2] Die US-Wirtschaft ist auf einem hochentwickelten und auf Zukunftstechnologien ausgerichteten Dienstleistungssektor basiert, der für ungefähr 80 % der US-amerikanischen Wirtschaftsleistung steht.[3] Der dominierende Dienstleistungssektor ist dabei insbesondere in den Bereichen Technologie, Finanzen, dem Gesundheitssystem und dem Einzelhandel angesiedelt. Fast 30 % der Fortune 500-Unternehmen sind in 2024 in den USA beheimatet (139), damit rangieren die USA vor China mit 133 Unternehmen.[4] Mit einer Bevölkerung von ca. 342 Mio. Einwohnern[5] und einem Bruttoinlandsprodukt von 29,18 Billionen USD[6] stellen die USA einen äußerst lukrativen Markt dar.

Auch wenn der Dienstleistungssektor den wichtigsten Bereich der US-Wirtschaft darstellt, ist das produzierende Gewerbe mit knapp 10 % der Wirtschaftsleistung ein wichtiger Faktor.[7] Die USA sind nach China der weltgrößte Warenproduzent und führend in den Bereichen der Automobilindustrie, dem Maschinenbau, der Telekommunikation, der Raumfahrtindustrie und im Chemiebereich. Der Bereich der Landwirtschaft hat in

1 Office of the United States Trade Representatives, https://ustr.gov/issue-areas/economy-trade.

2 IMF Daten für 2024, https://www.imf.org/external/datamapper/NGDPDPC@WEO/OEMDC/ADVEC/WEOWORLD?year=2024 .

3 Statista, https://www.statista.com/topics/7997/service-sector-of-the-us/#:~:text=Types%20of%20Services,most%20dominant%20in%20recent%20years.

4 Globale Fortune 500 List 2024, https://www.prnewswire.com/news-releases/fortune-announces-2024-fortune-global-500-302213681.html

5 Stand Mitte 2025: https://www.census.gov/popclock/.

6 World Bank Angabe für 2024, https://data.worldbank.org/indicator/NY.GDP.MKTP.CD?locations=US.

7 Statista: https://www.statista.com/statistics/248004/percentage-added-to-the-us-gdp-by-industry/.

den letzten Jahrzehnten zunehmend an Bedeutung verloren und repräsentiert lediglich noch ca. 0,9 % der Gesamtwirtschaftsleistung.[1] Der Anteil an der nominalen Bruttowertschöpfung in 2023 kann wie folgt dargestellt werden:

- Handel/Gaststätten/Hotels: 15,7 %
- Bergbau/Industrie: 13,6 %
- Transport/Logistik/Kommunikation: 10,8 %
- Bau: 4,4 %
- Land-/Forst-/Fischereiwirtschaft: 1 %
- Sonstige: 54,6 %

Die US Wirtschaft profitiert insbesondere von den in den USA vorhandenen reichhaltigen natürlichen Resourcen (hier ist insbesondere die enorme Bedeutung des sog. Fracking zu nennen, durch die die USA zur Energiegroßmacht aufgestiegen sind), einer hochentwickelten Infrastruktur sowie einer großen und gut ausgebildeten erwerbstätigen Bevölkerung. Dazu kommt die wohl einzigartige Gründermentalität und der immer noch relativ freie Handel, die die Voraussetzungen für wirtschaftliches Wachstum bilden.

Während im Jahr 2010 die Erwerbsbevölkerung noch bei 154 Mio. Personen lag, ist die Zahl der erwerbstätigen Bevölkerung im Jahr 2024 auf ca. 168 Mio. angestiegen.[2] Die Arbeitslosenquote in den USA lag vor der Pandemie im Januar 2020 bei 3,6 %, während der COVID-19-Pandemie stieg sie kurzfristig bis auf 14,8 % an und fiel dann bis zum Juli 2025 wieder auf ca. 4,2 %[3]. Damit befinden sich aktuell ca. 62,2 % der arbeitsfähigen Bevölkerung in einem Beschäftigungsverhältnis[4]. Als Folge der COVID-19-Pandemie gingen in den USA mehr als 3 Mio. Arbeitnehmer in den vorgezogenen Ruhestand und standen damit dem Arbeitsmarkt nicht länger zur Verfügung.[5] Zusammen mit einer weiterhin alternden Bevölkerung und stark verminderter Einwanderung während und nach der COVID-19-Pandemie hat dies dazu geführt, dass die Anzahl der offenen Stellen in den USA die Zahl der arbeitssuchenden Amerikaner um ca. 0,6 Mio übersteigt.[6] Die Verfügbarkeit von qualifizierten Arbeitskräften ist daher zu einem der grossen Herausforderungen für Unternehmen in den USA geworden. Die restriktive Einwan-

1 World Bank, Daten für das Jahr 2024,, https://wdi.worldbank.org/table/4.2

2 Statista, https://www.statista.com/statistics/191750/civilian-labor-force-in-the-us-since-1990#:~:text=This%20graph%20shows%20the%20civilian,amounted%20to%20about%20167.12%20million.

3 US Bureau of Labor Statistics, https://www.bls.gov/cps/

4 Vgl. vorangehende FN

5 US Chamber of Commerce, https://www.uschamber.com/workforce/understanding-americas-labor-shortage

6 Vgl. vorangehende FN.

derungspolitik der USA spätestens seit Anfang 2025 wird von vielen Beobachtern als weiterer Grund für den Mangel an Arbeitskräften in vielen Bereichen gesehen.[1]

Der Einfluss von Artificial Intelligence (AI) auf die Anzahl der Erwerbstätigen in der US-amerikanischen Wirtschaft zeichnet sich erst langsam ab und kann noch nicht abgeschätzt werden.

Mit der in 2018 in Kraft getretenen Unternehmensteuerreform und der deutlichen Absenkung der Unternehmensteuersätze hat sich die Attraktivität für ausländische Investoren deutlich erhöht. Zur großen Attraktivität der USA für ausländische Investoren hat in der Folgezeit dann sowohl der"CHIPS and Science-Act"[2] als auch der „Inflation Reduction Act“ (IRA)[3] aus dem Jahr 2022 beigetragen. Der CHIPS and Science Act beinhaltete Steuergutschriften und Subventionen von insgesamt ca. USD 280 Mrd. zur Forschung und Herstellung von Halbleitern in den USA. Der IRA beinhaltet Steuergutschriften und Subventionen zur Entwicklung und Förderung erneuerbarer Energien im Umfang von insgesamt rund USD 369 Mrd. über einen Zeitraum von zehn Jahren. Schützen sollen sowohl der CHIPS and Science Act als auch der IRA vor allem die US-amerikanische Wirtschaft: Von den Fördermaßnahmen profitieren insbesondere in den Vereinigten Staaten produzierende Unternehmen, die Fördermaßnahmen sind daher ein wesentlicher Anreiz für ausländische Investoren, um in den USA zu investieren und vor allem auch zu produzieren. Der „One Big Beautiful Bill Act“ aus dem Jahr 2025 hat eine Vielzahl der oben dargestellten Fördermaßnahmen entweder ganz zurückgenommen, den Förderzeitraum deutlich verkürzt oder von signifikant verschärften Voraussetzungen abhängig gemacht. Dies gilt insbesondere dann, wenn ausländische Komponenten oder Rohstoffe in der Herstellung eingesetzt werden oder ausländische Firmen aus bestimmten Staaten in dem zugrundeliegenden Prozess involviert sind.

Die Finanzkrise der Jahre 2008 und 2009 wurde durch verschiedenste Faktoren begünstigt: niedrige Zinsen, exzessive Hypothekenfinanzierungen, aggressive Gestaltungen im Finanzsektor, eine hohe Verschuldung von Privathaushalten und eine nur wenig effektive Finanzaufsicht, um die wichtigsten zu nennen. Nachdem mehrere Großbanken und auch der Wohnungsmarkt zusammenbrachen, kam es in den USA bis zum 3. Quartal 2009 zur schwersten Depression seit der sog. Great Depression in den 30er Jahren. Nur durch massive Staatshilfen (insgesamt wurden ca. 700 Mrd. USD zur Stützung von notleidenden Finanzinstituten und anderen Unternehmen aufgewendet) konnte der Kollaps der amerikanischen Wirtschaft abgewendet werden.

1 https://www.forbes.com/sites/stuartanderson/2025/08/01/july-jobs-report-casts-new-warning-on-immigration-and-worker-declines/.

2 CHIPS and Scienec Act v. 9.8.2022, https://www.congress.gov/bill/117th-congress/house-bill/4346.

3 Inflation Reduction Act v. 16.8.2022, https://www.congress.gov/bill/117th-congress/house-bill/5376/text.

Die Coronakrise der Jahre 2020 und 2021 hat auch in den USA deutliche Spuren hinterlassen. Auf der Höhe der COVID-19 Pandemie im Frühling/Sommer 2020 waren ca. 120.000 Unternehmen stillgelegt und mehr als 30 Mio. Menschen arbeitslos.[1] Aufgrund der schnellen und entschlossenen Handlung der Regierung durch großzügige finanzielle Unterstützung, der schnellen Bereitstellung von Impfstoffen sowie einer wesentlich widerstandfähigeren Wirtschaft als erwartet, erholte sich die US-Wirtschaft deutlich schneller als in anderen Teilen der Welt. Die Inflationsrate erreichte mit 9,1 % im Juni 2022 ihren Höhepunkt, ging danach jedoch bis auf 3 % im Januar 2025 zurück[2]. Die US-Wirtschaft blieb in der Folge der Pandemie von einer Rezession verschont und konnte gegenüber anderen Industrienationen (insbesondere im Vergleich mit Deutschland) ein deutliches Wachstum verzeichnen. Das reale Wirtschaftswachstum (auf Grundlage des BIP) betrug im Jahr 2023 2,9 % und in 2024 2,8 %, für das Jahr 2025 wird mit 1,8 % gerechnet.[3] Das BIP pro Kopf betrug in 2024 USD 85.813, in 2025 wird mit USD 89.105 gerechnet.[4] Auch aus diesem Grund stellen die USA momentan trotz aller gepolitischen Unsicherheiten und Ungewissheit über die zukünftige wirrtschaftliche Ausrichtung der US Wirtschaft einen äußerst attraktiven Investitionsstandort dar.

Die Arbeitslosenquote in den USA betrug in 2024 ca. 4 %, für die Jahre 2025 und 2026 wird mit ca. 4,2 % gerechnet.[5]

Die USA sind nach China (und vor Deutschland) der größte Exporteur von Waren und Dienstleistungen[6] und der weltweit größte Importeur von Waren und Dienstleistungen[7]. Circa 80,2 % aller Importe in die USA bestehen aus Warenlieferungen, die verbleibenden ca. 19,8 % aus Dienstleistungen[8]. Die Warenlieferungen bestehen dabei zu ca. 24,7 % aus Verbrauchs- und Konsumgütern und zu 29,5 % aus Investitions- und Produktionsgütern. Weitere 20,7 % der Importe bestehen aus Rohöl und anderen Industriegütern, Maschinen sowie Autos und Automobilteile machen ca. 14,5 % der Importe aus. Nahrungsmittel machen 6,6 % der Importe aus, die sonstigen Importe kommen auf ca. 4 %[9]. Der Import von

1 US Chamber of Commerce: https://www.uschamber.com/workforce/understanding-americas-labor-shortage
2 Statista, https://www.statista.com/statistics/273418/unadjusted-monthly-inflation-rate-in-the-us/
3 https://release.data.widako.23degrees.eu/pdf/USA_juni-2025.pdf
4 https://release.data.widako.23degrees.eu/pdf/USA_juni-2025.pdf
5 https://release.data.widako.23degrees.eu/pdf/USA_juni-2025.pdf
6 Zahlen für das Jahr 2024, https://www.statista.com/statistics/264623/leading-export-countries-worldwide/.
7 Zahlen für das Jahr 2024, https://www.statista.com/statistics/268184/leading-import-countries-worldwide/.
8 US Bureau of Economic Analysis, Verhältnis für 2024, https://www.bea.gov/sites/default/files/2025-02/trad1224.pdf
9 US Bureau of Economic Analysis, Zahlen für 2024, https://www.bea.gov/sites/default/files/2025-02/trad1224.pdf (Exhibit 8)

Serviceleistungen besteht hauptsächlich aus Finanzdienstleistungen (incl. Versicherungsdienstleistungen) sowie Dienstleistungen im Reise und Transportgewerbe.[1]

Bei den Zielländern für ausländische Direktinvestitionen (sog. FDI) liegen die Vereinigten Staaten weltweit an erster Stelle. Im Jahr 2024 betrugen ausländische Direktinvestitionen in den USA ca. 5,7 Bill. USD[2]. Ausländische Arbeitgeber waren im Jahr 2022 für ca. 8,4 Mio. Beschäftigungsverhältnisse verantwortlich und haben ca. 80,3 Mrd. USD für Forschungs- und Entwicklungsarbeiten investiert.[3] Die Direktinvestitionen in die USA stammen dabei aus den folgenden Staaten (2024)[4]:

Tab. A.1.: Direktinvestitionen 2024

Rang	Staat	Direktinvestitionen in Mio. USD	Gesamtanteil an den ausländischen Direktinvestitionen
1.	Japan	819.210	14,4 %
2.	Kanada	811.709	14,2 %
3.	Deutschland	677.327	11,9 %
4.	Vereinigtes Königreich	667.312	11,7 %
5.	Irland	389.744	6,8 %
6.	Frankreich	368,683	6,5 %
7.	Schweiz	264.231	4,6 %
8.	Niederlande	247.689	4,3 %
9.	Schweden	119.345	2,1 %
10.	Australien	107.074	1,9 %

Die Entwicklung der aus Deutschland stammenden Direktinvestitionen sowie umgekehrt die Direktinvestitionen aus den USA in Deutschland in den letzten Jahren lassen sich wie folgt veranschaulichen (in Mio. USD)[5]:

1 US Bureau of Economic Analysis, Zahlen für 2024, https://www.bea.gov/sites/default/files/2025-02/trad1224.pdf (Exhibit 4)

2 US Department of Commerce, Select USA, https://www.trade.gov/selectusa-fact-sheets

3 US Department of Commerce, Select USA, https://www.trade.gov/selectusa-fact-sheets

4 US Department of Commerce, Select USA, https://www.trade.gov/selectusa-fact-sheets

5 https://www.trade.gov/sites/default/files/2025-03/Germany-508%20%281%29.pdf

Tab. A.2.:	Direktinvestitionen aus Deutschland in den USA/den USA in Deutschland (in Mio. USD)				
	2019	**2020**	**2021**	**2022**	**2023**
Deutsche Direktinvestitionen in den USA	499,845	546,544	602,388	611,576	657,842
US Direktinvestitionen in Deutschland	139,457	152,278	162,114	178,597	193,179

Deutsche Unternehmen haben in 2022 ca. 871.400 Arbeitnehmer in den USA beschäftigt und ca. 12,8 Mrd. USD in Forschung und Entwicklung investiert.

Die Direktinvestitionen aus Deutschland konzentrieren sich dabei insbesondere auf die Bereiche Maschinenbau, Software und IT Services, Transport, Automobilzulieferer, elektronische Ausrüstungen und chemische Industrie.

Aus der Sicht deutscher Unternehmen sind die USA das wichtigste Land für Direktinvestitionen, im Jahr 2023 wurden ca. 27 % aller Direktinvestitionen aus Deutschland in den USA getätigt (EUR 436 Mrd.). Lediglich die Mitgliedstaaten der EU kommen mit ca. 38,2 % auf einen höheren Wert.[1]

Importe aus Deutschland in die USA betrugen im Jahr 2023 ca. 157,9 Mrd. EUR und machten damit ca. 9,9 % aller Importe in die USA aus[2]. Umgekehrt betrug der Anteil der Exporte aus den USA nach Deutschland in 2023 ca. 118,9 Mrd. USD und machte damit einen Anteil von 3,9 % aller US-Exporte aus.[3]

Mit dem Amtsantritt der zweiten Regierung Trump im Januar 2025 hat sich das Umfeld für Warenimporte in die USA grundlegend gewandelt. Die USA haben in unterschiedlichen Maßnahmen (sog. executive order von Präsident Trump) generelle Einfuhrzölle für Warenimporte in die USA verhängt, dabei richtet sich die Höhe des Einfuhrzolls sowohl nach dem Herkunftsland als auch nach der Art des eingeführten Produkts. Im Fokus der Maßnahmen der Regierung Trump stehen dabei Länder, mit denen die USA ein Handelsdefizit aufweisen. Aufgrund des Handelsdefizits der USA sowohl mit der EU als

1 Deutsche Bundesbank, https://www.bundesbank.de/resource/blob/804098/d9a3ba81eb318cf884303dc65cedb09a/472B63F073F071307366337C94F8C870/ii-bestandsangaben-ueber-direktinvestitionen-data.pdf

2 Statistisches Bundesamt, https://www.destatis.de/DE/Presse/Pressemitteilungen/2024/10/PD24_N053_51_42.html

3 Bureau of Economic Analysis,. https://www.bea.gov/data/intl-trade-investment/international-trade-goods-and-services

auch Deutschland im Speziellen (in 2024 hat Deutschland Waren i. H. v. USD 160,4 Mrd. in die USA exportiert und dagegen lediglich Waren i. H. v. 75,6 Mrd. aus den USA bezogen[1]) richteten sich die (angedrohten und umgesetzten) Maßnahmen insbesondere auch gegen die Mitgliedstaaten der EU. Die Zollpolitik der USA basiert dabei auf den folgenden Motiven:

- Abkopplung der USA: Ziel ist es Lieferketten zu verschieben bzw. Produktionsaktivitäten zurück in die USA zu holen und die Abhängigkeit von bestimmten Ländern wie z. B. China zu verringern
- Neuordnung des globalen Warenhandels: die Zollpolitik soll eine Verringerung des US amerikanischen Handelsdefizits bezwecken und die inländische Produktion fördern
- Nutzung von Zöllen als Verhandlungsmittel: Zollpolitik wird genutzt, um politische Ziele durchzusetzen
- Finanzierung: Zölle sollen für zusätzliche Haushaltseinnahmen sorgen

Zwischen der EU und den USA ist es am 27.6.2025 zu einer Handelseinigung gekommen mit dem die Zollpolitik zwischen den beiden Wirtschaftsräumen neu geordnet wird: ab dem 1.8. 2025 wird für Wareneinfuhren aus der EU ein genereller 15 % Zolltarif erhoben, dieser Zolltarif ist ein All-Inclusive-Tarif und stellt eine Obergrenze dar – inbegriffen ist auch der Meistbegünstigungszollsatz (MFN), der zuvor zusätzlich zu den von den USA eingeführten zusätzlichen Zöllen erhoben wurde. Der 15 %-ige Zolltarif gilt auch für Pkw und Kfz-Teile, auf die vor dem 1.8.2025 ein Zollsatz bis zu 25 % und ein zusätzlicher Meistbegünstigungszollsatz von 2,5 % erhoben wurde. Für bestimmte EU-Flugzeuge und -Flugzeugteile, bestimmte Chemikalien, bestimmte Generika und natürliche Ressourcen gelten besondere reduzierte Zolltarife (i. d. R. zollfrei). Für die Einfuhr von Stahl-und Aluminiumprodukten verbleibt es bei dem ursprünglich erhöhten 50 % Zollsatz. Die EU verzichtet im Gegenzug auf die Erhebung von Einfuhrzöllen aus den USA.

Die Zollpolitik der USA haben globale Auswirkungen und können mittelfristig zu einer Neuordnung des Welthandels führen. Insbesondere für deutsche Unternehmen, für die eine Produktion in den USA nicht in Betracht kommt, kann die Erhebung von Einfuhrzöllen zu einer deutlichen Marktbarriere werden. Kurzfristige weitere Änderungen in den Zollsätzen der USA können trotz der Einigung mit der EU aus dem Juni 2025 nicht ausgeschlossen werden.

1 https://transatlantic.amchameu.eu/wp-content/uploads/2025/03/Transatlantic_Economy_2025.pdf S. 151

III. Gesellschaftliche Rahmenbedingungen

Anfang 2025 lebten in den USA ca. 341 Mio. Menschen. Damit hat sich die Einwohnerzahl seit 1958 praktisch verdoppelt und wird nach Angaben des Census Bureaus im Jahr 2050 die Marke von 360 Mio. Menschen erreichen (noch in 2017 wurde davon ausgegangen, dass in 2050 die Marke von 389 Mio. Einwohnern erreicht wird)[1]. Die USA sind damit nach China und Indien das drittbevölkerungsreichste Land der Welt[2]. Der Anteil der unter 18-jährigen an der Gesamtbevölkerung zum 1.7.2022 betrug 21,74 % (gegenüber 22,6 % zum 1.7.2017), der Anteil der 65+ jährigen Bevölkerung betrug 17,34 % (gegenüber 15,6 % zum 1.7.2017).[3] Zum Vergleich, in Deutschland betrug der geschätzte Anteil der unter 18-jährigen Bevölkerung 2023 ca. 16,7 %, während der geschätzte Anteil der 65+ jährigen Bevölkerung 2023 ca. 22 % betragen hat[4]).

Die Bevölkerungsstruktur der USA ist nur galten bislang anderen Ländern vergleichbar, die USA gelten immer noch als klassisches Einwanderungsland und haben den Begriff des sog. melting pot im Hinblick auf die Gesellschaftsstruktur geprägt. Im Jahr 2022 waren ca. 46,2 Mio. US-Amerikaner im Ausland geboren, das sind ca. 13,9 % der Gesamtbevölkerung.[5] Seit den 1980er Jahren ist ein deutlich wachsender Anteil dieses Bevölkerungsanteils zu beobachten (1970 lag der Anteil noch bei ca. 4,7 %).

Die ethnische Zusammensetzung der USA hat sich in den letzten Jahren deutlich verändert und wird sich auch in den nächsten Jahrzehnten aller Voraussicht nach weiter deutlich verändern. Die Herausforderungen, die sich aus diesem demographischen Wandel ergeben, sind in den USA eines der herausragenden Themen, das in engem Zusammenhang mit der Immigrationsdebatte steht. Während der Anteil der weißen Bevölkerung im Jahr 2016 noch bei ca. 61 % gelegen hat, wird sich der Anteil bis zum Jahr 2060 auf ca. 44 % verringern. Gleichzeitig wird sich der Anteil der schwarzen Bevölkerung von ca. 13 % im Jahr 2016 auf dann 15 % in 2060 und der Anteil der hispanoamerikanischen Bevölkerung von ca. 18 % in 2016 auf knapp 28 % in 2060 erhöhen. Der Anteil der asiatischen Bevölkerung wird sich von ca. 5,7 % in 2016 auf geschätzte 9,1 % in 2060 erhöhen[6]. Zum 1.4.2024 hat sich die ethnische Zusammensetzung der US Bevölkerung wie folgt dargestellt: Weiße Bevölkerung 58,4 %, schwarze Bevölkerung

1 United States Census Bureau, https://www.census.gov/data/tables/2023/demo/popproj/2023-summary-tables.html

2 United States Census Bureau, https://www.census.gov/popclock/

3 United States Census Bureau, https://www.census.gov/data/tables/2023/demo/popproj/2023-summary-tables.html

4 Bund-Länder Demografie Portal, https://www.demografie-portal.de/DE/Fakten/aeltere-bevoelkerung.html#:~:text=Besonders%20der%20Anteil%20der%20Hochaltrigen,22%20 Prozent%20an%20der%20-Bev%C3%B6lkerung

5 United States Census Bureau, https://www2.census.gov/library/publications/2024/demo/acsbr-019.pdf

6 Statista, https://www.statista.com/statistics/270272/percentage-of-us-population-by-ethnicities/

13,7 %, hispanoamerikanische Bevölkerung 19,5 %, asiatische Bevölkerung 6,4 %, Sonstige 2 %.[1]

Wie in den meisten Industrienationen hat sich die Geburtenrate über die letzten Jahrzehnte kontinuierlich nach unten hin entwickelt. Im Jahr 2022 lag sie mit 1,67 über der von Deutschland (1,46). Noch im Jahr 2010 betrug die Geburtenrate in den USA 2,1 (in Deutschland dagegen nur 1,39). Die Auswirkungen, die sich aus einer gesunkenen Geburtsrate und gleichzeitig steigender Lebenserwartung ergeben, dürften auf der Hand liegen.

Betrachtet man die Verteilung der Gesamtbevölkerung in den USA, wird ein deutliches Ungleichgewicht sichtbar. Die Hälfte der Gesamtbevölkerung verteilt sich auf lediglich neun Bundesstaaten (2024): Kalifornien (39,4 Mio.), Texas (31,3 Mio.), Florida (23,4 Mio.), New York (19,9 Mio.), Pennsylvania (13,1 Mio.), Illinois (12,7 Mio.), Ohio (11,9 Mio.), Georgia (11,2 Mio.) und North Carolina (11,0 Mio.). Bei der Bevölkerungsdichte liegt der District of Columbia mit 11,262 Einwohnern pro mi^2 vor New Jersey (1,267) und Rhode Island (1,062). Die geringste Bevölkerungsdichte verzeichnet Alaska mit 1,3 Einwohnern pro mi^2 vor Wyoming (6,0) und Montana (7.8).

Die größten Städte in den USA sind New York (8,3 Mio. Einwohner) gefolgt von Los Angeles (3,8 Mio.), Chicago (2,7 Mio.), Houston (2,3 Mio.), Phönix (1,6 Mio.), Philadelphia (1,6 Mio.), San Antonio (1,5 Mio.), San Diego (1,4 Mio.), Dallas (1,3 Mio.) und Austin (0,9 Mio.).

Religion spielt in den USA eine wichtige Rolle. Im Gegensatz zu den Glaubensgemeinschaften in Deutschland sind die Gläubigen in den USA dezentral und eher regional organisiert. Die Einrichtungen werden dabei von den Gläubigen selbst finanziert, eine staatliche Kirchensteuer wie in Deutschland ist aufgrund der jedenfalls bislang strengen Trennung von Staat und Kirche unbekannt. Als sog. Bible belt wird die Region im Süden der USA bezeichnet, in dem der Prozentsatz von konservativ protestantisch orientierten Gläubigen vergleichbar hoch ist. Die Mormonenbewegung hat ihren Ursprung in Utah und im südlichen Teil von Idaho. Die Küstenregion im Westen und den Neu-England Staaten sind dagegen von einer weitgehend säkularisierten Bevölkerungsgruppe geprägt.

IV. Marktchancen und Marktrisiken für deutsche Investoren

Als weltweit größte Wirtschaftsmacht übt die USA einen natürlichen Anreiz auf ausländische Investoren aus. Die Größe der Bevölkerung, die Kaufkraft und die sprichwörtliche Konsumfreudigkeit der Amerikaner bieten große Chancen. Mit der Steuerreform durch

1 United States Census Bureau, https://www.census.gov/quickfacts/

den „Tax Cuts and Jobs Act“ in 2018 sowie den „CHIPS and Science Act“ und „Inflation Reduction Act“ aus dem Jahr 2022 hat sich die Attraktivität der USA als Investitionsstandort nochmals deutlich erhöht. Der „One Big Beautiful Bill Act“ aus dem Jahr 2025 hat ebenfalls das Ziel Investitionen und Produktionsaktivitäten in den USA zu fördern und entsprechende Anreize zu setzen.

Die (langsam) wachsende Bevölkerung, das breite Finanzierungsangebot, die Innovationsfreude sowie die weltweit führende IT-Industrie stellen nur einige Faktoren dar, die für ein Investment in den USA sprechen.

Nicht unterschätzt werden dürfen jedoch Faktoren wie z. B. die rechtlichen und steuerlichen Compliance-Anforderungen und die damit verbundenen Kosten. Das Rechtssystem in den USA ist äußerst komplex und die Regelungen in den einzelnen Bundesstaaten, die z. T. deutlich voneinander abweichen, machen es schwer, hier die Übersicht zu behalten. Dasselbe gilt für das Steuerrecht. Sind die Regelungen auf nationaler Ebene schon komplex genug, kommt noch eine Vielzahl von Regelungen auf Ebene der Bundesstaaten hinzu – nahezu jeder Staat hat seine Einzelsteuergesetze, die es zu beachten gilt. Zudem ist das Steuerrecht in den USA deutlich mehr Änderungen unterworfen als in Deutschland. Im Vergleich zu Deutschland sind die damit verbundenen Kosten für Investoren z. T. ungewohnt und fallen wesentlich höher aus. Auch die Strafzahlungen, die in den USA für das Nichtbefolgen von steuerlichen und rechtlichen Vorschriften anfallen können, sind aus deutscher Sicht gewöhnungsbedürftig und können signifikante Beträge erreichen. Gute Steuer- und Rechtsberatung ist daher dringend anzuraten, auch wenn dies seinen Preis hat.

Zusätzlich kommen ständig wachsende Anforderungen an Einreise-, Aufenthalts- und Arbeitsgenehmigungen für ausländische Investoren hinzu. Die USA leiden seit langem schon an einem Fachkräftemangel, Personal aus dem Ausland anzuwerben bzw. zu entsenden ist in den letzten Jahren deutlich erschwert worden, insbesondere seit dem Amtsantritt der zweiten Regierung Trump Anfang 2025. Die deutlichen Protektionismusbestrebungen und insbesondere die Zollpolitik haben ebenfalls zu einer erheblichen Verunsicherung bei ausländischen Investoren geführt.

Insgesamt gesehen bietet ein Investment in den USA bei guter Vorbereitung immer noch mehr Chancen als Risiken. Sich nur auf das Gütesiegel und den Ruf von Produkten als „Made in Germany“ zu verlassen, reicht jedoch schon lange nicht mehr aus, um in den USA erfolgreich zu sein. Der Kultur- und Mentalitätsunterschied zwischen den USA und Europa ist deutlich größer als dies vielleicht auf den ersten Blick erscheint. Bezieht man dies jedoch bei allen Erwägungen mit ein und stellt sich auf die Erwartungen von US Geschäftspartnern und Konsumenten ein, kann sich ein Markteintritt in den USA trotz aller Widrigkeiten in jüngster Zeit dennoch als äußerst lohnenswert erweisen.

B. Gesellschaftsrechtliche Grundlagen

Ein bundeseinheitliches Handels- oder Gesellschaftsrecht existiert in den USA nicht. Auch wenn die Gesetzgebungskompetenz auf Bundesebene grundsätzlich Vorrang genießt, liegt die Kompetenz im Bereich des Handels- und Gesellschaftsrechts bei den Einzelstaaten[1]. Jeder Bundesstaat hat hiernach gesonderte Regelungen für Personen- und Kapitalgesellschaften, die fast ausnahmslos auf dem *„common law"* basieren[2]. Zwar existieren seit langer Zeit Bestrebungen, die einzelstaatlichen Regelungen zu vereinheitlichen, jedoch ist dies lediglich bis zu einem gewissen Grad gelungen.

Es existieren mittlerweile sog. Mustergesetze für die verschiedenen Gesellschaftsformen, die mit Änderungen und Abweichungen auch von den meisten Bundesstaaten übernommen worden sind. Auch wenn dadurch eine gewisse Harmonisierung stattgefunden hat, kann jedoch weiterhin von einem Wettbewerb der verschiedenen Bundesstaaten um die attraktivste Gesellschaftsform gesprochen werden. Auf dem Gebiet der Personengesellschaften ist die Vereinheitlichung deutlich weiter fortgeschritten als bei den Kapitalgesellschaften, dies ist mit der deutlich höheren Bedeutung der Kapitalgesellschaften im Wirtschaftsleben zu erklären. Während einige Bundesstaaten den Schwerpunkt eher auf den Gläubiger- und Anlegerschutz legen, ist bei anderen Bundesstaaten ein Trend hin zur größtmöglichen Flexibilität und unternehmensfreundlichen Ausgestaltung von Gesellschaftsformen zu beobachten. Am bekanntesten hierbei sind wohl die Regelungen des Staates Delaware. Die Regelungen in Delaware zeichnen sich durch weitest gehende Flexibilität und Freiheit aus, die praktische Handhabung der Gesellschaftsgründung und Änderung eines Gesellschaftsvertrages ist außerordentlich einfach und wird durch die Kompetenz und Erfahrung der entsprechenden staatlichen Stellen unterstützt. Neben Delaware besitzen die Rechtsordnungen in New York und Kalifornien aufgrund der wirtschaftlichen Stärke der beiden Bundesstaaten eine herausragende Bedeutung.

Eine strikte Unterteilung zwischen Personen- und Kapitalgesellschaften wie im deutschen Recht existiert im Recht der einzelnen Bundesstaaten nicht. Dennoch ist es aus deutscher Sicht möglich, die als *partnership* bezeichneten Gesellschaften (*„general partnership"* bzw. *„limited partnership"*) als Personengesellschaften einzuordnen und die als *corporation* bezeichneten Gesellschaften (*„public corporation"* bzw. *„close corporation"*) als Körperschaften. Die sog. *„limited liability company"*, *LLC* ist als eine hybride Gesellschaftsform anzusehen, die sowohl Charakteristika einer Personen- als auch Kapitalgesellschaft besitzt.

1 Die sog. *„interstate commerce clause"* des Art. I, Sec. 8 clause 3 der US-Verfassung bestimmt eine Zuständigkeit des Bundes lediglich für staatenübergreifende Wirtschaftsangelegenheiten.

2 Lediglich in Louisiana gelten die Prinzipien des europäisch geprägten Zivilrechts aufgrund des historischen Einflusses aus Frankreich.

Für Personengesellschaften existieren verschiedene Modellgesetze, die von der *Uniform Law Commission*[1] ausgearbeitet worden sind. Für die *general partnership* ist dies der *„Revised Uniform Partnership Act"* oder kurz *RUPA* in der Fassung von 1997 (letztmalig in 2013 geändert), für die *limited partnership* der *„Revised Uniform Limited Partnership Act"* oder *RULPA* von 2001.

Für Kapitalgesellschaften werden die Modellgesetze von der *American Bar Association*[2] *(ABA)* entworfen. Der *Model Business Corporation Act* aus dem Jahr 2002 gilt für *public corporations* (vergleichbar den deutschen Aktiengesellschaften) und wird ergänzt durch das *Model Statutory Close Corporation Supplement (MSCCS)* für *close corporations* (vergleichbar einer deutschen GmbH).

Für *limited liability companies (LLCs)* existiert der *Uniform Limited Liability Company Act (ULLCA)* aus dem Jahr 2006[3] und ist aktuell von 20 Bundestaaten übernommen[4]. Der Standard für *LLC agreements* wird jedoch de facto durch den *Delaware LLC Act* gesetzt.

Im Nachfolgenden sollen die einzelnen Gesellschaftsformen näher erläutert werden:

I. Sole proprietorship (Einzelgewerbetreibender)

Bei der sog. *sole proprietorship* handelt es sich nicht um eine gesonderte Rechtsform, sondern es ist die Umschreibung eines Gewerbes, das in der Form seines Inhabers ausgeübt wird. In dieser Ausgestaltung entspricht es einem Einzelgewerbetreibenden nach deutschem Verständnis. Grundsätzlich kann jedes Gewerbe in der Form der *sole proprietorship* ausgeübt werden, solange nicht durch Gesetz eine spezielle andere Rechtsform vorgeschrieben ist. Als Einzelgewerbetreibender kann das Gewerbe entweder unter dem Namen des Inhabers oder mit einer fiktiven Bezeichnung betrieben werden.

Aufgrund der geringen Anforderungen an die Gründung und das Betreiben einer *sole proprietorship* wird diese Form des Gewerbes vorwiegend für Kleinunternehmungen gewählt. Als beträchtlicher Nachteil ist jedoch die fehlende Haftungsabgrenzung zu sehen, der Inhaber des Gewerbes haftet unbeschränkt und persönlich mit seinem Vermögen für das Risiko, das sich aus dem Betrieb ergibt. Dies ist gerade aufgrund der Unwägbarkeiten des US-amerikanischen Schadensersatzrechts und der Unsicherheiten und Kosten, die mit Rechtsstreitigkeiten verbunden sein können, ein nicht zu unterschätzender Nachteil.

1 Auch *National Conference of Commissioners on Uniform State Laws* genannt, www.uniformlaws.org/.

2 Vgl. www.americanbar.org

3 Ebenfalls von der *Uniform Law Commission* ausgearbeitet.

4 Alabama, Arizona, Arkansas, Kalifornien, Connecticut, District of Columbia, Florida, Idaho, Illinois, Iowa, Minnesota, Nebraska, New Jersey, North Dakota, Pennsylvania, South Dakota, Utah, Vermont, Washington und Wyoming.

II. Personengesellschaften

Partnerships in den USA sind in ihrer Ausgestaltung und Charakteristika weitgehend mit Personengesellschaften deutscher Prägung vergleichbar. Unter einer *partnership* wird eine Vereinigung von mindestens zwei Personen verstanden, die sich zum gemeinschaftlichen Betrieb einer Geschäftstätigkeit mit Gewinnerzielungsabsicht zusammengetan haben[1]. Gesellschafter einer *partnership* können dabei sowohl natürliche Personen als auch Körperschaften sein.

Eine *partnership* gilt nicht als juristische Person, sie kann aber vergleichbar einer deutschen OHG bzw. KG in eigenem Namen Verträge abschließen, Eigentum erwerben und in eigenem Namen klagen und verklagt werden. Im Gegensatz zur *sole proprietorship* gilt sie damit als teilrechtsfähiges Gebilde, das eigenständig neben der Person des Anteilseigners steht[2]. Wie im deutschen Recht ist der Bestand einer *partnership* grundsätzlich von ihren Gesellschaftern abhängig und es handelt es sich bei dem Gesellschaftsvermögen um Gesamthandsvermögen[3]. Der Gesellschafter kann den Anspruch auf seinen Gewinnanteil veräußern. Die Übertragung des Gesellschaftsanteils als solcher ist generell nur mit Zustimmung der übrigen Gesellschafter möglich. Die Gesellschafter eine *partnership* haben gegenüber der Gesellschaft und den Mitgesellschaftern besondere Treue- und Sorgfaltspflichten, die auch nicht durch den Gesellschaftsvertrag ausgeschlossen werden können[4]. Diese Treue- und Sorgfaltspflichten beinhalten z. B. bestimmte Offenlegungspflichten und auch ein Wettbewerbsverbot der Gesellschafter gegenüber der Gesellschaft sowie zahlreiche andere durch die Gerichte im Lauf der Zeit entwickelte Pflichten.

Bei den *partnerships* kann zwischen den *general partnerships* und den *limited partnerships* unterschieden werden.

1. General partnership

Die *general partnership* ist die einfachste Gesellschaftsform und ähnelt der deutschen BGB-Gesellschaft bzw. Offenen Handelsgesellschaft. Eine *general partnership* ist allerdings nicht auf gewerbliche Tätigkeiten beschränkt[5] (wie die OHG) und ist im Gegensatz zur BGB-Gesellschaft stets mit Gewinnerzielungsabsicht zu betreiben[6].

---

1 Vgl. Sec. 202 (a) RUPA: „Except as otherwise provided in subsection (b), the association of two or more persons to carry on as co-owners a business for profit forms a partnership, whether or not the persons intend to form a partnership".

2 Sog. "entity distinct from its partners".

3 Vgl. Sec. 501 RUPA.

4 Vgl. Sec. 404 (a) RUPA.

5 Vgl. Sec. 101 (1) RUPA.

6 Vgl. Sec. 202 (a) RUPA.

Die Gründungsvoraussetzungen der *general partnership* sind denkbar einfach und bedürfen keiner Eintragung in ein Register. Auch wenn die Gründung meist durch einen schriftlichen Gesellschaftsvertrag erfolgt kann sie ebenso mündlich erfolgen. Einlagen der Gesellschafter sind nicht erforderlich.

Zur Geschäftsführung und Vertretung sind bei einer *general partnership* grundsätzlich alle Gesellschafter befugt[1]. Durch den Gesellschaftsvertrag können allerdings abweichende Regelungen getroffen werden. Generell werden Beschlüsse der Gesellschafter durch Mehrheitsentscheidungen getroffen[2]. Die Geschäftsführung und Vertretung ist durch die bereits erwähnten Treue- und Sorgfaltspflichten gegenüber der Gesellschaft beschränkt.

Eine Haftungsbeschränkung der Gesellschafter existiert bei der *general partnership* nicht, d. h. die Gesellschafter haften als Gesamtschuldner („*joint and several liability*") unbeschränkt und mit ihrem privaten Vermögen für die Verbindlichkeiten der Gesellschaft[3]. Neu eintretende Gesellschafter haften für die Verbindlichkeiten der Gesellschaft, die vor ihrem Eintritt begründet worden sind grundsätzlich lediglich mit ihrer Einlage[4]. Ansprüche gegen die Gesellschaft sind zunächst gegen die Gesellschaft durchzusetzen, bevor ein Anspruch gegen die Partner geltend gemacht werden kann. Zur Durchsetzung eines Anspruchs gegen einen Partner muss ein gesonderter Titel geltend gemacht werden[5].

Die Gewinnverteilung erfolgt bei einer *general partnership* grundsätzlich nach Köpfen sofern im Gesellschaftsvertrag nichts anderes vereinbart worden ist[6].

Bei Ausscheiden eines Gesellschafters kommt es nicht automatisch zu einer Auflösung der Gesellschaft. Vielmehr sieht die Mustersatzung für eine *general partnership* in diesem Fall den Übergang des Gesellschaftsanteils des ausscheidenden Gesellschafters auf die verbleibenden Gesellschafter vor[7]. Es gibt jedoch zahlreiche Regelungen auf der Ebene der Bundesstaaten, die für diesen Fall grundsätzlich eine Auflösung der Gesellschaft vorsehen. Auflösungsgründe für eine *general partnership* sind in Sec. 801 *RUPA* genannt, dazu gehören insbesondere Zeitablauf, der Eintritt eines Ereignisses, das in dem Gesellschaftsvertrag als Auflösungsgrund genannt ist, der Beschluss aller Gesellschafter sowie ein gerichtlicher Beschluss.

1 Vgl. Sec. 401 (f) und Sec. 301 (1) RUPA.
2 Vgl. Sec. 401 (j) RUPA.
3 Vgl. Sec. 306 (a) RUPA.
4 Vgl. Sec. 306 (b) RUPA.
5 Vgl. Sec. 307 (c) und (d) RUPA.
6 Vgl. Sec. 401 (b) RUPA.
7 Vgl. Sec. 801, 701 (a) RUPA.

2. Limited partnership

Vergleichbar mit einer deutschen Kommanditgesellschaft ist die *Limited Partnership* im US-amerikanischen Gesellschaftsrecht. Diese Gesellschaftsform hat mindestens einen persönlich haftenden Gesellschafter (*General Partner*) und einen beschränkt haftenden Gesellschafter (*Limited Partner*), bei dem die Haftung auf die geleistete Einlage beschränkt ist. Als beschränkt haftender Gesellschafter kommt dabei generell nicht nur eine natürliche Person, sondern auch eine Kapitalgesellschaft in Betracht. Da eine *corporation* auch als unbeschränkt haftender Gesellschafter in Betracht kommt, kann auf diese Weise eine Haftungsbeschränkung vergleichbar einer deutschen GmbH & Co. KG erzielt werden.

Um die Haftungsbeschränkung auf die geleistete Einlage zu erzielen, muss die *Limited partnership* in das Gesellschaftsregister des jeweiligen Bundesstaates eingetragen werden. Vor Eintragung werden die Gesellschafter als unbeschränkt haftende Gesellschafter einer *General Partnership* behandelt.

Bei einer *Limited Partnership* sind die unbeschränkt haftenden Gesellschafter die gesetzlichen Vertreter der Gesellschaft und zur Geschäftsführung berechtigt. Die beschränkt haftenden Gesellschafter sind dagegen von der Geschäftsführung und der Vertretung ausgeschlossen[1]. Sofern ein beschränkt haftender Gesellschafter dennoch an der Geschäftsführung teilnimmt (entscheidend ist hier nicht nur die Regelung im Gesellschaftsvertrag, sondern die tatsächliche Handhabung der Geschäftsführung) verliert er unter Umständen das Privileg seiner Haftungsbeschränkung und haftet wie ein *general partner* unbeschränkt. Hierzu gibt es in einzelnen Staaten sog. *safe-harbor* Regelungen, die näher definieren, welche Handlungen ein beschränkt haftender Gesellschafter vornehmen darf, um seine Haftungsbeschränkung nicht zu gefährden.

Die Gewinn- und Verlustverteilung erfolgt bei einer *Limited Partnership* grundsätzlich nach den Einlagen der Gesellschafter. Ein *Limited Partner* kann seinen Gesellschaftsanteil ohne Zustimmung der anderen Gesellschafter übertragen, der neu eintretende Gesellschafter wird jedoch nicht automatisch *Limited Partner* der Gesellschaft, hierzu ist ein gesonderter Gesellschafterbeschluss erforderlich. Das Ausscheiden eines *Limited Partners* führt nicht zur automatischen Auflösung der Gesellschaft. Ein *Limited Partner* darf die Bücher der Gesellschaft einsehen und hat einen Auskunftsanspruch gegen die *General Partner* über Angelegenheiten der Geschäftsführung. Sofern sich aus der Rechtsstellung des *Limited Partners* keine Besonderheiten ergeben sind im Übrigen die Regelungen über die *General Partnership* anwendbar.

1 Vgl. Sec. 305 RULPA.

Bei der *Limited Liability Partnership* handelt es sich um eine speziell für bestimmte Berufsgruppen (z. B. Rechtsanwälte) geschaffenen Rechtsform. Die *General Partner* einer *LLP* haften nicht für fahrlässiges Verhalten anderer Gesellschafter. Im Übrigen haften sie aber für die Verbindlichkeiten der Gesellschaft unbeschränkt. Zur Gründung der *Limited Liability Partnership* ist eine Registrierung in dem jeweiligen Gesellschaftsregister erforderlich.

III. Kapitalgesellschaften

Als Kapitalgesellschaft kommt die *business corporation* in den USA vor allem in zwei unterschiedlichen Ausprägungen vor: zum einen als *public corporation*, deren Anteile öffentlich gehandelt werden und zum anderen als *close corporation*, deren Anteile sich im Besitz von nur wenigen Anteilseignern befinden. Die *public corporation* entspricht damit dem deutschen Verständnis einer Aktiengesellschaft, während die *close corporation* dem Bild einer deutschen GmbH entspricht. Beiden Formen gemeinsam ist die Behandlung als einer auf Dauer angelegten und gewerblich tätigen juristischen Person, die generell vom Bestand ihrer Gesellschafter unabhängig ist. Die Haftung der Gesellschafter ist bei einer *corporation* grundsätzlich auf das Gesellschaftsvermögen beschränkt, das gesetzliche Leitbild sieht eine freie Übertragbarkeit der Anteile an einer *corporation* vor.

Um als *corporation* im Rechtsverkehr zu gelten, muss die Gesellschaft einen Namenszusatz als *„corporation"*, *„company"*, *„incorporated"*, *„limited"* oder den entsprechenden Abkürzungen führen.

Eine *corporation* hat grundsätzlich zwei Organe, die Gesellschafterversammlung (*„shareholder's meeting"*) und das sog. *„board of directors"*.

Zur Gründung einer *corporation* muss die Gründungsurkunde zusammen mit weitergehenden Angaben bei der nach dem entsprechenden Recht des Bundesstaates zuständigen Behörde oder Register (zumeist der jeweilige *secretary of state*) eingereicht werden. Ebenfalls einzureichen ist die Satzung der Gesellschaft, die gewisse Mindestangaben enthalten muss. Zu den Mindestangaben gehören:

- Die Firma der Gesellschaft (incl. der Rechtsformzusatz),
- die Anzahl der ausgegebenen bzw. zur Ausgabe genehmigten Anteile,
- die Adresse im Gründungsstaat sowie des Zustellungsbevollmächtigten,
- der Gesellschaftszweck

Je nach Bundesstaat werden weitere Angaben verlangt. Erst nachdem die zuständige Behörde die Registrierung der Gesellschaft vorgenommen hat, ist die *corporation* rechtlich wirksam gegründet. Im Gegensatz zu einer deutschen GmbH oder einer AG ist bei einer *corporation* ein Mindestkapital oder Haftkapital generell nicht vorgesehen.

Die Gesellschafterversammlung tritt mindestens einmal jährlich zusammen und dient zur Ausübung der den einzelnen Gesellschaftern zustehenden Gesellschafterrechte. Im Gegensatz zum deutschen Verständnis von GmbH- (und teilweise auch von AG-) Anteilen besteht in den USA eine vielfach diversifizierte Ausgestaltung von Anteilen an einer Gesellschaft, hier ist es absolut üblich, dass verschiedenste Arten von stimmrechtsvermittelnden und gewinnberechtigenden Anteilen nebeneinander existieren.

Grundlegende Geschäftsvorfälle, die die Gesellschaftsstruktur betreffen, müssen von der Gesellschafterversammlung gebilligt werden. Dazu gehören z. B. Verschmelzungen, M&A Transaktionen oder auch die Änderung des Geschäftszwecks.

Ansprüche von Gesellschaftern gegen die Gesellschaft werden zumeist in Sammelverfahren, den sog. *class actions* geltend gemacht.

Die Geschäftsführung und Vertretung der *corporation* liegt in den Händen des sog. *board of directors*. Eine Entsprechung im deutschen Recht zum *board of directors* fehlt, da sich im US-amerikanischen Recht sowohl Eigenschaften des deutschen Aufsichtsrates als auch des Vorstands finden. Das *board of directors* bestimmt über die Grundsätze der Unternehmenspolitik und trifft strategische Entscheidungen der Unternehmensführung. Die Leitung des *board of directors* obliegt dem sog. *chairman*, die Anteilseigner sind normalerweise nicht direkt im *board of directors* vertreten. Die Mitglieder des *board of directors* haben weitgehende Treue- und Sorgfaltspflichten gegenüber der Gesellschaft. Zudem besteht ein gesetzliches Wettbewerbsverbot und ein Verbot des Insiderhandels.

Für das Tagesgeschäft ernennt das *board of directors* die sog. *officers* denen der *chief executive officer* (*CEO*) vorsteht. Daneben gibt es zumeist auch noch einen *chief financial officer* (*CFO*) und *chief operating officer* (*COO*), die teilweise auch als *president* oder *vice president* bezeichnet werden. Bei den familiengeführten Betrieben (*close corporations*) fungieren die *directors* oftmals auch als *officers* einer Gesellschaft. Die *officers* sind grundsätzlich den Weisungen des *board of directors* unterworfen. Die *officers* treffen im Wesentlichen dieselben Treue- und Sorgfaltspflichten wie die Mitglieder des *board of directors*.

Wie im deutschen Recht auch besitzt eine *corporation* grundsätzlich Abschirmwirkung für die Anteilseigner gegenüber Ansprüchen gegen die Gesellschaft. Im US-amerikanischen Recht hat sich allerdings eine relativ unübersichtliche und komplexe Rechtsprechung zur sog. Durchgriffshaftung entwickelt (sog. *„piercing the corporate veil“*).

Mitbestimmungsregelungen wie im deutschen Recht oder auch die Verpflichtung zur Einrichtung eines Betriebsrates existieren in den USA generell nicht.

IV. Limited Liability Company

Die Rechtsform *the Limited Liability Company (LLC)* wurde durch den Bundesstaat Wyoming erstmals im Jahr 1977 eingeführt und fristete in den USA zunächst ein Schattendasein. Erst nachdem Delaware den *Delaware LLC Act* verabschiedete und auch die Finanzverwaltung eine Behandlung von *LLCs* als *partnership* oder sog. *disregarded entity* zuließ, gewann die *LLC* ab 1993 innerhalb von kürzester Zeit an Bedeutung und ist heute die mit Abstand weitverbreitetste Gesellschaftsform in den USA.

Die Bedeutung und Beliebtheit der *LLC* resultiert aus ihrer Eigenart als hybride Gesellschaftsform, bei der sowohl Elemente der Personengesellschaft als auch der Kapitalgesellschaft miteinander kombiniert werden. Als Kapitalgesellschaftsmerkmale können die beschränkte Haftung der Gesellschafter und die eigenständige Rechtspersönlichkeit angesehen werden. Dagegen ist im Regelfall die freie Übertragbarkeit der Anteile eingeschränkt und die Existenz der Gesellschaft abhängig vom Bestand der Gesellschafter. Bei der *LLC* führen der Tod und das Ausscheiden von Gesellschaftern grundsätzlich zur Auflösung der Gesellschaft. Soweit vertraglich nichts anderes vorgesehen ist, sind alle Gesellschafter geschäftsführungs- und vertretungsberechtigt (Selbstorganschaft).

Grundsätzlich wird die *LLC* als Personengesellschaft bzw. *disregarded entity* bei einer Ein-Personen *LLC* besteuert. Das bedeutet, dass die *LLC* selbst nicht besteuert wird, sondern das steuerliche Ergebnis der *LLC* auf Ebene der Gesellschafter der Besteuerung unterliegt. Jedoch besteht für eine *LLC* ein Wahlrecht sich nach den *check-the-box* Regelungen (vgl. dazu Kapitel E) als Körperschaft besteuern zu lassen. Dieses Wahlrecht führt dazu, dass die *LLC* sowohl von Einzelpersonen, in mittelständischen Unternehmen als auch in den Konzernstrukturen von international tätigen Unternehmen zu finden ist. Aus deutscher Sicht besteht hierbei die Problematik der Einordnung der *LLC* für deutsche steuerliche Zwecke (vgl. dazu Kapitel F.I).

Von großer Bedeutung ist die Flexibilität bei der Abfassung des Gesellschaftsvertrags einer *LLC*. Die einzelstaatlichen Regelungen (insbesondere der *Delaware LLC Act*) lassen hier einen großen Spielraum zu und machen es möglich, für fast jeden Investor die passenden Regelungen in das entsprechende *LLC-Agreement* aufzunehmen.

Grundsätzlich entsprechen die Rechte und Pflichten der Gesellschafter denen der Partner in der *general partnership*. Danach sind alle Gesellschafter geschäftsführungs- und vertretungsbefugt (sog. *„member managed LLC"*). In der Praxis übertragen die Gesellschafter jedoch häufig die Geschäftsführungs- und Vertretungsbefugnis auf ein sogenanntes *„board of managers"*, in diesem Fall wird von einer sog. *„manager managed LLC"* gesprochen. Den Gesellschaftern verbleiben in diesem Fall Einsichts- und Auskunftsrechte sowie Entscheidungsbefugnisse bei grundlegenden, die Gesellschaft betreffende Fragen.

Einer der Vorteile der *LLC* ist ihre im Vergleich zur *corporation* einfache Gründung. Wie bei der *limited partnership* besteht der Gründungsakt in der Erstellung der *articles of incorporation* und deren Einreichung beim *secretary of state*. Der Mindestinhalt der Satzung hängt dabei von dem jeweiligen Bundesstaat ab. Die Leistung eines Mindest- bzw. Haftkapitals ist regelmäßig nicht erforderlich. Die *LLC* muss als solche im Geschäftsverkehr erkennbar sein, d. h. sie muss einen entsprechenden Namenszusatz führen. Die Gesellschaft entsteht erst mit dem Einreichen der Gründungsdokumente bei dem *secretary of state*. In dem sog. *„operating agreement“* werden die Einzelheiten der Gesellschaft wie z. B. Geschäftsführung, Vertretung, Gewinnverteilung und Weiteres geregelt. Gesellschafter einer *LLC* können neben natürlichen Personen auch Personengesellschaften oder Kapitalgesellschaften werden. Die Zulässigkeit einer Einmann-Gesellschaft ist in den Einzelstaaten unterschiedlich geregelt. Gemeinsam ist den einzelstaatlichen Regelungen jedoch, dass ein Schrumpfen der Gesellschaft auf eine Einmann-Gesellschaft möglich ist, die Gesellschaft also mit dem Ausscheiden ihres vorletzten Gesellschafters nicht zwangsläufig erlischt.

Neben der Gesellschaft selbst haften die Gesellschafter unmittelbar persönlich mit ihrem eigenen Vermögen nur in Höhe der Differenz zwischen der schriftlich vereinbarten und der tatsächlich erbrachten Einlage in die Gesellschaft. Der Gewinn der Gesellschaft wird, soweit nichts anderes vereinbart wurde, entsprechend den Anteilen der Gesellschafter am Gesellschaftskapital verteilt.

Anteile an einer *LLC* werden wie GmbH-Anteile nicht öffentlich gehandelt. Sofern vertraglich nicht ausgeschlossen, können die Anteile an einer *LLC* auf andere Gesellschafter übertragen werden. Die bloße Übertragung des Anteils führt jedoch noch nicht dazu, dass der Erwerber vollständig in die Rechtstellung des Veräußerers einrückt. Er wird zwar mit dem Erwerb des Gesellschaftsanteils am Gewinn der Gesellschaft beteiligt, er ist aber weder zur Geschäftsführung, zur Wahrnehmung von Rechten der Gesellschaft, noch zu deren Vertretung berechtigt. Um die volle Rechtstellung des Vorgängers zu erwerben, bedarf es der Zustimmung aller Gesellschafter hierzu. In diesem Fall übernimmt der Erwerber neben den mitgliedschaftlichen Rechten auch die ihm bekannten Schulden des Veräußerers gegenüber der Gesellschaft.

Der Tod, die Insolvenz, der Ausschluss und der Austritt eines Gesellschafters einer *LLC* führen zum Ausscheiden des Gesellschafters aus der Gesellschaft. Das Ausscheiden bzw. der Tod eines Gesellschafters bei einer *„member managed LLC“* führen grundsätzlich zur Auflösung der Gesellschaft mit anschließender Liquidation, wenn nichts Gegenteiliges im Gesellschaftsvertrag vorgesehen ist oder durch alle Gesellschafter beschlossen wurde. Dagegen hat das Ausscheiden eines Gesellschafters einer sog. *„manager managed LLC“*, wenn der Ausscheidende nicht zugleich Manager in der Gesellschaft war, nicht die Auflösung der Gesellschaft zur Folge.

C. Grundlagen des US-Steuerrechts

I. Steuergesetzgebung

Die Finanzverfassung der Vereinigten Staaten von Amerika ist durch eine föderalistische Struktur und das Nebeneinander von Regelungen auf Ebene des Bundes, der Bundesstaaten und von lokalen Gebietskörperschaften geprägt.

1. Bundesebene

Auf Bundesebene weist die Verfassung der Vereinigten Staaten in Art. 1, § 8, Satz 1 dem Kongress das Recht zu *„to lay and collect Taxes, Duties, Imposts and Excises, to pay the Debts and provide for the common Defence and general Welfare of the United States; but all Duties, Imposts and Excises shall be uniform throughout the United States“* und weiter *„to make all Laws which shall be necessary and proper for carrying into Execution the foregoing powers“.*[1]

Art. 1, § 2, Satz 3 der Verfassung besagt, dass *„Representatives and direct taxes shall be apportioned among the several States which may be included within this Union, according to their respective Numbers“.*[2]

Die Bestimmungen der US-Verfassung lassen danach drei verschiedene Arten von Steuern auf Ebene des Bundes zu:

- „Direkte Steuern“, die auf Grundlage der apportionment clause zwischen den Bundesstaaten im Verhältnis ihrer Einwohnerzahl aufgeteilt („apportionment requirement“) werden müssen,
- „Indirekte Steuern“ wie beipielsweise Abgaben, Zölle oder Verbrauchsteuern, die gleichmässig („uniformity requirement“) auf Bundesebene erhoben werden müssen, sowie
- Einkommensteuern für natürliche Personen, die auf das erzielte Einkommen („income derived from a source“) erhoben werden können.

Die Einordnung als direkte bzw. indirekte Steuern in der Verfassung der USA folgt dabei nicht der heute allgemein üblichen Einordnung, sondern muss im historischen Kontext der US-Verfassung gesehen werden. Als direkte Steuern gelten dabei sog. Kopfsteuern oder Grundsteuern, die ohne weiteres Ansehen von Besitz, Beruf oder sonstigen Merk-

1 US Constitution, Art. I, § 8, cls. 1, 18.
2 US Constitution, Art. I, § 2, cls. 3.

malen erhoben werden[1] . Die apportionment clause sollte ursprünglich dazu dienen, die (Besteuerungs-) Befugnisse des Bundes gegenüber den einzelnen Bundesstaaten einzuschränken bzw. gleichmäßig auszugestalten. Um den Erfordernissen der apportionment clause zu genügen, muss die zugrundeliegende Steuer exakt denselben Betrag für jede Person in jedem Bundesstaat betragen, eine Voraussetzung, die so gut wie unmöglich zu erfüllen ist. So würde z. B. die Erhebung von Grundsteuern, die auf Grundlage des jeweiligen Landbesitzes berechnet wird („dollar-per-acre") gegen die apportionment clause verstoßen, aus diesem Grund gibt es bis heute auch keine bundeseinheitliche Grundsteuer in den USA[2] . Direkte Steuern in diesem Sinn sind in den USA seit dem Ende des Bürgerkrieges aufgrund der unerfüllbaren Voraussetzungen der apportionment clause nicht erhoben worden[3]. Unter indirekten Steuern i. S. d. US-Verfassung fallen dagegen Abgaben, Zölle oder auch Verbrauchsteuern, die nicht direkt an eine natürliche Person geknüpft sind, natürliche Personen werden lediglich indirekt von solchen Steuern betroffen. Die US Körperschaftsteuer wird als indirekte Steuer angesehen, da sie lediglich indirekt natürliche Personen betrifft[4]. Für indirekte Steuern gilt die apportionment clause nicht, einzige Voraussetzung ist, dass indirekte Steuern gleichmäßig und in derselben Art und Weise auf Bundesebene in den USA angewandt werden. Dieses sog. „uniformity requirement" ist weit auslegbar, bislang hat der Supreme Court noch keine indirekte Steuer wegen eines Verstoßes gegen das Gleichmäßigkeitsprinzip verworfen. Einkommensteuern für natürliche Personen wurden ursprünglich als direkte Steuer angesehen und unterlagen daher der apportionment clause. Als Folge der Rechtsprechung des Supreme Court[5] wurde durch den 16. Zusatzartikel der US-Verfassung in 1913 das Recht des Bundes zur Erhebung einer Einkommensteuer für natürliche Personen eingeführt[6]. Einkommensteuern dürfen danach nur auf „erzieltes" Einkommen erhoben werden, d. h. es wird ein Realisierungsakt gefordert und Einkommen kann nicht durch lediglich bloßen Zeitablauf erzielt werden. So erlaubt der 16. Zusatzartikel z. B. die Besteuerung von Gewinnen aus einem Verkauf oder einem Tausch von Wirtschaftsgütern, nicht dagegen jedoch die Besteuerung von nicht realisierten Gewinnen. Obwohl die Einkommensteuer für natürliche Personen als eine direkte Steuer

1 Vgl. dazu Hylton v. United States (1796), https://www.oyez.org/cases/1789-1850/3us171; NFIB v. Sebelius (2012) https://supreme.justia.com/cases/federal/us/567/519/; Charles G. Moore, et ux. v. United States, No. 22-800, https://www.supremecourt.gov/opinions/23pdf/22-800_jg6o.pdf, Seite 6

2 Die einzelnen Bundesstaaten sind dagegen nicht an die apportionment clause gebunden und können deshalb auch Grundsteuern erheben.

3 Dazu auch Kockrow,

4 Flint v. Stone Tracy Co. (1911), https://supreme.justia.com/cases/federal/us/220/107/

5 Pollock v. Farmers' Loan and Trust Company (1895), https://www.oyez.org/cases/1850-1900/157us429

6 16. Zusatzartikel v. 25. Februar 1913: "The Congress shall have power to lay and collect taxes on incomes, from whatever source derived, without apportionment among the several States, and without regard to any census or enumeration." https://constitution.congress.gov/browse/amendment-16/. IRC Sec. 61 verankert den 16. Zusatzartikel im Steuerrecht.

i. S. d. US-Verfassung anzusehen ist, unterliegt diese nicht der apportionment clause, da der 16. Zusatzartikel die Aufteilungsanforderung für Einkommensteuern abgeschafft hat.

Auf der Grundlage des 16. Zusatzartikels wurde dann das erste Einkommensteuergesetz auf Bundesebene, der Revenue Act von 1913 erlassen[1].

Für die Bundessteuern gelten auf Grundlage der Verfassung der USA die folgenden verfassungsmäßigen Grenzen:

- sie müssen dem „Allgemeinwohl" (general welfare) dienen;
- die Erhebung von Exportabgaben ist nicht erlaubt;
- mit Ausnahme der Einkommensteuer ist das Aufkommen direkter Bundessteuern nach der Bevölkerungszahl auf die Einzelstaaten aufzuteilen („apportionment") – eine Bestimmung, die bis heute praktisch eine Vermögensteuer verhindert hat, da die Verfassung den Begriff der „direkten" Steuern nicht definiert und er damit unscharf bleibt;
- die indirekten Bundessteuern müssen im ganzen Staatsgebiet einheitlich sein („uniform");
- die Steuererhebung muss in einem angemessenen Verfahren (sog. due process of law-Klausel) erfolgen – dies ist als Schutz vor einer extrem ungerechtfertigten und willkürlichen Steuerklassifizierung und -diskriminierung gedacht;
- der Bund darf Funktionen und Organe der Einzelstaaten nicht besteuern.

Während die Verfassung der USA das Besteuerungsrecht der Einzelstaaten explizit erwähnt, bleibt das Besteuerungsrecht der lokalen Gebietskörperschaften unerwähnt. Allerdings ist dieses in den Verfassungen der Bundesstaaten und teilweise auch in Gesetzen der Bundesstaaten verankert.

Der in der Verfassung der USA beschriebene Gesetzgebungsprozess weist den Beginn eines Gesetzgebungsverfahrens im Bereich der Steuern und Abgaben dem Repräsentantenhaus zu.[2] Üblich ist es jedoch, dass Gesetzesvorschläge und Gesetzesinitiativen im Bereich des Steuerrechts durch den Präsidenten gemacht werden. Meist basieren diese Gesetzesinitiativen auf Ausarbeitungen des Treasury Departments unter Mitarbeit der Finanzverwaltung (IRS) und weiterer Fachabteilungen der Ministerien. Solche Gesetzesvorschläge werden üblicherweise in den ersten Monaten eines Jahres durch den Präsidenten dem Kongress vorgelegt, jedoch ist eine Gesetzesvorlage jederzeit möglich.

1 die Unterzeichung des Gesetzes durch Präsident Woodrow Wilson erfolgte am 3. Oktober 1913

2 Art. 1 Sec. 7 Cl. 1 der US Constitution: „All Bills for raising Revenue shall originate in the House of Representatives; but the Senate may propose or concur with Amendments as on other Bills." (sog. Origination Clause or Revenue Clause).

In einem nächsten Schritt befasst sich dann das Repräsentantenhaus mit dem Gesetzesvorschlag. Hier berät sich zunächst das sog. House Ways and Means Committee, ein Ausschuss, der explizit für die Steuergesetzgebung zuständig ist. Das Ways and Means Committee gehört traditionell zu den einflussreichsten und bedeutendsten Ausschüssen des Repräsentantenhauses, lediglich langjährige Mitglieder des Repräsentantenhauses bekommen die Chance, hier Mitglied werden zu können. Im Ways and Means Committee wird dann der Gesetzesvorschlag in zahlreichen öffentlichen und nicht-öffentlichen Sitzungen beraten, meist werden dabei auch Interessenvertreter und Vertreter der Verwaltung angehört. Am Ende dieses Prozesses steht dann ein Gesetzesvorschlag, der zusammen mit einer ausführlichen Gesetzesbegründung dem Repräsentantenhaus zugeleitet wird. Im Repräsentantenhaus kommt es dann zur Abstimmung über den Gesetzesvorschlag.

Das Pendant zum Ways and Means Committee des Repräsentantenhauses bildet das Finance Committee des Senats. Dieser Ausschuss ist verantwortlich für die Steuergesetzgebung des Senats. Nachdem das Repräsentantenhaus den Gesetzesvorschlag formell verabschiedet hat, nimmt das Finance Committee des Senats seine Arbeit auf. Es stützt sich dabei nicht länger auf den ursprünglichen Gesetzesvorschlag des Präsidenten, sondern nimmt den durch das Repräsentantenhaus verabschiedeten Gesetzesvorschlag als Grundlage für seine Beratung. Wie auch das Ways and Means Committee berät das Finance Committee in öffentlichen und nicht-öffentlichen Sitzungen über den Gesetzesvorschlag. Zumeist weicht der am Ende des Prozesses durch das Finance Committee erstellte Gesetzesvorschlag deutlich von dem des Repräsentantenhauses ab. Der Gesetzestext des Finance Committees wird dann ebenfalls mit einer ausführlichen Erläuterung versehen und dem Senat zur Abstimmung vorgelegt.

Sofern es im Senat zu keiner Einigung über den Gesetzesvorschlag kommt bzw. der Vorschlag abgelehnt wird, ist das Gesetzgebungsverfahren damit am Ende, normalerweise kommt es nicht zu einer nochmaligen Überarbeitung im Finance Committee.

Bei einer Zustimmung des Senats zu einem Gesetzesvorschlag, der in unveränderter Weise vom Repräsentantenhaus übernommen worden ist, wird das Gesetz dem Präsidenten zur Unterzeichnung zugeleitet. Sofern der Gesetzesvorschlag jedoch von dem des Repräsentantenhauses abweicht (dies ist meist der Fall), muss das Repräsentantenhaus erneut, diesmal auf Grundlage des vom Senat verabschiedeten Vorschlags abstimmen. Sofern das Repräsentantenhaus bereits vor einer endgültigen Abstimmung seine Ablehnung zu erkennen gibt (sog. motion to disagree), geht der Gesetzesvorschlag in einen Vermittlungsausschuss zwischen Repräsentantenhaus und Senat (sog. Conference Committee). Sofern das Conference Committee zu einer Einigung kommt, geht der überarbeitete Gesetzesvorschlag zur erneuten Abstimmung in den Senat und das Repräsentantenhaus. Bei einer erfolgreichen Abstimmung in beiden Häusern geht der Gesetzesvorschlag zur Unterzeichnung an den Präsidenten.

Bei einer Nichtunterzeichnung bzw. einem Veto des Präsidenten muss der Kongress erneut abstimmen und kann so ein Veto des Präsidenten mit einer 2/3 Mehrheit überstimmen. Der Präsident kann ein Gesetzespaket nur im Ganzen zurückweisen und kann sich nicht auf einzelne Bestandteile eines Gesetzes beschränken.

Steuergesetze werden wie alle anderen Gesetze mit einer einfachen Stimmenmehrheit im Repräsentantenhaus beschlossen, im Senat unterliegt die Steuergesetzgebung ebenso wie alle anderen Gesetze den sog. Filibuster Regelungen. Nach diesen Regelungen kann die Verabschiedung eines Gesetzes im Senat durch eine nicht endende Debatte blockiert werden, zur Beendigung eines Filibuster ist eine 3/5 Stimmenmehrheit erforderlich (vor 1975 sogar eine 2/3 Mehrheit). Dies führt praktisch dazu, dass für die Verabschiedung von Gesetzen im Senat eine 60 Stimmen Mehrheit erforderlich ist, um die notwendige Mehrheit zu erhalten. Eine Ausnahme von der Filibuster Regelung besteht unter den sog. „budget reconciliation“ Vorschriften. Das budget reconciliation Verfahren ist ein Gesetzgebungsverfahren, das sehr eng umgrenzten Regelungen folgt und nur in bestimmten Ausnahmesituationen zur Anwendung kommt. Eine Anwendung ist immer dann ausgeschlossen (sog. „Byrd-Rule“), wenn (i) der Gesetzentwurf zu einer Erhöhung des Haushaltsdefizits außerhalb eines 10-Jahres Zeitraums führt, (ii) keine Veränderungen bei Ausgaben oder Einnahmen verursacht oder (iii) diese Veränderungen nur lose Folge der eigentlichen Gesetzesänderung sind. Änderungen mit sozialversicherungsrechtlichen Auswirkungen sind unter dem budget reconciliation Verfahren nicht erlaubt. Eine Gesetzgebung auf Grundlage des budget reconciliation Verfahrens kann im Senat mit einfacher Mehrheit verabschiedet werden, die Filibuster Regelungen sind nicht anwendbar. Pro Jahr sind maximal bis zu 3 Gesetzgebungsverfahren unter den budget reconciliation Vorschriften erlaubt. Alle wesentlichen steuerlichen Gesetzgebungsvorhaben der letzten Jahrzehnte sind auf Grundlage der budget reconciliation Vorschriften erfolgt (Health Care and Education Reconciliation Act (2010), Tax Cuts and Jobs Act (2017), American Rescue Plan Act (2021), der Inflation Reduction Act (2022) sowie der One Big Beautiful Bill Act aus dem Jahr 2025).

2. Bundesstaatsebene

Die im Prinzip originäre Finanzhoheit der Einzelstaaten wird lediglich durch einige Bestimmungen in der Bundesverfassung und in den jeweiligen einzelstaatlichen Verfassungen eingeschränkt. In der Praxis ist sie jedoch sehr weitgehend.

Nach der Bundesverfassung dürfen die Einzelstaaten keine Steuern auf Exporte und Importe legen. Ihre Steuervorschriften sind denen des Bundes nachgeordnet. Sie dürfen ohne Genehmigung des Kongresses Bundeseinrichtungen nicht besteuern, der zwischenstaatliche Handel muss von Steuern unbehelligt bleiben (sog. „dormant commerce clause“). Die Verfassungen der Einzelstaaten selbst weisen keine gemeinsamen Grundzüge in Hinsicht auf Begrenzungen der Steuerhoheit auf. In einigen Verfassungen fehlen überhaupt jegliche einschränkenden Vorschriften, in anderen wiederum (z. B. Louisiana) ist das gesamte Steuersystem durch die Verfassung vorgegeben.

Erbschaft- und Schenkungsteuern werden von den meisten Einzelstaaten erhoben. Das gleiche gilt für die Grundsteuern bzw. Grundvermögensteuern; diese bilden das Rückgrat der einzelstaatlichen und gemeindlichen Steuern.

Die Höhe der Grundsteuern, gerade auch bei Immobilien für private Wohnzwecke, kann oftmals signifikante Beträge erreichen und muss unbedingt in Finanzierungserwägungen einbezogen werden.

II. Steuerverwaltung

Bei der Steuerverwaltung in den USA besteht generell ein Gleichlauf zwischen Gesetzgebungskompetenz, Verwaltungshoheit und Ertragskompetenz. Ein Auseinanderfallen dieser Kompetenzen wie es in Deutschland zum großen Teil der Fall ist, ist in den USA unbekannt. In den USA existiert ein ausgeprägtes vertikales Finanzausgleichsystem (Zuweisungen des Bundes an die Einzelstaaten bzw. der Einzelstaaten an ihre Gemeinden).

Für die Ausführung und Verwaltung der Steuergesetze auf Bundesebene ist eine besondere, aus dem Bundesfinanzministerium (Treasury Department) ausgegliederte Behörde zuständig (Office of the Commissioner of Internal Revenue, Kurzbezeichnung: Internal Revenue Service, IRS) mit z. T. sehr weitreichenden Befugnissen. Der IRS ist letztmalig im Jahr 2023 umorganisiert worden (die letzte davorliegende Reform hat in den Jahren 1998/2000 stattgefunden). Der IRS ist besteht hauptsächlich aus zwei Organisationsenheiten: einem internen Fachbereich (Operations Support Organization), der für die Organisationsabläufe und Strukturen innerhalb des IRS zuständig ist und einem externen Fachbereich (Services and Enforcement Organization) der für den Kontakt mit den Steuerpflichtigen und der Durchsetzung von Steueransprüchen zuständig ist. Im externen Organisationsbereich sind die größten vier Fachbereiche die Folgenden:

- Wage and Investment (W&I) Division: natürliche Personen, die lediglich Einkünfte aus nichtselbständiger Arbeit und aus Kapitalvermögen erzielen,
- Small Business/Self-Employed (SB/SE) Division: kleine und mittelständische Unternehmen (Einzelunternehmer, Personengesellschaften und kleinere Kapitalgesellschaften),
- Large Business and International (LB&I) Divison: große Unternehmen (im wesentlichen Kapitalgesellschaften), sowie

- Tax Exempt & Government Entities (TE/GE) Division: steuerbefreite Organisationen (z. B. gemeinnützige Institutionen), darin eingeschlossen die Versorgungspläne der Arbeitnehmer, die Behörden der Einzelstaaten und der Gemeinden.

Daneben gibt es in der externen Organisationseinheit noch weitere, kleinere Abteilungen, darunter z. B. die IRS Criminal Investigation Division, die für Steuerstrafverfahren und sonstige damit zusammenhängende Finanzstraftaten zuständig ist, das Office for Online Services, das im Rahmen der Digitalisierung des IRS momentan besonders im Fokus steht und Return Preparer Office, das u. a. für die Unterstützung der steuerberatenden Berufe zuständig ist. Direkt bei dem Commissoner des IRS angesiedelt ist das Office of Chief Counsel, das für Grundsatzfragen zuständig ist, der National Taxpayer Advocate (siehe nachfolgend), das Office of Appeals, das für Einsprüche und Beschwerden zuständig ist sowie das Office for Communications and Liaison, das einer Kommunikationsabteilung entspricht.

Nach dem Amtsantritt der zweiten Regierung Trump sind die kleineren Organisationseinheiten vielfach reorganisiert worden, ein Prozess, der bislang noch nicht abgeschlossen ist.

An der Spitze des IRS steht ein auf fünf Jahre ernannter „Commissioner". Ein besonderes Aufsichtsorgan (das sog. IRS Oversight Board) mit neun Mitgliedern, von denen nur drei der Finanzverwaltung angehören, soll die Aktivitäten des IRS überwachen und seine Pläne für eine Modernisierung des Steuersystems, für Fort- und Ausbildung überprüfen. Ins Leben gerufen wurde dieses Gremium 1998, aktuell ist es jedoch nicht arbeitsfähig, da lediglich drei von neun Mitgliedern ernannt sind. Eine weitere, vom IRS unabhängige Institution, das Office of the National Taxpayer Advocat, soll die Steuerzahler bei der Lösung von Problemen mit dem IRS unterstützen, Problembereiche zwischen IRS und den Steuerpflichtigen identifizieren und Änderungsvorschläge ausarbeiten, auch solche gesetzgeberischer Art. Jeweils zum Jahresende legt es beiden Häusern des Parlaments (dem House Ways and Means Committee des Repräsentantenhauses und dem Senate Finance Committee des Senats) einen ausgiebigen Bericht über seine Aktivitäten vor; er enthält unter anderem eine Bestandsaufnahme über die Problembereiche innerhalb des IRS und die eingeleiteten Verfahren, über die nicht eingeleiteten Verfahren und die Begründungen für die Nichteinleitung, wobei auch die verantwortlichen Bediensteten im IRS namentlich genannt werden. Solche Verfahren kann das Office dann einleiten und dem betroffenen Steuerpflichtigen über eine Taxpayer Assistance Order auf Antrag Hilfestellung leisten, wenn ein Steuerpflichtiger wegen der Art und Weise, wie die Steuerverwaltung die gesetzlichen Vorschriften durchsetzt, wesentliche Härten erleidet. Es nimmt somit die Funktion eines „Ombudsmann" wahr.

Im Jahr 2024 hat der IRS noch ca. 90.000 Mitarbeiter in Vollzeit beschäftigt (gegenüber 79.000 Mitarbeitern in 2022) und ist damit nach dem Militär und dem Heimatschutzministerium einer der größten staatlichen Arbeitgeber in den USA.

Der IRS war ursprünglich einer der größten Nutznießer des unter der Ägide von Präsident Biden in 2022 verabschiedeten Inflation Reduction Act. Mit Hilfe der zusätzlichen Finanzierung des IRS von ursprünglich USD 80 Mrd. sollten die die Kapazitäten des IRS ausgebaut werden, neue Mitarbeiter eingestellt und die veraltete Informationstechnik modernisiert werden. Nach Anfangserfolgen wurde die ursprüngliche Finanzierung des IRS jedoch bereits recht schnell aufgrund notwendiger Kompromisse mit den Republikanern in anderen Gesetzgegungsverfahren wieder deutlich zurückgenommen. Nach dem Amtsantritt von Präsident Trump im Rahmen seiner zweiten Präsidentschaft Anfang 2025 war eine seiner ersten Maßnahmen die drastische Reduzierung von Behörden und Behördenmitarbeitern auf Bundesebene. Die Durchführung oblag dabei dem sog. „Department of Government Efficiency (DOGE)" unter der Leitung von Elon Musk. Im besonderen Fokus von Präsident Trump und DOGE stand dabei der IRS. Mit Hilfe von Entlassungen, Anreizen zur Kündigung und Frühpensionierungsprogrammen soll die Mitarbeiterzahl über einen Zeitraum von 12-24 Monaten um ca. 20-30 % verringert werden. Insbesondere im Bereich der Führungskräfte des IRS ist es seit dem Amtsantritt der zweiten Regierung Trump zu mehrfachen Wechseln gekommen, vielfach sind Nachbesetzungen bislang lediglich kommissarisch erfolgt. Die genauen Folgen der Mitarbeiterverringerung und Reorganisation sind dabei noch nicht absehbar und können erst nach Abschluss der Maßnahmen genauer eingeschätzt werden. Das erst in 2024 eingeführte direct-file Programm des IRS (ein kostenfreies Programm zur Erstellung von elektronischen Steuererklärungen ohne besondere Komplexität) ist nach Abschluss der tax return filing season in 2025 bereits wieder abgeschafft worden.

Der IRS stellt eine dem Treasury Department untergeordnete Behörde dar. Während das Teasury Department die Befugnis hat, Richtlinien zu erlassen und Gesetzesvorschriften zu interpretieren, bzw. teilweise auch durch entsprechende Ermächtigung im IRC die Befugnis hat, gesetzesgleiche Vorschriften zu erlassen, ist die Rolle des IRS auf die Durchführung des Besteuerungsverfahrens beschränkt.

Auf Ebene der Bundesstaaten bestehen eine Vielzahl von Regelungen und Zuständigkeiten zur Steuerverwaltung. Selbiges gilt für die Verwaltung von Steuern auf Ebene der Gemeinden und sonstigen lokalen Verwaltungseinheiten.

Als steuerberechtigte Körperschaften kommen auf kommunaler Ebene in Betracht:

- Landkreise (counties),
- Stadtgemeinden (municipalities),
- Landgemeinden (townships),

- Schulbezirke (school districts),
- Sonderbezirke (special districts, zum Beispiel Ämter, Kommissionen, Hafenbehörden).

Die Steuererhebung auf kommunaler Ebene wird durch die Verfassung des jeweiligen Einzelstaats, durch allgemeines (einzelstaatliches) Gesetz und – gegebenenfalls – durch die eigene Gemeindeverfassung (Charta) begrenzt. In der Praxis kennen nahezu alle Kommunen Grundsteuern und – in zunehmenden Maße – eigene Einkommen- und Körperschaftsteuern sowie der Gewerbesteuer ähnliche Steuern. Dies gilt vor allem für die Großstädte wie z. B. New York. Daneben gibt es gemeindliche Umsatz-, Produktions-, Verbrauch- und Aufwandsteuern in allen möglichen Formen. Diese Steuern können dazu dienen, bestimmte Leistungen auf kommunaler Ebene zu finanzieren, z. B. Müllabfuhr, Polizei, Wasserversorgung, Abwasser und Straßenbau.

III. Rechtsquellen

Rechtsgrundlage für die Besteuerung auf Bundesebene ist der Internal Revenue Code (IRC) von 1986. Der IRC bildet den 26. Band des United States Code als gesamtes kodifiziertes Bundesrecht. Neben der Einkommensbesteuerung für natürliche Personen regelt der IRC auch die Einkommensbesteuerung von Körperschaften, ein separates Körperschaftsteuerrecht wie in Deutschland gibt es nicht.

Der IRC ist untergliedert in sog. Sections und beinhaltet mehr als 10.000 solcher Sections. Neben dem materiellen Einkommensteuerrecht beinhaltet der IRC auch formelles Besteuerungsrecht, das Steuerstrafrecht sowie das Steuerverwaltungsrecht auf Bundesebene. Auch die grundlegenden Vorschriften des Sozialversicherungsrechts sind im IRC enthalten.

Der IRC wurde letztmals 1986 durch die Steuerreform der Regierung Reagan neu gegliedert und reformiert. Die aktuelle Gliederung des IRC unterteilt sich in Subtitles, Chapters, Subparts und schlussendlich Sections, wobei alle Gliederungen durch verschiedene Buchstaben und Ziffern gekennzeichnet werden.

Das Treasury Department hat die Befugnis, Steuerrichtlinien zu erlassen (sog. Treasury Regulations oder auch Tax Regulations). Diese Befugnis ist in Sec. 7805(a) des IRC kodifiziert. Sofern sich die Befugnis zum Erlass von Richtlinien direkt aus dem IRC ergibt (sog. Legislative Regulations), kommt den Richtlinien unmittelbare Gesetzeskraft zu. Soweit die Befugnis zum Erlass von Richtlinien durch den Kongress verliehen wird (sog. Interpretative Regulations), kommt diesen keine unmittelbare Gesetzeskraft zu und haben sie auch keine bindende Wirkung für die Finanzgerichte. Durch die Chevron Entscheidung des Supreme Court aus dem Jahr 1984[1] (bestätigt in 2011 durch die „Mayo

1 Chevron U.S.A., Inc. v. NRDC, 467 U.S. 837 (1984), https://supreme.justia.com/cases/federal/us/467/837/

Foundation v. United States" Entscheidung[1]) ist die Trennschärfe zwischen Interpretative Regulations und Legislative Regulations jedoch deutlich aufgeweicht worden. In der Chevron Entscheidung unterschied der Supreme Court nicht mehr zwischen den beiden Formen einer Regulation, sondern stellte einen allgemeinen Maßstab für die gerichtliche Überprüfbarkeit von IRS regulations auf. Steuerliche Verwaltungsanweisungen des IRS waren danach lediglich im Rahmen einer zweistufigen Prüfung überprüfbar: in einem ersten Schritt hatte das Gericht zu untersuchen, ob die jeweilige Streitfrage durch den Kongress im Rahmen einer gesetzlichen Regelung beantwortet worden war; war dies der Fall hatte sich die Verwaltungsanweisung an die gesetzliche Regelung zu halten. Sofern die Streitfrage nicht durch eine gesetzliche Regelung entschieden worden war bzw. die gesetzliche Regelung nicht eindeutig war, beschränkte sich die Überprüfbarkeit durch das Gericht in einem zweiten Schritt lediglich darauf, zu überprüfen, ob die Interpretation der gesetzlichen Regelung durch die Verwaltungsanweisung angemessen war („resonable standard"). Die Bindungswirkung der Verwaltungsanweisung konnte durch eine gerichtliche Entscheidung lediglich dann durchbrochen werden, wenn die Anweisung entweder willkürlich, unberechenbar, oder im offensichtlichen Gegensatz zur gesetzlichen Regelung („arbitrary, capricious, or manifestly contrary to the statute") stand. Als Folge der Chevron Doktrin war es für Steuerpflichtige nur unter sehr eingeschränkten Voraussetzungen möglich, die Verwaltungsanweisungen des IRS gerichtlich überprüfen zu lassen. In 2024 hat der US Supreme Court mit seiner Entscheidung in der Rechtssache Loper Bright Enterprises v. Raimondo[2] seine jahrzehntealte Rechtsprechung basierend auf der Chevron Doktrin zur gerichtlichen Überprüfbarkeit und Bindungswirkung von Verwaltungsanweisungen geändert. In seiner Entscheidung hat der Supreme Court festgestellt, dass auf Grundlage des US amerikanischen Verwaltungsverfahrensgesetzes (Administrative Procedure Act), die gerichtliche Überprüfung von Verwaltungsanweisungen durch eine eigenständige (Ermessens-)Prüfung des jeweils zuständigen Gerichts zu erfolgen hat. Als Folge daraus können Gerichte eine Überprüfung von Verwaltungsanweisungen nicht länger nur mit der Begründung ablehnen, dass sich die jeweilige Behörde innerhalb eines ihr eingeräumten Ermessenspielraums bewegt hat. Eine gerichtliche Überprüfung von Verwaltungsanweisungen hat danach auf Grundlage der bestmöglichen Interpretation des gesetzgeberischen Willens stattzufinden.

Im weitesten Sinne sind die IRS regulations mit den deutschen steuerlichen Durchführungsverordnungen bzw. Steuerrichtlinien vergleichbar.

1 Mayo Foundation for Medical Ed. and Research v. United States, 562 U.S. 44 (2010), https://supreme.justia.com/cases/federal/us/562/44/

2 Loper Bright Enterprises v. Raimondo, 603 U.S. (2024), https://supreme.justia.com/cases/federal/us/603/22-451/

Die Interpretative Regulations lassen sich in „Proposed Regulations" und „Final Regulations" unterscheiden: Bei den Proposed Regulations handelt es sich um noch nicht verbindliche, sondern lediglich vorgeschlagene Richtlinien, die noch durch einen (öffentlichen) Abstimmungsprozess gehen müssen. Erst nach Abschluss dieses Prozesses (der sich über Jahre hin ziehen kann) werden aus den Proposed Regulations finale Richtlinien, mit z. T. gegenüber der ersten Version abweichendem Inhalt. Auch wenn die Proposed Regulations noch nicht final sind, geben sie den Steuerpflichtigen doch wichtige Hinweise auf die Sichtweise der Verwaltung. Daneben gibt es noch die sog. Temporary Regulations, die mit der Veröffentlichung im Federal Register wirksam werden. Die Wirksamkeit von Temporary Regulations ist dabei auf einen Zeitraum von drei Jahren beschränkt. Sofern sich eine Regelung als besonders eilbedürftig herausstellt, kann es auch vorkommen, dass Regulations gleichzeitig als Temporary und Proposed Regulations veröffentlicht werden. Final Regulations werden im Code of Federal Regulations veröffentlicht.

Die Nummerierung der Regulations orientiert sich an den zugrundliegenden Vorschriften im IRC mit einer vorangestellten prefix number aus der die Steuerart ersichtlich ist. Temporary Regulations werden durch den Buchstaben T gekennzeichnet, der an die Bezeichnung der Regulations angehängt ist.

Der IRS erteilt darüber hinaus auch sog. Revenue Rulings zu konkreten Sachverhalten und Fragestellungen. Dabei kann unterschieden werden zwischen den sog. Public Rulings und den Private Letter Rulings. Bei den Public Rulings handelt es sich um eine im Internal Revenue Bulletin und dem Federal Register veröffentlichte Stellungnahme bzw. Interpretation des IRS zu einem klar umrissenen Sachverhalt und entfaltet eine Selbstbindung des IRS. Der Steuerpflichtige kann sich gegenüber dem IRS auf ein solches Public Ruling berufen. Im Gegensatz dazu ergeht ein Private Letter Ruling nur auf Antrag eines Steuerpflichtigen (form 2848) im Hinblick auf einen konkreten Sachverhalt und ist damit mit einer verbindlichen Auskunft nach § 89 AO vergleichbar. Auch ein Private Letter Ruling wird veröffentlicht (jedoch in anonymisierter Form)[1], entfaltet aber lediglich Wirkung für und gegen den betroffenen Steuerpflichtigen. Die Beantragung eines Private Letter Rulings ist kostenpflichtig.

Daneben veröffentlicht der IRS Revenue Procedures, Internal Revenue Manuals, Technical Advice Memoranda und Field Service Advice Memoranda zur Erläuterung der Sichtweise der Finanzverwaltung. Diesen Äußerungen kommt zwar keine Bindungswirkung gegenüber dem Steuerpflichtigen zu, sie liefern in der Praxis aber wertvolle und unverzichtbare Hinweise für die Behandlung von steuerlichen Sachverhalten. IRS Pam-

1 Eine Veroeffentlichung erfolgt auf Grundlage des Freedom of Information Act seit dem Jahr 1976.

phlets und IRS Booklets sollen vor allem Einzelpersonen bei der Erstellung von Steuererklärungen behilflich sein und dienen als Anleitungen.

Neben den Verlautbarungen der Verwaltung (Treasury Department und IRS) stellt die Steuerrechtsprechung einen weiteren wichtigen Quell an Informationen für den Steuerpflichtigen dar. Die Gerichtsbarkeit ist deutlich zersplitterter als in Deutschland und uneinheitlich organisiert. Für Bundessteuersachverhalte gibt es erstinstanzlich (Tatsacheninstanz) drei verschiedene Rechtswege:

- Der United States Tax Court ist zuständig für Streitigkeiten aus dem Bereich Einkommen- bzw. Körperschaftsteuerrecht sowie Erbschaft- und Schenkungsteuerrecht. Der US Tax Court wurde 1924 als Board of Appeals ins Leben gerufen und ist gem. IRC Sec. 7441 als unabhängige Institution innerhalb der Exekutive unterhalb des Treasury Departments angesiedelt. Der US Tax Court setzt sich gem. IRC Sec. 7443 aus 19 Richtern zusammen, die – anders als beim District Court bzw. Court of Federal Claims – über steuerliches Fachwissen verfügen. Auch muss für Verfahren vor dem US Tax Court zunächst nicht die in Frage stehende Steuerschuld beglichen werden, damit Klage erhoben werden kann (sog. „Sue-First-Pay-Later" Prinzip). Dies sind die wesentlichen Gründe, warum steuerrechtliche Klagen überwiegend vor dem US Tax Court erhoben werden. Klagen vor dem US Tax Court müssen generell innerhalb einer 90-tägigen Frist erhoben werden, die Klage richtet sich gegen eine Steuernachzahlung, die in einer Tax Deficiency Notice festgesetzt worden ist. Anwaltszwang vor dem US Tax Court besteht nicht und es dürfen z. B. auch Certified Public Accounts (CPAs) die Vertretung übernehmen. Die Beweislast für Verfahren vor dem US Tax Court trägt generell der IRS, sofern der Steuerpflichtige seinen Anspruch glaubhaft gemacht hat und die anwendbaren Beweis- und Dokumentationspflichten erfüllt hat. Für Verfahren deren Streitwert unter 50.000 USD liegt, kann auf Antrag ein beschleunigtes Verfahren durchgeführt werden, der Nachteil liegt allerdings darin, dass zur Durchführung des vereinfachten Verfahrens ein Rechtsmittelverzicht erklärt werden muss (IRC Sec. 7463(b)).
- Der United States District Court ist für alle Fälle aus dem betreffenden Bezirk zuständig, es gibt insgesamt über 95 Federal District Courts. Wie auch bei Verfahren vor dem United States Court of Federal Claims haben die Berufsrichter keine besondere steuerliche expertise. Die Zuständigkeit ist auf Erstattungsansprüche beschränkt, vor der Klageerhebung muss die in Frage stehende Steuerschuld jedoch bezahlt werden („full-payment Regelung"). Entscheidungen der District Courts entfalten eine Bindungswirkung lediglich innerhalb des jeweiligen Bezirks.
- Der United States Court of Federal Claims ist ebenso wieder US Tax Court in Washington DC ansässig und besteht aus 16 Einzelrichtern. Die Richter haben keine spezielle steuerliche expertise und zu einer Klageerhebung ist zunächst die vollstän-

dige Zahlung der in Frage stehenden Steuerschuld erforderlich. Der Court of Federal Claims entscheidet lediglich über Erstattungsansprüche gegen den IRS.

Berufungen gegen die Entscheidung des Unites States Tax Court und eines United States District Court können bei dem United States Court of Appeals eingelegt werden (First bis Eleventh Circuit Court bzw. der District of Columbia Circuit Court). Gegen Entscheidungen eines Unites States Claims Court ist Berufung beim United States Court of Appeals for the Federal Circuit möglich. Letztinstanzlich kann Berufung beim United States Supreme Court eingelegt werden. Als oberstes Berufungsgericht entscheidet der US Supreme Court über die Entscheidungen der 13 Circuit Courts nach vorherigem Antrag („Writ of Certioari“) oder bei divergierender Rechtsprechung (sog. „Circuit Split“) zweier Circuit Courts. Wie auch bei Verfahren vor dem Bundesverfassungsgericht werden nur wenige Anträge zur Entscheidung angenommen, die Hürden für eine Annahme sind vergleichsweise hoch. Die Entscheidungen in allen Instanzen und von allen Gerichten werden generell veröffentlicht.

Aufgrund der Zersplitterung der Gerichtsbarkeit und der Tatsache, dass es keine spezialisierte Steuergerichtsbarkeit gibt, ist das Beschreiten des Rechtswegs in jedem Fall einer sorgfältigen Prüfung und Abwägung zu unterziehen.

IV. Verfahrensrecht

Die Vorschriften des Besteuerungsverfahrens sind im Subtitle F „Procedure and Administration“ des IRC aufgeführt. Hier finden sich die Vorschriften zu Themenbereichen wie der Steuererhebung, dem Rechtsbehelfsverfahren oder auch die Durchführung von Betriebsprüfungen.

Den wohl grundlegendsten Unterschied zum Verfahrensrecht aus deutscher Sicht stellt die Ausgestaltung des Veranlagungssystems als Selbstveranlagungssystem (self-assessment procedure) dar. Diese Ausgestaltung besteht seit der Einführung der US-Einkommensteuer im Jahr 1913. Alle Steuerpflichtigen haben die Steuerschuld aufgrund eigener Berechnungen zu ermitteln und zeitgleich bzw. sogar vor Abgabe der Steuererklärung an den IRS zu überweisen. Die Ermittlung der Besteuerungsgrundlagen und die Berechnung der Steuerschuld ist im Rahmen der Steuererklärung vorzunehmen. Im Regelfall wird ein gesonderter Steuerbescheid nicht erteilt, die Kopie der eingereichten Steuererklärung und der Zahlungsnachweis sind als Nachweis für die Erfüllung der Steuererklärungspflicht als ausreichend anzusehen. Die eingereichte Steuererklärung wird elektronisch im System des IRS abgelegt, ein Ausdruck aus dem System auf das auch der Steuerpflichtige zugreifen kann (sog. federal tax return transcript) kann ebenfalls als Nachweis der Abgabe einer Steuererklärung und der Zahlung einer Steuerschuld gelten.

Die Steuererklärung wird im Veranlagungsprozess einer Plausibilitätsprüfung unterzogen und mit Daten, die der IRS aus anderen Quellen erhalten hat abgeglichen. Danach erfolgt eine Risikoklassifizierung, die entweder zu Rückfragen oder auch einer Betriebsprüfung führen kann. Der IRS prüft nur einen geringen Teil der abgegebenen Steuererklärungen, im Jahr 2019 wurden lediglich 2,4 % der Steuererklärungen von natürlichen Personen mit einem Jahreseinkommen von weniger als 1 Mio. USD geprüft. Nachweise und Belege werden nicht eingereicht, diese sind lediglich auf Verlangen oder im Rahmen einer Betriebsprüfung vorzulegen.

Neben der eigentlichen Steuererklärung (die im Einzelfall aus den verschiedensten Formularen bestehen und einen beachtlichen Umfang annehmen kann) bestehen weitere Erklärungspflichten und Meldepflichten, die im Rahmen der Steuerklärung erfüllt werden müssen. Hierzu gehören zum Beispiel Meldepflichten im Zusammenhang mit ausländischen Konten (FBAR Meldung), bei der Veräußerung von in den USA belegenem Grundbesitz (FIRPTA return), Zahlungen innerhalb von verbundenen Unternehmen und viele andere.

Die verschiedenen Formulare, die Rahmen der Steuererklärung einzureichen sind, sind mit einem Buchstaben- bzw. Zahlencode gekennzeichnet, der es Steuerpflichtigen und auch dem IRS möglich machen, die Übersicht bei der Vielzahl von Formularen zu behalten.

Im betrieblichen Bereich kommen unter Umständen weitere Erklärungspflichten wie z. B. für Verrechnungspreisdokumentation, das CbC-Reporting oder auch die Inanspruchnahme von Doppelbesteuerungsabkommen dazu. Im Gegensatz zu den deutschen Regelungen muss in dem Fall, in dem ein DBA den USA kein Recht zur Besteuerung gewährt, ein spezielles Formular abgegeben werden, damit die Nichtausübung des nach innerstaatlichen Vorschriften zulässigen Besteuerungsrechts ausgeschlossen werden kann (sog. „treaty based return position“, die mit Hilfe des Form 8833 geltend gemacht werden muss).

Wie in Deutschland auch haben Steuerpflichtige auf die zu erwartende Steuerschuld Vorauszahlungen bzw. Abschlusszahlungen zu leisten. Für natürliche Personen sind Vorauszahlungen jeweils am 15. April, 15. Juni, 15. September und am 15. Januar des Folgejahres zu leisten. Für Körperschaften hängt die Fälligkeit der Vorauszahlungen von ihrem Wirtschaftsjahr ab: Vorauszahlungen sind am 15. Tag des vierten, sechsten, neunten und zwölften Monats des Wirtschaftsjahres zu leisten. Jede Vorauszahlung muss dabei mindestens ein Viertel der Steuerschuld des laufenden bzw. des vorhergehenden Wirtschaftsjahres betragen.

Wie bereits dargestellt sind Abschlusszahlungen bei natürlichen Personen mit der Abgabe der Steuererklärung zu leisten. Für Kapitalgesellschaften sind Abschlusszahlungen generell am 15. Tag des vierten Monats nach Ende des Wirtschaftsjahres fällig. Eine evtl. Fristverlängerung zur Abgabe der Steuererklärung entbindet nicht von der Verpflichtung zur Abschlusszahlung zu diesen Fälligkeitszeitpunkten.

Wie in einem System der Selbstveranlagung nicht anders zu erwarten besteht eine enge Verzahnung des IRS mit Informationen aus anderen Quellen, um die Angaben der Steuerpflichtigen zu überprüfen. Daneben besteht eine Vielzahl von Strafzuschlägen und Säumniszuschlägen, um Steuerpflichtige zur fristgerechten und zutreffenden Abgabe der notwendigen Erklärungen anzuhalten. Die steuerlichen Strafzahlungen können im Einzelfall höher liegen als die eigentliche Steuerschuld und sind für deutsche Investoren gewöhnungsbedürftig. Aufgrund der möglichen hohen Strafzahlungen ist unbedingte Sorgfalt bei der Erstellung von Steuererklärungen und eine gründliche Prüfung der Erklärungspflichten anzuraten. Die Vielzahl der erforderlichen Formulare und der damit erforderliche compliance Aufwand führt dazu, dass die Erstellung von Steuererklärungen in den USA für Unternehmen mit deutlich höheren Kosten verbunden ist, als dies in Deutschland der Fall ist.

Generell ist der Verspätungszuschlag (failure-to-file-penalty) höher als der steuerliche Säumniszuschlag (failure-to-pay-penalty). Der Verspätungszuschlag beträgt pro angefangenem Monat der Säumnis 5 % der nicht gezahlten Steuerschuld, jedoch nicht mehr als 25 % der verbleibenden Steuerschuld. Bei einer um mehr als 60 Tage verspäteten Abgabe der Steuererklärung beträgt die Strafzahlung 510 USD oder 100 % der nichtgezahlten Steuer, wenn dieser Betrag niedriger ist. Der steuerliche Säumniszuschlag beträgt 0,5 % der Steuerschuld und beginnt am Tag nach dem Abgabedatum der Steuererklärung zu laufen. Auch hier gilt eine Obergrenze von 25 % der verbleibenden Steuerschuld. Sofern eine Fristverlängerung für die Abgabe der Steuererklärung beantragt worden ist und mit dem Antrag mindestens 90 % der finalen Steuerschuld beglichen worden sind, wird ein Säumniszuschlag nicht erhoben, sofern die verbleibende Steuerschuld innerhalb der verlängerten Abgabefrist gezahlt wird. Sofern wesentliche Gründe für die Verspätung geltend gemacht werden können, kann der IRS die Strafzahlungen auch erlassen.

Sofern es im Nachhinein zu einer Anpassung der durch den Steuerpflichtigen gemachten Angaben kommt, beträgt die Strafzahlung (accuracy related penalty) 20 % der zusätzlichen Steuerschuld. Sofern die zusätzliche Steuerschuld jedoch 5.000 USD bzw. 10 % der bisherigen Steuerschuld nicht übersteigt, wird hierauf in der Praxis meist verzichtet. Die Strafzahlung erhöht sich auf 40 % in Fällen von groben Bewertungsfehlern (gross valuation misstatement) i. S. v. IRC Sec. 6662(h), nicht erklärten Transaktionen ohne wirtschaftliche Substanz (nondisclosed noneconomic substance transactions) i. S. v. IRC Sec. 6662(i) oder im Fall von nicht erklärten ausländischen Finanzanlagen (undisclosed foreign financial asset understatements) i. S. v. IRC Sec. 6662(j).

Strafzahlungen sind wie in Deutschland als nichtabzugsfähige Betriebsausgaben anzusehen.

Die Verjährungsregelungen in den USA (sog. statute of limitations) sind äußerst kompliziert und vielfältig. Generell gilt eine dreijährige Verjährungsfrist (IRC Sec. 6501(a)), die mit dem gesetzlichen Abgabedatum für die Steuererklärung zu laufen beginnt, d. h. eine Abgabe der Steuererklärung vor dem Ablauf der gesetzlichen Abgabefrist führt nicht zu einem vorzeitigen Beginn der Verjährungsfrist. Sofern der IRS eine Fristverlängerung zur Abgabe der Steuererklärung gewährt hat, fängt die dreijährige Verjährungsfrist erst mit dem Ablauf der verlängerten Abgabefrist an zu laufen.

Die dreijährige Verjährungsfrist verlängert sich auf sechs Jahre für den Fall, dass in der Steuererklärung das zu versteuernde Einkommen wesentlich zu niedrig angegeben worden ist („substantial understatement of income"). Dies ist immer dann der Fall, wenn das Bruttoeinkommen zu einem späteren Zeitpunkt um mehr als 25 % nach oben hin korrigiert wird. Sofern es sich um eine überhöhte Angabe von Betriebsausgaben oder tax credits handelt, ist die sechsjährige Verjährungsfrist nicht anwendbar, handelt es sich dagegen um die überhöhte Angabe des steuerlichen Buchwerts eines Wirtschaftsgutes (z. B. bei der Berechnung eines Veräußerungsgewinns), ist wiederum die sechsjährige Verjährungsfrist anwendbar.

Zu einer Verdoppelung der allgemeinen dreijährigen Verjährungsfrist kommt es auch dann, wenn Einkommen aus ausländischen Quellen um mehr als 5.000 USD zu niedrig angegeben worden ist.

Im Fall der Nichtabgabe einer Steuererklärung oder im Fall einer Steuerstraftat existiert keine Verjährungsfrist, d. h. der IRS kann Fälle in der Vergangenheit verfolgen, ohne durch Verjährungsfristen gebunden zu sein (IRC Sec. 6501(c)).

Besondere Vorsicht ist bei Beteiligungen (mind. 10 %) an ausländischen Gesellschaften geboten. Eine solche Beteiligung löst zusätzliche Informations- und Erklärungspflichten mit dem sog. Form 5471 aus. Sofern die Abgabe einer solchen Erklärung unterlassen wird bzw. fehlerhaft ist, kann dies unabhängig von der Höhe des dadurch verursachten Steuerschadens (also auch wenn das Einkommen der ausländischen Gesellschaft null beträgt) eine Strafzahlung von bis zu 10.000 USD pro unterlassener oder unzutreffender Erklärung auslösen. Gleichzeitig bedeutet dies, dass die Nichtabgabe einer solchen Erklärung dazu führt, dass die Verjährungsfrist für die gesamte Steuererklärung nicht zu laufen beginnt, d. h. der IRS kann auch für Teile der Steuererklärung, die mit der Beteiligung an der ausländischen Gesellschaft nichts zu tun haben, ohne Bindung an Verjährungsfristen Änderungen vornehmen. Die verjährungsrechtlichen Folgen im Zusammenhang mit dem Form 5471 wurden 2010 zusammen mit den Foreign Account Tax Compliance Act (FATCA) Regelungen eingeführt.

Die generelle Verjährungsfrist für Erstattungsansprüche gegenüber dem IRS beträgt zwei Jahre.

Für Zwecke der Steuern auf Ebene der Bundesstaaten können abweichende Regelungen gelten. So gilt zum Beispiel in Kalifornien anstelle der generellen dreijährigen Verjährungsfrist eine vierjährige Verjährungsfrist. Änderungen im Rahmen der bundessteuerlichen Einkommensteuer können Änderungspflichten auch für Zwecke der einzelstaatlichen Steuern nach sich ziehen. Hier kann es bei einem Nichtbefolgen auf Ebene der Bundesstaaten zu einem Nichtanlaufen der entsprechenden Verjährungsfristen kommen, da die erforderliche Abgabe einer Steuererklärung nicht erfolgt ist.

Die vergleichsweise langen Verjährungsfristen führen zu entsprechend langen Aufbewahrungsfristen für entsprechende Dokumente und Belege.

Zahlungsansprüche verjähren generell innerhalb von zehn Jahren wobei der IRS vielfältige Möglichkeiten hat, diese Frist zu verlängern.

Wie bereits oben dargestellt bedeutet das Selbstveranlagungsverfahren nicht, dass der IRS die eingereichten Steuererklärungen und die darin gemachten Angaben ungeprüft übernimmt. Vielmehr wird die Steuererklärung einer computergestützten Auswertung unterzogen und dabei die von dem Steuerpflichtigen gemachten Angaben einer Plausibililtätsprüfung unterzogen. Die dabei zur Anwendung kommenden Prüfungsmethoden können wie folgt umschrieben werden:

- Discriminant Function System (DIF): Anhand von verschiedensten Faktoren werden Steuererklärungen in Risikogruppen eingeteilt und einer Diskriminanzanalyse (statistische Methode, die verwendet wird, um zwei oder mehr Gruppen von Objekten oder Ereignissen basierend auf einer Reihe von Merkmalen zu trennen oder zu klassifizieren) unterzogen. Je höher die Risikogruppenklassifizierung ausfällt, umso größer ist die Wahrscheinlichkeit, einer Betriebsprüfung unterzogen zu werden.
- Unreported Income Discriminant Function (UIDIF): Mit Hilfe dieser Analyse wird die Wahrscheinlichkeit untersucht, dass ein Steuerpflichtiger nicht sämtliche Einkünfte offengelegt hat. Dies ist z. B. der Fall bei natürlichen Personen, die mehr Ausgaben als Einkünfte geltend machen.
- Information Returns Processing System (IRP): Mit diesem Programm werden Informationen aus den verschiedensten Quellen wie z. B. Banken, Finanzbroker, Sozialversicherungsbehörden und Daten von Arbeitgebern mit den Informationen des Steuerpflichtigen in seiner Steuererklärung abgeglichen. Nach jüngsten Äusserungen des IRS soll hierbei in der Zukunft auch Künstliche Intelligenz unterstützen.
- Incriminating Documents Turned Over to IRS: In diesem Fall werden Informationen, die vom IRS in Gerichtsverfahren oder anderen Ermittlungsverfahren gewonnen wurden, mit den von dem Steuerpflichtigen gemachten Angaben abgeglichen.

- Audits of Related Entities: Informationen, die in Betriebsprüfungen von verbundenen Unternehmen und Geschäftspartnern gewonnen wurden, werden regelmäßig mit den Angaben in den Erklärungen von anderen Steuerpflichtigen abgeglichen (vergleichbar der auch in Deutschland bekannten Kontrollmitteilung).
- Gewerbliche Betriebe und Unternehmen werden je nach Größenordnung einer regelmäßigen Betriebsprüfung unterzogen. Dies ist mit der auch in Deutschland bekannten Vorgehensweise der Finanzverwaltung vergleichbar.

Sofern es im Rahmen der so durchgeführten Plausibilitäts- und Vergleichbarkeitsprüfungen zu einer Betriebsprüfung kommt, hat der IRS verschiedene Vorgehensweisen zur Auswahl:

Zum einen kann sich die Finanzverwaltung auf die Anforderung von zusätzlichen Informationen und Unterlagen beschränken (sog. correspondence audit). Dies ist bei weitem die üblichste Methode. Zum anderen kann der IRS eine Steuerprüfung vor Ort bei dem Steuerpflichtigen zu Hause, im Büro oder in dem jeweiligen Betrieb durchführen (sog. field audit). Dies ist am ehesten mit einer Betriebsprüfung nach deutschem Verständnis zu vergleichen. Hierzu kommt es jedoch erst, wenn gewisse Größenschwellen überschritten worden sind. Schließlich kann der IRS auch einen sog. office audit anordnen und den Steuerpflichtigen zur Durchführung einer Betriebsprüfung vorladen.

Eine Betriebsprüfung wird im Regelfall mit dem Übersenden des Betriebsprüfungsberichts, dem Form 4549 abgeschlossen. Der Abschlussbericht enthält dabei auch die Berechnung der zusätzlichen Steuerschuld. Stimmt der Steuerpflichtige dem Ergebnis der Prüfung zu, hat dieser Form 870 („Consent to Proposed Tax Adjustment") zu unterzeichnen. Bei Nichtzustimmung können innerhalb von 30 Tagen weitere Argumente oder Informationen vorgebracht werden. Sofern dies nicht erfolgt, ergeht nach 30 Tagen ein Bescheid, gegen den dann wiederum innerhalb einer 30-Tagesfrist Einspruch eingelegt werden kann.

Vergleichbare Vorgehensweisen existieren auf Ebene der Bundesstaaten und lokalen Gebietskörperschaften.

Wie in Deutschland auch kann gegen Steuerbescheide des IRS ein verwaltungsinternes Einspruchsverfahren geführt werden. Das sog. Office of Appeals ist dabei eine unabhängige eigene Abteilung innerhalb des IRS, die vom Chief of Appeals geleitet wird. Anders als im deutschen Steuerrecht ist ein Einspruchsverfahren jedoch nicht notwendigerweise eine Bedingung, um einen Fall gerichtlich klären zu lassen. Der Steuerpflichtige hat also die Möglichkeit, entweder ein verwaltungsinternes Einspruchsverfahren durchzuführen oder den Fall direkt einer gerichtlichen Klärung zukommen zu lassen.

Bei der Durchführung eines Einspruchsverfahrens kommt entweder ein sog. small case request oder ein formal request in Frage. Bei einem small case request handelt es sich um ein vereinfachtes Verfahren, das immer dann offen steht, wenn der in Frage kommende Betrag an Steuern, Strafzahlungen und Zinsen pro Jahr 25.000 USD oder weniger beträgt. Ein small case request kann entweder durch formloses Schreiben oder mit Form 12203 eingeleitet werden. Ein „formal request" wird durch ein formloses Anschreiben mit einem vorgeschriebenen Inhalt an Informationen und Erklärungen eingelegt.

Innerhalb einer 60 Tage-Frist soll der Eingang des Rechtsbehelfs durch die Rechtsbehelfsstelle bestätigt werden. Die Frist bis zur Entscheidung über den Einspruch selbst ist einzelfallabhängig und kann bis zu einem Jahr und mehr dauern. Gegen die Entscheidung im Rechtsbehelfsverfahren steht dann der gerichtliche Rechtsweg offen.

D. Die Besteuerung von natürlichen Personen

Im Rahmen der US-Steuerpflicht unterliegen natürliche Personen der Einkommensbesteuerung auf Bundesebene (Federal Income Tax) und der Ebene der verschiedenen Bundesstaaten (State Income Tax). Daneben kann eine Einkommensbesteuerung auch auf lokaler Ebene, d. h. durch die Städte und Gemeinden stattfinden (Local Income Tax), wenn der Steuerpflichtige persönliche oder territoriale Steueranknüpfungspunkte (u. a. Wohnsitzbegründung, mittel- oder unmittelbare gewerbliche Tätigkeit) hat. Eine Einkommensbesteuerung auf lokaler Ebene findet so zum Beispiel durch die City of New York statt. Bei der Besteuerung auf Bundesstaats- und lokaler Ebene werden häufig die bereits für Bundeszwecke festgestellten Bemessungsgrundlagen übernommen und für eigene Zwecke (erheblich) modifiziert. Generell sind die auf lokaler und bundesstaatlicher Ebene erhobenen Einkommensteuern von der Bemessungsgrundlage auf Bundesebene abzugsfähig, seit 2018 allerdings nur noch bis zu einem Höchstbetrag von 10.000 USD, sog. SALT-cap (siehe dazu auch Kapitel H.III.3). Die beschränkte Abzugsfähigkeit ist einer der Hauptdiskussionspunkte bei der Verabschiedung des „One Big Beautiful Bill Act" im Juli 2025 gewesen, durch die Gesetzesänderung wird die Abzugsfähigkeit von lokalen und bundesstaatlichen Einkommensteuern für den Zeitraum von 2025 bis 2029 auf 40.000 USD angehoben, der Höchstbetrag von 40.000 USD wird jährlich auf Grundlage der Inflationsrate angehoben. Für natürliche Personen mit einem modifizierten adjusted gross income (MAGI) von über 500.000 USD verringert sich der Höchstbetrag schrittweise bis zu einem Mindestbetrag von 10.000 USD. Ab dem Jahr 2030 soll dann wieder der alte Höchstbetrag i. H. v. 10.000 USD gelten.

Rechtsgrundlage für die Einkommensteuer natürlicher Personen auf Bundesebene (federal income tax on individuals) ist Titel (Title) 26, Untertitel (Subtitle) A, des IRC. Der IRC regelt auch die Körperschaftsteuer, ein spezielles Körperschaftsteuergesetz gibt es nicht. Die Bundeseinkommensteuer ist eine einheitliche Steuer auf das Welteinkommen der Steuerinländer bzw. auf US-Einkommen von Steuerausländern.

Das Nebeneinander der Einkommensbesteuerung auf Bundes-, Bundesstaats- und lokaler Ebene kann im Einzelfall zu nicht unerheblichen compliance und Steuererklärungskosten führen, zudem können sich daraus auch Doppelbesteuerungseffekte ergeben. Gerade für ausländische Investoren kann dies Risiken bergen, da Bundestaaten und lokale Körperschaften die Regelungen in Doppelbesteuerungsabkommen generell nicht anerkennen; eine Bindungswirkung kommt hier lediglich gegenüber der Bundessteuer zustande.

I. Subjektive Steuerpflicht

1. Unbeschränkte Steuerpflicht

Die Einkommensteuer erfasst das weltweite Einkommen von Steuerinländern, d. h. von natürlichen Personen, die entweder US-Staatsangehörige (citizens) sind oder als in den USA steuerlich ansässig angesehen werden (resident aliens). US-Staatsangehörige (citizens) sind immer, unabhängig von ihrem tatsächlichen Wohnsitz oder gewöhnlichen Aufenthalt, in den USA mit ihrem Welteinkommen, d. h. unbeschränkt steuerpflichtig. Dies gilt auch für natürliche Personen ohne US-Staatsangehörigkeit, die eine nach dem Einwanderungsrecht erteilte Daueraufenthaltsgenehmigung (permanent residency permit, sog. Green Card) besitzen. Die USA beschreiten hierbei einen Sonderweg und knüpfen die unbeschränkte Steuerpflicht an die Staatsangehörigkeit bzw. Daueraufenthaltsgenehmigung an. Darüber hinaus kann ein Ausländer als resident alien für steuerrechtliche Zwecke gelten und somit mit seinem Welteinkommen in den USA steuerpflichtig sein, wenn der sog. substantial presence test i. S. v. IRC Sec. 7701 (b) erfüllt ist.

Der substantial presence test ist dann erfüllt, wenn sich ein Ausländer (i) mindestens 31 Tage während des Veranlagungsjahres in den USA aufhält und (ii) die Summe seiner Anwesenheitstage im Veranlagungsjahr zuzüglich 1/3 der Anzahl der Anwesenheitstage im Vorjahr und zuzüglich 1/6 der Anzahl der Anwesenheitstage im Jahr davor mindestens 183 Tage beträgt (IRC Sec. 7701(b)(3)).

BEISPIEL D.1: A befindet sich das gesamte Jahr 2023 (366 Tage) in den USA, im Jahr 2024 noch 102 Tage und im Jahr 2025 an 40 Tagen in den USA. Für Zwecke des substantial presence test gilt die folgende Addition:

- 2025: 40 Tage
- 2024: 34 Tage (102 Tage x 1/3)
- 2023: 61 Tage (365 Tage x 1/6)

Somit hat sich der A für Zwecke des substantial presence test lediglich 135 Tage während des 3-Jahreszeitraums in den USA aufgehalten und unterliegt daher im Jahr 2025 keiner unbeschränkten US-Steuerpflicht.

Als Aufenthaltstage in den USA („days of presence in the US“) zur Bestimmung der oben genannten Kriterien gilt grundsätzlich jeder Tag, an dem eine natürliche Person zu irgendeinem Zeitpunkt physisch in den USA anwesend gewesen ist. Ausnahmen gelten lediglich für:

- Grenzgänger aus Kanada und Mexico,
- Transitaufenthalte für weniger als 24 Stunden,
- die Aufenthaltsdauer als Mitglied einer Schiffsbesatzung,

- die Aufenthaltsdauer, währenddessen ein Verlassen der USA aus medizinischen Gründen nicht möglich ist (in diesem Fall muss das form 8843 ausgefüllt und zusammen mit einer Steuererklärung abgegeben werden),
- bei einer Qualifikation als steuerbefreite Person (z. B. Lehrer, Studenten, Diplomaten mit bestimmten Arten eines Visums), und
- professionelle Athleten, die sich für Zwecke einer wohltätigen Veranstaltung in den USA aufhalten.

Eine Person, die den substantial presence test erfüllt, kann dennoch als nicht-ansässiger Ausländer („nonresident alien") und damit als nicht unbeschränkt steuerpflichtig behandelt werden, wenn sie

- sich für weniger als 183 Tage im Jahr in den USA aufhält (ohne Berücksichtigung der Aufenthaltsdauer in den Vorjahren),
- in einem anderen Land einen steuerlichen Wohnsitz hat, und
- in dem betreffenden Jahr eine engere Beziehung zu dem anderen Land („closer connection to a foreign country") als zu den USA hat.

Kriterien für eine engere Beziehung in diesem Zusammenhang sind u. a. der Ort des dauerhaften Wohnsitzes, der Ort an dem sich die Familie aufhält, der Ort an dem soziale, kulturelle, politische und religiöse Tätigkeiten ausgeübt werden, der Ort an dem sich das persönliche Vermögen befindet, die Ortsangabe die die Person auf Formularen und Dokumenten verwendet und der Ort an dem die Person wählt oder Spenden an karitative Einrichtungen tätigt. Hat die betreffende Person bereits eine Green Card beantragt, kann eine engere Beziehung zu einem anderen Land nicht beansprucht werden. Sofern die Ausnahme von dem substantial presence test in Anspruch genommen wird, muss das form 8840 zusammen mit einer Steuererklärung eingereicht werden.

Die steuerliche Ansässigkeit in den USA beginnt für eine natürliche Person

- bei Erhalt einer Green Card an dem Tag, an dem die Person erstmals rechtmäßig und dauerhaft in den USA ansässig ist (der Tag, an dem die Einwanderungsbehörde dem Antrag zugestimmt hat);
- bei Erhalt der Green Card im Ausland an dem Tag, an dem die Person erstmals physisch in den USA anwesend, d. h. eingereist ist, und
- bei Bestehen des substantial presence test an dem ersten Tag der physischen Anwesenheit in den USA in dem Jahr, in dem dieser Test erstmals bestanden wird. Der Steuerpflichtige kann sich bereits davor für maximal 10 Tage in den USA aufhalten, ohne bereits für diesen Zeitraum eine unbeschränke Steuerpflicht zu begründen. Dies soll kürzere Aufenthalte, z. B. als Tourist oder zur Wohnungssuche ermöglichen, ohne dass bereits zu diesem früheren Zeitpunkt die unbeschränkte Steuerpflicht be-

gründet wird. Für Zwecke des substantial presence Tests können diese Tage allerdings bereits mit einzubeziehen sein, auch wenn die eigentliche Ansässigkeit dann erst später beginnt.

Ein Ausländer, der erst im zweiten Jahr seines Aufenthalts in den USA nach dem substantial presence test als resident alien gilt, kann unter bestimmten Voraussetzungen für die Behandlung als resident alien im ersten Jahr seines Aufenthalts optieren, wenn (i) er im Vorjahr mindestens 31 Tage am Stück in den USA anwesend war und (ii) er vom ersten Tag des 31-Tage-Zeitraums bis zum Jahresende des Vorjahres mind. 75 % der Tage in den USA anwesend war (sog. first year election test). Die Ausübung dieses Wahlrechts kann immer dann vorteilhaft sein, wenn ein Großteil der Einkünfte aus US-Quellen bezogen wird und bereits einer beschränkten Steuerpflicht in den USA unterliegen, d. h. wenn die US-Steuer bei unbeschränkter Steuerpflicht niedriger ausfällt als bei beschränkter Steuerpflicht (z. B. bei Zusammenveranlagung oder der Geltendmachung von Verlusten).

Wer am Ende des Jahres US-Staatsangehöriger oder ansässiger Ausländer ist, kann sich auf Antrag mit einem nichtansässigen ausländischen Ehegatten mit dem gemeinsamen Welteinkommen veranlagen lassen.

Die Berechnungen im Rahmen des substantial presence test und die Begründung, dass die Voraussetzungen nicht erfüllt sind, sowie nähere Angaben zur Aufenthaltsdauer sind für nicht-ansässige Ausländer in dem sog. schedule OI auf dem Form 1040NR zu machen.

Die Regelungen zur Ansässigkeit können durch die Regelungen eines Doppelbesteuerungsabkommens verdrängt werden. Ausländer, die nach den oben genannten nationalen Regelungen als resident aliens gelten, die nach einem Doppelbesteuerungsabkommen aber als nicht in den USA, sondern in einem anderen Land als ansässig gelten, werden daher für US-Einkommensteuerzwecke wie nonresident aliens behandelt. Insbesondere für US-Staatsangehörige ist jedoch Art. 1 Abs. 4 des DBA Deutschland-USA zu beachten (sog. saving clause). Hiernach können die USA US-Staatsangehörige ungeachtet der (abkommensrechtlichen) Ansässigkeit so besteuern, als ob es das Doppelbesteuerungsabkommen – mit Ausnahme der in Art. 1 Abs. 5 genannten Vergünstigungen – nicht gäbe. US-Staatsangehörige können sich demnach für die Ermittlung der in den USA steuerpflichtigen Einkünfte in großen Teilen nicht auf das DBA berufen.

2. Beschränkte Steuerpflicht

Nichtansässige Ausländer (nonresident aliens) werden grundsätzlich nur mit dem Einkommen besteuert, das aus den USA stammt. Nonresident alien ist eine natürliche Person, die weder US-Staatsangehöriger ist noch als resident alien gilt. Hierbei sind zwei steuerliche Anknüpfungspunkte zu beachten:

- Einkünfte, die mit einer in den USA ausgeübten selbständigen oder nichtselbständigen Geschäftstätigkeit effektiv verbunden sind (sog. effectively connected income (ECI) werden nach den allgemeinen Grundsätzen besteuert.
- Anderes Einkommen aus US-Quellen (sog. fixed, determinable, annual or periodical (FDAP)-Einkommen), unterliegt einer abgeltenden Quellensteuer von 30 %, sofern nicht ein Doppelbesteuerungsabkommen einen niedrigeren Steuersatz vorsieht.

Ebenfalls einer Quellensteuer unterliegt die Veräußerung von US-Grundvermögen durch eine nicht in den USA ansässige Person oder Gesellschaft. Die Höhe der Quellensteuer beträgt 15 % der Gegenleistung.

3. Wegzugsbesteuerung

Die Wegzugsbesteuerung (IRC Sec. 877A) gilt für US-Staatsangehörige, die ihre Staatsbürgerschaft aufgeben, und für natürliche Personen ohne US-Staatsbürgerschaft, die in mindestens acht der letzten 15 Jahre vor der Auswanderung eine Green Card hatten und ihre steuerliche Ansässigkeit in den USA aufgeben (sog. Auswanderer oder covered expatriate). Für US-Staatsbürger gilt die Staatsbürgerschaft für Zwecke der Wegzugbesteuerung generell an dem Tag als beendet, an die die Aufgabe der US-Staatsbürgerschaft vor einem diplomatischen oder konsularischen US-Beamten mündlich oder schriftlich erklärt wird, hierüber wird dem Steuerpflichtigen eine Bescheinigung ausgestellt. Für die Besitzer einer Green Card wird die Wegzugbesteuerung in dem Moment ausgelöst, in dem der Steuerpflichtige seinen Einwanderungsstatus verliert. Der Grund für den Verlust des Einwanderungsstatus ist dabei unerheblich (z. B. eigene Initiative, gerichtliche oder verwaltungsrechtliche Gründe). Der Green Card Status eines Steuerpflichtigen wird auch dann beendet, wenn zwar der einwanderungsrechtliche Status weiterhin besteht, aber aufgrund des Steuerrechts als beendet gilt. Dies ist z. B. dann der Fall, wenn aufgrund der Bestimmungen eines DBA die Ansässigkeit des Steuerpflichtigen in einem anderen Land begründet wird und der IRS hiervon in Kenntnis gesetzt wird. Vielfach folgt aus dem steuerlichen Verlust des Einwanderungsstatus dann auch der einwanderungsrechtliche Verlust, dies ist ein in der Praxis nicht selten auftretender Fall.

Die Wegzugsbesteuerung kommt immer dann zur Anwendung, wenn der Auswanderer

- in dem 5-Jahreszeitraum, der mit der Auswanderung endet, eine durchschnittliche Steuerschuld von mehr als 206.000 USD (2025) hat (tax liability test), bei Zusammenveranlagung ist die die Steuerschuld der gemeinsamen Steuererklärung relevant, oder

- sein Nettovermögen mindestens 2 Mio. USD im Zeitpunkt der Auswanderung beträgt (net worth test), wo sich das entsprechende Vermögen befindet (in den USA oder ausserhalb) ist dabei nicht von Bedeutung, oder
- er den Nachweis nicht erbringt, dass er die amerikanischen Steuergesetze in den letzten fünf Jahren vor Auswanderung beachtet hat (certification test). Die eidesstattliche Erklärung erfolgt dabei auf dem form 8854 das zusammen mit der Steuererklärung einzureichen ist.

Ausnahmen von der Wegzugbesteuerung gelten für Personen mit doppelter Staatsbürgerschaft und für minderjährige US-Staatsangehörige.

Die Wegzugsbesteuerung nach IRC Sec. 877A eröffnet ein Wahlrecht. Generell unterliegen die stillen Reserven im Vermögen des Auswanderers im Zeitpunkt der Auswanderung der Veräußerungsbesteuerung, allerdings wird ein Freibetrag von max. 890.000 USD gewährt (2025, dieser Betrag wird inflationsbereinigt jedes Jahr angepasst). Die Veräußerungsbesteuerung wird auf Grundlage des Marktpreises am Tag vor der Aufgabe der US-Staatsbürgerschaft berechnet (Mark-to-Market Bewertung). Alternativ kann die Zahlung der Steuerschuld jedoch bis zum Zeitpunkt des tatsächlichen Verkaufs der Vermögensteile aufgeschoben werden. Bei einer solchen Nachversteuerung fallen Zinsen für den Zeitraum von der Auswanderung bis zum Verkauf an. Auswanderer müssen eine Erklärung über die Auswanderung auf Formular 8854 (Initial and Annual Expatriation Information Statement) einreichen.

Das Besteuerungsrecht der USA in Bezug auf die expatriation tax wird im DBA mit Deutschland in Art. 1 Abs. 4 Buchst. b abgesichert.

Die Regelungen der IRC Sec. 877A sind für Auswanderungen ab dem 17.6.2008 anwendbar und wurden durch den Heroes Earnings and Assistance and Relief Tax (HEART) Act eingeführt. Für Auswanderungen vor diesem Zeitpunkt galt eine 10-jährige erweitert beschränkte Steuerpflicht (IRC Sec. 877), die es in dieser Form jedoch nicht mehr gibt. Zusätzlich zu den oben dagestellten Regelungen der IRC Sec. 877A wurde mit IRC Sec. 2801 eine neue transfer tax für Schenkungen und Nachlässe von Expatriates and US Personen eingeführt. Die Regelungen zur Wegzugbesteuerung sind bislang nicht durch weitergehende Verwaltungsanweisungen des IRS konkretisiert worden.

Auf Ebene der einzelnen Bundesstaaten gibt es keine vergleichbare Wegzugbesteuerung.

II. Steuerliche Erklärungspflichten, Veranlagungsarten und Steuertarife für natürliche Personen

1. Steuerliche Erklärungspflichten

In den USA gilt die Sozialversicherungsnummer gleichzeitig als Steuernummer (sog. taxpayer identification number, TIN). Die Sozialversicherungsnummer kann mit dem form SS-5 bei jedem Büro der Sozialversicherungsbehörde beantragt werden.

Bei einer Qualifikation als US-Staatsangehöriger oder ansässiger Ausländer ist die Steuererklärung mit dem sog. Form 1040 abzugeben. Die früher genutzten Form 1040EZ und Form 1040A für vereinfachte Steuererklärungen werden nicht länger zur Verfügung gestellt. Für bestimmte Personengruppen (natürliche Personen 65 Jahre und älter) gibt es die vereinfachte Version des Form 1040SR. Das Form 1040 wird komplettiert durch verschiedene sog. schedules, die dazu genutzt werden, um verschiedene Positionen, die auf dem Form 1040 vorhanden sind zu berechnen und zu dokumentieren. So werden z. B. in dem schedule 3 die verschiedenen tax credits, aufgeteilt nach erstattungsfähigen und nicht-erstattungsfähigen tax credits aufgeführt; in Schedule A werden die itemized deductions wie z. B. Krankheits- und Arztkosten aufgeführt. In Form 8812 wird ein child tax credit sowie der tax credit für weitere Angehörige geltend gemacht.

Die Steuererklärung einer natürlichen Person ist grundsätzlich bis zum 15. April des Folgejahres einzureichen (IRC Sec. 6072 (a)), für beschränkt Steuerpflichtige ist eine Steuererklärung generell bis zum 15. Juni des Folgejahres abzugeben (IRC Sec. 6072 (c)). Steuererklärungen können auch auf elektronischem Weg beim IRS eingereicht werden. Das vom IRS in 2024 eingeführte sog. Direct-file Programm erlaubt es die Steuererklärung für bestimmte Personengruppen elektronisch bei dem IRS einzureichen ohne dafür einen kommerziellen Anbieter in Anspruch nehmen zu müssen. Die Zukunft des direct-file Programms ist momentan jedoch ungewiss und Gegenstand einer politischen Debatte. Ob und in welchem Umfang das Programm nach der tax-filing season des Jahres 2025 weitergeführt wird, bleibt abzuwarten. Bei Abgabe auf dem Postweg ist das Absendedatum, d. h. die Aufgabe zur Post entscheidend. Sofern der Abgabetermin auf einen Sonn- oder Feiertag fällt, wird die Abgabefrist auf den folgenden Werktag verlängert. Fristverlängerungen für die Abgabe der Steuererklärung sind möglich, diese müssen allerdings bis zum ursprünglichen Abgabetermin (15. April bzw. 15. Juni) beantragt werden und können maximal bis zu sechs Monaten gewährt werden. Die Fristverlängerung hat mit Form 4868 zu erfolgen, dies kann ebenfalls auf elektronischem Weg erfolgen. Es ist hierbei zu beachten, dass eine Fristverlängerung nicht von der Pflicht entbindet, die geschuldete Steuer bis zum ursprünglichen Abgabetermin zu entrichten (die

Berechnung muss dann auf Basis vorläufiger Zahlen vorgenommen werden), um das Entstehen von Zinsen und Strafzahlungen zu vermeiden.

Die Pflicht zur Abgabe einer Steuererklärung und damit zur Selbstveranlagung entfällt, wenn das gross income folgende Beträge nicht übersteigt:

- Bei einer Einzelveranlagung den Betrag von 14.600 USD,
- bei einer Zusammenveranlagung den Betrag von 29.200 USD,
- bei einer getrennten Veranlagung den Betrag von 5 USD pro Steuerpflichtigem,
- bei einer Veranlagung als Haushaltsvorstand den Betrag von 21.900 USD,
- bei Verwitweten mit Kind(ern) für die beiden Jahre nach dem Tod des Ehegatten 29.200 USD.

Für Personen über 65 Jahre erhöhen sich diese Beträge, z. B. auf 32.300 USD für Verheiratete, wenn beide mindestens 65 Jahre sind. Darüber hinaus besteht in noch einigen weiteren Fällen die Pflicht zur Abgabe einer Steuererklärung, z. B. bei einem Gewinn aus selbständiger Tätigkeit ab 400 USD (Form 1099-MISC).

Für Steuerberater, die ihre Pflicht zur ordnungsgemässen Beratung verletzen oder vertrauliche steuerliche Informationen unbefugt veröffentlichen oder weitergeben können z. T. erhebliche Strafzahlungen durch den IRS verhängt werden.

2. Sonstige Erklärungspflichten

Neben den rein steuerlichen Erklärungspflichten gibt es für Einzelpersonen, die einer unbeschränkten US-Steuerpflicht unterliegen (sowie auch für US-Körperschaften) weitere Erklärungspflichten, die zum Teil mit der Steuererklärung verbunden sind, zum Teil jedoch auch separat zu erfüllen sind:

- Statement of Specified Foreign Assets (Form 8938):
- Diese Erklärung muss zusammen mit der Einkommensteuererklärung abgegeben werden und wurde im Rahmen der sog. FATCA Regelungen (Foreign Account Tax Compliane Act) eingeführt. Angegeben werden müssen im Ausland befindliche Finanzkonten, sowie anderes im Ausland befindliches Anlagevermögen (mit Ausnahme von direkt gehaltenem Immobilienvermögen), wie z. B. Schuldverschreibungen, Anteile an Personengesellschaften oder Kapitalgesellschaften (sofern nicht bereits in anderen Anlagen zur Einkommensteuererklärung aufgeführt). Ebenfalls angegeben werden müssen Anteile an Erbengemeinschaften, sofern bestimmte von den persönlichen Verhältnissen des Steuerpflichtigen abhängige Wertgrenzen überschritten sind. Zusätzlich sind Verweise anzugeben, an welcher Stelle in der Steuererklärung die damit zusammenhängenden Einkünfte erklärt wurden.
- FBAR Report (Report of Foreign Bank and Financial Accounts, FinCen Form 114)

- Der sog. FBAR Report ist zum 15. April jeden Jahres mit einer automatischen Verlängerung bis zum 15. Oktober für das Vorjahr auf elektronischem Weg einzureichen. Meldepflichtig sind hierbei außerhalb der USA gehaltene Finanzkonten (u. a. Bankkonten, Wertpapierdepots, Derivate, Lebensversicherungen mit Überschussbeteiligung, sonstige Rentenansprüche) und solche, bei denen der Steuerpflichtige Unterschriftsvollmacht oder ähnliche Rechte hat, sofern der Gesamtbetrag aller im Ausland gehaltenen Finanzkonten an einem Tag im Kalenderjahr einen Betrag von 10.000 USD überschreitet. Der FBAR Report hat in diesem Fall sämtliche Finanzkonten mit dem jeweiligen Höchststand in dem Kalenderjahr zu umfassen. Bei Verstößen kann ein Bußgeld von bis zu 16.536 USD pro Verstoß festgesetzt werden, bei grober Fahrlässigkeit bzw. Vorsatz (Willfull violation) eine Strafzahlung von bis zu 165.353 USD oder 50 % des höchsten Guthabenstands des betreffenden Kontos im Kalenderjahr.

Sofern der US-Steuerpflichtige Anteile an im Ausland ansässigen Gesellschaften halt, kommen evtl. weitere Erklärungspflichten in Betracht, denen im Rahmen der Steuererklärung nachzukommen ist (Form 5471, „Information Return of US Persons with Respect to Certain Foreign Corporations“; Form 8621, „Information Return by a Shareholder of a Passive Foreign Investment Company or Qualified Electing Fund”; Form 8865, „Return of US Persons with Respect to Certain Foreign Partnerships“; Form 8858, „Information Return of US Persons with Respect to Foreign Disregarded Entities”; Form 3520, “Annual Return To Report Transactions With Foreign Trusts and Receipt of Certain Foreign Gifts”).

Vergleichbare Erklärungspflichten existieren auf Ebene der Bundesstaaten nicht.

3. Veranlagungsarten und Steuertarife

Nach IRC Sec. 1 bestehen im US-Steuerrecht fünf verschiedene Veranlagungsarten. Die Veranlagungsart kann dabei Einfluss auf die Art der Steuererklärung (Form) haben, sich auf die Höhe der Freibeträge auswirken und die Berechnung des zu versteuernden Einkommens und den Steuertarif beeinflussen.

Verheiratet können zwischen einer Zusammenveranlagung oder einer getrennten Veranlagung wählen. Unverheiratete Steuerpflichtige können die Steuererklärung als qualifizierender Witwer/Witwe, Haushaltsvorstand oder im Rahmen einer Einzelveranlagung abgeben. Generell am vorteilhaftesten sind eine Zusammenveranlagung und eine Veranlagung als qualifizierender Witwer/Witwe, gefolgt von einer Veranlagung als Haushaltsvorstand und einer Einzelveranlagung. Als weniger vorteilhaft ist eine getrennte Veranlagung für Verheiratete anzusehen.

- Einzelveranlagung (single filing): Diese Veranlagungsart kommt für ledige oder geschiedene Steuerpflichtige in Betracht. Auch für getrennt lebende Steuerpflichtige kommt eine Einzelveranlagung in Betracht.
- Zusammenveranlagung (joint filing): Um den Status als verheirateter Steuerpflichtiger zu bestimmen, wird auf den letzten Tag des Steuerjahres abgestellt. Eine Zusammenveranlagung kommt danach lediglich dann in Betracht, wenn der Steuerpflichtige am 31. Dezember eines Jahres nicht geschieden war oder aufgrund einer schriftlichen Vereinbarung getrennt lebend waren. Auch wenn nur ein Ehepartner steuerpflichtiges Einkommen bezieht, ist eine Zusammenveranlagung möglich. Als Folge einer Zusammenveranlagung werden die Ehepartner Gesamtschuldner der sich aus der Zusammenveranlagung ergebenden Steuerschuld. Auch gleichgeschlechtliche Ehepartner können zusammenveranlagt werden, dabei kommt es nur auf die Wirksamkeit der Eheschließung an und nicht darauf, ob der Bundesstaat, in dem sich der aktuelle Wohnsitz befindet, eine solche Eheschließung anerkennt. Verstirbt einer der Ehepartner kann der überlebende Ehepartner für das Jahr des Todesfalls ebenfalls noch eine Zusammenveranlagung mit dem verstorbenen Ehepartner wählen. US-Staatsangehörige und ansässige Ausländer mit einem nichtansässigen ausländischen Ehepartner können sich auf Antrag unter bestimmten Voraussetzungen mit ihrem gemeinsamen Welteinkommen veranlagen lassen.
- Getrennte Veranlagung (married filing separately): Eine getrennte Veranlagung kann in dem Fall vorteilhaft sein, in dem beide Ehepartner steuerpflichtiges Einkommen beziehen. Dies hängt sehr vom jeweiligen Einzelfall ab. Verschiedene tax credits wie z. B. für Kinder und andere unterhaltsabhängige Personen, Erziehungsaufwendungen und Bezieher für niedrige Einkommen können im Fall einer getrennten Veranlagung nicht geltend gemacht werden. Die Wahl zur getrennten Veranlagung kann für jedes Jahr von neuem ausgeübt werden, es gibt keine Bindungswirkung. Sofern eine Steuererklärung für eine Zusammenveranlagung in einem Jahr bereits eingereicht worden ist, kann jedoch nicht nachträglich noch zu einer getrennten Veranlagung optiert werden. Andersherum kann jedoch bei einer Steuererklärung mit einer getrennten Veranlangung während einer 3-Jahresfrist noch nachträglich zu einer Zusammenveranlagung optiert werden.
- Qualifizierende Witwe/Witwer (qualifying widow(er)): Bei Tod eines Ehegatten kann der überlebende Ehepartner für die nachfolgenden zwei Jahre den Status als qualifizierende Witwe/Witwer in Anspruch nehmen, sofern er unverheiratet bleibt und für den Unterhalt eines Kindes aufkommt, dabei kann es sich um das gemeinsame Kind, ein Pflegekind, ein Stiefkind oder ein adoptiertes Kind handeln. Dies gilt auch dann, wenn das Kind eine auswärtige Schule besucht und lediglich in den Ferien im gemeinsamen Haushalt anwesend ist. Der Status als qualifizierende Witwe/Witwer berechtigt den überlebenden Ehepartner die Steuersätze sowie bestimmte Frei-

beträge für Verheiratete in Anspruch zu nehmen. Bei Wiederheirat innerhalb der 2-Jahresfrist entfällt der Status als qualifizierende Witwe/Witwer.

- Haushaltsvorstand (head of household filing): Die Veranlagungsart als Haushaltsvorstand steht unverheirateten Steuerpflichtige offen, die mehr als die Hälfte der Kosten eines Hausstandes tragen, in dem sie mit einem Kind oder einer anderen unterhaltsberechtigten Person leben. Der gemeinsame Hausstand muss für mehr als die Hälfte des Jahres bestehen. Unterhaltsberechtigte Elternteile müssen nicht in dem gemeinsamen Hausstand leben, jedoch muss der Steuerpflichtige mehr als die Hälfte der Kosten des Hausstandes der Eltern tragen. Als typische Kosten des Hausstandes gelten Miete, Verpflegung, Arztkosten und sonstige mit der Wohnung zusammenhängende Kosten. Der für den Haushaltsvorstand anzuwendenden Steuersätze sind niedriger als bei einer Einzelveranlagung, aber höher als bei einer Zusammenveranlagung.

Momentan gibt es in den USA sieben verschiedene sog. tax brackets, d. h. Einkommensteuersätze, die auf Einkommen in bestimmter Höhe anzuwenden sind. Die durch den Tax Cuts and Jobs Act in 2018 eingeführten Änderungen an den tax brackets (Neuziehung der Einkommensgrenzen, geringfügige Absenkung der bis 2017 geltenden Sätze sowie Absenkung des vormals geltenden Höchststeuersatzes von 39,6 % auf 37 %) waren bis Ende 2025 befristet. Durch den One Big Beautiful Bill wurden diese Änderung zeitlich unbefristet. Somit gelten aktuell die folgenden Tarifstufen: 10 %, 12 %, 22 %, 24 %, 32 %, 35 % und 37 %.

Die Tarifstufen und die persönlichen Freibeträge werden jährlich an die Steigerung des Verbraucherpreisindex angepasst (inflation adjustment). Diese Anpassungen wurden vor 2018 mit Bezug auf den sog. consumer price index (CPI) vorgenommen. Der Tax Cuts and Jobs Act hat eine geänderte Indexierungsmethode basierend auf dem sog. chained consumer price index (chained-CPI) eingeführt. Der chained-CPI berücksichtigt geändertes Konsumentenverhalten basierend auf dem jeweiligen Inflationsniveau und führt generell zu niedrigeren jährlichen Anpassungen der steuerlich relevanten Werte. Die Anwendung des chained-CPI Verfahrens war ursprünglich auf den Zeitraum der Jahre 2018 bis 2025 beschränkt, wurde jedoch durch den One Big Beautiful Bill als endgültige Regelung ohne zeitliche Befristung etabliert (mit geringfügigen Änderungen).

Für die verschiedenen Veranlagungsarten gelten für das Jahr 2025 die folgenden Tarifstufen:

Tab. D.1.:	Tarif bei Einzelveranlagung
Teilmengen des zu versteuernden Einkommens in USD	Steuerlast
0 – 11.925	10 %
11.926 – 48.475	1.192,50 USD plus 12 % des Betrages über 11.925 USD
48.476 – 103.350	5.578,50 USD plus 22 % des Betrages über 48.475 USD
103.351 – 197.300	17.651 USD plus 24 % des Betrages über 103.350 USD
197.301 – 250.525	40.199 USD plus 32 % des Betrages über 197.300 USD
250.526 — 626.350	57.231 USD plus 35 % des Betrages über 250.525 USD
ab 626.351	188.769,75 USD plus 37 % des Betrages über 626.350 USD

Tab. D.2.:	Tarif bei Zusammenveranlagung bzw. getrennter Veranlagung		
Verheiratete mit Zusammenveranlagung		Verheiratete mit getrennter Veranlagung	
Teilmengen des zu versteuernden Einkommens in USD	Steuerlast	Teilmengen des zu versteuernden Einkommens in USD	Steuerlast
0 – 23.850	10 %	0 – 11.925	10 %
23.851 – 96.950	2.385 USD plus 12 % des Betrages über 23.850 USD	11.926 – 48.475	1.192,50 USD plus 12 % des Betrages über 11.925 USD
96.951 – 206.700	11.157 USD plus 22 % des Betrages über 96.950 USD	48.476 – 103.350	5.578,50 USD plus 22 % des Betrages über 48.475 USD
206.701 – 394.600	35.302 USD plus 24 % des Betrages über 206.700 USD	103.351 – 197.300	17.651 USD plus 24 % des Betrages über 103.350 USD

394.601 – 501.050	80.398 USD plus 32 % des Betrages über 394.600 USD	197.301 – 250.525	40.199 USD plus 32 % des Betrages über 197.300 USD
501.051 – 751.600	114.462 USD plus 35 % des Betrages über 501.050 USD	250.526 – 375.800	57.231 USD plus 35 % des Betrages über 250.525 USD
ab 751.601	202.154,50 USD plus 37 % des Betrages über 751.600 USD	ab 375.801	101.077,25 USD plus 37 % des Betrages über 375.800 USD

Tab. D.3.: Tarif bei der Veranlagung als Haushaltsvorstand

Teilmengen des zu versteuernden Einkommens in USD	Steuerlast
0 – 17.000	10 %
17.001 – 64.850	1.700 USD plus 12 % des Betrages über 17,000 USD
64.851 – 103.350	7,442 USD plus 22 % des Betrages über 64.850 USD
103.351 – 197.300	15.912 USD plus 24 % des Betrages über 103.350 USD
197.301 – 250.500	38.460 USD plus 32 % des Betrages über 197.300 USD
250.501 – 626.350	55.484 USD plus 35 % des Betrages über 250.500 USD
ab 626.351	187.031,50 USD plus 37 % des Betrages über 626.350 USD

Der Steuertarif auf Veräußerungsgewinne hängt davon ab, ob es sich um einen Gewinn aus der Veräußerung von langfristig gehaltenen Wirtschaftsgütern (long-term capital gains) oder kurzfristig gehaltenen Wirtschaftsgütern (short-term capital gains) handelt. Während bei Veräußerungsgewinnen aus kurzfristig gehaltenen Wirtschaftsgütern die allgemein üblichen Steuersätze zur Anwendung kommen, kommt für einen Veräußerungsgewinn aus langfristig gehaltenen Wirtschaftsgütern ein reduzierter Steuersatz zur Anwendung. Hierfür werden ab dem Jahr 2018 die Höchstbeträge für die jeweiligen

Tarifstufen aus dem Jahr 2017 angewandt (sog. breakpoints) und jährlich indexiert. Damit betragen die Steuersätze für das Jahr 2025 wie folgt:

Tab. D.4.: Steuersätze im Jahr 2025

Teilmengen des zu versteuernden Einkommens in USD für Alleinstehende	Teilmengen des zu versteuernden Einkommens in USD für Verheiratete mit Zusammenveranlagung	Teilmengen des zu versteuernden Einkommens in USD für Verheiratete mit getrennter Veranlagung	Steuertarif Veräußerungsgewinn	Steuertarif Veräußerungsgewinn unter Berücksichtigung der Net Investment Income Tax
0 – 48.350	0 – 96.700	0 – 48.350	0 %	0 %
48.351 – 533.400	96.701 – 600.050	48.351 – 300.000	15 %	18,8 %
ab 533.401	ab 600.051	ab 300.001	20 %	23,8 %

Für Einkommen aus bestimmtem Investment-Vermögen („investment income") fällt für Großverdiener eine 3,8 %-ige Zusatzsteuer an. Diese Zusatzsteuer wird auf das Nettoinvestmenteinkommen (sog. net investment income oder NII) erhoben. Als Investment Einkommen zählt u. a. Einkommen aus Zinsen, Dividenden, bestimme Veräußerungsgewinne, Mieteinnahmen und Lizenzeinnahmen. Die Zusatzsteuer fällt erst dann an, wenn das adjusted gross income (AGI) bei einer Einzelveranlagung und einer Veranlagung als Haushaltsvorstand 200.000 USD, bei einer Zusammenveranlagung 250.000 USD und bei einer getrennten Veranlagung 125.000 USD übersteigt. Das Nettoinvestmenteinkommen ist auf dem Form 8960 zu berechnen und zu erklären.

Der Höchststeuersatz für einen Veräußerungsgewinn aus dem Verkauf von Sammlungen (z. B. Münz- oder Kunstsammlungen, Edelsteine) beträgt 28 %.

Für Nachlass- und Treuhandvermögen, für die eine Option für die Besteuerung als Kapitalgesellschaft nicht besteht, existieren vier verschiedene Steuersätze: 10 % auf Einkommen bis 3.150 USD, 24 % auf Einkommensteile zwischen 3.151 USD und 11.450 USD, 35 % auf Einkommensteile von 11.451 USD und 15.650 USD und 37 % auf Einkommensteile über 15.650 USD.

Kinder werden mit ihrem Einkommen grundsätzlich getrennt von den Eltern veranlagt. Für Dividenden, Zinsen, Lizenzeinnahmen, Mieten, Veräußerungsgewinne und sonstige wiederkehrende Bezüge (sog. unearned income) war bei der Veranlagung des Kindes jedoch bislang der höhere Steuersatz, der für die Eltern Anwendung findet, anzuwenden (sog. kiddie tax). Hintergrund für diese Regelung ist, dass einer steuerlich motivierten Vermögensverschiebung von Eltern auf ihre Kinder vorgebeugt werden soll. Die

„kiddie tax“ ist generell auf Kinder unter 18 Jahren anzuwenden, bei Studenten kann dies bis zum Alter von 23 Jahren der Fall sein. Die „kiddie tax“ ist dann anzuwenden, wenn das oben genannte „unearned income“ den Betrag von 2.700 USD übersteigt (die ersten 1.350 USD sind komplett steuerfrei gestellt und die nächsten 1.350 USD werden mit dem für das Kind geltenden Steuersatz besteuert). Durch den Tax Cuts and Jobs Act wurde diese Regelung dahingehend abgemildert, so dass ab 2018 nicht mehr der höhere Steuersatz für die Eltern Anwendung findet, sondern der für Nachlass- und Treuhandvermögen geltende Steuersatz angewandt wird.

In einigen Fällen kann auch dafür optiert werden, die Vermögenseinkünfte minderjähriger Kinder bei den Eltern zu versteuern.

4. Alternative Minimum Tax

Bei der „Alternative Minimum Tax“ oder AMT der IRC Sec. 55 handelt es sich um eine Art Parallelrechnung, die zusätzlich zur normalen Steuerberechnung durchgeführt werden muss. Soweit der sich aus der Parallelrechnung ergebende Steuerbetrag höher ausfällt als der sich aus der regulären Steuerberechnung ergebende Steuerbetrag, ist der Differenzbetrag als zusätzliche Einkommensteuer zu zahlen. Hintergrund der Alternative Minimum Tax ist es, eine Mindestbesteuerung von Großverdienern sicherzustellen, die ansonsten im Rahmen der regulären Steuerberechnung durch verschiedene Gestaltungsmöglichkeiten, wie z. B. hohe Abzugsbeträge oder steuerbegünstigte Investitionen ihr Einkommen auf Null oder ein Minimum absenken können.

Das Konzept einer Mindestbesteuerung besteht in den USA bereits seit Anfang der 70er Jahre, die AMT in ihrer heutigen Ausgestaltung wurde 1982 eingeführt[1] und seitdem vielfach abgeändert und angepasst. Bei der AMT handelt es sich um eine von der regulären Steuerberechnung unabhängige Steuerberechnung.

Vor dem Tax Cuts and Jobs Act waren im Jahr 2017 noch ca. 5,2 Mio. US-Steuerzahler von der AMT betroffen[2], die AMT besaß somit ursprünglich eine hohe Relevanz und betraf auch viele Steuerpflichtige, die ursprünglich nicht als Zielgruppe der AMT galten. Im Rahmen der Steuerreform 2018 wurde lange Zeit auch die Abschaffung der AMT für natürliche Personen diskutiert, am Ende wurde die AMT lediglich für Körperschaften abgeschafft und für Einzelpersonen beibehalten. Jedoch wurden die Freibeträge im Rahmen der AMT ab 2018 deutlich angehoben und werden seitdem jährlich an die Steigerung der Lebenshaltungskosten angepasst. In den Jahren nach 2017 sank die Anzahl

1 Tax Equity and Fiscal Responsibility Act of 1982 (Pub.L. 97–248), in Kraft getreten am 3.9.1982.
2 US Tax Policy Center unter https://www.taxpolicycenter.org/briefing-book/did-american-taxpayer-relief-act-2012-fix-amt.

der betroffenen Steuerzahler auf ca. 200.000 jährlich[1]. Die ursprünglich vorgesehene zeitliche Beschränkung der Neuregelungen der AMT durch den TCJA bis zum Ende des Jahres 2025 wurde durch den OB3 aufgehoben und die Regelungen unbefristet zeitlich verlängert (mit kleineren Änderungen gegenüber den bis zum Ende des Jahres 2025 geltenden Regelungen).

Die AMT ist im Rahmen der Steuererklärung zu berechnen, hierzu ist Form 6251 einzureichen.

Die Berechnung der AMT erfolgt in den folgenden Schritten:

Tab. D.5:	Berechnung der AMT
Regular taxable income before the exemption deduction	Regulär zu versteuerndes Einkommen vor Geltendmachung von bestimmten Freibeträgen
+ Standard deduction	+ Standardabzüge
+ NOL deduction	+ Verluste
+ Tax preferences and positive adjustments	+ Anpassungen und bestimmte Vergünstigungen
- Negative adjustments	- Negative Anpassungen
= Alternative minimum taxable income (AMTI)	**= Alternatives zu versteuerndes Einkommen**
- AMT exemption	- AMT Freibeträge
= Amount subject to tax (AMT Base)	**= Bemessungsgrundlage für die AMT**
x AMT tax rate	x AMT Steuersatz
= Tentative minimum tax	**= vorläufiger AMT Betrag**
- Regular income tax	- regulärer Steuerbetrag
= AMT (if a positive amount)	**= AMT (sofern Betrag positiv)**

Für AMT-Zwecke sind persönliche Freibeträge, Pauschbeträge, sowie Abzüge für Stadt- und Gemeindesteuern, Zinsen und sonstige Aufwendungen sowie teilweise Krankheitskosten wieder hinzuzurechnen. Desweiteren sind geänderte Regelungen bei Abschreibungen, der Ermittlung von Veräußerungsgewinnen und -verlusten sowie für Verluste aus passiven Tätigkeiten zu beachten.

Bei der Berechnung der AMT werden die folgenden Freibeträge angesetzt (2025):

- 88.100 USD bei Einzelveranlagung und Veranlagung als Haushaltsvorstand,
- 137.000 USD bei Zusammenveranlagung,

1 https://taxpolicycenter.org/briefing-book/what-amt

- 68.650 USD bei getrennter Veranlagung,
- 30.700 USD bei Nachlass- und Treuhandvermögen.

Diese Freibeträge laufen in ihrer Wirkung ab einem gewissen Betrag des AMTI schrittweise aus (sog. AMT exemption phaseout threshold). Die AMTI Höchstbeträge für diesen Zweck lauten für das Jahr 2025 wie folgt:

- 626.350 USD bei Einzelveranlagung und Veranlagung als Haushaltsvorstand,
- 1.252.700 USD bei Zusammenveranlagung,
- 626.350 USD bei getrennter Veranlagung,
- 102.500 USD bei Nachlass- und Treuhandvermögen

Bei einem Überschreiten dieser Beträge des AMTI führt jeder zusätzliche Dollar zu einer Verringerung des Freibetrages i. H. v. 25 cents (phaseout percentage i. H. v. 25 %).

Durch den OB3 werden die AMT exemption phase out thresholds ab dem Jahr 2026 bei Einzelveranlagung auf 500.000 USD und bei einer Zusammenveranlagung auf 1 Mio. USD herabgesetzt. Zudem wird die phaseout percentage von 25 % auf 50 % erhöht.

Der Steuersatz auf das AMTI ist nach der Einkommenshöhe und dem Familienstand differenziert, er liegt zwischen 26 % und 28 %. Ein foreign tax credit kann im gleichen Umfang wie bei der regulären Steuerberechnung in Anspruch genommen werden.

Sofern die Anwendbarkeit der AMT lediglich auf einer zeitlichen Verschiebung von Aufwendungen beruht, kann der entsprechende Betrag der AMT als tax credit auf die reguläre Einkommensteuer in den Folgejahren angerechnet werden (die Berechnung hat auf Form 8801 zu erfolgen).

5. Besteuerung auf Ebene der Bundesstaaten

Wie bereits dargestellt existiert neben der Einkommensteuer auf Bundesebene auch auf Ebene der Bundesstaaten eine Einkommenbesteuerung für natürliche Personen. Die dabei anzuwendenden Steuersätze weichen von Bundestaat zu Bundestaat stark voneinander ab:

Tab. D.6: Steuersätze der Bundesstaaten (2025)

Staat	Steuersatz in %	Staat	Steuersatz in %
Alabama	2 - 5	Alaska	Entfällt
Arizona	2,5	Arkansas	2 - 3,9
California	1 - 13,3	Colorado	4,4
Connecticut	2 - 6,99	Delaware	2,2 - 6,6
District of Columbia	4 - 10,75	Florida	entfällt

Georgia	5,39	Hawaii	1,4 - 11
Idaho	5,695	Illinois	4,95
Indiana	3	Iowa	3,8
Kansas	5,2 - 5,58	Kentucky	4
Louisiana	3	Maine	5,8 - 7,15
Maryland	2 - 5,75	Massachusetts	5-9
Michigan	4,25	Minnesota	5,35 - 9,85
Mississippi	4,4	Missouri	2 - 4,7
Montana	4,7 - 5,9	Nebraska	2,46 - 5,2
Nevada	entfällt	New Hampshire	entfällt
New Jersey	1,4 - 10,75	New Mexico	1,5 - 5,9
New York	4 - 10,9	North Carolina	4,25
North Dakota	1,95- 2,5	Ohio	2,75 - 3,5
Oklahoma	0,25 - 4,75	Oregon	4,75 - 9,9
Pennsylvania	3,07	Rhode Island	3,75 - 5,99
South Carolina	3 - 6,2	South Dakota	entfällt
Tennessee[(a)]	3	Texas	entfällt
Utah	4,55	Vermont	3,35 - 8,75
Virginia	2 - 5,75	Washington	entfällt*
West Virginia	2,2- 4,82	Wisconsin	3,5 - 7,65
Wyoming	entfällt		
(*) ESt ist begrenzt auf capital gains			

Die einzelnen Bundesstaaten wenden bei der Bestimmung der Bemessungsgrundlage und des Steuersatzes unterschiedliche Ansätze und Besteuerungsprinzipien an, sie sind insoweit nicht an die Vorgaben auf Bundesebene gebunden. Praktisch alle Steuergesetze auf Ebene der Bundesstaaten weisen jedoch einen mehr oder weniger starken Bezug auf die Bestimmungen des Internal Revenue Code auf und setzen bei der Besteuerung für state tax Zwecke auf diesem auf.

Zum Teil verweisen die Steuergesetze der Bundesstaaten in weiten Teilen auf die Bestimmungen des IRC, andere Bundesstaaten nehmen das auf Grundlage des IRC bestimmte zu versteuernde Einkommen, um es in einem nächsten Schritt für Zwecke der state taxation anzupassen (vergleichbar mit der Regelungstechnik der deutschen Gewerbesteuer). Wiederum andere Bundesstaaten haben Teile des IRC als eigene Regelungen des jeweiligen state tax code übernommen.

Die Gründe für diese Vorgehensweise sind vielfältig, im Vordergrund steht dabei die Vereinfachung des Besteuerungsverfahrens für die Bundesstaaten (und für die Steuerpflichtigen). Die Bezugnahme auf die Regelungen des IRC ermöglicht es den Bundesstaaten, die auf Bundesebene ergehenden Verwaltungsanweisungen, rulings und Richtlinien ebenfalls für state tax Zwecke anzuwenden, ohne einen vergleichbar großen Verwaltungsapparat vorzuhalten. Für die Steuerpflichtigen hat diese Vorgehensweise den Vorteil, dass Bestimmungen sowohl für federal tax als auch für state tax Zwecke einheitlich interpretiert und ausgelegt werden, Ergebnisse einer Betriebsprüfung auf Bundesstaatsebene können in den meisten Fällen auch für Zwecke der Besteuerung auf state tax Ebene übernommen werden. Diese, aus deutscher Sicht für gewerbesteuerliche Zwecke vertraute Vorgehensweise, ist aus US-Sicht keineswegs selbstverständlich und muss auf Grund der Vielzahl von US-Bundesstaaten immer wieder hervorgehoben werden.

Bei der Anwendbarkeit der Regelungen des IRC für Zwecke der state taxation (sog. IRC conformity) sind verschiedene Regelungstechniken zu unterscheiden, die als „rolling conformity", „static conformity" und „selective conformity" umschrieben werden:

Unter „rolling conformity" ist die automatische Übernahme von Änderungen des IRC auf Bundesebene zu verstehen. Um eine Änderung des IRC nicht zu übernehmen, muss der jeweilige Bundesstaat diese explizit ablehnen. Diese Vorgehensweise wird allgemein am effizientesten angesehen und bietet die größte Transparenz und Übersichtlichkeit für die Steuerpflichtigen; gleichzeitig behält der Bundesstaat ein eigenes Entscheidungsrecht mit verhältnismäßig geringem Aufwand.

Unter „static conformity" (oder auch „fixed conformity" genannt) ist die Übernahme des IRC für state tax Zwecke mit Stand zu einem bestimmten Stichtag anzusehen. Änderungen, die nach diesem Stichtag erfolgen, werden nicht automatisch übernommen, sondern bedürfen einer expliziten Übernahme durch den Bundesstaat. Hier gibt es Bundesstaaten, die Änderungen des IRC jährlich übernehmen, andere Bundesstaaten übernehmen Änderungen des IRC weniger häufig und nicht immer in jährlichem Rhythmus. Dies kann dazu führen, dass state tax Regelungen zum Teil auf Bestimmungen des IRC basieren, die schon seit Jahren in dieser Form nicht mehr wirksam sind.

Einige wenige Bundesstaaten wenden das Prinzip der „selective conformity" an. Hier übernehmen die Bundesstaaten lediglich einzelne Bestimmungen des IRC für Zwecke der state taxation und lassen andere Regelungsbereiche außer Acht bzw. ersetzen andere Regelungsbereiche durch eigenständige Regelungen.

Zusammenfassend lässt sich sagen, dass eine 100 %-ige Übereinstimmung von state tax Regelungen mit dem IRC in keinem der 50 Bundesstaaten vorhanden ist. Vielmehr handelt es sich um einen bunten Flickenteppich an größeren und kleineren Übereinstimmungen, die von Bundesstaat zu Bundesstaat variiert.

III. Einkommensbegriff und Einkommensermittlung

Eine Begriffsbestimmung des Einkommens fehlt in den USA. Es gibt auch keine gesetzliche Aufzählung steuerpflichtiger Einkunftsarten, wie es im deutschen EStG der Fall ist. Vielmehr kodifiziert IRC Sec. 61(a), dass sämtliche Vermögenszuflüsse der Besteuerung unterliegen, soweit sie nicht ausdrücklich von der Besteuerung ausgenommen werden (IRC Sec. 101 bis 140). Erfasst werden daher im Prinzip alle laufenden oder einmaligen Einnahmen abzüglich der damit zusammenhängenden Kosten. Die verschiedenen Elemente des amerikanischen Steuersystems nehmen nicht auf vordefinierte Einkunftsarten Bezug. Die Vorschrift des IRC Sec. 61(a)(1)-(15) enthält zwar einen Katalog von Einnahmequellen, jedoch hat dieser eher Beispielcharakter und ist nicht als abschließende Aufzählung anzusehen.

Die Ermittlung des zu versteuernden Einkommens vollzieht sich in verschiedenen Schritten, die wie folgt dargestellt werden können:

Tab. D.7.	Ermittlung des zu versteuernden Einkommens
Income from all sources - Exempt Income = Gross income - Deductions for AGI (adjusted gross income) = AGI - Deductions from AGI Standard deductions or itemized deduction = Taxable Income x Tax rate = Income tax liability + Additional taxes - Tax credits and prepayments = Final Tax due or refund	Gesamtbetrag der Einnahmen - nicht steuerbare Einnahmen = Bruttoeinnahmen - bestimmte Aufwendungen = Einkünfte - Abzüge von den Einkünften Standardabzug oder nachgewiesener höherer Abzug = zu versteuerndes Einkommen x Steuersatz = Einkommensteuerschuld + zusätzliche Steuern - Anrechnungsguthaben und Vorauszahlungen = Steuerschuld/Steuererstattung

Nachdem zunächst die Einnahmen des Steuerpflichtigen ermittelt worden sind, sind in einem nächsten Schritt, die durch das Gesetz explizit ausgenommenen, nicht steuerbaren Einnahmen auszuscheiden. Der sich danach ergebende Betrag wird als „gross income“ bezeichnet. Dieser Begriff wird im Deutschen teilweise als Bruttoeinkommen bezeichnet, wobei die Bezeichnung als Bruttoeinnahmen sicherlich zutreffender wäre. Die deutsche steuerliche Terminologie von Einkünften und Einkommen ist aufgrund der unterschiedlichen Herangehensweise des US-Steuerrechts nur schwer übertragbar.

Nach Bestimmung des „gross income“ werden die mit den Einnahmen zusammenhängenden Aufwendungen und Verluste i. S. v. IRC Sec. 62(a) abgezogen, um das sog. adjusted gross income zu bestimmen. Als Aufwendungen können im weitesten Sinne Ausgaben, die mit deutschen Betriebsausgaben und Werbungskosten vergleichbar sind, angesehen werden. Bei den Verlusten kann es sich um Verluste aus bestimmten Tätigkeiten handeln oder auch um Verlustvorträge oder –rückträge.

Nach IRC Sec. 63(a) –(c) werden von dem so ermittelten „adjusted gross income“ weitere Aufwendungen oder Verluste entweder durch einen Pauschalbetrag („standard deduction“) oder einen höheren, durch Einzelnachweis geltend gemachten Betrag („itemized deduction“) abgezogen. Sofern ein Einzelnachweis erfolgt, gelten jedoch weiterhin vielfach Höchstbeträge und es muss eine zumutbare Grenze überschritten sein. Mit steigendem Bruttoeinkommen kommt es bei vielen itemized deductions gem. IRC Sec. 68a auch zu einem sog. phase-out. Neben den itemized und standard deductions werden vom adjusted gross income dann schließlich noch persönliche Freibeträge für den Steuerpflichtigen und seine Familie abgezogen, die entsprechenden Regelungen finden sich in IRC Sec. 151 ff. Auch hier kommt es mit steigendem Einkommen vielfach zu einem sog. phase-out. Auf das so ermittelte zu versteuernde Einkommen (taxable income) werden dann die verschiedenen Steuertabellen oder Sondersätze angewandt. Die schlussendlich ermittelte Steuerschuld wird um Vorauszahlungen und Steueranrechnungsbeträge (tax credits, z. B. für ausländische Einkommensteuern) gekürzt.

1. Gesamtbetrag der Bruttoeinnahmen

Die nicht abschließende Aufzählung in IRC Sec. 61(a) listet beispielhaft die folgenden Einnahmen als steuerpflichtige Einnahmen auf:

- Entgelte für Dienstleistungen einschließlich Honorare, Lohn und Gehaltszahlungen aus nichtselbständiger Arbeit;
- Bruttogewinne (gross profits) aus gewerblicher Tätigkeit;
- Gewinne oder Verluste aus Veräußerung von Vermögensgegenständen;
- Zinsen, Miet- und Pachteinnahmen, Lizenzgebühren, Dividenden;
- Einnahmen aus Unterhaltsansprüchen;
- Leibrenten, Einnahmen aus Lebensversicherungen, Altersruhegehälter, Pensionen und dergleichen;
- Einnahmen aus dem Erlass von Schulden;

- Gewinnanteile aus Personengesellschaften;
- Erträge aus Treuhand- und Nachlassvermögen.

Die aus dem deutschen Einkommensteuerrecht bekannten Einkunftsarten (Land-und Forstwirtschaft, Gewerbetrieb, nichtselbständige und selbständige Arbeit, Vermietung und Verpachtung und Kapitalvermögen sowie mit Einschränkungen auch sonstige Einkünfte) werden damit auch im US-Steuerrecht erfasst.

Die Bestimmung des „gross income" hat Relevanz für die Frage, ob überhaupt eine Einkommensteuererklärung abzugeben ist. Weiterhin ist für die Frage der Anwendbarkeit einer 6-jährigen Verjährungsfrist anstelle einer 3-jährigen Verjährungsfrist auf das prozentual zu niedrig erklärte gross income abzustellen.

a) Einnahmen aus Gewerbebetrieb

Ausgangspunkt der gewerblichen Gewinnermittlung ist der Bruttogewinn (gross profits). Dieser ist vereinfacht definiert als Umsatz abzüglich Umsatzkosten (gross profits = gross receipts or sales less returns and allowances less cost of goods sold). Die Einnahmeermittlung für Gewerbebetriebe hat somit die Besonderheit, dass die COGS bereits das gross income vermindern. Unter COGS sind im Allgemeinen die Anschaffungs- und Herstellungskosten, Lieferkosten, Lagerkosten und damit zusammenhängende Ausgaben zu verstehen.

Sonstige Betriebsausgaben wie Löhne, Abschreibungen oder Mietkosten sind erst bei der Ermittlung des AGI zu berücksichtigen.

Es gibt keine allgemeine steuerrechtliche Verpflichtung zur Aufstellung eines Jahresabschlusses nach handelsrechtlichen Vorschriften. Die steuerliche Gewinnermittlung erfolgt anhand der steuerlichen Vorschriften. Eine handelsrechtliche Buchführung dient aber in aller Regel auch als Grundlage für die steuerliche Gewinnermittlung. Die Vorschriften über die steuerliche Gewinnermittlung sind im Rahmen der allgemeinen Bestimmungen über die Einkommensermittlung zu sehen. Die Steuerpflichtigen sind zur Führung von Unterlagen und Geschäftsbüchern verpflichtet, soweit sie die für Zwecke der Steuererklärungen erforderlichen Angaben und Informationen enthalten und substantiieren. Ein steuergesetzlich vorgeschriebenes Gewinnermittlungssystem besteht zwar nicht, doch sind Steuerpflichtige grundsätzlich verpflichtet, die Rechnungslegungsmethode heranzuziehen, die sie gewöhnlich verwenden. Es sind im Prinzip alle Gewinnermittlungsmethoden erlaubt, die stetig sind und das Einkommen eindeutig erkennen lassen („....to clearly reflect income...", IRC Sec. 446). Ein Methodenwechsel ohne behördliche Genehmigung ist grundsätzlich nicht zulässig. Üblich sind vor allem folgende Gewinnermittlungsmethoden:

- die Zurechnungsmethode (accrual method), die einem Betriebsvermögensvergleich entspricht, oder

- die Zuflussmethode (cash method), die in etwa mit einer Einnahmen-Überschussrechnung vergleichbar ist und nur von Einzelunternehmen und bestimmten kleineren Personen- und Kapitalgesellschaften angewandt werden darf. Durch den Tax Cuts and Jobs Act wurden die Voraussetzungen zur Anwendung der cash method ab dem Jahr 2018 deutlich herabgesetzt.

Es gibt keinen zwingenden gesetzlichen Zusammenhang zwischen Handels- und Steuerbilanz, und damit gibt es grundsätzlich auch kein Maßgeblichkeitsprinzip. Die steuerrechtlichen Vorschriften einerseits sowie die handels- und wertpapierrechtlichen Vorschriften andererseits können voneinander abweichen. Unterschiede zwischen den entsprechenden Wertansätzen in den Bilanzen sind daher üblich.

Land- und forstwirtschaftliches Einkommen ist keine besondere Einkunftsart; es wird wie gewerbliches Einkommen (trade or business) besteuert. Bei der Einkommensermittlung gibt es jedoch einige Besonderheiten, die mit dem Gewerbe zusammenhängen.

b) Einnahmen aus Kapitalvermögen

Der Begriff der Zinseinnahmen im US-Steuerrecht ist weit gefasst und umfasst im Endeffekt alle Vergütungen in Geld oder Geldeswert, die der Gläubiger für die Überlassung von Kapital erhält. Eine Bagatellgrenze existiert bei der Erfassung der Einnahmen nicht.

Für sog. original issue discount bonds oder kurz OID, bei denen sich der Zins aus der Differenz des Kaufpreises und des Rücknahmepreises ermittelt, hängt die Behandlung der Zinseinnahmen von mehreren Faktoren ab: Bei Anwendung der cash method werden die Zinseinnahmen bei Fälligkeit bzw. Rücknahme des OID bonds erfasst. Bei Steuerpflichtigen, die die accrual method anwenden, wird eine Einnahme erst bei Fälligkeit/Rücknahme erfasst, wenn es sich um ein sog. de minimis OID bond handelt, d. h. das OID weniger als 0,25 % des Nennwerts beträgt. Sofern dieses jedoch höher ist, ist das anteilige Zinseinkommen jährlich nach der „effective interest rate method" zu bestimmen. Sofern der OID bond als capital asset gehalten wird, ist der sich bei Rücknahme/Fälligkeit ergebende Differenzbetrag zu den Anschaffungskosten als Veräußerungsgewinn zu behandeln. Bei sog. market discount bonds, die von anderen bondholdern erworben werden, besteht ein Wahlrecht zwischen einer jährlichen Versteuerung oder einer Versteuerung am Ende der Laufzeit des bonds.

Bei Darlehen, die von einem Gläubiger zu einem unter der sog. applicable federal rate oder AFR liegenden Zinssatz gewährt werden, sind in Höhe des Differenzbetrages fiktive Zinseinnahmen anzusetzen. Die AFR Zinssätze werden durch den IRS monatlich veröffentlicht. Hauptanwendungsfälle für solche Darlehen sind insbesondere Darlehen zwischen nahen Angehörigen (sog. gift loans, bei denen es aber zahlreiche Ausnahmen gibt), Darlehen zwischen Arbeitgeber und Arbeitnehmer und Darlehen zwischen einer Gesellschaft und ihrem Gesellschaft.

Bei Zinszahlungen, die jährlich mindestens 10 USD betragen, erhält der Gläubiger im Regelfall eine Bescheinigung auf dem Form 1099-INT durch den Schuldner, eine Kopie des Forms geht direkt an den IRS. Das Form 1099-INT wird nicht zusammen mit der Steuererklärung eingereicht sondern lediglich zu den aufbewahrenden Unterlagen des Steuerpflichtigen genommen. Bei Einnahmen aus den beschriebenen OID bonds gibt es ein gesondertes Form 1099-OID.

Bei Dividenden aus US Gesellschaften ist zu unterscheiden, ob es sich um sog. ordinary dividends oder um „return of capital distributions" handelt. Bei den ordinary dividends handelt es sich um Ausschüttungen aus dem Gewinnvortrag oder dem aktuellen Jahresüberschuss, den sog. earnings and profits oder kurz E&P genannt. Solche ordinary dividends sind in vollem Umfang als Einnahmen anzusetzen, jedoch kann hier eine Besteuerung mit einem reduzierten Steuersatz erfolgen, hier gelten dieselben Regelungen wie für langfristige Veräußerungsgewinne (long-term capital gains). Danach betragen die Steuersätze wie folgt:

- 0 % bei einem zu versteuernden Einkommen bis zu 48.350 USD (bei Verheirateten erhöht sich der Betrag auf 96.700 USD);
- 15 % bei einem zu versteuernden Einkommen zwischen 348.351 USD und 533.400 USD (bei Verheirateten erhöhen sich die Beträge auf 96.701 USD und 600.050 USD) und
- 20 % ab einem zu versteuernden Einkommen von 533.401 USD (bei Verheirateten 600.051 USD).

Seit dem Jahr 2013 wird auf bestimmtes Einkommen aus Kapitalvermögen eine 3,8 %-ige sog. Net Investment Income Tax erhoben, die dann fällig wird, wenn bestimmte Einkommensgrenzen überschritten werden (siehe dazu auch oben unterD.II.3).

Sofern es sich bei der Dividende um eine Kapitalrückzahlung handelt, kommt es zu einer Reduzierung der Anschaffungskosten der entsprechenden Anteile des Steuerpflichtigen und nicht zu steuerpflichtigen Einnahmen. Wenn die Anschaffungskosten des Steuerpflichtigen durch solche return of capital-Ausschüttungen komplett auf Null reduziert worden sind und es zu weiteren return of capital-Ausschüttungen kommt, handelt es sich um einen Veräußerungsgewinn.

Dividenden werden von der ausschüttenden Gesellschaft auf Form 1099-DIV bescheinigt. Bei Steuerinländern wird keine Kapitalertragsteuer als Quellensteuer erhoben. Jedoch wird bei Nichtbeachtung der steuerlichen Kontrollvorschriften bzw. fehlender Angaben des Steuerinländers ein Steuerabzug von 24 % (seit 2018) durch die auszahlende Stelle vorgenommen (sog. backup withholding). Dieser Steuereinbehalt entspricht einer Steuervorauszahlung und wird auf die Einkommensteuerschuld angerechnet.

c) Veräußerungsgewinne

Das US-Steuerrecht sieht in IRC Sec. 1001 vor, dass ein Gewinn oder Verlust aus der Veräußerung von Wirtschaftsgütern grundsätzlich steuerpflichtig ist, es sei denn, gesetzliche Vorschriften sehen ausdrücklich von einer Steuerpflicht ab. So werden z. B. bei bestimmten Veräußerungstatbeständen im Bereich der Umwandlung von Unternehmen, bei einer Fusion oder der Einbringung von Gesellschaftsanteilen in Form von Sachwerten die stillen Reserven nicht aufgedeckt und die steuerlichen Buchwerte (adjusted basis) vom Erwerber weitergeführt. In diesen Fällen kommt es somit zu einem Aufschub der Besteuerung, nicht zu einer endgültigen Steuerbefreiung. In all diesen Fällen sind komplizierte Einzelbestimmungen zu beachten. Werden bestimmte Wirtschaftsgüter für Produktions- oder Investitionszwecke durch andere Wirtschaftsgüter mit der gleichen Funktion ersetzt, entstand bislang auf Grundlage von Sec. 1031 IRC ebenfalls kein zu versteuernder Gewinn oder Verlust. Diese sog. like-kind exchange-Vorschrift in IRC Sec. 1031 wurde jedoch mit Wirkung ab dem 1.1.2018 auf den Bereich des Immobiliengewerbes beschränkt und ist für andere Wirtschaftsgüter nicht weiter anwendbar. Obwohl die Vorschrift der Sec. 1031 IRC in den Jahren nach dem TCJA kontrovers diskutiert worden ist und immer wieder eine Abschaffung bzw. betragsmäßige Beschränkung im Raum stand, wurden an der Vorschrift auch durch den OB3 keine weiteren Änderungen vorgenommen.

Im Falle von Schenkungen und Erbschaften liegt keine Veräußerung vor. Diese beiden Sachverhalte sind von der Einkommensteuer befreit.

Ist keiner dieser Ausnahmetatbestände gegeben, so ist der Gewinn oder Verlust aus der Veräußerung von Wirtschaftsgütern steuerpflichtig. Veräußerungsgewinn oder -verlust ist in diesem Fall die Differenz zwischen dem Veräußerungserlös und der adjusted basis des übertragenen Wirtschaftsguts. Die adjusted basis besteht dabei im Regelfall aus den ursprünglichen Anschaffungskosten abzüglich der Abschreibungen für das Wirtschaftsgut. Eine Anpassung der Werte an die Inflation gibt es nicht.

Im Rahmen der Veräußerungsgewinnbesteuerung ist grundsätzlich eine zweistufige Analyse erforderlich:

- Zunächst ist zu bestimmen, ob der Gewinn oder Verlust aus der Veräußerung gewöhnlicher Natur (ordinary gains or losses) ist oder einen sogenannten capital gain or loss darstellt. Ob ein Gewinn oder Verlust gewöhnlicher Natur ist und damit wie reguläres Einkommen besteuert wird oder einen capital gain or loss darstellt und bestimmte Steuerprivilegien Anwendung finden, bestimmt sich danach, ob ein capital asset veräußert wird (siehe im Folgenden).
- In einem nächsten Schritt ist dann festzustellen, ob ein capital gain or loss langfristig (long-term) oder kurzfristig (short-term) ist. Generell bedeutet langfristig, dass

die Haltedauer mehr als ein Jahr beträgt, und kurzfristig, dass die Haltedauer ein Jahr oder weniger beträgt.

Capital gains und capital losses werden getrennt von den übrigen Einkünften ermittelt; für die Besteuerung dieser Größen, ihre Verrechnung untereinander und mit anderem Einkommen gelten Sondervorschriften. Gewinne aus der Veräußerung von langfristigen capital assets unterliegen bei natürlichen Personen der Tarifermäßigung der IRC Sec. 1(h), Verluste aus der Veräußerung von capital assets können grundsätzlich nur mit Gewinnen aus der Veräußerung von capital assets ausgeglichen werden. Natürliche Personen können jedoch bis zu 3.000 USD (bei getrennter Veranlagung 1.500 USD) der capital losses mit den übrigen (regulären) Einkünften ausgleichen. Der nicht verrechenbare Betrag ist zeitlich ohne Begrenzung vortragbar, wobei auch hier die Unterscheidung zwischen lang- und kurzfristigen capital gains bzw. capital losses von Bedeutung ist (vorgetragene kurzfristige capital losses können in den Folgejahren lediglich mit kurzfristigen capital gains und vorgetragene langfristige capital losses können in den Folgejahren lediglich mit langfristigen capital gains verrechnet werden).

Die Tarifermäßigung der Sec. 1(h) IRC für natürliche Personen bezieht sich auf den net capital gain. Dieser stellt den Überschuss des net long-term capital gain (langfristige Nettogewinne) über den net short-term capital loss (kurzfristige Nettoverluste) dar. Der net long term capital gain ist der Überschuss der net long term capital gains über die net long term capital losses sowie abzgl. eines capital loss Vortrages. Ergibt sich hingegen ein Überschuss der kurzfristigen Gewinne, so werden diese mit den regulären Steuersätzen besteuert. Sofern sowohl ein net long term capital gain als auch ein net short term capital gain erzielt worden ist, findet eine steuerliche Sonderbehandlung lediglich für den net long-term capital gain statt. Der net short term capital gain wird wie gewöhnliches Einkommen besteuert.

Auf den net capital gain wird ein begünstigter Höchststeuersatz angewandt. Ab dem Jahr 2018 werden die Höchstbeträge für die jeweiligen Tarifstufen aus dem Jahr 2017 angewandt (sog. breakpoints) und jährlich indexiert. Damit betragen die Steuersätze wie folgt:

- 0 % bei einem zu versteuernden Einkommen bis zu 48.360 USD (bei Verheirateten erhöht sich der Betrag auf 96.700 USD);
- 15 % bei einem zu versteuernden Einkommen zwischen 48.361 USD und 533.400 USD (bei Verheirateten erhöhen sich die Beträge auf 96.701 USD und 600.050 USD) und
- 20 % ab einem zu versteuernden Einkommen von 533.401 USD (bei Verheirateten 600.051 USD).

Die auf den net capital gain anzuwendenden Steuersätze sind somit die gleichen, die auch für qualifizierte Dividenden Anwendung finden (siehe oben unter D.III.1.b).

Daneben gibt es für bestimmte net capital gains Sonderregelungen. So ist z. B. ein net capital gain aus dem Verkauf von sog. Kleinunternehmen unter bestimmten Voraussetzungen nach einer Haltedauer von 5 Jahren zu 100 % steuerfrei (sog. Qualified Small Business Stock (QSBS) exclusion der Sec. 1202 IRC). Durch den OB3 wird die Steuerbefreiung auf Grundlage der Haltedauer der betreffenden Anteile gestaffelt bemessen: bei einer Mindesthaltedauer von 3 Jahren ist ein Gewinn zu 50 % steuerfrei, bei einer Mindesthaltedauer von 4 Jahren zu 75 % und ab einer Haltedauer von 5 Jahren zu 100 %. Daneben werden die weiteren Anforderungen zur Geltendmachung der Steuerbefreiung herabgesetzt. Der Höchststeuersatz für einen evtl. verbleibenden steuerpflichtigen Teil bei einer Veräusserung von QSBS beträgt dann 28 %. Der Höchststeuersatz für net capital gains aus dem Verkauf von Sammlungen (z. B. Münz- oder Kunstsammlungen, sogenannte „collectibles") beträgt ebenfalls 28 %.

Capital gains nichtansässiger Ausländer sind grundsätzlich nur dann in den USA steuerpflichtig, wenn sie mit einer US-Erwerbstätigkeit in Verbindung stehen oder wenn es sich dabei um Gewinne aus der Veräußerung von US-Immobilienwerten handelt (vgl. D.VIII.5).

Die zentrale Vorschrift im Rahmen der Besteuerung von capital gains und capital losses ist die Definition des capital asset in IRC Sec. 1221. Den Begriff des capital asset erfüllt demnach jedes beliebige Wirtschaftsgut, sofern keiner der in dieser Vorschrift genannten Ausnahmetatbestände erfüllt ist. Nicht als capital assets sind damit Wirtschaftsgüter anzusehen, die in die folgenden fünf Kategorien fallen:

- Wirtschaftsgüter des Vorratsvermögens inklusive Rohmaterial und unfertige Erzeugnisse,
- betrieblich begründete Forderungen,
- abschreibungsfähige Wirtschaftsgüter des betrieblichen Anlagevermögens (mit einigen Ausnahmen, sog. Sec. 1231 property),
- betrieblich genutzte oder vermietete Grundstücke (auch hier kann die Ausnahmevorschrift der IRC Sec. 1231 Anwendung finden),
- Urheberrechte, musikalische, künstlerische oder artistische Kompositionen (mit Ausnahmen).

Capital assets sind damit grundsätzlich alle materiellen und immateriellen Wirtschaftsgüter, die nur für Privatzwecke genutzt werden (z. B. das selbst genutzte Grundstück, das selbst genutzte Auto, Schmuck). Zu den capital assets zählen damit ebenfalls Wertpapiere (Aktien und Obligationen), der Firmenwert, ferner bei natürlichen Personen Gegenstände des Privatvermögens und nichtbetrieblicher Grundbesitz.

Auch bei der Veräußerung von abschreibungsfähigen Wirtschaftsgütern des betrieblichen Anlagevermögens und betrieblich genutzten und vermieteten Grundstücken (Sec. 1231 property) kann ein Gewinn entstehen, der als capital gain zu versteuern ist, während ein dabei entstehender Verlust im Rahmen der üblichen Vorschriften als ordinary loss berücksichtigt wird. Voraussetzung ist, dass die Wirtschaftsgüter länger als ein Jahr im Eigentum des Steuerpflichtigen waren.

Verschiedene Vorschriften qualifizieren aus unterschiedlichen Gründen capital gains in laufende Gewinne (ordinary income) um. Zu den wichtigsten gehören das sog. Sec. 1245 property und das Sec. 1250 property. Gewinne aus der Veräußerung von Sec. 1245 property (z. B. bestimmte bewegliche und abschreibungsfähige Wirtschaftsgüter) gelten bei einer Haltedauer von mehr als 12 Monaten insoweit als ordinary income, als sie auf Abschreibungen zurückzuführen sind (sog. depreciation recapture). Bei Gewinnen aus der Veräußerung von Sec. 1250 property (in der Regel abschreibungsfähige Gebäude) wird lediglich der Betrag der vorangegangenen Abschreibung als ordinary income besteuert, der die nach der linearen Methode berechnete Abschreibung übersteigt. Bei einer Haltedauer von einem Jahr oder weniger wird jedoch der gesamte Gewinn einschließlich der geltend gemachten Abschreibungen als ordinary income besteuert.

d) Einnahmen aus Vermietung und Verpachtung

Auch der Begriff der Einnahmen aus Vermietung und Verpachtung ist weit gefasst. Danach sind generell alle Einnahmen im Zusammenhang mit der Überlassung von Sachgegenständen als Einnahmen aus Vermietung und Verpachtung zu erfassen. So fallen z. B. auch Zahlungen zur Beendigung eines Mietvertrages oder werterhöhende Aufwendungen eines Mieters, die anstelle einer Mietzahlung vorgenommen werden, unter diese Einnahmeart. Spezielle Regelungen existieren für den Fall, dass der Steuerpflichtige eine Immobilie während eines Jahres zum Teil selbst nutzt und zum Teil vermietet. Sofern die Immobilie oder Wohnung während eines Jahres nicht länger als 14 Tage fremdvermietet wird, sind die damit zusammenhängenden Einnahmen nicht als Einnahmen aus Vermietung und Verpachtung anzugeben (Ausgaben können in diesem Zusammenhang dann natürlich auch nicht geltend gemacht werden). Diese Regelung hat insbesondere im Zeitalter von Airbnb und ähnlichen Anbietern an Aktualität gewonnen, der IRS hat vielfach auf diese Grenze hingewiesen und kontrolliert die Einhaltung der Regeln in diesem Bereich regelmäßig.

Die steuerliche Geltendmachung von selbstgenutztem Wohneigentum ist in den USA nicht möglich.

e) Einnahmen aus nichtselbständiger Tätigkeit

Die Einnahmen aus nichtselbständiger Arbeit werden mit dem Bruttobetrag im gross income erfasst, eine besondere Einkunftsart gibt es dafür nicht. Steuerpflichtig sind im Grunde sämtliche Leistungen, die ein Arbeitnehmer als Gegenleistung für seine unselbständige Tätigkeit erhält (Löhne, Gehälter, Provisionen, Bonuszahlungen, Trinkgelder). Dies gilt unabhängig davon, ob die Entlohnung in Form einer Geldzahlung, in der kostenlosen oder verbilligten Zurverfügungstellung von Waren oder Dienstleistungen oder in einer anderen Form erfolgt. Innerhalb bestimmter Grenzen können Sachzuwendungen jedoch auch als steuerfreie Einnahmen qualifizieren (dazu unten unter D.III.2).

Der Arbeitgeber stellt dem Arbeitnehmer jährlich eine Bescheinigung über die empfangenen Gehaltsbestandteile und die einbehaltene Lohnsteuer auf dem Form W-2 aus (ähnlich der deutschen Lohnsteuerbescheinigung). Gehaltsbestandteile, die durch den Arbeitgeber wie z. B. zur Zahlung von Sozialversicherungsbeiträgen, Krankenversicherungsbeiträgen (Medicare) und Lohnsteuern einbehalten werden, gelten ebenfalls als steuerpflichtige Einnahmen. Durch den OB3 wird für Trinkgelder, die an Angehörige von bestimmten Berufsgruppen gezahlt werden in dem Zeitraum 2025 bis 2028 ein Steuerabzug bis zu einem jährlichen Höchstbetrag von 25.000 USD gewährt. Der Steuerabzug wird ab einem modifizierten Einkommen (modified adjusted gross income) von USD 150.000 reduziert. Trinkgelder sind jedoch in vollem Umfang weiterhin auf dem Form W-2 anzugeben (bzw. Form 1099-NEC oder 1099-K bei selbständiger Tätigkeit). Nicht befreit sind Trinkgelder dagegen weiterhin von Sozialversicherungsbeiträgen und Medicare Beiträgen (sog. Federal Insurance Contributions Act oder FICA Beiträge) bzw. der self-employment tax bei Selbständigen.

Durch den OB3 wird für Überstundenvergütungen bei bestimmten Tätigkeiten ebenfalls ein Steuerabzug gewährt, dieser Steuerabzug beträgt max. 12.500 USD (25.000 USD bei Zusammenveranlagung) jährlich. Der Steuerabzug wird auch hier für den Zeitraum 2025 bis 2028 gewährt und ab einem jährlichen modifizierten Einkommen (adjusted gross income) von USD 150.000 reduziert. Überstundenvergütungen sind wie Trinkgelder weiterhin in den entsprechenden Steuerformularen anzugeben und unterliegen der Sozialversicherungspflicht.

Die gleichzeitige Inanspruchnahme des Steuerabzugs für Trinkgelder und Überstundenvergütungen ist nur bei einer Zusammenveranlagung möglich.

Die mit einer nichtselbständigen Arbeit zusammenhängenden Aufwendungen eines Steuerpflichtigen sind grundsätzlich als itemized deductions bei der Berechnung des zu versteuernden Einkommens abzugsfähig.

Die steuerlichen Folgen beim Erwerb eines Arbeitnehmer-Optionsrechts und bei der späteren Ausübung der Option hängen von den Bedingungen des Einzelfalls und von der Art des Optionsrechts ab. Grundsätzlich ist die Gewährung des Optionsrechts in Höhe des Marktwertes steuerpflichtig. Es ist üblich, dass Optionsrechte derart ausgestaltet werden, dass zum Zeitpunkt des Erhalts das Optionsrecht selbst keinen Marktwert hat (d. h. der Ausübungspreis entspricht bei Gewährung dem Aktienpreis) und der Erhalt somit beim Arbeitnehmer nicht steuerpflichtig ist. Erst die Ausübung des Optionsrechts führt zur Steuerpflicht, wobei der steuerpflichtige Betrag die Differenz zwischen Marktwert der Aktie und Ausübungspreis der Option ist. Die Anschaffungskosten der Aktien beim Arbeitnehmer entsprechen dem Marktpreis zum Zeitpunkt der Ausübung. Bei der Weiterveräußerung der Aktien durch den Arbeitnehmer wird ein Gewinn oder Verlust grundsätzlich als capital gain oder capital loss besteuert. Bei Ausübung der Option kann der Arbeitgeber Betriebsausgaben geltend machen. Die Höhe der Betriebsausgabe entspricht im Allgemeinen dem steuerpflichtigen Betrag beim Arbeitnehmer.

Im Gegensatz dazu ist das Optionsrecht eines Arbeitnehmers im Rahmen von incentive stock options kein Einkommensbestandteil beim Arbeitnehmer und kann auch nicht vom Arbeitgeber, der dieses Recht gewährt hat, als Betriebsausgabe geltend gemacht werden. Für die bei Ausübung dieser Option erworbenen Aktien sind Anschaffungskosten in Höhe des Ausübungspreises, den der Arbeitnehmer für die Option bezahlt hat, anzusetzen. Eine Versteuerung des geldwerten Vorteils der Option erfolgt nachträglich zum Zeitpunkt einer späteren Veräußerung der Aktie durch den Arbeitnehmer. Ein dabei entstehender Veräußerungsgewinn oder -verlust wird grundsätzlich als capital gain oder capital loss besteuert.

Abfindungen, die bei einem Anteilseignerwechsel an ausscheidende Arbeitnehmer gezahlt werden und die das Dreifache der durchschnittlich gezahlten Vergütung in den letzten fünf Jahren übersteigen, gelten grundsätzlich als excess parachute payment i. S. v. IRC Sec. 280G. Als solche unterliegen sie beim Empfänger einer 20 %-igen Zusatzsteuer (excise tax) auf diese Beträge, die zu der regulären Steuer hinzukommt. Die Zahlungen können nicht als Betriebsausgabe beim Arbeitgeber geltend gemacht werden.

Ausländische Arbeitseinkünfte von US-Bürgern und US-ansässigen natürlichen Personen können bis zu 130.000 USD im Jahr steuerfrei sein (Betrag für das Jahr 2025), es handelt sich dabei um den sog. Foreign Earned Income Exclusion Amount, IRC Sec. 911. Voraussetzung ist unter anderem, dass der Steuerpflichtige während des gesamten Jahres seinen Wohnsitz im Ausland hat oder sich mindestens 330 Tage in einem beliebigen 12-Monatszeitraum im Ausland aufhält. Bei einer Auslandstätigkeit innerhalb des Veranlagungszeitraums unter einem Jahr gilt der Höchstbetrag nur anteilsmäßig. Zusätzlich kann der Arbeitnehmer bestimmte Kostenerstattungen des Arbeitgebers für die erhöhten Wohnungskosten im Ausland in Grenzen steuerfrei vereinnahmen.

f) Einnahmen aus selbständiger Tätigkeit

Auch die Gewinne aus selbständiger Arbeit (self-employed persons) stellen keine besondere Einkunftsart dar. Für die Gewinnermittlung bzw. die Einnahmenermittlung gelten die bereits dargestellten Regelungen.

g) Einnahmen aus Unterhaltszahlungen

Die sich aus einer Ehescheidung bzw. Kindesunterhalt ergebenden Einnahmen können in die folgenden Kategorien eingeteilt werden:

- Die sich aus einer Gütertrennung („property settlement“) ergebenden Ansprüche führen generell nicht zu steuerpflichtigen Einnahmen oder berücksichtigungsfähigen Ausgaben.
- Alimente, d. h. Unterhaltszahlungen, sind grundsätzlich beim Empfänger als steuerpflichtige Einnahmen zu behandeln und beim Zahlenden als steuerlich zu berücksichtigende Ausgaben. Die Geltendmachung als Ausgabe beim Zahlenden ist an die Weiterleitung der Sozialversicherungsnummer des Empfängers an den IRS geknüpft. Um als steuerlich relevante Unterhaltszahlung zu qualifizieren, müssen die folgenden Voraussetzungen gegeben sein:
  - Es muss sich um eine Geldzahlung handeln.
  - Bei der Zahlung handelt es sich nicht um Kindesunterhalt.
  - Die Zahlungspflicht ergibt sich aus einem Scheidungsurteil (legal divorce decree) oder einer rechtlichen Scheidungsvereinbarung (maintenance or divorce instrument) und die Zahlungen werden explizit als Unterhaltszahlungen ausgewiesen.
  - Die Unterhaltspflicht erlischt mit dem Tod des Begünstigten.
  - Der Empfänger und der Zahlende leben in getrennten Haushalten.
- Zahlungen für den Kindesunterhalt gelten nicht als steuerbare Einnahmen.

h) Einnahmen aus Leibrenten, Lebensversicherungen, Altersruhegehälter, Pensionen und Ähnlichem

Bei der Besteuerung von Renten und Pensionen gilt die allgemeine Regel, dass ohne eigene Gegenleistung erworbene Renten voll steuerpflichtig sind. Renten im Rahmen der Sozialversicherung und des Railroad Retirement Act können bis zu 85 % steuerpflichtig sein, wenn das adjusted gross income nach einigen Modifizierungen und erhöht um 50 % der Bezüge aus der US-Sozialversicherung bestimmte Grenzen übersteigt (34.000 USD bei einer Einzelveranlagung und 44.000 USD bei einer Zusammenveranlagung). Renten nichtansässiger Steuerausländer aus der US-Sozialversicherung werden grundsätzlich von einer definitiven Quellensteuer von 30 % erfasst. Infolge der vorrangigen DBA-Bestimmungen gilt diese US-Quellensteuer aber nicht für in Deutschland ansässige Steuerpflichtige.

Zusätzlich zu der gesetzlichen Altersvorsorge gibt es für die betriebliche und die private Altersvorsorge eine breite Modellvielfalt. Diese Vorsorgepläne (retirement plans) sind – wenn sie bestimmte Voraussetzungen erfüllen, die von der Art des betreffenden Plans abhängen – als qualified plans steuerbegünstigt. Die steuerlichen Vergünstigungen beziehen sich auf die Beiträge zu einem solchen Plan (durch den Begünstigten selbst bzw. seinen Arbeitgeber), auf die durch diese Pläne laufend erzielten Einkünfte und auf die späteren Bezüge aus einem solchen begünstigten Plan. Die Pläne können feste Beitragszahlungen (defined contribution plans) oder feste Altersbezüge (defined benefit plans) vorsehen.

Bei einem solchen Pensionsplan wird ein Vertrag mit einer Versicherung oder einer Bank (die meist hierfür eigene Pensionsfonds eingerichtet haben) oder einem anderen „Planmanager" geschlossen, die die Verwaltung übernehmen. Begünstigte können dabei eine einzelne natürliche Person (z. B. der Arbeitnehmer), eine Personengruppe (z. B. die gesamte Belegschaft bei einem vom Arbeitgeber aufgelegten Vorsorgeplan) oder der Beitragszahler selbst sein. Der Plan kann – je nach Art – vom Begünstigten selbst und/oder vom Arbeitgeber errichtet werden. Wie die angesammelten Finanzmittel investiert werden, entscheidet im Rahmen der gesetzlichen Vorschriften der Planmanager oder (wenn der Vertrag dies zulässt) der Begünstigte selbst. Einige Pläne kann der Steuerpflichtige auch selbst verwalten.

Im Allgemeinen sind die in einem qualified plan erwirtschafteten Erträge nicht steuerpflichtig. Die Beiträge eines Begünstigten zu einem solchen Plan sind im Rahmen von Höchstbeträgen als Abzugsbetrag anzusetzen, um vom gross income zum bereinigten adjusted gross income zu gelangen. Die in einem Plan getroffenen, mit dem Steuerrecht abgestimmten Höchstbetragsregelungen gehören zu den Voraussetzungen, die vorliegen müssen, damit ein solcher Plan überhaupt steuerbegünstigt ist. Auch für die späteren Altersbezüge aus defined benefit plans gelten Höchstbeträge. Bei einigen betrieblichen Altersvorsorgeplänen gibt es nur Arbeitgeberbeiträge, bei anderen nur Arbeitnehmerbeiträge, bei anderen Arbeitnehmer- und Arbeitgeberbeiträge. Die Arbeitgeberbeiträge sind im Allgemeinen beim Arbeitgeber als Betriebsausgaben abzugsfähig und beim Arbeitnehmer nicht steuerpflichtig. Sofern ein Vorsorgeplan es zulässt und Arbeitnehmerbeiträge über die Höchstbetragsregelungen hinausgehen, kann der Überschuss nicht geltend gemacht werden. Auch Selbständige und Einzelunternehmer können einige dieser Pensionspläne für ihre eigene Altersversorgung errichten. Diese Vorsorgepläne sind nur für die Alterssicherung bestimmt (einige Ausnahmen). Nach Erreichen von bestimmten Altersgrenzen, spätestens bei einem Alter von 70,5 Jahren, müssen die angesammelten Mittel in vorgeschriebener Höhe abgerufen werden. Bei

Plänen, die eine nachgelagerte Besteuerung vorsehen, erfolgt dann die Besteuerung. Wird nicht bzw. nicht in ausreichender Höhe abgerufen, wird eine Strafsteuer in Höhe von 50 % des Betrages fällig, der hätte abgerufen werden müssen. Strafsteuern (im Allgemeinen 10 %) zusätzlich zu den nachzuversteuernden Beträgen werden auch fällig, wenn zu viel aus einem steuerbegünstigten Plan abgerufen wird, wenn die Finanzmittel zweckentfremdet oder vor Erreichen einer vorgeschriebenen Altersgrenze (generell 59,5 Jahre) abgerufen werden. Ein Steuerpflichtiger kann mehrere Pläne errichten (dabei gelten aber Einschränkungen); gelegentlich ist auch die Übertragung der in einem Pensionsplan angesammelten Finanzmittel auf einen anderen Plan möglich und steuerunschädlich. Von den zahlreichen Möglichkeiten der betrieblichen und privaten Altersvorsorge sollen hier nur einige angesprochen werden.

- Die Pläne nach Sec. 401(k) IRC sind von einem Arbeitgeber aufgelegte, qualifizierte Vorsorgepläne (qualified pension plans) zugunsten der Arbeitnehmer, wobei die Altersbezüge von den individuell angesammelten Finanzmitteln abhängen. Die Beiträge können vom Arbeitgeber geleistet werden und/oder vom Arbeitnehmer. Der maximal steuerlich abzugsfähige Arbeitnehmerbeitrag beträgt 23.500 USD p. a. (2025). Für Arbeitnehmer ab 50 Jahren beträgt der Höchstbetrag 31.000 USD, für Arbeitnehmer zwischen 60 und 63 Jahren beträgt der Höchstbetrag 34.750 USD. Die späteren Bezüge sind voll steuerpflichtig.
- Individual Retirement Arrangements (IRA) sind von einem Arbeitgeber unabhängige Pläne zur privaten Altersvorsorge, die alle natürlichen Personen auf individueller Basis errichten können. Die IRA bilden das Rückgrat der privaten Altersvorsorge in den USA und können vielfältige Formen annehmen. Die Zuführungen zu einem solchen Plan sind steuerlich bis zu 7.000 USD (8.000 USD für Personen, die 50 Jahre und älter sind) im Jahr als deductions from gross income abzugsfähig, die im Plan erwirtschafteten Erträge sind steuerfrei. Falls ein Berechtigter schon Teilnehmer eines vom Arbeitgeber aufgelegten betrieblichen Pensionsplans ist, kürzt sich der Höchstbetrag entsprechend. Ein IRA darf auch die nicht erwerbstätige Ehefrau umfassen; dann gelten andere Höchstbeträge. Die späteren Auszahlungen sind beim Empfänger voll steuerpflichtig; es kommt also zu einer nachträglichen Versteuerung. Bei den sog. Roth-IRA können Zuführungen steuerlich nicht geltend gemacht werden, Auszahlungen sind dann allerdings auch nicht als Einnahmen zu versteuern.
- Die Keogh-plans sind betriebliche Altersvorsorgepläne für Selbständige, Einzelunternehmer und Gesellschafter von Personengesellschaften. Diese Pläne bieten ähnliche Vorteile wie die qualified pension plans der Arbeitnehmer, unterliegen jedoch nicht denselben Abzugsbeschränkungen wie die IRA.

Sonstige wiederkehrende Leistungen oder Annuitäten können entweder als zeitliche beschränkte Zahlungen (term annuity) oder auf Lebenszeit gewährte Zahlungen (life annuity) auftreten. In beiden Fällen sind die Zahlungen, die zur Berechtigung der wiederkehrenden Leistung führen, typischerweise steuerlich nicht abzugsfähig. In diesem Fall sind die Zahlungen aus der entsprechenden Annuität lediglich mit ihrem Ertragsanteil als Einnahme zu berücksichtigen. Zur Bestimmung des steuerfreien Anteils hat der IRS vom Lebensalter des Berechtigten abhängige Tabellen herausgegeben.

Die im Todesfall ausgezahlte Lebensversicherung ist grundsätzlich steuerfrei.

i) Gewinne aus der Veräußerung selbstgenutzten Wohneigentums

Bei den Gewinnen aus Veräußerung oder Tausch selbst genutzten Wohneigentums, das als Hauptwohnung (principal residence) genutzt wurde, gibt es einen Freibetrag von bis zu 250.000 USD (500.000 USD bei Zusammenveranlagung). Voraussetzung ist eine Eigennutzung von mindestens zwei Jahren während der letzten fünf Jahre vor der Übertragung. Der Teil des Veräußerungsgewinns, der den Freibetrag übersteigt, ist als capital gain zu versteuern. Der Freibetrag kann – wenn die Voraussetzungen vorliegen – im Laufe des Lebens mehrfach in Anspruch genommen werden, aber grundsätzlich nur einmal alle zwei Jahre. Der Freibetrag wird anteilig reduziert, sofern das Wohneigentum innerhalb des 5-Jahreszeitraums vor Übertragung nicht primär als Hauptwohnung genutzt wurde.

j) Sonstige Einnahmen

Die Zahlung von Arbeitslosengeld führt zu steuerpflichtigen Einnahmen. Ebenso führt die Erstattung von lokaler und gemeindlicher Einkommensteuer, die in Vorjahren als abzugsfähiger Aufwand bei der Bundessteuer geltend gemacht worden ist zu steuerpflichtigen Einnahmen (sog. tax benefit rule). Auch die Einnahmen, die aus illegalen Aktivitäten herrühren, sind steuerpflichtig (Aufwendungen für gesetzeswidrige Aktivitäten können dagegen nicht abgesetzt werden). Gewinne aus Preisausschreiben und Glücksspielen sind ebenfalls steuerpflichtig. Preisgelder für Auszeichnungen wie z. B. den Nobelpreis oder den Pulitzer Preis sind damit ebenfalls als steuerpflichtige Einnahmen anzusehen.

2. Nicht steuerbare Einnahmen

Als nicht steuerbare Einnahmen kommen insbesondere die folgenden Einnahmen in Betracht:

- Foreign Earned Income Exclusion Amount, IRC Sec. 911: siehe bereits oben unter D.III.1.e.
- Geschenke und Erbschaften unterliegen der Schenkungsteuer, sind aber einkommensteuerlich nicht relevant. Sofern mit Hilfe von Schenkungen oder Erbschaften

Einnahmen erzielt werden unterliegen diese dann der Einkommensteuer (z. B. Zinsen).

- Bei den Einkünften aus nichtselbständiger Arbeit sind innerhalb bestimmter Grenzen verschiedene Sachwertbezüge (fringe benefits) steuerfrei, z. B. Arbeitnehmerrabatte, die Privatnutzung von Arbeitsmitteln, unter bestimmten Voraussetzungen der Arbeitnehmertransport durch Fahrzeuge des Arbeitgebers von der Wohnung zur Arbeitsstelle und kostenlose oder verbilligte Parkplätze, Nutzung von Betriebskindergärten und verbilligtes Kantinenessen. Seit dem Tax Cuts and Jobs Act sind die Möglichkeiten für einen steuerfreien Aufwendungsersatz ab dem Jahr 2018 deutlich eingeschränkt (siehe dazu auch Kapitel H). Sachbezüge sind grundsätzlich mit dem Marktwert als Einnahme bei dem Steuerpflichtigen anzusetzen.
- Die Arbeitgeberbeiträge zu der Unfall- und Krankenversicherung eines Arbeitnehmers sind innerhalb bestimmter Grenzen als nicht steuerbare Einnahmen des Arbeitnehmers anzusehen. Dasselbe gilt für den Arbeitgeberbeitrag zur Sozialversicherung (dazu unter D.VII).
- Auszahlungen, die im Todesfall von einer Lebensversicherung an einen Begünstigten geleistet werden, sind generell nicht steuerbar.
- Stipendien, die dazu genutzt werden, Studiengebühren und Studienmaterial zu finanzieren, sind ebenfalls nicht steuerbar. Dies gilt jedoch nicht für Stipendien, die im Rahmen eines Postgraduiertenstudiengangs gezahlt werden.
- Zinszahlungen aus Bundesanleihen und Anleihen der Bundesstaaten, von kommunalen Gebietskörperschaften und dem District of Columbia sind nicht steuerbar. Solche Einnahmen müssen jedoch für Informationszwecke in der Steuererklärung angegeben werden.
- Leistungen aus einer Unfall- bzw. Krankenversicherung sind insoweit nicht steuerbar, als sie zur Abdeckung von medizinischen Behandlungskosten gezahlt werden. Die Behandlung von darüberhinausgehenden Zahlungen hängt davon ab, wer die Beiträge zu der Versicherung geleistet hat: Soweit der Arbeitgeber die Beiträge geleistet hat, führt eine Zahlung der Versicherung an den Arbeitnehmer zu steuerpflichtigen Einkünften. Soweit der Arbeitnehmer die Beiträge an die Versicherung zahlt, führen Versicherungszahlungen zu nicht steuerbaren Einnahmen.
- Schmerzensgeldzahlungen im Zusammenhang mit Verletzungen und Krankheiten sind generell nicht steuerbar. Dies gilt jedoch nur dann, wenn es sich um körperliche Verletzungen oder Krankheiten handelt, Zahlungen im Zusammenhang mit Belästigungen, Diskriminierung oder ähnlichen Sachverhalten sind dagegen steuerpflichtig. Zahlungen, die als sog. punitive damages geleistet werden (hierbei handelt es sich Schmerzensgeldzahlungen, die zur Bestrafung des Täters und nicht zum Ausgleich von Nachteilen des Opfers verhängt werden) sind steuerpflichtig.

- Zahlungen aus betrieblichen und privaten Altersvorsorgeplänen können unter bestimmten Umständen zu nicht steuerbaren Einnahmen führen (siehe dazu auch oben unter D.III.1.h). Dies hängt von der Art des Altersvorsorgeplans ab und davon, wie die Beitragszahlungen steuerlich behandelt worden sind.
- Zahlungen, die im Todesfall eines Militärangehörigen an die Angehörigen geleistet werden („military death gratuity"), sind nicht steuerbar.
- Soweit bestimmte Einnahmen nach den Bestimmungen eines Doppelbesteuerungsabkommens in den USA nicht besteuert werden dürfen, sind diese Einnahmen als nicht steuerbar anzusehen.
- Bestimmte staatliche Hilfsleistungen während der Corona Pandemie wie z. B. Darlehensverzichte aus dem sog. Paycheck Protection Program, finanzielle Nothilfeunterstützung für Schüler und Studenten (emergency financial aid grants) unter dem sog. CARES Act sowie andere Darlehensverzichte auf Grundlage des CARES Act sind nicht als steuerbare Einnahmen anzusehen.

3. Aufwendungen, die zur Ermittlung des AGI führen

Um zu den Einkünften bzw. dem „adjusted gross income" zu gelangen, sind von den Einnahmen bestimmte Aufwendungen und Verluste abzuziehen (sog. Sec. 62 deductions). Hierbei handelt es sich zum einen um Aufwendungen, die explizit im IRC aufgeführt werden und auch separat in der Einkommensteuererklärung gelistet sind (Form 1040), als auch um generelle Aufwendungen z. B. im Zusammenhang mit einer gewerblichen Tätigkeit oder bei Einkünften aus Vermietung und Verpachtung, die nach deutschem Verständnis als Betriebsausgaben qualifizieren. Diese Aufwendungen sind im Einzelnen in Anlagen zu der Steuererklärung anzugeben (für gewerbliche Einkünfte erfolgt die Gewinnermittlung z. B. in Anlage C zu Form 1040).

a) Aufwendungen im Zusammenhang mit einer gewerblichen Tätigkeit

aa) Allgemeine Betriebsausgaben

Die Ausgaben, die direkt mit der Unternehmenstätigkeit oder einer anderen mit Gewinnerzielungsabsicht betriebenen Tätigkeit zusammenhängen, sind von den Einnahmen abzuziehen, soweit sie üblich und notwendig sind, eine betriebliche Veranlassung besteht und sie nicht für langlebige Wirtschaftsgüter (capital goods) getätigt wurden, IRC Sec. 162. Die Abgrenzung zwischen sofort berücksichtigungsfähigem Erhaltungsaufwand (Reparaturen) und über die Zeitdauer abschreibbarem Herstellungsaufwand kann im Einzelfall schwierig sein. Darüber hinaus sind Aufwendungen im Zusammenhang mit einer Tätigkeit ohne Gewinnerzielungsabsicht bis zur Höhe der Einnahmen aus dieser Tätigkeit abzugsfähig. Im Ergebnis sind somit Gewinne selbst dann steuerpflichtig, wenn sie ohne Gewinnerzielungsabsicht erzielt wurden, während Verluste aus einer ohne Gewinnerzielungsabsicht betriebenen Tätigkeit nicht abgezogen werden können.

Für einige Betriebsausgaben gelten allgemeine Einschränkungen, die gleichermaßen für Werbungskosten bei nichtselbständiger Arbeit zum Zuge kommen. Dazu gehören u. a. Kraftfahrzeugkosten (Pauschalregelung), Unterhaltungskosten und Geschenke. Verpflegungskosten auf Geschäftsreisen sind nur zu 50 % berücksichtigungsfähig. Bewirtungs- und Unterhaltungsaufwendungen sind seit dem Jahr 2018 nicht länger abzugsfähig (siehe dazu auch Kapitel H.IV.1).

Für Forschungs- und Entwicklungskosten, die im Rahmen eines Geschäftsbetriebs anfallen, bestand auf Grundlage der Regelungen des TCJA ein Wahlrecht (IRC Sec. 174): Diese konnten entweder sofort als Betriebsausgaben abgezogen oder aber aktiviert und über einen Zeitraum von mind. 60 Monaten in gleichen monatlichen Beträgen abgeschrieben werden. Gleiches galt auch für die Kosten der Herstellung von Computersoftware. Das Wahlrecht bezog sich auf Forschungs- und Entwicklungskosten im experimentellen Sinne und umfasst sowohl Kosten der Grundlagenforschung als auch Kosten der Entwicklung von Prototypen oder Patenten. Die Sofortabzugsfägkeit von Forschungs- und Entwicklungskosten auf Grundlage der IRC Sec. 174 galt zeitlich beschränkt für Aufwendungen, die vor dem 1.1.2022 angefallen sind. Für nach dem 31.12.2021 anfallende Aufwendungen galt dann eine 5-jähriger Abschreibungszeitraum; sofern die Kosten im Zusammenhang mit „research and experimental"-Aktivitäten im Ausland anfielen, fand für solche Aufwendungen ein 15-jähriger Abschreibungszeitraum Anwendung. Durch den OB3 wurde das Wahlrecht zur Sofortabzugsfähigkeit von Forschungs- und Entwicklungskosten ab dem 1.1.2025 ohne zeitliche Befristung wieder eingeführt, dies gilt allerdings nur für in den USA selbst anfallende F&E Kosten. Die seit dem Auslaufen der Sofortabzugsfähigkeit des TCJA nach dem 31.12.2021 kapitalisierten und noch nicht abgeschriebenen F&E Kosten können ab dem 1.1.2025 entweder sofort oder über einen 2-Jahreszeitraum abgeschrieben werden. Für Kleinbetriebe mit einem Umsatz von weniger als 31 Mio USD kann die Änderung der Sofortabschreibung mit Rückwirkung zim 1.1.2022 in Anspruch genommen werden. Bezüglich der Kosten für die Ingangsetzung eines neuen Geschäftsbetriebs (start-up expenditures) und dabei entstandener Gründungskosten (organizational expenditures) vgl. Kapitel E.VII.3.

Betriebsausgaben mit dem Ziel, die Öffentlichkeit für oder gegen bestimmte Gesetzesvorhaben zu beeinflussen (lobbying expenses), sowie Schmier- und Bestechungsgelder sind nicht abzugsfähig. Von einem Gericht oder einer Behörde festgesetzte Geldbußen, Geldstrafen und ähnliche Leistungen mit Strafcharakter (fines and penalties) dürfen bei der Ermittlung des zu versteuernden Einkommens nicht abgezogen werden. Fines and penalties schließen z. B. vom Internal Revenue Service auferlegte Strafzuschläge für die nicht fristgerechte Abgabe der Steuererklärung oder Steuerzahlung mit ein.

bb) Abschreibungen und Bewertung des Anlagevermögens

Ausgangspunkt für die Bewertung des Anlagevermögens und die Abschreibungen (depreciation bei materiellen Wirtschaftsgütern und amortization bei immateriellen Wirtschaftsgütern) sind die historischen Anschaffungs- oder Herstellungskosten. Für Bodenschätze und Ähnliches ist die Abschreibung auf Grundlage der Substanzverringerung zugelassen (sog. depletion). Sonderregeln gelten für Minen, Erdöl- und Erdgasquellen sowie für die Forstwirtschaft. Die US-Regelungen sehen zwei Methoden zur Abschreibung für Substanzverringerung vor. Der jährliche Abschreibungsbetrag kann entweder nach dem Grad des Substanzverzehrs (cost depletion) oder in Höhe eines festen Prozentsatzes der Einnahmen aus dem Substanzbetrieb (percentage depletion) ermittelt werden. Erworbene immaterielle Werte (intangibles) wie z. B. der entgeltlich erworbene Firmen- bzw. Geschäftswert (goodwill, going concern value), Patente oder die Arbeitskraft können aktiviert und über 15 Jahre linear abgeschrieben werden. Immaterielle selbst geschaffene Wirtschaftsgüter sind dagegen im Allgemeinen nicht amortisierbar. Hiervon gibt es aber Ausnahmen; so sind z. B. selbstgeschaffene Konzessionsrechte (franchises), Handelsnamen (trade names) und Markenzeichen (trademarks) nach IRC Sec. 197(c)(2) aktivierbar und über 15 Jahre linear abschreibbar.

Für abnutzbare materielle Anlagegüter (sog. tangible assets) mit einer betriebsgewöhnlichen Nutzungsdauer von mindestens einem Jahr ist das im Rahmen des Steuerreformgesetzes von 1986 geschaffene sog. modified accelerated cost recovery system (MACRS) maßgeblich.

Unter MACRS werden die Anlagegüter in Abhängigkeit von ihrer Nutzungsdauer in Abschreibungsklassen eingeteilt. Die Nutzungsdauer ergibt sich aus Tabellen, die von der Finanzbehörde erstellt werden (wobei die tatsächliche Nutzungsdauer meist erheblich länger ist als die den Tabellen zugrundeliegende Nutzungsdauer). Die Abschreibungsklassen sind die Folgenden:

- drei Jahre für Wirtschaftsgüter mit einer Nutzungsdauer von mehr als einem, höchstens aber vier Jahren, unter Ausschluss von Personenkraftwagen und Kleinlastwagen;
- fünf Jahre für Wirtschaftsgüter mit einer Nutzungsdauer zwischen vier und zehn Jahren, Kraftfahrzeuge, Kleinlastwagen, Computeranlagen, Büromaschinen, Elektronik- und Halbleiterproduktionsanlagen, Wirtschaftsgüter für Forschung und Entwicklung, Anlagen zur Erzeugung alternativer Energien (durch den OB3 wird die Anwendung der 5-jährigen MACRS für Anlagen zur Herstellung von Wind- und Sonnenenergie mit Herstellungsbeginn nach dem 31.12.2024 ausgeschlossen);

- sieben Jahre für Wirtschaftsgüter mit einer Nutzungsdauer zwischen zehn und 16 Jahren, Eisenbahnschienen, Büroeinrichtung, land- und forstwirtschaftlich genutzte und alle anderen Wirtschaftsgüter, die sich nicht in eine andere Abschreibungsklasse einordnen lassen;
- zehn Jahre für Wirtschaftsgüter mit einer Nutzungsdauer zwischen 16 und 20 Jahren, Flussboote, Schlepper, Schiffe sowie Bäume, Sträucher und Weinstöcke;
- 15 Jahre für Wirtschaftsgüter (überwiegend die von Versorgungsunternehmen) mit einer Nutzungsdauer zwischen 20 und 25 Jahren, wie z. B. Telefonverteiler- und Informationsübermittlungsanlagen;
- 20 Jahre für Wirtschaftsgüter (Versorgungsunternehmen) mit einer Nutzungsdauer ab 25 Jahren, unter Ausschluss von Gebäuden mit einer Nutzungsdauer von mehr als 27,5 Jahren;
- 25 Jahre für Anlagen der Trinkwasserversorgung;
- 27,5 Jahre für Mietwohngebäude, sofern mindestens 80 % der Mieteinnahmen aus der Vermietung von Wohnungen resultieren (residential real property);
- 39 Jahre für gewerblich genutzte Gebäude (nonresidential real property);
- 50 Jahre für Eisenbahnfahrdämme und -tunnel.

Das MACRS sieht drei Abschreibungsmethoden nach dem general depreciation system, GDS, vor. Welche für ein bestimmtes Wirtschaftsgut angewendet werden kann, hängt davon ab, in welche Abschreibungsklasse das Wirtschaftsgut einzuordnen ist bzw. für welche Abschreibungsmethode optiert wird:

- Die Abschreibungsmethode in den Abschreibungsklassen von drei bis zehn Jahren (mit Ausnahme von land- und forstwirtschaftlich genutzten Wirtschaftsgütern (farm property)) ist die degressive (mit dem doppelten Satz der linearen) Abschreibung (sog. 200 % declining balance method). Im Rahmen dieser Methode erfolgt ein automatischer Wechsel zur linearen Abschreibung, wenn diese erstmalig zu einer höheren Abschreibung führt.
- In den Abschreibungsklassen von 15 und 20 Jahren, wahlweise auch in den Abschreibungsklassen von drei bis zehn Jahren und für farm property gilt die degressive Abschreibung mit dem 1,5-fachen Satz der linearen Abschreibung (sog. 150 % declining balance method). Auch hier wechselt die Methode in dem Jahr automatisch zur linearen Abschreibung, in dem diese erstmalig zur höheren Abschreibung führt.
- Gebäude und die anderen Wirtschaftsgüter, denen ein Abschreibungszeitraum von 25 bis 50 Jahren zugeordnet ist, werden linear abgeschrieben. Dies gilt wahlweise auch für alle Wirtschaftsgüter in den Abschreibungsklassen von drei bis 20 Jahren.

Die beschriebenen Abschreibungsgrundsätze gelten für die reguläre Einkommensteuer. Sonderregeln für die Alternative Minimum Tax, AMT (siehe oben unter Punkt D.II.4.) sehen grundsätzlich eine niedrigere degressive Abschreibung über einen längeren Zeitraum vor (150 % declining balance method basierend auf der Abschreibungsdauer nach dem alternative depreciation system).

Sofern in den ersten neun Monaten eines Jahres mindestens 60 % aller Wirtschaftsgüter angeschafft werden (mit Ausnahme von Gebäuden und Gund und Boden), wird generell für alle in dem betreffenden Jahr angeschafften Wirtschaftsgüter nur die halbe Jahres-AfA (half-year convention) angesetzt. Für Gebäude beginnt der Abschreibungszeitraum in der Mitte des Monats der Erstnutzung (mid-month convention). Um unangemessen hohe Abschreibungen für den Fall zu vermeiden, dass der Steuerpflichtige einen großen Teil der Wirtschaftsgüter erst kurz vor Jahresende anschafft, ist die half-year convention durch die mid-quarter convention zu ersetzen. Dies gilt, wenn die Anschaffungs- oder Herstellungskosten der in den letzten drei Monaten betriebsbereit gewordenen Wirtschaftsgüter mehr als 40 % der Anschaffungs- oder Herstellungskosten der in dem gesamten Wirtschaftsjahr erworbenen Wirtschaftsgüter ausmachen.

Besondere Abschreibungsbeschränkungen gelten für gemischt genutzte Wirtschaftsgüter (sog. listed property), wie z. B. PKW, Kameras und Videoausrüstung oder Musikgeräte: eine anteilige Abschreibung kann geltend gemacht werden, die dem Verhältnis der Nutzung zum Zwecke der Einkommenserzielung zur gesamten Nutzung entspricht (IRC Sec. 167). Die auf die private Nutzung entfallende Wertminderung kann somit nicht einkommensmindernd berücksichtigt werden. Die Aufteilung hat bei PKW auf Grundlage der gefahrenen Meilen, bei sonstigen Wirtschaftsgütern auf Grundlage der zeitlichen Nutzung zu erfolgen. Für die als listed property eingestuften Wirtschaftsgüter, die zu weniger als 50 % für gewerbliche Tätigkeiten genutzt werden, kommt eine lineare Abschreibung nur auf Grundlage der ADS Methode (siehe im Folgenden) in Betracht, zudem qualifizieren diese Wirtschaftsgüter nicht für die sog. bonus depreciation oder die Sofortabschreibung nach IRC Sec. 179. Beträgt der gewerblich genutzte Anteil an solchen Wirtschaftsgütern im Erstjahr mehr als 50 % und geht dann in einem Folgejahr auf 50 % oder weniger zurück, muss der Steuerpflichtige von Beginn an zur linearen Abschreibung nach ADS Grundsätzen wechseln und die Differenz zu der bereits geltend gemachten Abschreibung in den Vorjahren im Jahr des Wechsels versteuern (sog. recapture). Nach dem 31.12.2017 angeschaffte Computer fallen nicht mehr unter die Definition als „listed property“. Für Personenkraftwagen und Kleinlastwagen gelten weitere Beschränkungen zur Geltendmachung von Abschreibungen (vgl. IRC Sec. 280F).

Steuerpflichtige, die nach dem MACRS abschreiben können, haben die Möglichkeit, für das alternative depreciation system (ADS) zu optieren. Diese Option besteht jährlich für jede einzelne Abschreibungsklasse insgesamt. Das ADS zeichnet sich durch ein Wahlrecht zwischen der 150 %-igen declining balance method und der linearen Abschreibungsmethode sowie durch Abschreibungszeiträume aus, die die Abschreibungsdauer nach dem MACRS regelmäßig übersteigen. Das ADS ist z. B. für materielle Wirtschaftsgüter, die sich im Ausland befinden, zwingend anzuwenden.

Für bestimmte abnutzbare Wirtschaftsgüter im betrieblichen Bereich können im Jahr des Erwerbs die Anschaffungskosten sofort abgeschrieben werden (IRC Sec. 179). Dabei wurden durch den OB3 neue Höchstbeträge eingeführt. Für nach dem 19.1.2025 angeschaffte begünstigte Wirtschaftsgüter gilt ein jährlicher Höchstbetrag von 2,5 Mio. USD (anstelle von bislang 1.250.000 USD); bei Anschaffungskosten von insgesamt über 4 Mio. USD (anstelle von 3.130.000 USD) wird dieser Betrag jedoch gekürzt (phase-out), ab Anschaffungskosten von 6,5 Mio. USD (bislang 4.380.000 USD) ist die sog. Sec. 179 deduction daher nicht mehr zulässig (2025). Die genannten Beträge werden jährlich auf Grundlage der Inflationsrate angepasst. Für die Anschaffung von bestimmten PKW (insbesondere SUV) gelten Sonderregelungen.

Bei bestimmten Wirtschaftsgütern (qualified property) kommt eine Sofortabschreibung im Rahmen der sog. bonus depreciation (IRC Sec. 168(k)) in Betracht. Zum qualified property zählen z. B. nach der MACRS Methode abzuschreibende Wirtschaftsgüter in den Abschreibungsklassen von bis zu 20 Jahren, abnutzbare Computer Software, Kosten für Mietereinbauten, etc. Vor dem Tax Cuts and Jobs Act betrug die bonus depreciation bis zu 50 % der Anschaffungskosten im Jahr der Anschaffung. Durch den Tax Cuts and Jobs Act wurde für „qualified property“, das nach dem 27.9.2017 und vor dem 1.1.2023 angeschafft und in Gebrauch genommen wurde, eine 100 %-ige Sofortabschreibung eingeführt (vgl. dazu auch Kapitel H.I.5). Die Sofortabschreibung wurde jedoch ab dem Jahr 2023 um jährlich 20 % gesenkt und sollte über einen 5-Jahreszeitraum auslaufen. Durch den OB3 wird die bonus depreciation für nach dem 19.1.2025 angeschaffte Wirtschaftsgüter ohne zeitliche Befristung auf 100 % erhöht, für vor diesem Zeitpunkt angeschaffte Wirtschaftsgüter kann der Restwert unter den Voraussetzungen der IRC Sec. 168(k) in 2025 abgeschrieben werden. Die durch den TCJA eingeführte erweiterte Definition von „qualified property“ auf gebraucht angeschaffte Wirtschaftsgüter bleibt bestehen (unter der Voraussetzung, dass die Wirtschaftsgüter bislang nicht von dem Steuerpflichtigen genutzt wurden oder von einer nahestehenden Person erworben worden sind). Das Zusammenspiel zwischen den Vorschriften der bonus depreciation der IRC Sec. 168(k) und der IRC Sec. 179 deduction ist komplex. Die Anwendung der Vorschriften der bonus depreciation kann zu einem Verlust eines Steuerpflichtigen führen, was im Rahmen einer Sec. 179 deduction nicht erfolgen kann. Beide Vorschriften können generell nebeneinander angewendet werden.

Durch den OB3 wird eine Sofortabschreibung für nach dem 19.1.2025 neu errichtete Produktionsanlagen (“Qualified Production Property”, QPP) in den USA eingeführt (die Förderung ist jedoch beschränkt auf den Zeitraum bis 2029).

cc) Vorratsbewertung

Vorräte sind mit den Anschaffungs- oder Herstellungskosten zu aktivieren. Vom Grundsatz her gilt, dass die Bilanzierungsmethode für Vorräte vom Steuerpflichtigen gewählt werden kann und dann konsistent angewendet werden muss. Jedoch gibt es vielfältige Sonderregeln, die dieses Wahlrecht letztlich einschränken. So sieht z. B. IRC Sec. 263A Regeln zur Aktivierung von Kosten vor, die mit der Vorratshaltung verbunden sind (uniform capitalization rules). Grundsätzlich kann Vorratsvermögen at-cost (Anschaffungskosten) oder at-lower-of-cost-or-market (Niederstwertprinzip) bewertet werden. Als Verbrauchsfolgefiktionen erlaubt das amerikanische Recht neben dem last-in-first-out (LIFO)-Verfahren auch das first-in-first-out (FIFO)-Verfahren. Das LIFO-Verfahren kann nur verwendet werden, wenn es auch handelsrechtlich verwendet wird. Dies ist eine der wenigen Ausnahmen, bei denen das Maßgeblichkeitsprinzip gilt.

dd) Rücklagen, Rückstellungen

Rückstellungen können nur in Sonderfällen, sofern vom Gesetz ausdrücklich geregelt, steuerlich geltend gemacht werden. Die Grundregel sieht vor, dass ein steuerlicher Abzug nur dann gewährt wird, wenn die Verbindlichkeit nach dem sog. all-events-test feststeht und hinreichend bestimmt werden kann („fixed and determinable"). Der all-events-test ist dann erfüllt, wenn alle Umstände eingetreten sind, die die Entstehung einer Verbindlichkeit begründen, und eine Bestimmung der Verbindlichkeit mit hinreichender Genauigkeit erfolgen kann. Dies ist grundsätzlich dann der Fall, wenn die wirtschaftliche Leistung („economic performance") erfolgt ist. Eine Ausnahme hiervon betrifft lediglich bestimmte wiederkehrende Ausgaben („recurring item exception"). Hiernach ist der Abzug für wiederkehrende Ausgaben erlaubt, wenn die wirtschaftliche Leistung erst nach Ende des Steuerjahres erbracht wird. Die wirtschaftliche Leistung muss aber dann innerhalb von achteinhalb Monaten nach Ende des Steuerjahres eintreten und die Ausgabe darf entweder nicht wesentlich sein oder die Gewährung des Abzugs dient dazu, dass Einkommens- und Abzugsposten angemessen zusammengeführt werden.

In diesem Zusammenhang gelten die folgenden Einzelbestimmungen:

- Rückstellungen als Pauschalwertberichtigungen („bad debt reserve") sind grundsätzlich nicht zulässig. Im Rahmen einer Einzelwertberichtigung („specific charge off") kann die Uneinbringlichkeit betrieblicher Forderungen dann steuerlich berücksichtigt werden, wenn die Forderung nachweislich ganz oder teilweise ausfällt. Bei offensichtlicher Zahlungsunfähigkeit ist die Einleitung rechtlicher Schritte nicht Voraussetzung, um die Forderung abzuschreiben.
- Pensionsrückstellungen sind nicht zulässig. Die betriebliche Altersversorgung wird stattdessen über Arbeitgeberbeiträge zu – den Pensionskassen vergleichbaren –

eigenständigen Pensionsfonds (grundsätzlich rechtlich selbständige Treuhandvermögen, trusts) und zu Pensionsplänen der Arbeitnehmer sichergestellt. Betriebliche Zuführungen zu einem solchen Fonds/Pensionsplan sind beim Arbeitgeber steuerlich abzugsfähig, sofern bestimmte Voraussetzungen erfüllt sind (vgl. oben unter D.III.1.h).

b) Aufwendungen im Zusammenhang mit Einnahmen aus nichtselbständiger Arbeit

Die mit einer nichtselbständigen Arbeit zusammenhängenden Aufwendungen eines Steuerpflichtigen sind grundsätzlich als itemized deductions bei der Berechnung des zu versteuernden Einkommens abzugsfähig (vgl. D.III.4.b). Allerdings werden im Gesetz selbst die steuerlich abzugsfähigen Werbungskosten aufgezählt: darunter fallen z. B. Ausgaben für Mahlzeiten und Übernachtungsgelegenheiten, allerdings unter der Voraussetzung, dass der Arbeitgeber diese aus betrieblichen Gründen bereitstellt und sie auf dem Betriebsgelände bereitgestellt werden; Reise- und Wohnungskosten während auswärtiger Tätigkeiten sowie andere Ausgaben, die nicht von einer Kostenerstattung durch den Arbeitgeber gedeckt werden. Für Spesenerstattungen gelten Sonderregeln. Die Kosten für Fahrten zwischen Wohnung und Arbeitsstätte sind nicht abzugsfähig, und vom Arbeitgeber dafür erstattete Aufwendungen sind entsprechend dem gross income hinzuzufügen.

c) Aufwendungen im Zusammenhang mit Einnahmen aus Vermietung und Verpachtung

Typische Aufwendungen im Zusammenhang mit Einnahmen aus Vermietung und Verpachtung umfassen Erhaltungs- und Reinigungskosten, Anzeigekosten, öffentliche Versorgungskosten, Grundsteuer, Finanzierungskosten, Versicherungskosten, allgemeine Verwaltungskosten, Reisekosten und Abschreibungen. Zur Abgrenzung von sofort abzugsfähigen Reparaturkosten und Herstellungskosten, die der normalen Abschreibung unterliegen hat der IRS die sog. repairs regs herausgegeben[1]. Neben detaillierten Regelungen zur Abgrenzung werden hier auch verschiedene Höchstbeträge eingeführt, bei denen eine Behandlung als sofort abzugsfähiger Erhaltungsaufwand durch den IRS nicht beanstandet wird (2.500 USD bzw. 5.000 USD für bestimmte Steuerpflichtige).

Wird eine grundsätzlich für Vermietungszwecke bestimmte Immobilie an mehr als 14 Tagen im Jahr eigengenutzt und übersteigt die Anzahl der eigengenutzten Tage im Jahr 10 % der fremdvermieteten Tage, können Mietausgaben lediglich bis maximal zur Höhe der Mieteinnahmen geltend gemacht werden. Übersteigende Mietausgaben werden vorgetragen und stehen zur Nutzung in den Folgejahren zur Verfügung (wiederum

1 T.D. 9636 unter www.irs.gov/irb/2013-43_IRB.

evtl. limitiert auf die Höhe der Mieteinnahmen). Als Eigennutzung zählt auch die Vermietung zu einem nicht fremdüblichen Preis an fremde Dritte sowie die Vermietung an nahe Angehörige, sofern diese die Immobilie nicht als Erstwohnsitz nutzen (unabhängig davon, ob ein fremdüblicher Mietpreis gezahlt wird). Diese Regelung wurde eingeführt, um insbesondere den Missbrauch im Bereich der Vermietung von Ferienwohnungen einzuschränken.

Bei Verlusten aus Vermietung und Verpachtung sind die sog. passive activity loss rules zu beachten, die zu einer Einschränkung der Verlustverrechnungsmöglichkeit führen können (dazu unten unterD.IV.).

d) Aufwendungen im Zusammenhang mit Einnahmen aus selbständiger Arbeit

Wie bereits dargestellt stellen Einkünfte aus selbständiger Arbeit (self-employed persons) keine besondere Einkunftsart dar. Für die Abzugsfähigkeit der mit einer solchen Tätigkeit zusammenhängenden Betriebsausgaben gelten die allgemeinen Regeln (vgl. oben). Mitgliederbeiträge und Beiträge zu gesellschaftlichen Veranstaltungen sind nur in bestimmten Einzelfällen abzugsfähige Betriebsausgaben.

Während bei nichtselbständigen Personen Sozialversicherungsbeiträge (sog. FICA-Beiträge, vgl. dazu D.VII.) automatisch vom Lohn abgezogen und einbehalten werden, sind diese Beiträge bei Einzelgewerbetreibenden und Selbständigen als sog. self-employment tax gesondert abzuführen. Die Zahlung der self-employment tax ist hälftig als abzugsfähiger Aufwand anzusehen (soweit er als Arbeitgeber-Anteil anzusehen ist). Bei den sonstigen Pensions- und Rentenbeiträgen sind die Abzugsregeln für Arbeitnehmer entsprechend anzuwenden.

Die Beiträge von Selbständigen zu bestimmten Altersvorsorgeplänen (sog. Keogh, SIMPLE oder simplified employee pension plans (SEP)) sind als Abzug zur Bestimmung des AGI zugelassen.

e) Aufwendungen im Zusammenhang mit Unterhaltsleistungen

Wie bereits oben unter D.III.1.g. dargestellt sind Unterhaltszahlungen an den geschiedenen oder dauerhaft getrennt lebenden Ehepartner beim Empfänger grundsätzlich als steuerpflichtige Einnahmen anzusehen. Entsprechend dazu sind solche Zahlungen bei dem Leistenden grundsätzlich als Ausgaben anzusehen.

Kindesunterhalt ist weder beim Empfänger steuerpflichtig noch beim Leistenden abzugsfähig.

f) Sonstige Aufwendungen

Neben den bereits genannten Aufwendungen werden in der Steuererklärung selbst (d. h. auf dem Form 1040) die folgenden Aufwendungen, die zur Bestimmung des AGI führen, genannt:

- Erzieher und Angehörige von pädagogischen Berufen (sog. educators) können bis zu 300 USD als Aufwand für Unterrichtsauslagen geltend machen.
- Verschiedene Aufwendungen von Reservisten, Künstlern und freiberuflich tätigen Verwaltungsangestellten werden als Abzug zur Bestimmung des AGI behandelt anstelle einer Behandlung als sog. itemized deduction (siehe im Folgenden D.III.4.b).
- Beiträge zu sog. health savings accounts sind als abzugsfähiger Aufwand anzusehen. Dabei handelt es sich um einen Vorsorgeplan, der zur Abdeckung der Selbstbeteiligung bei der eigentlichen Krankenversicherung des Versicherten dient. Als Voraussetzung muss es sich bei der Krankenversicherung um einen sog. high-deductible health plan handeln, d. h. die Selbstbeteiligung muss mindestens 1.650 USD für Alleinstehende bzw. 3.300 USD für Familien und der Höchstbetrag der prozentualen Selbstbeteiligung (sog. out-of-pocket expenses) mindestens 8.300 USD für Alleinstehende und 16.600 USD für Familien betragen. Bei den Beiträgen zu den „health saving accounts" gelten jedoch Höchstbetragsbeschränkungen, so können hier bis zu 4.300 USD für Alleinstehende und bis zu 8.550 USD für Familien abgezogen werden (2025).
- Umzugskosten für den Steuerpflichtigen konnten bis 2017 unter bestimmten Voraussetzungen und für bestimmte, mit einem beruflich zusammenhängenden Umzug geltend gemacht werden. Diese Möglichkeit ist jedoch durch den Tax Cuts and Jobs Act ab 2018 abgeschafft worden. Die ursprünglich bis 2025 befristete Abschaffung wird durch den OB3 permanent (siehe dazu auch unter H.III.5).
- Bei den Einnahmen aus Kapitalvermögen können Vorfälligkeitsentschädigungen, die bei einer vorzeitigen Auszahlung von sog. Certificates of deposit (CDs) an die Bank zu zahlen sind, als Ausgaben angesetzt werden.
- Beiträge zu Rentenplänen, die als „individual retirement arrangement" (IRA) ausgestaltet sind, können bis zu einem Betrag von 7.000 USD bei Alleinstehenden bzw. 14.000 USD bei Verheirateten geltend gemacht werden (unter der Voraussetzung dass das Einkommen mindestens diese Beträge erreicht). Für Steuerpflichtige ab einem Alter von 50 Jahren werden die Höchstbeträge um weitere 1.000 bzw. 2.000 USD erhöht. Diese Höchstbeträge laufen mit Höhe des sog. modified adjusted gross income aus (phase-out).
- Zinsen im Zusammenhang mit Studiendarlehen sind bis zu einem Betrag i. H. v. 2.500 USD abzugsfähig. Auch hier läuft die Abzugsfähigkeit jedoch mit steigendem „modified adjusted gross income" aus.

- Die bislang bestehende Möglichkeit, einen 9 %-igen Abzug bei bestimmten in den USA ausgeübten Produktionstätigkeiten vorzunehmen (sog. „domestic production activities deduction"), ist durch den Tax Cuts and Jobs Act seit dem Jahr 2018 abgeschafft. Diese Bestimmung war ursprünglich eingeführt worden, um einen Anreiz zur Schaffung von dauerhaft Beschäftigten zu schaffen und die Nutzung von freiberuflich beschäftigtem Personal zu verringern.

Nach Abzug der vorstehend genannten Aufwendungen ergibt sich das „adjusted gross income" (AGI), das auch als ‚Einkünfte' oder ‚berichtigtes Bruttoeinkommen' bezeichnet wird. Das AGI gilt dabei als Bemessungsgrundlage oder Höchstbetragsgrenze für einzelne Abzüge, die das US-Steuerrecht im nachfolgenden Schritt zur Ermittlung des zu versteuernden Einkommens zulässt. Ein Abzug von Aufwendungen zur Ermittlung des AGI kann daher vorteilhafter sein als ein Abzug vom AGI. Auch kann durch die Möglichkeit der Geltendmachung von Pauschalbeträgen bei den Abzügen vom AGI eine separate Geltendmachung der tatsächlichen Aufwendungen in dem Schritt zu Ermittlung des AGI einen deutlichen Vorteil bieten.

4. Abzüge von den Einkünften („adjusted gross income")

Bei den Abzügen vom AGI ist zwischen den itemized und standard deductions zu unterscheiden. Bei den itemized deductions handelt es sich um durch Einzelnachweis geltend gemachte Abzugsbeträge, bei den standard decutions handelt es sich um Pauschalbeträge. Der jeweils höhere Betrag kann angesetzt werden.

a) Standard deductions

Die standard deductions wurden durch den Tax Cuts and Jobs Act deutlich erhöht, diese Erhöhung ist allerdings ursprünglich bis zum Jahr 2025 befristet gewesen. Der OB3 hat die Erhöhung jedoch zeitlich unbefristet eingeführt. Für das Jahr 2025 beträgt die standard deduction:

- 15.750 USD bei Einzelveranlagung und getrennter Veranlagung,
- 31.500 USD bei Zusammenveranlagung,
- 23.625 USD für Haushaltsvorstände.

Diese Pauschalbeträge erhöhen sich um 1.600 USD (Verheiratete) bzw. 2.000 USD (Alleinstehende) ab einem Alter von 65 Jahren oder bei Blindheit. Die standard deduction wird jährlich an die Inflation angepasst.

Für Geldspenden an gemeinnützige Organisationen können im Rahmen der standard deductions bis zu 1.000 USD (2.000 USD bei Zusammenveranlagung) als Abzug geltend gemacht werden, diese Regelung wurde durch den OB3 ab dem Jahr 2026 eingeführt. Im Zeitraum von 2020 bis 2025 hat dieser Abzug maximal 300 USD betragen.

b) Itemized deductions

Itemized deductions müssen einzeln nachgewiesen werden. Die bislang geltende Kürzung bei der Geltendmachung von itemized deductions für höhere Einkommen (sobald das AGI einen bestimmten Schwellenwert übersteigt), die sog. Pease-Limitation[1], wurde durch den Tax Cuts and Jobs Act für die Jahre 2018 bis 2025 aufgehoben und schlussendlich durch den OB3 endgültig abgeschafft. Der Gesetzgeber hat hier aufgrund der deutlichen Einschränkung der Möglichkeiten zur Geltendmachung von itemized deductions under neu eingeführten Höchstbetragsbeschränkungen keine Notwendigkeit mehr gesehen.

Die Bedeutung der itemized deductions ist seit der Erhöhung der standard deduction durch den Tax Cuts and Jobs Act deutlich zurückgegangen.

Itemized deductions sind überwiegend in Schedule A zu Form 1040 anzugeben, für einzelne Positionen existieren gesonderte Forms.

Die wohl bedeutsamste Kategorie von itemized deductions sind Krankheitskosten, wobei solche Kosten durch Einzelnachweis erst dann geltend gemacht werden können, wenn sie 7,5 % des AGI überschreiten. Unter Krankheitskosten im Sinne dieser Vorschrift fallen sowohl Behandlungskosten als auch Kosten für Arzneimittel (sofern es sich nicht rezeptfreie Arzneimittel handelt), Kosten der Krankenversicherung, Reisekosten im Zusammenhang mit Krankheit sowie vergleichbare Kosten. Kostenerstattungen sind entsprechend zu berücksichtigen. Auch Kosten, die von dem Steuerpflichtigen für die Behandlung des Ehepartners und anderer im Haushalt des Steuerpflichtigen lebenden, abhängigen Personen gezahlt werden, können berücksichtigt werden.

Die Abzugsfähigkeit von Einkommensteuern, die auf Bundesstaatsebene und lokaler Ebene erhoben werden, sales taxes und sonstige property taxes (sog. SALT Steuern) als itemized deduction für Zwecke der Bundeseinkommensteuer ist eines der umstrittensten Themen der aktuellen steuerpolitischen Auseinandersetzung. Ursprünglich wurde durch den TCJA ein Höchstbetrag von 10.000 USD an abzugsfähigen SALT Steuern eingeführt, die Beschränkung der Abzugsfähigkeit war jedoch befristet bis zum Ende des Jahres 2025. Die Ausgestaltung des SALT-cap im OB3 hätte das Gesetzgebungsverfahren sowohl im Repräsentantenhaus als auch im Senat gleich mehrfach fast zum Scheitern gebracht, schlussendlich konnten sich die beiden Kammern jedoch darauf verständigen, den SALT cap für den Zeitraum von 2025 bis 2029 auf 40.000 USD anzuheben und ab einem modified AGI von 500.000 USD bis auf maximal 10.000 USD abzusenken. Ab dem Jahr 2030 soll dann wieder die allgemeine Obergrenze des TCJA von 10.000 USD gelten. Die Bedeutung des SALT-cap besteht insbesondere für Steuerpflich-

1 Benannt nach Donald Pease, der den entsprechenden Gesetzesentwurf 1991 eingebracht hat.

tige, die in einem Bundesstaat mit vergleichsweise hoher Steuerbelastung (z. B. New York, Kalifornien, New Jersey) ansässig sind.

Die Geltendmachung von Zinszahlungen im Zusammenhang mit Wohneigentum ist durch den Tax Cuts and Jobs Act stark eingeschränkt worden. Waren vor dem TCJA Zinszahlungen in Bezug auf Darlehen bis zu 1 Mio. USD zum Erwerb von Wohneigentum als itemized deduction möglich, gilt dies für den Erwerb von Wohneigentum ab 2018 lediglich noch bis zu einem Höchstbetrag von 750.000 USD. Für Zinsaufwand für durch Wohneigentum gesicherte Darlehen, ohne dass das Darlehen mit dem Erwerb des Wohneigentums selbst zusammenhängt („interest on home equity indebtedness“) ist keine steuerliche Geltendmachung möglich. Die durch den TCJA ursprünglich mit Geltung bis zum Jahr 2025 eingeführten Abzugsbeschränkungen werden durch den OB3 ohne zeitliche Begrenzung weitergeführt.

Der Abzug von Spenden als itemized deduction ist bis zu einem Höchstbetrag von 20 %,30 %, 50 % oder 60 % des AGI zulässig, der Höchstbetrag hängt dabei sowohl von der Art der Spende als auch dem Empfänger ab. Durch den OB3 ist ein nicht abzugsfähiger Grundbetrag an Spenden („floor on charitable deductions“) i. H. v. 0.5 % des adjusted gross income (AGI) ab dem Jahr 2026 eingeführt worden.

Vermögensverluste durch höhere Gewalt oder Diebstahl („casualty or theft losses“) sind ab 2018 nur noch dann als itemized deduction zu berücksichtigen, wenn diese in einem durch Erklärung des Präsidenten bestimmten Notstandsgebiet angefallen sind. Unter solche Verluste fallen z. B. Überschwemmungen, Feuer, Sturmschäden, Erdbeben oder ähnliche Naturereignisse. Soweit Schäden durch Versicherungsleistungen abgedeckt sind, können diese nicht geltend gemacht werden. Schäden können erst dann geltend gemacht werden, wenn diese einen Betrag von 100 USD übersteigen und soweit diese 10 % des AGI übersteigen. Die durch den TCJA eingeführten Regelungen waren ursprünglich bis zum Jahr 2025 beschränkt, wurden aber mit geringen Modifizierungen durch den OB3 zeitlich unbeschränkt weitergeführt.

Die vor 2018 bestehende Möglichkeit, nicht durch den Arbeitgeber erstattete Werbungskosten als itemized deduction geltend zu machen (mit einer zumutbaren Belastung von 2 % des AGI) wurde durch den TCJA für den Zeitraum bis 2025 abgeschafft. Durch den OB3 wird die Abschaffung zeitlich unbeschränkt fortgeführt. Abgeschafft bleibt auch die Möglichkeit des Steuerabzugs für private Steuerberatungskosten, Bewerbungskosten und Kosten für ein häusliches Arbeitszimmer. Ausnahmen gelten für bestimmte erzieherische Berufe.

Ausländische Grundsteuern im Zusammenhang mit Wohneigentum im Ausland können ab dem Jahr 2018 nicht länger als itemized deduction abgezogen werden.

Festzustellen bleibt damit, dass das US-Steuerrecht viele Aufwendungen, die nach Verständnis des deutschen Steuerrechts als Werbungskosten oder Sonderausgaben qualifizieren, nicht als berücksichtigungsfähigen Aufwand ansieht. Nichtabzugsfähig sind wie nach deutschem Verständnis auch Kosten, die der allgemeinen Lebensführung zuzurechnen sind wie z. B. Beerdigungskosten, Mietzahlungen für die eigene Wohnung, Kosten einer Lebensversicherung, etc. Auch sind zum Beispiel Zahlungen für Geldbußen und Geldstrafen oder Strafzettel nichtabzugsfähig, auch wenn diese mit einer gewerblichen Tätigkeit zusammenhängen.

c) Sonstige Abzüge vom AGI

Die vor 2018 geltenden sonstigen persönlichen Abzüge bzw. Freibeträge („personal exemptions and exemptions for dependants") sind ursprünglich durch den Tax Cuts and Jobs Act für den Zeitraum von 2018 bis 2025 abgeschafft worden und in die erhöhten standard deductions eingeflossen. Der OB3 hat die Abschaffung ohne zeitliche Befristung weitergeführt. Eingeführt durch den OB3 wurde dagegen eine neuer Abzug i. H. v. 6.000 USD für Steuerzahler ab 65 Jahre. Die Geltung dieses Abzugs ist auf den Zeitraum 2025 bis 2028 beschränkt.

d) Vergünstigung für sog. pass-through Gesellschaften

Um die Vorteile der Absenkung des Körperschaftsteuersatzes auch Einzelgewerbetreibenden und Kleinbetrieben zukommen zu lassen, wurde durch den Tax Cuts and Jobs Act ab 2018 ein 20 %-iger Abzug für durch sog. pass-through-Gesellschaften erzieltes gewerbliches Einkommen eingeführt worden (Qualified business income deduction, IRC Sec. 199A), vgl. dazu auch Kapitel H.II. Hintergrund ist, dass Kleinbetriebe in den USA zumeist in der Form einer sog. pass-through-Gesellschaft betrieben werden, bei der die Besteuerung auf Ebene des Gewerbetreibenden bzw. der Gesellschafter stattfindet (vergleichbar der Besteuerung von Einzelgewerbetreibenden und Gesellschaftern einer BGB Gesellschaft, einer OHG oder KG nach deutschem Verständnis). Diese Betriebe hätten ansonsten von der Absenkung des Körperschaftsteuersatzes nicht profitiert und durch die nur unwesentliche Änderung der Einkommensteuersätze für natürliche Personen einen Nachteil erlitten. Die Neuregelung war ursprünglich auf den Zeitraum 1.1.2018 bis 31.12.2025 beschränkt und und ist dann durch den OB3 zeitlich unbefristet (mit geringfügigen Modifikationen) verlängert worden

Für den 20 %-igen Abzug qualifizieren Betriebe, die als Einzelgewerbe (sole proprietorship) betrieben werden, oder aber in der Rechtsform einer Personengesellschaft, einer sog. S-Corporation, einer LLC (die zur Besteuerung als „pass-through entity" optiert hat) oder einer LLP. Der Abzug ist für Einzelpersonen auf Grundlage des „taxable incomes" zu gewähren, d. h. erst nach Abzug der „standard" oder „itemized deductions".

Der 20 %-ige Abzug auf Ebene des Anteilseigners einer pass-through-Gesellschaft wird für sog. qualified business income (QBI) der Gesellschaft gewährt. Unter QBI ist gewerbliches Einkommen zu verstehen, darunter fallen auch z. B. Einkünfte aus Vermietung und Verpachtung, soweit dies als Gewerbe betrieben wird. Ebenfalls als QBI qualifiziert Einkommen, das durch Dividenden aus „real estate investment trusts", Genossenschaften und börsennotierten Personengesellschaften in der pass-through entity bezogen wird. Als nicht privilegiertes Einkommen zählen dagegen

- Dividenden und Zinsen,
- Veräußerungsgewinne (sowohl aus kurzfristig und langfristig gehaltenen Wirtschaftsgütern),
- Lohnzahlungen an Anteilseigner einer S-Corporation,
- garantierte Zahlungen an Anteilseigner einer LLC oder Personengesellschafter,
- gewerbliches Einkommen, das außerhalb der USA erzielt worden ist.

Das jeweilige QBI ist zunächst separat für jede gewerbliche Betätigung des Steuerpflichtigen zu ermitteln, das negative QBI eines Betriebes ist dann in einem nächsten Schritt mit dem positiven QBI eines anderen Betriebes zu verrechnen. Sofern sich insgesamt negatives QBI ergibt, kommt ein Abzug nicht in Betracht, das negative QBI ist vorzutragen und mindert dann im Folgejahr ein evtl. vorhandenes positives QBI.

Der 20 %-ige Abzug kann nur insoweit in Anspruch genommen werden, als positives zu versteuerndes Einkommen auf Ebene des Steuerpflichtigen vorhanden ist (vor Berücksichtigung des 20 %-igen Abzugs). Der Abzug darf weiterhin einen Betrag i. H. v. 20 % des zu versteuernden Einkommens nicht übersteigen.

Um die Förderung durch den 20 %-igen Abzug lediglich Kleingewerbetreibenden zukommen zu lassen, ist ein allgemeiner und unbeschränkter Abzug nur für Steuerpflichtige vorgesehen, deren zu versteuerndes Einkommen einen Betrag i. H. v. 197.300 USD bei Einzelveranlagung bzw. 394.600 USD bei Zusammenveranlagung nicht überschreitet (2025). Sofern das zu versteuernde Einkommen diese Beträge überschreitet, muss danach unterschieden werden, ob es sich bei dem Gewerbe um einen sog. service-provider oder non-service provider handelt, d. h. ob es sich bei den Aktivitäten um ein sog. specified service trade or business (SSTB) handelt.

Als „service-provider" (SSTB) gelten Aktivitäten, die hauptsächlich von den Fähigkeiten oder dem guten Ruf des Inhabers oder seiner Angestellten abhängig sind. Darunter fallen nach Ansicht des Gesetzes vor allem die Aktivitäten von Ärzten, Rechtsanwälten, Steuerberatern und Buchhaltern, Künstlern, Unternehmensberatern, Versicherungsmaklern, Sportlern, Finanzberatern, Brokern sowie Tätigkeiten im Bereich des Investmentmanagements und Wertpapier- und Rohstoffhandels. Der 20 %-ige Abzug für das QBI im Zusammenhang mit solchen Aktivitäten wird bei einem zu versteuernden Einkommen zwischen 197.300 USD bzw. 394.600 USD langsam abgesenkt bzw. an zusätzliche Voraussetzungen geknüpft und läuft ab einem zu versteuernden Einkommen von 247.300 USD bei Einzelveranlagung und 494.600 USD bei Zusammenveranlagung vollständig aus. Als zusätzliche Voraussetzung für eine Geltendmachung bei einem zu versteuernden Einkommen von über 197.300 USD bzw. 394.600 USD gilt, dass der Abzug begrenzt ist auf einen Höchstbetrag von entweder

- 50 % des Betrags aller Gehaltszahlungen (W-2 wages) durch die pass-through entity bezogen jeweils auf die Beteiligungshöhe des Anteilseigners oder
- 25 % des Betrages aller Gehaltszahlungen (W-2 wages) zuzüglich 2,5 % der Anschaffungskosten aller abschreibungsfähigen Wirtschaftsgüter („unadjusted basis of depreciable property") bezogen jeweils auf die Beteiligungshöhe des Anteilseigners.

Bei Gewerbetreibenden, die als „non-service provider" (non-SSTB) anzusehen sind (hier handelt es sich vorwiegend um Aktivitäten im herstellenden bzw. verarbeitenden Gewerbe), wird die gerade dargestellte Begrenzung in Bezug auf die Gehaltszahlungen an Angestellte für ein zu versteuerndes Einkommen zwischen 197.300 USD/394.600 USD und 247.300 USD/494.600 USD graduell eingeführt („phase-in"), bevor diese Beschränkung dann bei einem zu versteuernden Einkommen von über 247.300 USD/494.600 USD vollständig Anwendung findet. Im Gegensatz zu den „service-providern" ist hier somit ein Abzug auch bei einem Überschreiten der Einkommensgrenze von 247.300 USD/ 494.600 USD möglich, sofern die oben beschriebenen Voraussetzungen erfüllt sind.

BEISPIEL D.2: John und Alice werden zusammenveranlagt und betreiben ein Restaurant in der Rechtsform einer LLC. Ihr zu versteuerndes Einkommen beträgt 500.000 USD, davon beträgt das QBI aus dem Betrieb des Restaurants 400.000 USD. Sie beschäftigen vier Mitarbeiter, die Summe der Löhne und Gehälter beträgt 140.000 USD. Das Restaurant wird in einem Gebäude betrieben, das John und Alice vor vier Jahren für 700.000 USD gekauft haben, davon entfallen 200.000 USD auf den Grund und Boden.

Der maximale Abzug für das Einkommen aus dem Betrieb des Restaurants beträgt 20 % von 400.000 USD, somit 80.000 USD. Da ihr zu versteuerndes Einkommen jedoch den Betrag von 494.600 USD übersteigt greift die Höchstbetragsbeschränkung ein, die wie folgt zu berechnen ist:

- 50 % aller Gehaltszahlungen, somit (140.000 USD x 50 % = 70.000 USD), oder
- 25 % aller Gehaltszahlungen (140.000 USD x 25 %) zuzüglich 2,5 % der Anschaffungskosten aller abschreibungsfähigen Wirtschaftsgüter (500.000 USD x 2,5 %) ergibt 35.000 USD plus 12.500 USD somit 47.500 USD.

Damit greift die Beschränkung in Höhe von USD 70.000 und limitiert den Abzug auf USD 70.000 anstelle von USD 80.000.

Die Beschränkung in Bezug auf die Gehaltszahlungen an Angestellte wurde eingeführt, um einen Anreiz zur Beschäftigung von Mitarbeitern zu schaffen.

Einzelheiten für die Geltendmachung des Abzugs sind komplex und vom IRS in mehreren regulations und revenue procedures beschrieben worden.

IV. Die Behandlung von Verlusten und Verlustvorträgen

Grundsätzlich sind Verluste im US-Steuerrecht mit Einkommen verrechenbar. Soweit bei natürlichen oder juristischen Personen ein Verlust aus der normalen Erwerbstätigkeit (net operating loss) nicht mit anderem positiven Einkommen im gleichen Jahr ausgleichbar ist, konnte der so entstandene Verlust für die Jahre vor 2018 zwei Jahre zurück und bis zu 20 Jahre vorgetragen werden (loss carry forward or loss carry back). Für in den Jahren 2018, 2019 und 2020 entstandene Verluste ist ein fünfjähriger Verlustrücktrag und ein zeitlich unbeschränkter Verlustvortrag möglich. Die Geltendmachung des Verlustrücktrags in diesem Fall ist ein Wahlrecht, sofern dieses ausgeübt wird, ist ein Rücktrag über den gesamten 5-Jahreszeitraum jedoch zwingend, d. h. ein Verlustrücktrag kann z. B. nicht auf einen 2-Jahreszeitraum beschränkt werden. Für Verluste, die ab dem Jahr 2021 entstanden sind, ist ein Verlustrücktrag generell nicht mehr möglich, ein Verlustvortrag dagegen weiterhin ohne zeitliche Beschränkung erlaubt. Ausnahmen bestehen lediglich für Verluste aus landwirtschaftlichen Tätigkeiten und für Sachversicherungsunternehmen.

Die Verrechnung von Verlustvorträgen ist für ab dem Jahr 2018 entstehende Verluste generell auf 80 % des steuerpflichtigen Einkommens begrenzt. Diese Begrenzung gilt jedoch nicht für einen Verlustrücktrag und für Verlustvorträge, die in den Jahren 2018, 2019 und 2020 entstanden sind und auch in diesem Zeitraum, d. h. vor dem Jahr 2021 genutzt werden.

Als Ausnahmen von der grundsätzlichen Verrechenbarkeit von Verlusten sind jedoch die folgenden Situationen zu sehen:

Natürliche Personen, personal service corporations (Kapitalgesellschaften, die freiberufliche Tätigkeiten ausführen und deren Gesellschafter persönlich im Unternehmen mitarbeiten) und corporations, deren Anteile zu mehr als 50 % von nicht mehr als fünf natürlichen Personen gehalten werden, dürfen Verluste aus einer „passiven" Tätigkeit nicht mit Einkommen oder Gewinnen aus „aktiven" Tätigkeiten verrechnen, sondern können diese nur mit Einkommen oder Gewinnen aus anderen „passiven" Tätigkeiten verrechnen (sog. passive activity loss rules). Falls dies nicht möglich ist, können solche Verluste zeitlich unbegrenzt zur Verrechnung mit Einkommen oder Gewinnen aus „passiven" Tätigkeiten vorgetragen werden. Nicht abgezogene Verluste aus einer Aktivität können spätestens zu dem Zeitpunkt geltend gemacht werden, zu dem der Steuerpflichtige die Tätigkeit aufgibt.

Zur Unterscheidung von „passiven" und „aktiven" Tätigkeiten gilt, dass „passiv" in diesem Sinne eine Tätigkeit ist, bei der der Steuerpflichtige selbst nicht aktiv mitarbeitet. Dies ist z. B. bei einer typischen Kommanditbeteiligung und bei der Vermietung von Wirtschaftsgütern der Fall. Wenn eine Vermietungstätigkeit jedoch mit einem ungewöhnlich hohen persönlichen Einsatz verbunden ist (750 Stunden im Jahr), kann sie zu einer „aktiven" Tätigkeit werden. Dieses sog. material participation requirement ist bei sonstigen Aktivitäten bereits bei einer Mitarbeit von 500 Stunden im Jahr erfüllt. Ausnahmen gelten für Vermietungstätigkeiten weiterhin, wenn entweder die durchschnittliche Vermietungsdauer weniger als acht Tage beträgt (z. B. bei einem Videoverleih), wenn die durchschnittliche Vermietungsdauer weniger als 31 Tage beträgt und wesentliche, zusätzliche Leistungen erbracht werden (z. B. im Hotelgewerbe) oder wenn die Vermietungstätigkeit für das Gewerbe des Steuerpflichtigen von wesentlicher Bedeutung ist.

Verluste natürlicher Personen aus Grundstücksinvestitionen, die grundsätzlich „passiver" Natur sind, können unter bestimmten Voraussetzungen bis zu 25.000 USD im Jahr mit „aktiven" Einkünften verrechnet werden.

Dividenden- und Zinseinkünfte stellen „aktive" Einkünfte in diesem Sinne dar, Verluste aus „passiven" Tätigkeiten können damit also nicht verrechnet werden.

Für natürliche Personen besteht seit dem Jahr 2021 eine weitere Verlustverrechnungsbeschränkung (ursprünglich bestand diese Verlustverrechnungsbeschränkung bereits ab 2018, als eine der Corona Hilfsmaßnahmen wurde die Anwendung dann aber durch den sog. CARES Act aus dem Jahr 202 verschoben): Verluste aus gewerblicher Tätigkeit können nur noch bis zu einem Betrag i. H. v. 313.000 USD (bei einer Zusammenveranlagung erhöht sich der Betrag auf 626.000 USD) mit nicht-gewerblichem Einkommen verrechnet werden (2025, die Beträge werden jährlich auf Grundlage der Inflationsrate angepasst). Ein übersteigender Verlustbetrag (sog. excess business loss) wird vorgetragen und unterfällt den regulären Verlustverrechnungsbeschränkungen. Diese Regelungen kommen nach den oben dargestellten Regelungen zur Verrechnung von „passiven" mit „aktiven" Tätigkeiten zur Anwendung. Die ursprünglich bis zum Jahr 2029 zeitlich befristete Anwendung der „excess business limitation (EBL)" Regelungen ist durch den OB3 aufgehoben und unbefristet worden.

Die Verluste von Personengesellschaften werden anteilig dem einzelnen Gesellschafter zugerechnet und bei ihm im Rahmen der o. a. allgemeinen Begrenzungen steuerlich berücksichtigt. Dazu muss allerdings zur Unterscheidung zwischen aktiven und passiven Verlusten auf die hinreichende oder nicht hinreichende Mitarbeit des einzelnen Gesellschafters abgestellt werden. Darüber hinaus sind Verlustzuweisungen von Personengesellschaften an die Anteilseigner aus bestimmten Tätigkeiten der Gesellschaft nur im Rahmen von Höchstbeträgen (sog. at-risk rules"), meist ist dies das Haftkapital, zulässig.

Sonderregeln gelten für solche Veräußerungsverluste, die als capital losses gelten (siehe D.III.1.c).

V. Steuergutschriften (tax credits)

Nach Ermittlung der regulären Steuerschuld durch die Anwendung des Steuersatzes auf das zu versteuernde Einkommen können Steuerpflichtige weitere Steuerermäßigungen geltend machen, die unmittelbar auf die Steuerschuld angerechnet werden können, sog. tax credits. Dabei ist zu unterscheiden zwischen solchen tax credits, die auch zu einer Erstattung führen können (sog. refundable tax credits) und solchen, die lediglich zu einer Steuerschuld von Null führen können (sog. nonrefundable tax credits). Außerdem ist zwischen tax credits zu unterscheiden, die in der persönlichen Situation eines Steuerpflichtigen begründet sind, und solchen, die für Zwecke der Investitionsförderung im gewerblichen Bereich gedacht sind.

Für ausländische Einkünfte eines Steuerpflichtigen kommt des Weiteren eine Anrechnung der im Ausland gezahlten Steuern in Betracht (sog. foreign tax credit, FTC). Die USA wenden bei ausländischen Einkünften von natürlichen Personen generell die Anrechnungsmethode an, d. h. die ausländischen Einkünfte werden in die steuerliche Bemessungsgrundlage in den USA einbezogen und die ausländische Steuer dann (mit Einschränkungen) auf die US-Steuerschuld angerechnet.

Die wichtigsten tax credits für Einzelpersonen sind die Folgenden:

- Steuergutschrift für Kinder
  Die Höhe und Ausgestaltung des sog. „child tax credit" ist einer der am meistdiskutierten Punkte in den steuerlichen Debatten sowohl im Kongress als auch in der Öffentlichkeit der letzten Jahre. Durch den OB3 wird der child tax credit ab dem Jahr 2025 unbefristet auf 2.200 USD jährlich pro Kind bis zu einem Alter von 17 Jahren angehoben (vorher 2.000 USD), dieser Betrag wird basierend auf der Inflationsrate jährlich angepasst. Die ursprüngliche Erhöhung des child tax credits durch den TCJA war bis zum Jahr 2025 befristet. Neben dem eigentlich child tax credit gibt es eine zusätzliche Steuergutschrift in Höhe von 500 USD für unterhaltsbedürftige Familienangehörige, die nicht für eine Gutschrift für Kinder in Betracht kommen (sog. „other dependent credit, ODC"). Diese Steuergutschrift wurde ebenfalls durch den OB3 unbefristet weitergeführt (ursprünglich ab dem Jahr 2026 entfallend). Beide Steuergutschriften verringern sich schrittweise ab einem AGI i. H. v. 200.000 USD bzw. 400.000 USD bei Zusammenveranlagung. Die Steuergutschrift für Kinder kann bis zu einem Betrag i. H. v. 1.700 USD (2025) auch zu einer Steuerer-

stattung führen, sog. „refundable additional child tax credit (ACTC)". Der ACTC berechnet sich dabei auf Grundlage von 15 % des Einkommens (earned income i. S. v. IRC Sec. 32) des Steuerpflichtigen, das einen Betrag von 2.500 USD übersteigt. Um die Gutschrift für Kinder in Anspruch nehmen zu können, muss das betreffende Kind und der Steuerpflichtige eine Sozialversicherungsnummer besitzen, der Steuerpflichtige muss sich legal in den USA aufhalten und eine Arbeitsgenehmigung besitzen.

- **Steuergutschrift für Betreuungskosten**
  Eine Steuergutschrift kann weiterhin für Kinderbetreuungskosten und Betreuungskosten für unterhaltsbedürftige Angehörige in Anspruch genommen werden („child and dependent care credit"), falls dies durch die Berufstätigkeit des Steuerpflichtigen verursacht ist. Dies kommt für Kinder bis zu einem Alter von 13 Jahren und bei Angehörigen mit Behinderung in Betracht. Die Steuergutschrift ermittelt sich durch die Multiplikation der begünstigten Aufwendungen mit einem Prozentsatz zwischen 20 % und 50 %, der von der Höhe des AGI abhängig ist; bei einem AGI von bis zu 17.000 USD gilt ein Prozentsatz von 50 %, der sich dann mit steigendem Einkommen schrittweise verringert, ab einem AGI zwischen 43.001 USD und 75.000 USD (86.001 USD und 150.000 USD bei Zusammenveranlagung) wird ein tax credit i. H. v. 35 % gewährt. Ab einem AGI von 75.001 USD (150.001 USD bei Zusammenveranlagung) wird der Prozentsatz schrittweise abgesenkt bis dann ab einem AGI über 105.000 USD (210.000 USD bei Zusammenveranlagung) ein 20 %-iger tax credit geltend gemacht werden kann. Die dargestellten Höchstsätze sind durch den OB3 mit Wirkung ab dem Jahr 2026 eingeführt worden, für Zeiträume vor 2026 galt ein maximaler Prozentsatz von 35 %. Aufwendungen können bis zu einem Höchstbetrag von 3.000 USD pro Person bzw. 6.000 USD bei zwei oder mehr Personen geltend gemacht werden. Der sog. child and dependent care credit kann nicht zu einer Steuererstattung führen (non-refundable tax credit).
- Steuergutschrift für Niedrigverdiener
  Um die (Wieder-)Eingliederung in das Berufsleben zu unterstützen, wurde der sog. „earned income tax credit" geschaffen, bei dem es sich um eine erstattungsfähige Steuergutschrift handelt. Die Steuergutschrift ist für Niedrigverdiener anwendbar und sinkt ab einem gewissen Einkommen auf Null ab. Die Höhe der Steuergutschrift ist aus vom IRS erstellten Tabellen abzuleiten. Sofern der Steuerpflichtige investment income, d. h. Dividenden, Zinsen, steuerbefreites Einkommen, Mieten oder Veräußerungsgewinne i. H. v. 11.950 USD oder mehr erzielt (2025), kommt diese Steuergutschrift nicht in Betracht.

Daneben existieren zahlreiche weitere Steuergutschriften, die zumeist lediglich für Steuerpflichtige mit einem niedrigen Einkommen in Betracht kommen. Dazu zählen z. B. Steuergutschriften im Zusammenhang mit Studien- und Bildungskosten („American Opportunity Credit" und „Lifetime Learning Credit"), Steuergutschriften für Beiträge zu Versorgungsplänen („Retirement savings contribution credit"), Steuergutschriften für Adoptionskosten („Adoption credit"), Steuergutschriften für energieeffiziente Erhaltungsaufwendungen für Gebäude („energy efficient home improvement credit" und „residential clean energy credit") und weitere.

Im betrieblichen Bereich sieht das US-Steuerrecht eine Vielzahl von Steuergutschriften zumeist als Investitionsvergünstigungen vor. Der sog. General business credit besteht aus einer Vielzahl von Einzelvergünstigungen und ist nicht erstattungsfähig. Dieser ist in Grenzen mit der laufenden Steuerschuld verrechenbar oder kann bei nicht ausreichender Steuerschuld 20 Jahre vor- und ein Jahr zurückgetragen werden.

Der investment tax credit als Teil des general business credit besteht aus den tax credits für Wiederaufforstungsmaßnahmen, Renovierungskosten für Baudenkmäler und für die Investitionskosten bestimmter Energieanlagen. Zum general business credit gehören außer dem investment tax credit u. a. Sanierungskosten, Kosten der Nutzung alternativer Energien, Aufwendungen zur Aufforstung inländischer Waldbestände, Lohnaufwendungen für Personen, die bisher Sozialhilfe empfingen, Anrechnungsbeträge für die Vermietung von Sozialwohnungen, Aufwendungen für die behindertengerechte Ausstattung von Geschäftsräumen und Lohnaufwendungen in strukturschwachen Regionen.

Die während der Regierung Biden im Inflation Reduction Act (IRA) eingeführten umfangreichen tax credits für die betriebliche Förderung von erneuerbaren Energiequellen sind werden durch den OB3 deutlich eingeschränkt bzw. wieder abgeschafft.

VI. Quellensteuern

Für in den USA ansässige Personen und US-Staatsbürger gibt es keine allgemeine Kapitalertragsteuer. Stattdessen existiert ein System automatischer Kontrollmitteilungen an die Finanzverwaltung: Im Rahmen dieses Systems müssen alle Stellen, die bestimmte Auszahlungen tätigen (z. B. Zins- und Dividendenzahlungen durch Banken), jede einzelne Zahlung unter Angabe von Name, Anschrift, Steuernummer usw. des Empfängers an eine zentrale Stelle melden, die diese Mitteilungen sammelt und auswertet. Bei Nichtbeachtung der steuerlichen Kontrollvorschriften bzw. fehlenden Angaben des Steuerinländers wird ein Steuerabzug von 28 % durch die auszahlende Stelle vorgenommen (sog. backup withholding). Dieser Steuereinbehalt entspricht einer Steuervorauszahlung und wird auf die Einkommensteuerschuld angerechnet.

VII. Lohnsteuer und Sozialversicherungsbeiträge

Bei Einkünften aus nichtselbständiger Arbeit werden Vorauszahlungen auf die Steuerschuld des Arbeitnehmers im Wege des Abzugs durch den Arbeitgeber (sog. pay-as-you go System) erhoben. Der Arbeitnehmer hat dabei seinem Arbeitgeber mit seiner Sozialversicherungsnummer (die gleichzeitig als Steuernummer gilt) Angaben über Familienstand, persönliche Freibeträge, weitere Steuerfrei- und Steuerabzugsbeträge auf bestimmten Vordrucken (Form W-4) zu machen. Der Arbeitgeber haftet für die nach diesen Angaben und den vom Internal Revenue Service herausgegebenen Lohnsteuertabellen einzubehaltende Lohnsteuer. Anschließend findet für jeden Arbeitnehmer eine Veranlagung unter Verrechnung der gezahlten Lohnsteuer mit der Einkommensteuer statt. Der Arbeitgeber hat die einbehaltene Lohnsteuer je nach Höhe und Lohnzahlungsperiode abzuführen und eine vierteljährliche Lohnsteueranmeldung abzugeben (sog. Form 941).

Arbeitgeber und Arbeitnehmer haben Beiträge zur gesetzlichen Sozialversicherung (social security tax) von je 7,65 % des Bruttolohns zu zahlen. Sofern der Bruttolohn bei Alleinstehenden 200.000 USD und bei Verheirateten 250.000 USD überschreitet, erhöht sich der Betrag für den Arbeitnehmeranteil auf 8,55 %. Den Arbeitnehmeranteil hat der Arbeitgeber vom Lohn des Arbeitnehmers einzubehalten und zusammen mit dem Arbeitgeberanteil abzuführen. Die social security tax, die im Federal Insurance Contributions Act (FICA) geregelt ist, setzt sich aus Altersrenten-, Hinterbliebenen- und Invaliditätsversicherung (old-age, survivors, and disability insurance, auch OASDI genannt) i. H. v. je 6,2 % sowie einer Krankenhausversicherung (hospital insurance, auch HI oder Medicare genannt) i. H. v. je 1,45 % zusammen. Für die 6,2 %-igen OASDI Beiträge gibt es eine Kappungsgrenze, die 2025 ab einem Bruttolohn von 176.100 USD greift. Für die Medicare-Beiträge gibt es keine Kappungsgrenze, ab den oben genannten Bruttoeinkommen erhöht sich der Arbeitnehmeranteil von 1,45 % um weitere 0,9 % auf 2,35 %. Der Arbeitgeberanteil zur Sozialversicherung ist beim Arbeitgeber als Aufwand voll abzugsfähig; beim Arbeitnehmer stellt er keinen Einkommensbestandteil dar. Der Beitrag des Arbeitnehmers ist steuerlich nicht berücksichtigungsfähig. Empfangene Leistungen dieser Sozialversicherung sind nur dann ganz oder teilweise steuerpflichtig, wenn das AGI nach gewissen Modifizierungen bestimmte Größenordnungen übersteigt.

Beiträge zur Sozialversicherung sind auch von selbständig Tätigen zu leisten (self-employment tax). Der Beitrag beträgt insgesamt 15,3 %, wobei FICA 12,4 % und Medicare 2,9 % davon ausmachen. Bemessungsgrundlage ist der Gewinn der Einzelunternehmer/Selbständigen und beinhaltet auch Gewinnanteile aus Personenunternehmen, sofern es sich um Einkommen aus selbständiger Tätigkeit handelt. Für FICA gibt es dieselbe Kappungsgrenze, die 2025 bei einem Einkommen aus selbständiger Tätigkeit von

176.100 USD greift. Für die Medicare gibt es keine Kappungsgrenze, hier erhöht sich der Beitrag wie bei Nichtselbständigen um weitere 0,9 % auf 3,8 %. Selbständige können die Hälfte dieser Beträge steuerlich absetzen (der zusätzliche Medicare Beitrag von 0,9 % bei Überschreiten der genannten Einkommensgrenzen ist steuerlich nicht absetzbar).

Sofern der Arbeitgeber zu viel an OASDI-Beitragen einbehält und abführt, kann der Arbeitnehmer eine Erstattung durch den Arbeitgeber verlangen (bei mehreren Arbeitgebern hat eine solche Erstattung über die Steuererklärung zu erfolgen). Sofern der Arbeitgeber zu viel an Medicare-Beiträgen einbehält und abführt, muss eine Erstattung über die Steuererklärung erfolgen.

Bei der Bestimmung des Bruttoeinkommens, das den Sozialversicherungsbeiträgen unterliegt, gelten für bestimmte Sachzuwendungen Sonderregelungen.

Die Höhe der einbehaltenen Lohnsteuer und der Sozialversicherungsbeträge wird dem Arbeitnehmer durch den Arbeitgeber auf dem Form W-2 bestätigt. Gleichzeitig übermittelt der Arbeitgeber diese Bestätigung auch an die Sozialversicherungsbehörde.

Lediglich der Arbeitgeber hat Beiträge in die Arbeitslosenversicherung („unemployment taxes" oder FUTA) zu leisten. Dabei besteht ein Nebeneinander von Arbeitslosenversicherungen auf Bundesebene und auf Ebene der Bundesstaaten. Die Höhe der Beiträge in die Arbeitslosenversicherung auf Bundesebene ist dabei abhängig von der Höhe der Beiträge auf bundesstaatlicher Ebene und kann sich von max. 6 % auf bis zu 0,6 % reduzieren. Der Beitrag zur Arbeitslosenversicherung ist auf die ersten 7.000 USD Lohnzahlung pro Beschäftigtem und pro Kalenderjahr begrenzt.

VIII. Beschränkt Steuerpflichtige

1. Allgemeines

Anders als unbeschränkt steuerpflichtige Personen unterliegen beschränkt steuerpflichtige Personen nur der US-Besteuerung, wenn sie Einkommen aus US-Quellen oder Einkommen, das mit einer US-Geschäftstätigkeit verbunden ist, erzielen.

Einkommen, das mit einer US-Geschäftstätigkeit effektiv verbunden ist (income which is effectively connected with the conduct of a trade or business within the United States oder effectively connected income oder ECI), wird als aus US-Quellen stammend angesehen und auf Nettobasis, d. h. nach Abzug der zur Erzielung des Einkommens erforderlichen Aufwendungen, mit den gleichen Steuersätzen wie bei unbeschränkt steuerpflichtigen Personen besteuert, d. h. bei Körperschaften mit einem Steuersatz von 21 % (Sec. 882 IRC) und bei natürlichen Personen mit einem Steuersatz von bis zu 37 %.

Liegt keine US-Geschäftstätigkeit vor oder wird Einkommen aus US-Quellen nicht als mit einer US-Geschäftstätigkeit verbunden angesehen (Sec. 881 IRC), gilt Folgendes: Einkommen aus US-Quellen, wie z. B. Zinsen, Dividenden, Mieten, Vergütungen, Entlohnungen, Prämien, Entgelte, Renten, Abfindungen, Verdienste, Tantiemen und andere feste oder bestimmbare, jährliche oder periodische Gewinne, Einkünfte und Einkommen, sog. FDAP-Einkommen (fixed or determinable annual or periodical gains, profits, and income), unterliegt in den USA grundsätzlich einer 30 %igen abgeltenden Quellensteuer. Die 30 %ige Quellensteuer fällt an, sofern ein Doppelbesteuerungsabkommen keinen niedrigeren Steuersatz vorsieht. Die Besteuerung erfolgt auf Bruttobasis, mit dem Quellensteuereinbehalt ist die US-Steuerpflicht für FDAP-Einkommen erfüllt und die Abgabe einer US-Steuererklärung ist grundsätzlich nicht erforderlich.

Für die Frage der Steuerpflicht von Einkommensbestandteilen ist es also entscheidend, ob dieses als aus US-Quellen stammend angesehen wird. Für die Frage der Steuererhebung (Quellensteuerabzug oder Veranlagung) ist es entscheidend, ob es als FDAP oder ECI qualifiziert.

2. Effectively connected income

Effectively connected income setzt zunächst ein trade or business der ausländischen Person in den USA voraus. Auch wenn es für diesen Begriff keine Definition im Gesetz gibt, haben Rechtsprechung und IRS zahlreiche Kategorien und Kriterien zur Bestimmung von effectively connected income aufgestellt. Die Definition ist generell sehr weit gefasst und geht deutlich über den im internationalen Bereich sonst gebräuchlichen Betriebsstättenbegriff hinaus, da u. a. keine feste Geschäftseinrichtung erforderlich ist. Unter ECI ist generell jede nicht ganz unbedeutende Tätigkeit zu verstehen, die mit Gewinnerzielungsabsicht und einer gewissen zeitlichen Dauer ausgeübt wird und die im Zusammenhang mit einem in den USA belegenen Betrieb steht.

So kann z. B. die Anwesenheit in den USA zwecks Vorstellung und Bewerbung von Produkten in den USA ein trade or business begründen. Auch ein in den USA ansässiger Vertreter oder Makler kann ein trade or business für den Prinzipal in den USA begründen, z. B. wenn er eine Vertretungsvollmacht besitzt. Die Durchführung von Dienstleistungen durch in den USA anwesende Personen begründet im Allgemeinen ein trade or business in den USA, selbst wenn die Dienstleistung nur einmalig erbracht wird.

Nach den Vorschriften des Internal Revenue Code muss unterschieden werden zwischen Einkünften, die zwingend als ECI anzusehen sind, Einkünften, bei denen zu einer Behandlung als ECI durch den Steuerpflichtigen optiert werden kann, und Einkünften, die zwar generell als sog. investment income anzusehen sind (und damit als FDAP Einkünfte), bei denen jedoch ein ausreichend starker Bezug zu einer wirtschaftlichen Tätigkeit vorliegt (sog. asset-use test oder business activities test).

Bei der Erbringung von persönlichen Dienstleistungen („personal services") liegt grundsätzlich immer ECI vor. Dies gilt nur dann nicht, wenn die für die Dienstleistung gezahlte Vergütung den Betrag von 3.000 USD nicht übersteigt, die Aufenthaltsdauer des nichtansässigen Ausländers in den USA maximal 90 Tage beträgt und die Vergütung durch einen ausländischen Arbeitgeber gezahlt wird. Auch hier ist jedoch zu beachten, dass durch das jeweils anwendbare DBA (siehe Art. 15 des DBA Deutschland-USA) davon abweichende Voraussetzungen Anwendung finden können (so sieht das DBA Deutschland-USA eine 183-Tage Regelung vor um ein Besteuerungsrecht der USA zu begründen).

Die Beteiligung an einer Personengesellschaft begründet ein US trade or business für den Gesellschafter, wenn die Personengesellschaft ein US trade or business ausübt. Das deutsche Konzept des Sonderbetriebsvermögens ist den USA fremd. Gleiches gilt für die Beteiligung an einem estate oder trust. Zur Sicherung des US-Steueranspruchs hat die Personengesellschaft grundsätzlich eine Quellensteuer auf den Gewinnanteil des jeweiligen Gesellschafters einzubehalten und abzuführen (Sec. 1446 IRC). Die Höhe der Quellensteuer ist davon abhängig, ob es sich beim Gesellschafter um eine Körperschaft (dann 21 % entsprechend des allgemeinen Steuersatzes für Körperschaften) oder natürliche Person handelt (dann Anwendung des höchsten Individualsteuersatzes in Höhe von 37 %).

Der (Börsen-)Handel mit Aktien, Wertpapieren oder Rohstoffen begründet im Allgemeinen kein US trade or business, selbst wenn hierfür ein US Broker eingesetzt wird. Dies gilt nicht, wenn der beschränkt Steuerpflichtige hierfür in den USA eine feste Geschäftseinrichtung (z. B. Büro) unterhält.

Einkommen wird als effecitvely connected income behandelt, wenn es durch die US-Geschäftstätigkeit erzielt wird. Der Verkauf einer Beteiligung an einer US-Personengesellschaft durch eine ausländische Kapitalgesellschaft oder ausländische natürliche Person ist effectively connected income aus einem US trade or business, soweit ein unmittelbarer Verkauf der Wirtschaftsgüter der Personengesellschaft durch die Personengesellschaft effectively connected income wäre. Der Erwerber der Personengesellschaftsbeteiligung hat eine Quellensteuer i. H. v. 10 % der Gegenleistung einzubehalten und für Rechnung des Veräußerers abzuführen (Sec. 1446(f) IRC). Versäumt der Erwerber dies, hat die Personengesellschaft diese Steuer auf künftige Entnahmen des Erwerbers einzubehalten und abzuführen (Sec. 1446(f)(4) IRC). Ein Quellensteuerabzug ist nicht erforderlich, wenn der Veräußerer nachweist, dass er keine ausländische Kapitalgesellschaft oder ausländische natürliche Person ist.

Daneben kann auch Einkommen als effectively connected income qualifizieren, welches zwar aus US-Quellen stammt, jedoch nicht unmittelbar durch das US trade or business erzielt wurde. So werden z. B. Einkünfte aus dem Verkauf von Gegenständen als aus US-Quellen stammend behandelt, wenn das Eigentum hieran in den USA übergeht. Hat z. B. eine ausländische Gesellschaft ein US trade or business und erzielt darüber hinaus ohne Einschaltung dieses US trade or business Einkünfte aus dem Verkauf von Gegenständen und findet der Eigentumsübergang hieran in den USA statt, so ist auch dieses Einkommen effectively connected income.

Einkünfte aus ausländischen Quellen sind ausnahmsweise dann ECI, wenn dieses über eine feste Geschäftseinrichtung in den USA (z. B. Büro) erzielt wird.

FDAP-Einkommen wird dann als mit einer US-Geschäftstätigkeit verbunden angesehen und damit der Nettobesteuerung als ECI unterworfen, wenn es entweder von Vermögensgegenständen stammt, die im Rahmen der US-Geschäftstätigkeit verwendet werden (asset-use test), oder die US-Geschäftsaktivitäten einen wesentlichen Faktor im Erzielen des FDAP-Einkommen (business-activities test) darstellen. Einkünfte aus der Vermietung von US-Grundvermögen stellen im Allgemeinen FDAP-Einkünfte dar. Auf Antrag können diese aber als effectively connected income der Nettobesteuerung unterworfen werden.

Aufgrund des seit 2018 abgesenkten Körperschaftsteuersatzes von 21 % und der Besteuerung auf Nettobasis ist die Besteuerung als ECI im Allgemeinen günstiger als die Besteuerung als FDAP.

Bei Bestehen eines DBA kann ein ausländischer Steuerpflichtiger zumeist Abkommensschutz beanspruchen, da durch ein DBA ein Besteuerungsrecht den USA erst bei Bestehen einer Betriebsstätte zugewiesen wird (vgl. Art. 7 Abs. 1 DBA Deutschland-USA für in Deutschland ansässige Investoren) und die Schwelle zum Bestehen einer Betriebsstätte zumeist deutlich höher liegt als zum Bestehen von ECI. Dies ändert jedoch nichts daran, dass nach nationalem US-Steuerrecht Erklärungspflichten begründet werden können.

Bei Vorliegen von ECI ist eine Steuererklärung abzugeben (Form 1040NR) und grundsätzlich eine Veranlagung vorzunehmen.

Die Inanspruchnahme eines Abkommensvorteils erfordert grundsätzlich gemäß Sec. 6114 IRC die Offenlegung gegenüber der IRS. Die Offenlegung erfolgt auf Form 8833 und ist entweder der Jahressteuererklärung als Anlage beizufügen oder – sofern eine solche nicht einzureichen ist – separat einzureichen. In Form 8833 ist u. a. zu erläutern, welche Regelung des jeweiligen DBA in Anspruch genommen wird und welche US-Regelung hierdurch verdrängt bzw. in der Anwendung beschränkt wird. Die Nicht-Abgabe dieser Erklärung wird mit einer Strafe i. H. v. bis zu 1.000 USD (10.000 USD für Körperschaften) sanktioniert (Sec. 6712 IRC).

3. FDAP income

FDAP Einkünfte sind grds. sämtliche übrigen nicht steuerfreien Einkünfte aus US-Quellen mit Ausnahme von

- Einkommen, welches effectively connected income eines US trade or business ist;
- Einkommen aus dem Verkauf von beweglichen Wirtschaftsgütern (generell nur Wirtschaftsgüter des Privatvermögens, da betriebliche Wirtschaftsgüter im Allgemeinen einem US trade or business zugerechnet werden).

Typischerweise fallen hierunter:

- Zinsen
  - sofern der Schuldner in den USA ansässig ist; oder
  - sofern der Schuldner nicht in den USA ansässig ist und die Zinsen von einer Betriebsstätte in den USA getragen werden;
- Zinseinkünfte, welche im Allgemeinen steuerbefreit sind (insb. Zinsen aus Anleihen der Bundesstaaten) sowie Zinsen aus bestimmten Portfolioanlagen – dies sind Zinszahlungen, die von einem US-Schuldner an eine nicht nahestehende Person gezahlt werden – unterliegen nicht dem Quellensteuereinbehalt (solange es sich bei dem Empfänger nicht um ein Finanzinstitut handelt).
- Dividenden, sofern die auszahlende Gesellschaft eine US-Corporation ist;
- Einkünfte aus der Vermietung von beweglichen Wirtschaftsgütern, die sich in den USA befinden;
- Einkünfte aus der Vermietung von US-Grundvermögen (es sei denn, es wird die Behandlung als ECI und damit die Nettobesteuerung beantragt);
- Einkünfte aus der Überlassung von immateriellen Wirtschaftsgütern, die in den USA verwendet werden bzw. für das Recht auf Nutzung in den USA.

Daneben können Einkünfte aus Pensionen, Unterhaltszahlungen, Stipendien, Kommissionen, Gewinnspielen und 85 % von Sozialversicherungsleistungen als FDAP qualifizieren, sofern diese Einkünfte aus US-Quellen stammen.

Auf die Vergütung ist durch den Zahlenden („withholding agent“) grundsätzlich eine Quellensteuer von 30 % einzubehalten (Sec. 1441 IRC). Mit dem Quellensteuereinbehalt ist die US-Steuerpflicht für FDAP-Einkommen erfüllt und die Abgabe einer US-Steuererklärung durch die beschränkt steuerpflichtige Person nicht mehr erforderlich. Lediglich bei Nichteinbehalt muss eine Steuererklärung abgegeben werden, ansonsten haftet der „withholding agent“ für die nichteinbehaltene Quellensteuer. Andererseits kann der beschränkt Steuerpflichtige allerdings auch grundsätzlich keine günstigere Besteuerung auf Netto-Basis in Anspruch nehmen. Der Quellensteuereinbehalt ist grundsätzlich auch durch Personen vorzunehmen, die nicht in den USA ansässig sind.

Ein Quellensteuerabzug ist dagegen grundsätzlich nicht vorzunehmen, wenn die Einkünfte als ECI qualifizieren und damit auf Nettobasis besteuert werden. Zum Nachweis hat der beschränkt Steuerpflichtige dem Zahlenden Form W-8ECI vorzulegen, mit der er bestätigt, dass er (i) beschränkt steuerpflichtig ist, (ii) wirtschaftlich Berechtigter der Einkünfte ist und (iii) die Einkünfte ECI darstellen.

Auch bei FDAP-Einkommen sind die Regelungen des jeweils anwendbaren DBA zu beachten. Nach dem DBA Deutschland-USA wird auf Zins- und Lizenzzahlungen an einen in Deutschland ansässigen Empfänger grundsätzlich keine Quellensteuer erhoben, für Dividenden gilt entweder ein abgemilderter 15 %iger bzw. 5 %iger Quellensteuersatz, evtl. kommt sogar ein 0 %iger Quellensteuersatz zum Tragen.[1]

Die Inanspruchnahme eines ermäßigten Steuersatzes auf Basis eines Doppelbesteuerungsabkommens erfordert im Gegensatz zum deutschen Recht nicht die Beantragung einer Quellensteuer-Freistellungsbescheinigung bei der nationalen Steuerbehörde. Der Abzugsverpflichtete hat jedoch Dokumentation vorzuhalten (insbesondere Form W-8BEN für Empfänger, bei denen es sich um natürliche Personen handelt, bzw. Form W-8BEN-E für Empfänger, bei denen es sich um Gesellschaften handelt), woraus sich die Berechtigung zur Inanspruchnahme des ermäßigten Steuersatzes ergibt. Zudem ist in bestimmten Fällen die Inanspruchnahme des Abkommensvorteils auf Form 8833 offen zu legen; dies gilt allerdings grundsätzlich nicht für (i) FDAP-Einkommen, welches durch natürliche Personen erzielt wird, und (ii) FDAP-Einkommen, welches von einem verbundenen Unternehmen gezahlt wird (siehe Reg. 301.6114-1(c) für weitere Details). Die Nicht-Abgabe dieser Erklärung wird mit einer Strafe i. H. v. bis zu 1.000 USD (10.000 USD bei Körperschaften) sanktioniert (Sec. 6712 IRC).

4. Sonderregeln bei Grundstücksveräußerungen

Sonderregeln für die Grundstücksveräußerung beschränkt Steuerpflichtiger bestehen nach dem Foreign Investment in Real Properties Tax Act (sog. FIRPTA-Regelungen). Gewinne und Verluste aus Verfügungen über Rechte an US-Grundvermögen (US Real Property Interest, USRPI) ausländischer, nichtansässiger natürlicher und juristischer Personen sind gemäß FIRPTA steuerlich so zu behandeln, als seien sie in einem US-Geschäftsbetrieb entstanden, d. h. sie fallen unter die US-Steuerpflicht als effectively connected income (siehe D.VIII.2) und werden grundsätzlich als capital gains besteuert.

Als Rechte an US-Grundvermögen gelten Eigentumsrechte und eigentumsähnliche Rechte, aber anteilig auch Beteiligungen und beteiligungsähnliche Rechte an ame-

1 Vgl. [Kapitel I].

rikanischen oder ausländischen Gesellschaften mit US-Grundbesitz (z. B. an Personengesellschaften) sowie Eigentums- und Nutzungsrechte an Erdöl- und Erdgasvorkommen und an sonstigen Vorkommen von Bodenschätzen in den USA. Die Veräußerung einer Kapitalgesellschaft mit US-Grundvermögen oder eines Anteils daran löst dann eine Steuerpflicht aus, wenn es sich dabei um eine US-Immobilien-Holdinggesellschaft (US real property holding corporation, USRPHC) handelt. Eine USRPHC liegt vor, wenn der Marktwert ihres US-Grundbesitzes mindestens 50 % ihres Vermögens oder 25 % der steuerlichen Buchwerte ihres Vermögens ausmacht.

Zur Sicherung der Steuerzahlung durch den Ausländer unterliegt die Veräußerung nach IRC Sec. 1445 einem Steuereinbehalt von 15 % des Veräußerungserlöses, der grundsätzlich durch den Erwerber einzubehalten und abzuführen ist. Der Abzug kann in einigen Fällen unterbleiben, z. B. bei der Übertragung eines Grundstücks, wenn der Veräußerungserlös 300 000 USD nicht übersteigt und der Erwerber es als seinen US-Hauptwohnsitz nutzen will oder wenn der Veräußerer dem Käufer seine Steuernummer mitteilt und ihm eine eidesstattliche Erklärung vorlegt, dass er kein Ausländer ist. Der Steuereinbehalt ist nur eine Vorauszahlung auf die definitive Steuerschuld, er dient der Sicherung der Steuerzahlung. Entsteht keine Steuerschuld oder ist sie voraussichtlich geringer als der Steuereinbehalt von 15 %, kann über den IRS eine Minderung oder ein Erlass des Steuereinbehalts beantragt werden. Der IRS stellt dann eine entsprechende Bescheinigung (withholding certificate) aus, die dem Käufer vorzulegen ist. Eine solche Bescheinigung muss beim IRS beantragt werden (Form 8288-B, „Application for Withholding Certificate for Dispositions by Foreign Persons of U.S. Real Property Interests").

E. Besteuerung von Kapitalgesellschaften, Betriebsstätten und Personengesellschaften

I. Allgemeines

Die USA erheben auf Bundesebene eine der deutschen Körperschaftsteuer ähnliche Einkommensteuer für Körperschaften. Es gibt allerdings – anders als in Deutschland – in den USA kein separates Körperschaftsteuergesetz. Die Rechtsgrundlagen für die Besteuerung von Körperschaften sind vielmehr im Einkommensteil des allgemeinen Steuergesetzes (*Internal Revenue Code, „IRC“*) integriert.

Rechtsgrundlage für die Einkommensbesteuerung (sowohl von natürlichen Personen als auch von Körperschaften) ist *Subtitle A* des IRC. Dieser ist wie folgt unterteilt:

- Chapter 1 (Sec. 1 – 1400Z-2) betreffend gewöhnliche Einkommensteuern und Zusatzsteuern
- Chapter 2 (Sec. 1401 – 1403) betreffend die Besteuerung von bestimmten Einkommen aus selbständiger Arbeit
- Chapter 2a (Sec. 1411) betreffend die sogenannte Medicare-Steuer
- Chapter 3 (Sec. 1441 – 1465) betreffend Quellensteuer für Einkommen von beschränkt Steuerpflichtigen
- Chapter 4 (Sec. 1471 – 1474) betreffend die sogenannten FATCA-Regelungen („Foreign account tax compliance act“)
- Chapter 6 (Sec. 1501 – 1564) betreffend die steuerliche Konsolidierung (Organschaft)

Chapter 5 wurde aufgehoben. Hinzu kommen umfangreiche *Treasury Regulations* der US-Finanzverwaltung. Die *Treasury Regulations* sind zum Teil mit den deutschen Durchführungsverordnungen und zum Teil mit den deutschen Richtlinien vergleichbar.[1]

Auch Körperschaften unterliegen in den meisten Bundesstaaten und in einigen größeren Städten der regionalen Körperschaftsteuer (*state and local corporate income taxes*), sofern ein steuerlicher Anknüpfungspunkt zu einem Staat oder einer Stadt (sog. *Nexus*) besteht. Die auf lokaler und bundesstaatlicher Ebene erhobenen Körperschaftsteuern[2] sind auf Bundesebene von der Bemessungsgrundlage abzugsfähig, eine Anrechnung auf die *federal corporate income tax* ist nicht möglich.

1 Gesetz und Treasury Regulations können abgerufen werden unter https://www.irs.gov/privacy-disclosure/tax-code-regulations-and-official-guidance.

2 Für eine weitergehende Erläuterung vgl. Kapitel V. „Steuern der Bundesstaaten“.

II. Subjektive Steuerpflicht und check-the-box-election

Nach Sec. 11(a) IRC unterliegt „jede Körperschaft" der Einkommensteuer für Körperschaften.

Gesetzlich definiert ist eine Körperschaft gemäß Sec. 7701(a)(3) IRC als *association, joint-stock company* oder *insurance company*. Ausgenommen von dieser Definition sind ausdrücklich *trusts* und Personengesellschaften. Dabei zählen zu den Personengesellschaften auch Rechtsformen wie *syndicate, pool, joint venture* oder andere *unincorporated organizations*, die eine geschäftliche Tätigkeit verfolgen (Sec. 7701(a)(2) IRC).

Während die Einordnung als *trust* auf die gesellschaftsrechtlichen und operativen Merkmale abstellt, ist die Einordnung von Körperschaften und Personengesellschaften seit Einführung der sogenannten *check-the-box-regulations* in 1997 grundsätzlich unabhängig von den gesellschaftsrechtlichen und operativen Merkmalen einer Gesellschaft.[1]

Vor Einführung der *check-the-box-regulations* wurde die Einordnung einer Gesellschaft als Körperschaft oder Personengesellschaft (bzw. Betriebsstätte im Fall einer Gesellschaft mit nur einem Gesellschafter) anhand der folgenden gesellschaftsrechtlichen und operativen Merkmale geprüft[2]:

- das Vorhandensein von mehreren Gesellschaftern;
- die Absicht ein Gewerbe auszuüben;
- unbegrenzte Lebensdauer;
- Zentralisierung der Geschäftsführung;
- begrenzte Haftung;
- freie Übertragbarkeit von Anteilen.

Da jedoch die ersten beiden Merkmale regelmäßig sowohl bei Körperschaften als auch bei Personengesellschaften vorlagen, konzentrierte sich die Prüfung auf die letzten vier Merkmale. Eine Gesellschaft wurde sodann als Körperschaft qualifiziert, wenn zumindest drei der verbleibenden vier Kriterien für eine Körperschaft sprachen. Ansonsten wurde die Gesellschaft als eine Personengesellschaft behandelt. Sollte daher eine Gesellschaft als Personengesellschaft qualifizieren, wurden regelmäßig per Gesellschaftsvertrag die Lebensdauer und die Übertragbarkeit der Anteile eingeschränkt, damit nur zwei der verbleibenden vier Merkmale für eine Körperschaft sprachen.

Diese Vorgehensweise, welche auf Rechtsprechung aus dem Jahre 1954 basierte, entsprach damit nicht unwesentlich der in Deutschland aktuell angewandten Vorgehens-

1 Reg. 301.7701-3.

2 Sogenannte *Kintner*-Faktoren (U.S. v. Kintner, 216 F.2d 418 (9th Cir. 1954)).

weise für die Einordnung ausländischer Rechtsformen als Körperschaft oder Personengesellschaft (bzw. Betriebsstätte).[1] Ein wesentlicher Unterschied bestand jedoch dahingehend, dass in den USA auch US-Gesellschaften anhand dieser Kriterien als Körperschaft oder Personengesellschaft (bzw. Betriebsstätte) qualifiziert werden mussten, wohingegen dies in Deutschland aufgrund des Verweises auf die Rechtsformen des Gesellschaftsrechts in § 1 Abs. 1 Nr. 1 KStG nicht der Fall ist. Hintergrund dieser Vorgehensweise ist, dass Gesellschaften in den USA grundsätzlich nach dem jeweils unterschiedlichen Recht der einzelnen Bundesstaaten und nicht nach Bundesrecht gegründet werden. Daher war auch für inländische Gesellschaften jeweils eine separate Rechtsformqualifikation für Zwecke der *federal income tax* notwendig.

Da diese Vorgehensweise zu erheblicher Komplexität und Rechtsunsicherheit führte, wurde diese mit Wirkung ab 1997 durch die sogenannten *check-the-box-regulations* ersetzt. Diese Regelungen gelten für US-Gesellschaften und für ausländische Gesellschaften und sind damit grundsätzlich für alle Gesellschaften anwendbar, die einen wie auch immer gearteten US-steuerlichen Anknüpfungspunkt haben.

Sie gelten für Rechtsformen, die ihrer Natur nach eine geschäftliche Tätigkeit verfolgen und keine *trusts* sind.

Für bestimmte Rechtsformen ist zwingend eine Besteuerung als Körperschaft vorgesehen (*per se corporation*), während für die übrigen Rechtsformen ein Wahlrecht gewährt wird.

So werden die US-Rechtsformen der *corporation*, der *joint-stock company*, der *joint-stock association* sowie bestimmte nach US-Recht errichtete Bank- und Versicherungsgesellschaften zwingend als Körperschaft klassifiziert. Darüber hinaus ist für derzeit rd. 90 ausländische Staaten festgelegt, welche ihrer Rechtsformen als *per se corporation* gelten. Von den deutschen Rechtsformen ist lediglich die Aktiengesellschaft darunter. Die europäische Societas Europaea (SE) ist ebenfalls als *per se corporation* eingestuft.

Im Vergleich mit den anderen Ländern handelt es sich grundsätzlich um Rechtsformen, die mit der deutschen Aktiengesellschaft vergleichbar sind. Reg. 301.7701-2(b)(8)(i) enthält eine Liste der als *per se corporations* klassifizierten ausländischen Gesellschaftsformen. Für alle übrigen Rechtsformen, die auf eine Geschäftstätigkeit ausgerichtet sind, besteht ein Wahlrecht (*eligible entity*). Wird ein bestehendes Wahlrecht nicht ausdrücklich ausgeübt, so erfolgt eine Standardeinordnung (*default classification*), die sich

1 Vgl. BMF, Schreiben vom 19.3.2014, BStBl I S. 411, zur steuerlichen Einordnung der US LLC. Als Merkmale werden herangezogen: (i) zentralisierte Geschäftsführung und Vertretung, (ii) beschränkte Haftung, (iii) freie Übertragbarkeit der Anteile, (iv) Gewinnzuteilung, (v) Kapitalaufbringung, (vi) unbegrenzte Lebensdauer, (vii) Gewinnverteilung, (viii) formale Gründungsvoraussetzungen, (ix) sonstige Kriterien.

bei inländischen Gesellschaften nach der Anteilseignerzahl und bei ausländischen Gesellschaften nach der Anteilseignerzahl und der Haftungsbeschränkung richtet.

Nach der *default classification* wird eine US-Rechtsform mit Wahlrecht und mindestens zwei Anteilseignern als Personengesellschaft besteuert. Falls sie nur einen Anteilseigner besitzt, wird sie als „steuerliches Nichts" (*disregarded entity*) behandelt. Mithin stellt eine solche Rechtsform, abhängig von ihrem einzigen Anteilseigner, der eine natürliche Person, eine US-Körperschaft oder eine ausländische Körperschaft sein kann, grundsätzlich entweder ein Einzelunternehmen, einen Teilbetrieb oder ggf. auch eine Betriebsstätte dar. Erst wenn bei diesen Rechtsformen das Wahlrecht ausgeübt wird, können sie als Körperschaft besteuert werden.

Ausländische Rechtsformen mit Wahlrecht werden, wenn dieses nicht ausgeübt wird, als Personengesellschaft besteuert, wenn sie mindestens zwei Anteilseigner haben und mindestens ein Anteilseigner der unbeschränkten Haftung unterliegt. Hierunter fällt z. B. die deutsche Kommanditgesellschaft. Eine ausländische Rechtsform mit nur einem Anteilseigner, der der unbeschränkten Haftung unterliegt, wird als *disregarded entity* behandelt. Erst wenn bei diesen Rechtsformen das Wahlrecht ausgeübt wird, können sie als Körperschaft besteuert werden.

Ausländische Rechtsformen mit Wahlrecht werden dagegen automatisch als Körperschaft besteuert, wenn der oder die Anteilseigner keiner unbeschränkten Haftung unterliegen, wie z. B. die deutsche Gesellschaft mit beschränkter Haftung. Wird das Wahlrecht ausgeübt, wird eine solche Rechtsform als Personengesellschaft besteuert, wenn sie über zwei oder mehr Anteilseigner verfügt. Existiert nur ein Anteilseigner wird sie als *disregarded entity* behandelt, sodass auf den steuerlichen Status ihres Anteilseigners abgestellt wird.

BEISPIEL E.1: Die A-AG mit Sitz in Deutschland gründet eine US-Corporation.

LÖSUNG: Sowohl A-AG als auch die US-Corporation werden für US-Zwecke als *per-se corporations* und damit als Körperschaftsteuersubjekte behandelt.

BEISPIEL E.2: Die A-AG mit Sitz in Deutschland gründet eine US-LLC. Die A-AG haftet nur begrenzt für Schulden der US-LLC. Das Wahlrecht zur Einordnung der LLC wird nicht ausgeübt. Angenommen sei, dass die LLC auf Basis des Gesellschaftsvertrages (articles of association) bei Zugrundelegung der im BMF-Schreiben vom 19.3.2014 zur steuerlichen Einordnung der *US LLC* (BStBl I S. 411) niedergelegten Kriterien für deutsche steuerliche Zwecke als Körperschaft qualifiziert.

LÖSUNG: Da das Wahlrecht in den USA nicht ausgeübt wurde, wird die US-LLC für US-steuerliche Zwecke unter der default classification als US-Betriebsstätte der A-AG (disregarded entity) behandelt. Die beschränkte Haftung ist für die default classification von US-Gesellschaften nicht relevant. Mithin handelt es sich bei der *US-LLC* um eine hybride Gesellschaft, da diese aus US-Sicht als Betriebsstätte und aus deutscher Sicht als Kapitalgesellschaft behandelt wird. Hieraus können sich Qualifikationskonflikte bzw. Doppelbesteuerungen oder Nicht-Besteuerungen ergeben.

Wird dagegen das Wahlrecht in den USA zugunsten einer Behandlung als Kapitalgesellschaft ausgeübt, wird die US-LLC sowohl aus deutscher als auch aus US-Sicht als Kapitalgesellschaft behandelt.

BEISPIEL E.3: Die A-AG mit Sitz in Deutschland gründet eine US-LLC. Das Wahlrecht zur Einordnung der *US-LLC* wird dahingehend ausgeübt, dass die US-LLC als Kapitalgesellschaft behandelt werden soll. Angenommen sei, dass die *US-LLC* auf Basis des Gesellschaftsvertrages (articles of association) bei Zugrundelegung der im BMF-Schreiben vom 19.3.2014 zur steuerlichen Einordnung der *US-LLC* (BStBl I S. 411) niedergelegten Kriterien für deutsche steuerliche Zwecke als Betriebsstätte qualifiziert.

LÖSUNG: Bei der *US-LLC* handelt es sich wiederum um eine hybride Gesellschaft, da diese aus US-Sicht als Kapitalgesellschaft und aus deutscher Sicht als Betriebsstätte behandelt wird. Hieraus können sich wiederum Qualifikationskonflikte bzw. Doppelbesteuerungen oder Nicht-Besteuerungen ergeben.

BEISPIEL E.4: US-Corp. mit Sitz in den USA gründet zusammen mit einer nahe stehenden Person in Deutschland eine KG. Das Wahlrecht zur Einordnung der KG wird nicht ausgeübt.

LÖSUNG: Nach der default classification wird die KG als Personengesellschaft behandelt, da diese zwei Gesellschafter hat und zumindest ein Gesellschafter (der Komplementär) unbeschränkt haftet. Da die KG auch aus deutscher steuerlicher Sicht als Personengesellschaft qualifiziert, besteht mithin kein Qualifikationskonflikt.

Wird das Wahlrecht in den USA dagegen dahingehend ausgeübt, dass die KG als Kapitalgesellschaft qualifizieren soll, liegt wiederum ein Qualifikationskonflikt vor.

Grundsätzlich kann ein Qualifikationskonflikt durch schlichtes (Nicht-)Ausüben der *check-the-box-elections* damit bewusst herbeigeführt oder vermieden werden. Dies kann einerseits zur Steuergestaltung genutzt werden, andererseits können sich hieraus allerdings auch Doppelbesteuerungen ergeben.

In der Praxis werden hybride Gesellschaften in vielfacher Hinsicht zur Optimierung der US-Steuerposition genutzt, z. B. zur Vermeidung von hinzurechnungspflichtigen Einkünften (*Subpart F*) oder zur Steuerung ausländischer anrechenbarer Steuern (*foreign tax credits*).

BEISPIEL E.5: US-Corp. mit Sitz in den USA gründet zusammen mit einer nahe stehenden Person eine KG und gewährt dieser ein verzinsliches Darlehen. Aufgrund der *check-the-box-election* wird die KG in den USA als Kapitalgesellschaft behandelt.

LÖSUNG: Aus deutscher steuerlicher Sicht handelt es sich bei den Zinsaufwendungen um Betriebsausgaben des Gesamthandsbereichs und bei den Zinseinnahmen um Sonderbetriebseinnahmen (§ 15 Abs. 1 Nr. 2 EStG, § 50d Abs. 10 EStG). In Deutschland ist damit effektiv kein Abzug zulässig. In den USA werden aufgrund der Behandlung der KG als Kapitalgesellschaft die Zinseinnahmen steuerlich erfasst, die Zinsaufwendungen allerdings nicht, so dass in den USA eine Versteuerung stattfindet. Hierdurch kann sich eine Doppelbesteuerung ergeben.[1]

BEISPIEL E.6: US-Corp. mit Sitz in den USA gründet eine GmbH und gewährt dieser ein verzinsliches Darlehen. Aufgrund der *check-the-box-election* wird die GmbH in den USA als Betriebsstätte behandelt.

LÖSUNG: Aus deutscher steuerlicher Sicht stellen die Zinsaufwendungen grundsätzlich steuerlich abzugsfähige Betriebsausgaben dar.[2] In den USA werden aufgrund der Behandlung der GmbH als Betriebsstätte grundsätzlich sowohl Zinseinnahmen der US-Corp. als auch Zinsaufwendungen der GmbH erfasst, so dass in den USA effektiv grundsätzlich keine Besteuerung stattfindet.

Folgende Symbole werden für hybride Gesellschaften verwendet:

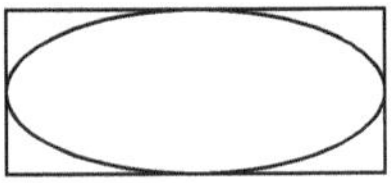

(intransparente) Körperschaft aus Sicht des Ansässigkeitsstaates/ (transparente) Betriebsstätte aus Sicht des Staates, in dem der Gesellschafter ansässig ist (*DRE = disregarded entity*)

BEISPIEL: Ein in Deutschland ansässiger Gesellschafter ist an einer US-LLC beteiligt, die in den USA als steuerlich intransparente Kapitalgesellschaft (*check-the-box-election*) qualifiziert und für deutsche steuerliche Zwecke (Typenvergleich) als transparente Betriebsstätte.

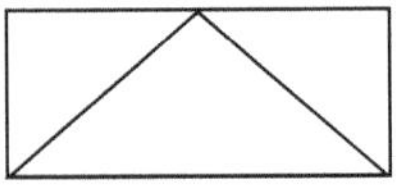

(intransparente) Körperschaft aus Sicht des Ansässigkeitsstaates/ (transparente) Personengesellschaft aus Sicht des Staates, in dem der Gesellschafter ansässig ist (*hybrid entity*)

BEISPIELE:

- Ein in Deutschland ansässiger Gesellschafter ist zusammen mit einem Mitgesellschafter an einer US-LLC beteiligt, die in Deutschland als steuerlich transparente Personengesellschaft (Typenvergleich) qualifiziert und für US-steuerliche Zwecke (*check-the-box-election*) als intransparente Kapitalgesellschaft.
- Ein in den USA ansässiger Gesellschafter ist an einer deutschen GmbH beteiligt, die in den USA (*check-the-box-election*) als transparente Personengesellschaft behandelt wird.

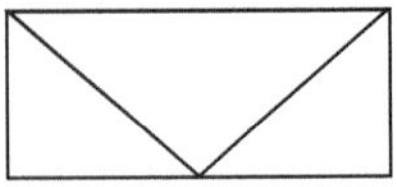

(transparente) Personengesellschaft aus Sicht des Ansässigkeitsstaates/(intransparente) Körperschaft aus Sicht des Staates, in dem der Gesellschafter ansässig ist (*reverse hybrid entity*)

---

1 Auf die Möglichkeit der Anrechnung der US-Steuer auf die deutsche Steuer gemäß § 50d Abs. 10 Satz 5 EStG sei hingewiesen.

2 Vorbehaltlich anwendbarer nationaler Abzugsverbote, z. B. § 4k KStG.

BEISPIELE:

- Ein in Deutschland ansässiger Gesellschafter ist zusammen mit einem Mitgesellschafter an einer US-LLC beteiligt, die in Deutschland als steuerlich intransparente Kapitalgesellschaft (Typenvergleich) qualifiziert und für US-steuerliche Zwecke (*check-the-box-election*) als transparente Personengesellschaft.
- Ein in den USA ansässiger Gesellschafter ist an einer deutschen KG beteiligt, die in den USA (*check-the-box-election*) als intransparente Körperschaft behandelt wird.

Das Wahlrecht wird ausgeübt, indem die gewünschte steuerliche Behandlung auf Form 8832 angekreuzt wird und dieses beim *Internal Revenue Service* eingereicht wird. Das Wahlrecht kann maximal 75 Tage rückwirkend und 12 Monate prospektiv ausgeübt werden. An diese gewählte steuerliche Behandlung ist das Unternehmen grundsätzlich mindestens 60 Monate gebunden, es sei denn, das Wahlrecht wird bei Gründung ausgeübt. Daneben kann eine Änderung auch dann innerhalb der 60-Monate-Frist erfolgen, wenn sich die Anteilseigner der Gesellschaft zu mind. 50 % geändert haben und die Steuerbehörde der Änderung zustimmt.

Eine ausländische Gesellschaft kann das Wahlrecht grundsätzlich ausüben, wenn deren Qualifikation für US-Steuerzwecke von (irgendeiner) Relevanz ist. Dies kann z. B. der Fall sein, wenn eine US-Person auf eine Zahlung an die ausländische Gesellschaft US-Quellensteuern einzubehalten hat und die Höhe des Quellensteuersatzes je nach Rechtsform des Empfängers unterschiedlich ist (Reg. 301.7701-3(d)(1)).

Eine Änderung der Rechtsformwahl wird wie folgt behandelt (Reg. 301.7701-3(g)):

- Wenn eine bisher als Personengesellschaft behandelte Gesellschaft das Wahlrecht nunmehr in der Weise ausübt, dass sie als Kapitalgesellschaft behandelt wird, wird dies als Einlage sämtlicher Wirtschaftsgüter in die Kapitalgesellschaft gegen Gewährung von Anteilen an dieser Gesellschaft und nachfolgender Liquidation der Personengesellschaft unter Ausschüttung der Kapitalgesellschaftsanteile an ihre Anteilseigner behandelt.
- Wenn eine bisher als Kapitalgesellschaft besteuerte Gesellschaft mit mehreren Gesellschaftern das Wahlrecht nunmehr in der Weise ausübt, dass sie als Personengesellschaft behandelt wird, wird dies als Ausschüttung sämtlicher Wirtschaftsgüter der Kapitalgesellschaft an ihre Anteilseigner bei gleichzeitiger Liquidation der Kapitalgesellschaft und nachfolgender Einlage der Wirtschaftsgüter in die neu gegründete Personengesellschaft durch die Anteilseigner behandelt.
- Wenn eine bisher als Kapitalgesellschaft besteuerte Gesellschaft mit nur einem Gesellschafter das Wahlrecht nunmehr in der Weise ausübt, dass sie als „steuerliches Nichts" behandelt wird, wird dies als Ausschüttung sämtlicher Wirtschaftsgüter der Kapitalgesellschaft an ihre Anteilseigner bei gleichzeitiger Liquidation der Kapitalgesellschaft behandelt.

- Wenn eine bisher als „steuerliches Nichts" behandelte Gesellschaft mit nur einem Gesellschafter das Wahlrecht nunmehr in der Weise ausübt, dass sie als Kapitalgesellschaft behandelt wird, wird dies als Einlage der Wirtschaftsgüter in die neu gegründete Kapitalgesellschaft durch den Anteilseigner behandelt.

Die Steuerfolgen hieraus ergeben sich aus den allgemeinen Regelungen – d. h., die Steuerfolgen sind grundsätzlich mit solchen Umwandlungen identisch, die tatsächlich durchgeführt werden. Diese können steuerpflichtig oder unter bestimmten Voraussetzungen steuerneutral erfolgen. Im Allgemeinen kann die Umwandlung in eine Kapitalgesellschaft steuerneutral erfolgen, die steuerneutrale Umwandlung aus einer Kapitalgesellschaft heraus ist dagegen nur sehr viel seltener möglich. Es gelten zahlreiche Sonderregelungen. Wesentliche Regelung in diesem Zusammenhang sind Sec. 351 IRC in Bezug auf die Gründung von bzw. die Überführung von Vermögensgegenständen auf Kapitalgesellschaften und Sec. 721 IRC in Bezug auf die Gründung von bzw. die Überführung von Vermögensgegenständen auf Personengesellschaften. Zu beiden Vorschriften existieren umfangreiche Verwaltungsanweisungen.[1]

Das US-Steuerrecht kennt zahlreiche Sonderrechtsformen oder Körperschaften, die unter bestimmten Voraussetzungen ein besonderes Besteuerungsregime wählen können. Auf sie wird im Folgenden nur kurz eingegangen:

- Ein *Real Estate Mortgage Investment Conduit* (*REMIC*) ist ein Investitionsvehikel, das hypothekarisch besicherte Darlehen (*mortgages*) bündelt und durch die Ausgabe von Anteilsscheinen handelbar macht. Ein *REMIC* ist grundsätzlich steuerlich transparent und sein Einkommen wird anteilig direkt den Anteilseignern zugerechnet.[2]
- Eine *Regulated Investment Company* (*RIC*) ist ein Investmentfonds. Er ist als Kapitalgesellschaft nach US-Recht gegründet und nach dem *Investment Company Act* von 1940 registriert und muss – um als *RIC* anerkannt zu werden – mind. 90 % seines steuerpflichtigen Einkommens innerhalb eines bestimmten zeitlichen Rahmens ausschütten. Ein *RIC* kann die gezahlten Dividenden von seinem Einkommen abziehen (*dividends-paid deduction*) und unterliegt damit nur einer geringen bzw. (bei voller Ausschüttung) gar keiner Einkommensbesteuerung. Sofern ein *RIC* bestimmtes steuerfreies Einkommen erzielt (z. B. aus bestimmten Staatsanleihen), kann es diese Qualifikation an seine Anteilseigner durchleiten.[3]
- Ein *Real Estate Investment Trust* (*REIT*) ist ein US-Grundvermögensfonds, der als Kapitalgesellschaft oder *trust* nach US-Recht gegründet ist und über mindestens 100 Anteilseigner verfügt. Ein *REIT* kann die gezahlten Dividenden von seinem Ein-

1 Reg. 1.351-1 - 1.351-3 sowie Reg. 1.721-1 – 1.721-2.

2 Sec. 860A – 860G IRC.

3 Sec. 851 – 855 IRC.

kommen abziehen (*dividends-paid deduction*) und unterliegt damit nur einer geringen bzw. gar keiner Einkommensbesteuerung.[1]

- Eine *S-Corporation* ist eine nach US-Recht gegründete Kapitalgesellschaft, deren Anteilseigner das Wahlrecht zur Besteuerung nach dem Besteuerungsregime des *Subchapter S* (Sec. 1361 – 1379 IRC) des IRC ausgeübt haben. Die Ausübung des Wahlrechts ist an eine Reihe von Voraussetzungen gebunden. So darf die *S-Corporation* bspw. nicht mehr als 100 Anteilseigner haben, die ausschließlich natürliche Personen, Nachlässe oder *trusts* sein müssen. Nichtansässige ausländische Personen können nicht Anteilseigner sein, d. h. es sind nur Anteilseigner zulässig, die der unbeschränkten US-Steuerpflicht unterliegen. Auch Personengesellschaften oder Kapitalgesellschaften können nicht Anteilseigner einer *S-Corporation* sein. Eine *S-Corporation* ist selbst grundsätzlich kein Steuersubjekt, d. h. das Einkommen wird anteilig ihren Anteilseignern zugerechnet. Ausnahmen bestehen für die Besteuerung aus der Aufdeckung bestimmter stiller Reserven und bestimmter passiver Einkünfte. Der *S-Corporation*-Status fällt weg, wenn eine Voraussetzung zur Ausübung des Wahlrechts entfällt oder dieser Status von den Anteilseignern widerrufen wird. Ohne *S-Corporation*-Status wird die Gesellschaft als sog. *C Corporation* wie jede andere US-Körperschaft nach *Subchapter C* des IRC besteuert.

- Eine *Personal Services Corporation* ist eine US-Kapitalgesellschaft, die im Wesentlichen freiberufliche und ähnliche Tätigkeiten (Buchhaltung, versicherungsmathematische Tätigkeiten, (Rechts-)Beratung, Tätigkeiten durch Ingenieure, Architekten sowie im Bereich des Gesundheitswesens und der darstellenden Künste) ausübt, deren Anteile zumindest zum Teil (10 %) von Mitarbeitern gehalten werden (Sec. 269A IRC) und deren Tätigkeit zumindest zum Teil (20 %) durch diese Mitarbeiter, die zugleich Gesellschafter sind, erbracht wird. Vor der Steuerreform 2018 wurden Einkünfte von *Personal-Services-Corporations* mit einem einheitlichen Steuersatz von 35 % besteuert, d. h. die sonst für Körperschaften anwendbare Steuersatzstaffelung[2] fand keine Anwendung. Im Zuge der Steuerreform 2018 beträgt der Steuersatz wie auch bei anderen Körperschaften einheitlich 21 %. *Personal-Services-Corporations* können die Gewinnermittlung per Einnahme-Überschuss-Rechnung (*cash method of accounting*)[3] unabhängig von der Höhe der Umsätze ausüben. Die Regelung des Sec. 269A IRC zielt im Wesentlichen darauf ab, eine Steuersatzarbitrage für Erträge aus persönlichen Dienstleistungen durch Zwischenschaltung einer Kapitalgesellschaft zu unterbinden; die IRS wird hierfür dazu ermächtigt, Einkünfte unmittelbar den hinter der Kapitalgesellschaft stehenden Personen zuzuordnen (Sec.

1 Sec. 856 – 859 IRC.

2 Vgl. Kapitel IV. „Tarif".

3 Vgl. Kapitel VII.2. „Gewinnermittlungsart".

269A(a)(2) IRC. Daneben gelten bestimmte Sonderregelungen; so kann eine *Personal Services Corporation* z. B. Verluste aus passiven Tätigkeiten (z. B. Vermietung) nicht mit übrigen Einkünften verrechnen.

- Eine *closely held corporation* ist eine Körperschaft, deren Anteile zu mindestens 50 % von max. fünf natürlichen Personen gehalten werden und die keine *Personal Services Corporation* ist. Für *closely held corporations* gelten bestimmte Sonderregelungen, z. B. können Verluste aus passiven Tätigkeiten (z. B. Vermietung) nicht mit übrigen Einkünften verrechnet werden. Daneben kann eine *closely held corporation* Verluste grundsätzlich nur in Höhe der Einlagen der Gesellschafter zuzüglich aufgenommener Darlehen, für die der Gesellschafter persönlich haftet oder Sicherheiten hingegeben hat, geltend machen (sogenannte *at-risk-limits*, Sec. 465 IRC).

III. Unbeschränkte und beschränkte Steuerpflicht

1. Allgemeines

Der unbeschränkten US-Steuerpflicht mit ihrem weltweiten Einkommen unterliegen inländische Körperschaften (*domestic corporations*). Eine inländische Körperschaft ist eine, die nach dem Recht der USA oder ihrer Bundesstaaten einschließlich des *District of Columbia* gegründet oder errichtet wurde.

Es kommt hierbei nicht auf den Ort der Geschäftsführung oder den Verwaltungssitz an. Ausländische Körperschaften (*foreign corporations*) sind hingegen negativ definiert als solche, die keine *domestic corporations* sind.

BEISPIEL E.7: Die A-LLC ist nach dem Recht eines Bundesstaates der USA gegründet und wird entsprechend der *check-the-box-election* für US-Zwecke als Körperschaft besteuert. Auf Basis des Typenvergleichs wird die A-LLC auch für deutsche steuerliche Zwecke als Körperschaft behandelt.[1] Der Ort der Geschäftsleitung der A-LLC befindet sich in Deutschland.

LÖSUNG: Die A-LLC ist aufgrund Gründung in den USA unbeschränkt steuerpflichtig. Ebenfalls ist die A-LLC aufgrund des Ortes der Geschäftsleitung in Deutschland unbeschränkt steuerpflichtig (§ 1 Abs. 1 Satz 1 Nr. 1 KStG). Für eine solche doppelt ansässige Gesellschaft besteht die Gefahr, dass diese für Zwecke des Doppelbesteuerungsabkommens zwischen Deutschland und den USA als in keinem Vertragsstaat ansässig gilt und damit die Vergünstigungen des Abkommens nicht in Anspruch nehmen kann. Die Anwendung der *tie-braker-rule* kommt für diese Gesellschaft grundsätzlich nicht in Betracht (Art. 4 Abs. 3 DBA USA).

BEISPIEL E.8: Die A-GmbH hat ihren statutarischen Sitz in Deutschland. Der Ort der Geschäftsleitung befindet sich in den USA. Die A-GmbH wird entsprechend der *check-the-box-election* für US-Zwecke als Körperschaft besteuert.

---

1 Vgl. BMF, Schreiben vom 19.3.2014, BStBl I S. 411, zur steuerlichen Einordnung der US-LLC.

LÖSUNG: Die A-GmbH ist aufgrund des Sitzes in Deutschland unbeschränkt steuerpflichtig (§ 1 Abs. 1 Satz 1 Nr. 1 KStG). In den USA ist sie nur mit etwaigen aus US-Quellen stammenden Einkünften[1] beschränkt steuerpflichtig, da der Ort der Geschäftsleitung für US-Steuerzwecke kein Kriterium für die unbeschränkte Steuerpflicht ist. Die Anwendung der tie-braker-rule des Artikel 4 DBA USA ist nicht erforderlich, da die Gesellschaft nicht doppelt ansässig ist.

2. Ausgründungen (Inversions)

Aufgrund der durch den *American Jobs Creation Act* von 2004 eingeführten Regeln gegen Ausgründungen von US-Körperschaften (*inversions*, Sec. 7874 IRC) kann auch eine ausländische Körperschaft (*surrogate foreign corporation*) weiterhin wie eine inländische Körperschaft mit ihrem weltweiten Einkommen besteuert werden, wenn die ausländische Gesellschaft auf Basis eines (Gesamt-)Plans

- nach dem 4.3.2003 direkt oder indirekt sämtliche oder nahezu sämtliche Wirtschaftsgüter einer inländischen Körperschaft erwirbt;
- die bisherigen Gesellschafter der inländischen Gesellschaft im Anschluss mind. 80 % der Anteile an der ausländischen Gesellschaft halten; und
- die ausländische Gesellschaft in dem ausländischen Land keine oder im Vergleich zu den weltweiten Geschäftsaktivitäten nur geringfügige Geschäftsaktivitäten ausübt (*substantial business activities test*).

Die Behandlung der *surrogate foreign corporation* als inländische Körperschaft führt dazu, dass keine der üblicherweise im Rahmen einer *inversion* erstrebten US-Steuervorteile realisiert werden können.

Sofern die Beteiligung der bisherigen Gesellschafter der inländischen Kapitalgesellschaft an der ausländischen Kapitalgesellschaft nach der Ausgründung weniger als 80 % aber min. 60 % beträgt, wird die *surrogate foreign corporation* zwar nicht wie eine inländische Körperschaft behandelt, es sind jedoch bestimmte Einkünfte der *surrogate foreign corporation* in den USA über einen Zeitraum von zehn Jahren nach der Ausgründung steuerpflichtig.

Voraussetzung für die Erfüllung des *substantial business activities test* ist, dass in dem ausländischen Land zumindest jeweils 25 %

- der Mitarbeiter des neuen Gesamtkonzerns tätig sind;
- der materiellen Wirtschaftsgüter des neuen Gesamtkonzerns belegen sind; und
- des Gewinns aus gewöhnlicher Geschäftstätigkeit des neuen Gesamtkonzerns erwirtschaftet wird.

Eine Ausgründung kann rechtlich auf verschiedenen Wegen erfolgen. In Betracht kommt z. B. eine Einbringung der Anteile an der US-Gesellschaft in die ausländische

1 Vgl. Kapitel D.VIII. „Beschränkt Steuerpflichtige".

Gesellschaft gegen Gewährung von Anteilen an die bisherigen Anteilseigner (*share-for-share-exchange*) oder durch Verschmelzung der US-Gesellschaft auf eine ausländische Gesellschaft gegen Ausgabe von Anteilen der ausländischen Gesellschaft an die Anteilseigner der US-Gesellschaft. Zuletzt sind auch vermehrt Unternehmenszusammenschlüsse zwischen US- und ausländischen (z. B. europäischen) Unternehmen in der Weise erfolgt, dass beide Zielgesellschaften unter einer neuen ausländischen Holding (z. B. ansässig in Irland) zusammengeführt wurden. Je nach Wertverhältnissen der beteiligten Unternehmen wurde die oben genannte 80 % bzw. 60 %-Grenze nicht erreicht, so dass die IRC-Regelungen zu *inversions* keine Anwendung finden.

In der Vergangenheit wurde regelmäßig in europäische Niedrigsteuerländer (z. B. Irland) ausgegründet. Dies erfolgt z. B. durch Zusammenschluss eines amerikanischen Unternehmens mit einem ausländischen Unternehmen unter Etablierung einer neuen Konzern-Obergesellschaft im Ausland. Im Zuge der Umgestaltung des US-Steuersystems und der Reduzierung der Steuerbelastung durch den *Tax Cuts and Jobs Act* aus 2018 hat die Relevanz von *Inversions* bzw. haben die hieraus erzielbaren Steuervorteile abgenommen. Ähnliche Regelungen gibt es für inländische Personengesellschaften.

IV. Tarif

Die Bundessteuer beträgt für Steuerjahre, die nach dem 31.12.2017 beginnen, 21 %.

Für vorangehende Steuerjahre beträgt die Bundessteuer:

Tab. E.1.: Bundessteuer

Teilmengen des zu versteuernden Einkommens in USD	Steuerlast
0 – 50.000	15 %
50.001 – 75.000	7.500 USD plus 25 % des Betrages über 50.000 USD
75.001 – 100.000	13.750 USD plus 34 % des Betrages über 75.000 USD
100.001 – 335.000	22.250 USD plus 39 % des Betrages über 100.000 USD
335.001 – 10.000.000	113.900 USD plus 34 % des Betrages über 335.000 USD
10.000.001 – 15.000.000	3.400.000 USD plus 35 % des Betrages über 10.000.000 USD
15.000.001 – 18.333.333	5.150.000 USD plus 38 % des Betrages über 15.000.000 USD
Über 18.333.333	35 %

V. Steuern der Bundesstaaten

Auch die meisten Bundesstaaten und einige größere Städte (z. B. New York City) erheben Einkommensteuern (*state and local income taxes*), wenn der Steuerpflichtige persönliche oder territoriale Steueranknüpfungspunkte (u. a. Wohnsitzbegründung, mittel- oder unmittelbare gewerbliche Tätigkeit) in dem Bundesstaat bzw. der Stadt hat. Dabei werden häufig die bereits für Bundeszwecke festgestellten Bemessungsgrundlagen übernommen und für lokale Besteuerungszwecke modifiziert. Generell sind die auf lokaler und bundesstaatlicher Ebene erhobenen Einkommensteuern von der Bemessungsgrundlage auf Bundesebene abzugsfähig. Die Steuertarife in den Bundesstaaten wurden für 2025 wie folgt festgesetzt:

Tab. E.2.: Steuertarife der Bundesstaaten 2025

Staat	Steuersatz in %		Einkommen
Alabama	7%	>	$0,00
Alaska	0%	>	$0,00
Alaska	2%	>	$25.000,00
Alaska	3%	>	$49.000,00
Alaska	4%	>	$74.000,00
Alaska	5%	>	$99.000,00
Alaska	6%	>	$124.000,00
Alaska	7%	>	$148.000,00
Alaska	8%	>	$173.000,00
Alaska	9%	>	$198.000,00
Alaska	9%	>	$222.000,00
Arizona	5%	>	$0,00
Arkansas	1%	>	$0,00
Arkansas	2%	>	$3.000,00
Arkansas	3%	>	$5.000,00
Arkansas	4%	>	$11.000,00
California	9%	>	$0,00
Colorado	4%	>	$0,00
Connecticut (a)	8%	>	$0,00
Connecticut (a)	8%	>	$100.000.000,00

Staat	Steuersatz in %		Einkommen
Delaware (b)	9%	>	$0,00
Florida	6%	>	$50.000,00
Georgia	5%	>	$0,00
Hawaii	4%	>	$0,00
Hawaii	5%	>	$25.000,00
Hawaii	6%	>	$100.000,00
Idaho	6%	>	$0,00
Illinois (c)	10%	>	$0,00
Indiana	5%	>	$0,00
Iowa	6%	>	$0,00
Iowa	7%	>	$100.000,00
Kansas	4%	>	$0,00
Kansas	7%	>	$50.000,00
Kentucky	5%	>	$0,00
Louisiana	6%	>	$0,00
Maine	4%	>	$0,00
Maine	8%	>	$350.000,00
Maine	8%	>	$1.050.000,00
Maine	9%	>	$3.500.000,00
Maryland	8%	>	$0,00

Staat	Steuersatz in %		Einkommen
Massachusetts	8%	>	$0,00
Michigan	6%	>	$0,00
Minnesota	10%	>	$0,00
Mississippi	4%	>	$5.000,00
Mississippi	5%	>	$10.000,00
Missouri	4%	>	$0,00
Montana	7%	>	$0,00
Nebraska	5%	>	$0,00
Nevada (b)			
New Hampshire	8%	>	$0,00
New Jersey (d)	7%	>	$0,00
New Jersey (d)	8%	>	$50.000,00
New Jersey (d)	9%	>	$100.000,00
New Jersey (d)	11,5%	>	$10.000.000,00
New Mexico	6%	>	$0,00
New York	7%	>	$0,00
New York	7%	>	$5.000.000,00
North Carolina	2%	>	$0,00
North Dakota	1%	>	$0,00
North Dakota	4%	>	$25.000,00
North Dakota	4%	>	$50.000,00

Staat	Steuersatz in %		Einkommen
Ohio (b)			
Oklahoma	4%	>	$0,00
Oregon (b)	7%	>	$0,00
Oregon (b)	8%	>	$1.000.000,00
Pennsylvania (b)	8%	>	$0,00
Rhode Island	7%	>	$0,00
South Carolina	5%	>	$0,00
South Dakota			
Tennessee (b)	7%	>	$0,00
Texas (b)			
Utah	5%	>	$0,00
Vermont	6%	>	$0,00
Vermont	7%	>	$10.000,00
Vermont	9%	>	$25.000,00
Virginia (b)	6%	>	$0,00
Washington (b)			
West Virginia (b)	7%	>	$0,00
Wisconsin	8%	>	$0,00
Wyoming			
Washington, D.C.	8%	>	$0,00

(a) Connecticut erhebt einen 10%igen Steuerzuschlag bei Bruttoeinnahmen des Steuerpflichtigen ab $100 Mio. USD bzw. in Fällen sogenannter ***combined unitary groups***.

(b) Nevada, Ohio, Texas und Washington erheben keine lokale Körperschafsteuer, jedoch eine Steuer auf Bruttoeinkünfte (***"gross receipts tax"***), die nicht direkt mit einer Körperschaftsteuer vergleichbar ist. Delaware, Oregon und Tennessee erheben eine Steuer auf Bruttoeinkünfte zusätzlich zur lokalen Körperschaftsteuer. Pennsylvania, Virginia und West Virginia haben zwar auf Bundesstaatsebene keine Steuer auf Bruttoeinkünfte, erlauben dies aber auf lokalere Ebene.

(c) Beinhaltet zwei unterschiedliche Körperschaftsteuern zu 7 % und zu 2,5 %.

(d) Der jeweilige Steuersatz findet Anwendung auf das gesamte Einkommen, nicht nur auf das Einkommen oberhalb der jeweiligen Grenze.

VI. Besteuerung von Personengesellschaften

Eine Personengesellschaft (*partnership*) liegt nach US-Verständnis grundsätzlich vor, wenn sich mehrere Personen zur Ausführung eines *trade or business* zusammenschließen, die jeweiligen Gesellschafter (*partner*) jeweils Geld, Vermögen, Leistungen oder Kenntnisse beisteuern und hierfür einen Anteil am Gewinn bzw. Verlust erhalten. Dies kann unter Gründung einer Gesellschaft (z. B. LLP) oder „informell" durch Zusammenschluss mehrerer Personen zum gemeinsamen Erwerbszweck erfolgen und kann auch konkludent/mündlich, d. h. ohne schriftlichen Gesellschaftsvertrag, errichtet werden. Reines Miteigentum, z. B. an Grundvermögen, führt grundsätzlich nicht zur Annahme einer Personengesellschaft in diesem Sinne, es sei denn, die Miteigentümer erbringen weitere (gewerbliche) Leistungen an die Mieter. *Cost sharing agreements* führen ebenfalls nicht zu der Annahme einer Personengesellschaft.

Die Änderung der Rechtsform (z. B. aus einer informellen/konkludenten Personengesellschaft in eine LLC) ist grundsätzlich kein steuerpflichtiges Ereignis und kann daher unter steuerlicher Fortführung der Personengesellschaft erfolgen. Anpassungen sind jedoch insbesondere dann erforderlich, wenn Gesellschafter aus einer unbeschränkten Haftung in die beschränkte Haftung wechseln.

Die steuerliche Einordnung einer in- oder ausländischen Gesellschaft als Personengesellschaft richtet sich dagegen grundsätzlich nach der *check-the-box-election*.[1] Die steuerliche Behandlung als Personengesellschaft ist dabei grundsätzlich nicht davon abhängig, ob die Gesellschafter unbeschränkt oder beschränkt haften. Damit kommt eine steuerliche Behandlung als Personengesellschaft für Gesellschaften in Betracht, bei denen

- alle Gesellschafter unbeschränkt haften (*general partnership*);
- sowohl beschränkt als auch unbeschränkt haftende Gesellschafter vorhanden sind (*limited partnership*); oder
- alle Gesellschafter nur beschränkt haften (*limited liability partnership* oder *limited liability company*).

Eine Behandlung als Personengesellschaft kommt unter anderem nicht in Betracht für

- Rechtsformen wie *corporation, body corporate, body politic, joint stock company* – diese werden als *per-se-corporations* grundsätzlich als Kapitalgesellschaft besteuert;
- Versicherungsgesellschaften und bestimmte Banken;
- steuerbefreite Organisationen;
- *real estate investment trusts.*

1 Vgl. Kapitel II. „Subjektive Steuerpflicht und check-the-box-election".

Eine Personengesellschaft wird steuerlich als transparent betrachtet und ist damit nicht selbst steuerpflichtig. Das steuerliche Einkommen sowie sonstige Besteuerungsgrundlagen werden unmittelbar den beteiligten Gesellschaftern zugeordnet. Dies bedeutet z. B. auch, dass die Gesellschafter grundsätzlich nicht Arbeitnehmer der Personengesellschaft sein können. Zu beachten ist allerdings, dass bestimmte steuerliche Vorschriften, z. B. die Vorschriften zur Zinsschranke[1], unmittelbar auf Ebene der Personengesellschaft angewendet werden. Auch ist die Personengesellschaft für ihre Arbeitnehmer lohnsteuerabzugsverpflichtet.

Das Konzept des Sonderbetriebsvermögens (§ 15 Abs. 1 Nr. 2 Satz 1 EStG) kennen die USA nicht. Transaktionen zwischen Gesellschafter und Gesellschaft sind damit grundsätzlich so zu behandeln, als ob der Gesellschafter nicht Gesellschafter der Personengesellschaft wäre. Für diese Transaktionen gibt es jedoch auch zahlreiche Spezial- und Halteregeln.

So ist im Grundsatz die Übertragung von Vermögen auf die Personengesellschaft gegen Erhöhung der Beteiligung (und umgekehrt) steuerneutral möglich; die Personengesellschaft führt damit den steuerlichen Buchwert fort. Gleiches gilt, wenn ein Personengesellschaftsanteil in eine andere Personengesellschaft gegen Gewährung von Gesellschaftsrechten eingebracht wird.

Übersteigt der Verkehrswert jedoch den steuerlichen Buchwert, sind zukünftige Abschreibungen „sachgemäß" zwischen den Gesellschaftern zu verteilen.

BEISPIEL E.9: Bei Gründung legt A Vermögen mit einem Verkehrswert von 20.000 USD und einem Buchwert von 5.000 USD (verbleibende Nutzungsdauer: fünf Jahre) in die Personengesellschaft ein. B tätigt eine Bareinlage von 20.000 USD.

LÖSUNG (VEREINFACHT): Wirtschaftlich hat B die Hälfte des von A eingelegten Vermögens (10.000 USD) erworben. Ihm stünde damit jährlich 2.000 USD Abschreibung zu. Es können jedoch nur max. 1.000 USD Abschreibung pro Jahr geltend gemacht werden, da die Personengesellschaft den steuerlichen Buchwert fortschreibt. Die 1.000 USD Abschreibung sind damit vorab vollumfänglich B zuzurechnen.

Erfolgt im zeitlichen Zusammenhang jedoch eine Barentnahme des einlegenden Gesellschafters (bzw. im umgekehrten Fall eine Bareinlage), kommt auch eine Qualifikation als Verkauf und damit eine Aufdeckung von stillen Reserven in Betracht (*disguised sale*). Daneben gibt es Regelungen, die eine Verlustnutzung bei Transaktionen zwischen der Gesellschaft und dem Gesellschafter (z. B. Verkauf von Vermögen mit stillen Lasten von der Personengesellschaft an den Gesellschafter) beschränken. Wird eingelegtes Vermögen innerhalb von sieben Jahren an einen anderen Gesellschafter ausgekehrt, ist die Einlage grundsätzlich rückwirkend mit dem Verkehrswert anzusetzen.

1 Vgl. Kapitel VII.14. „Zinsschranke/Gesellschafterfremdfinanzierung".

Die Zurechnung von steuerlichen Verlusten an beschränkt haftende Gesellschafter ist – ähnlich wie bei § 15a EStG – im Grundsatz auf die Höhe der Haftung/Einlage beschränkt. Es gibt zahlreiche Sonderregelungen. Ein aufgrund der Haftungsbeschränkung nicht nutzbarer Verlust kann – ähnlich eines verrechenbaren Verlustes im Sinne von § 15a EStG – vorgetragen werden.

Ein Unterschied zu der steuerlichen Systematik in Deutschland ist, dass der steuerliche Buchwert („*tax basis*", welcher grundsätzlich den fortgeführten Anschaffungs-/Herstellungskosten entspricht) für die Wirtschaftsgüter der Personengesellschaft und dem Anteil des Gesellschafters an der Personengesellschaft separat geführt wird und sich unterscheiden kann. Dies bedeutet, dass sich der steuerliche Buchwert des Gesellschafters an der Personengesellschaft, welcher zum Beispiel im Falle eines Verkaufs des Personengesellschaftsanteils veräußerungsgewinnmindernd geltend gemacht werden kann, entgegen der deutschen Sichtweise nicht notwendigerweise aus seinem Anteil an den Buchwerten der zugrunde liegenden Wirtschaftsgüter und Schulden (nach deutschen Verständnis dem Anteil des Gesellschafters am steuerlichen Eigenkapital lt. Gesamthands- und Ergänzungsbilanz) ableiten lässt.[1] Für kleinere, weniger komplexe Personengesellschaften gibt es jedoch wiederum Vereinfachungsregeln.

Für gewerbliches Einkommen (*qualified business income*) einer Personengesellschaft kommt grundsätzlich eine 20 %ige Steuerbefreiung in Betracht, soweit natürliche Personen an der Personengesellschaft beteiligt sind. Diese Begünstigung wurde im Rahmen der Steuerreform 2018 eingeführt und soll eine Gleichbehandlung der Besteuerung von gewerblichen Einkommen unabhängig von der verwendeten Rechtsform erreichen.[2] Der Abzug kann dementsprechend nicht nur von Personengesellschaften, sondern auch für Einzelunternehmer oder Einkommen, welches über eine *S-Corporation* bezogen wird, geltend gemacht werden.[3]

Die Einkünfte und sonstigen Besteuerungsgrundlagen werden grundsätzlich auf Ebene der Personengesellschaft ermittelt. Hierzu hat die Personengesellschaft jährlich eine Steuererklärung (Form 1065 „*U.S. Return of Partnership Income*") abzugeben, in der die Einkünfte – ähnlich einer gesonderten und einheitlichen Feststellung entsprechend § 180 Abs. 1 Nr. 2a AO – ermittelt und den jeweiligen Gesellschaftern zugeordnet werden. Die Erklärung ist grds. bis zum 15. März des Folgejahres abzugeben, eine 6-monatige Fristverlängerung ist grds. möglich. Zwecks Mitteilung der Besteuerungsgrundlagen ist den Gesellschaftern jeweils der sogenannte *Schedule K-1*, in der die dem jeweiligen Gesellschafter zuzuordnenden Besteuerungsgrundlagen enthalten sind, zur Verfügung zu stellen. Der Gesellschafter hat die im *Schedule K-1* bescheinigten Besteuerungsgrundlagen in seiner Steuererklärung zu berücksichtigen (Sec. 6222 IRC).

1 Siehe Reg. 1.705-1 für weitere Details.
2 Zu weiteren Details vgl. Kapitel H.I. „Der Tax Cuts and Jobs Act von 2018".
3 Sec. 199a IRC sowie Reg. 1.199A.

Steuerliche Verfahren (z. B. Klageverfahren) sind grundsätzlich auf Ebene der Personengesellschaft zu führen (Sec. 6221 IRC). Die Personengesellschaft hat für steuerliche Angelegenheiten grundsätzlich einen *„designated representative"* zu benennen, dessen Verfahrenshandlungen für die anderen Beteiligten bindend sind (Sec. 6223 IRC). Die Regelungen zum *„designated representative"* wurden mit dem *Bipartisan Budget Act* aus 2015 eingeführt und sehen auch vor, dass im Falle von Einkommensanpassungen auf Ebene der Personengesellschaft (z. B. im Falle von *Examinations* durch die IRS) Mehrsteuern grundsätzlich pauschaliert (unter Verwendung des Höchststeuersatzes von 37 % bei natürlichen Personen als Gesellschafter und 21 % bei Kapitalgesellschaften als Gesellschafter) gegenüber der Personengesellschaft erhoben werden können (sogenanntes *„imputed underpayment"* Sec. 6225 IRC). Durch Einreichung geänderter Steuererklärungen der Gesellschafter, Zahlung der auf sie entfallenden Steuer und unter bestimmten weiteren Voraussetzungen (Sec. 6225(c) IRC) können die Regelungen zur pauschalierten Erhebung der Mehrsteuern gegenüber der Personengesellschaft jedoch vermieden werden und eine individuelle Nachversteuerung auf Gesellschafterebene erreicht werden.

Sec. 6235 IRC sieht eine eigene Verjährungsfrist für Steuern vor, soweit diese auf Einkünften oder sonstigen Besteuerungsgrundlagen aus Personengesellschaften beruhen. Die Frist beträgt (analog zur allgemeinen Festsetzungsverjährung) drei Jahre und beginnt mit Abgabe der Form 1065 bzw. mit Ablauf der Frist zur Abgabe der Form 1065 (grundsätzlich 15. März des Folgejahres), je nachdem was später stattfindet.

Die „Feststellungsfrist" für Personengesellschaften kann dabei insoweit zu einer Verlängerung der „Festsetzungsfrist" für die Gesellschafter führen.

Eine ausländische Personengesellschaft hat eine Steuererklärung abzugeben, wenn diese Einkünfte aus US-Quellen erzielt. Zur Sicherung des US-Steueranspruchs hat die Personengesellschaft grundsätzlich eine Quellensteuer auf den Gewinnanteil des jeweiligen Gesellschafters aus einem *U.S. trade or business* einzubehalten und abzuführen (Sec. 1446 IRC). Die Höhe der Quellensteuer ist davon abhängig, ob es sich beim Gesellschafter um eine Körperschaft (dann 21 % entsprechend dem allgemeinen Steuersatz für Körperschaften) oder natürliche Person handelt (dann Anwendung des höchsten Individualsteuersatzes in Höhe von 37 %).

Im Falle der Veräußerung eines Anteils an einer Personengesellschaft durch einen nur beschränkt steuerpflichtigen Gesellschafter hat der Erwerber (dies kann auch die Personengesellschaft selbst bei Erwerb eigener Anteile sein) eine Quellensteuer in Höhe von 10 % des Kaufpreises einzubehalten (Sec. 1446(f) IRC).[1]

1 Detaillierte Regelungen hierzu sowie Ausnahmen enthalten Reg. 1.1446.

Zudem kann eine Personengesellschaft für die *branch profits tax*, die *branch level interest tax*, für *FDAP*-Einkommen,bei Erwerb von US-Grundvermögen (*FIRPTA*) und unter den *FATCA*-Regelungen abzugsteuerverpflichtet sein.[1]

VII. Einkommensbegriff und Einkommensermittlung

1. Allgemeines

Da es in den USA kein separates Körperschaftsteuergesetz gibt, gelten für die Definition des zu versteuernden Einkommens und seine Ermittlung im Wesentlichen die gleichen Regeln wie bei den natürlichen Personen.[2] Dies bedeutet, dass grundsätzlich sämtliche Vermögenszuflüsse der Besteuerung unterliegen, sofern sie nicht ausdrücklich freigestellt sind (Sec. 61 IRC). In diesem Zusammenhang ist jedoch darauf hinzuweisen, dass bei Körperschaften – im Gegensatz zu natürlichen Personen – keine Abzugsbeträge, die die persönliche Sphäre betreffen, geltend gemacht werden können. Folglich stellt für Körperschaften grundsätzlich das Bruttoeinkommen (*gross income*) abzüglich der damit verbundenen Betriebsausgaben (*deductions*) das zu versteuernde Einkommen dar.

Die Gewinnermittlung erlaubt gewöhnliche und notwendige Geschäftsausgaben (*ordinary and necessary business expenses*) als Abzugsbeträge (Sec. 162(a) IRC). In diesem Zusammenhang wird auf die Üblichkeit und Angemessenheit der Geschäftsausgaben abgestellt.

2. Gewinnermittlungsart

Die Gewinnermittlung hat für Körperschaften grundsätzlich nach der Zurechnungsmethode (*accrual method*) zu erfolgen, die im Wesentlichen einem Betriebsvermögensvergleich entspricht. Die Gewinnermittlung nach der Zuflussmethode (*cash method*) ist u. a. für Unternehmen zulässig, deren durchschnittlicher Jahresumsatz (*gross receipts*) der letzten drei Jahre 31 Mio. USD nicht übersteigt; der Betrag wird jährlich inflationsbedingt angepasst. Umsätze verbundener Unternehmen werden dabei grundsätzlich aggregiert. *Personal service corporations* (Kapitalgesellschaften, die freiberufliche Tätigkeiten ausführen und deren Gesellschafter persönlich im Unternehmen mitarbeiten), Personengesellschaften ohne Körperschaften (*C-Corporations*) als Gesellschafter und *S-Corporations* können die Zuflussmethode unabhängig von der Höhe des Jahresumsatzes anwenden.

1 Vgl. Kapitel X. „Beschränkt Steuerpflichtige".
2 Vgl. Kapitel D. „Die Besteuerung von natürlichen Personen".

Ein bestehendes Wahlrecht wird im Rahmen der Abgabe der ersten Steuererklärung ausgeübt. Eine Zustimmung der IRS ist nicht erforderlich.

Einkommen aus langfristigen (Werk-)Verträgen (z. B. Errichtung von Gebäuden und Anlagen) wird steuerlich nach der *percentage-of-completion-method* grundsätzlich ratierlich über die Laufzeit des Vertrages und nicht erst – wie dies im deutschen Handels- und Steuerrecht üblich ist – bei Vollendung / Abnahme des Projektes erfasst (Sec. 460 IRC).[1] Als langfristig gilt dabei bereits ein Vertrag, der nicht bis zum Ende des Steuerjahres, in dem er abgeschlossen wurde, vollendet ist.

Ein späterer Wechsel der Gewinnermittlungsmethode erfordert grundsätzlich die vorherige Zustimmung durch die Steuerbehörde. Daneben ist – ähnlich zur Ermittlung eines Übergangsgewinns bzw. Übergangsverlustes bei Wechsel von der Einnahme-Überschuss-Rechnung (§ 4 Abs. 3 EStG) zur Bilanzierung (§ 4 Abs. 1 EStG) – eine Überleitungsrechnung erforderlich, wobei ein Übergangsverlust unmittelbar im Jahr des Wechsels der Gewinnermittlungsart abgezogen werden kann und ein Übergangsgewinn über das Jahr des Wechsels der Gewinnermittlungsart und die folgenden drei Jahre verteilt werden kann.

3. Gründungskosten

Hinsichtlich entstandener Gründungskosten (*organizational expenditures*, Sec. 248 IRC) und Kosten für die Ingangsetzung des Geschäftsbetriebs (*start-up expenditures*, Sec. 195 IRC) muss ein Wahlrecht ausgeübt werden, um diese Kosten steuerlich anzusetzen. In der Folge dürfen von diesen Kosten jeweils im ersten Jahr bis zu 5.000 USD (reduziert um den Betrag, um den diese Kosten jeweils 50.000 USD übersteigen) abgeschrieben werden. Die hiernach verbleibenden Kosten dürfen dann über 180 Monate linear abgeschrieben werden.

4. Forderungsverzicht

Der Ertrag des Schuldners aus einem Forderungsverzicht führt grds. zu steuerpflichtigem Einkommen des Schuldners in Höhe des Forderungsverzichtes, sog. *cancellation-of-debt-income* (Sec. 61(a)(12) IRC). Ausnahmen gelten insbesondere für Fälle, in denen ein Insolvenzverfahren gemäß *Title 11 of the United States Code* über das Vermögen des Schuldners eröffnet (Sec. 108(a)(1)(A) IRC) wurde bzw. in denen der Schuldner insolvent ist (Sec. 108(a)(1)(B) IRC). In diesen Fällen mindert jedoch der Ertrag aus dem Forderungsverzicht – ähnlich des § 3a EStG – bestimmte steuerliche Attribute des Schuldners. Die US-Regelung geht in Bezug auf den Umfang der Minderung steuerlicher Attri-

1 Siehe auch Reg. 1.460.

bute jedoch deutlich über den § 3a EStG, der im Wesentlichen eine Minderung von laufenden Verlusten und Verlustvorträgen vorschreibt, hinaus. Nach der US-Regelung werden steuerliche Attribute in folgender Reihenfolge gemindert (Sec. 108(b) IRC):

- laufende Verluste des Jahres sowie Verlustvorträge des Schuldners;
- bestimmte (nationale) *tax credits* des Schuldners;
- *minimum tax credits* des Schuldners;
- *capital losses*[1] sowie *capital loss carryovers* des Schuldners;
- steuerliche Buchwerte der Wirtschaftsgüter des Schuldners (Abschreibungspotenzial);
- weitere steuerliche Attribute (z. B. ausländische *tax credits*).

Der Darlehensverzicht eines Gesellschafters gegenüber seiner Körperschaft wird in Höhe des steuerlichen Buchwertes der Darlehensforderung beim Gesellschafter als steuerneutrale Einlage in die Körperschaft behandelt (Sec. 108(e)(6) IRC, Reg. 1.61-12(a)). Die Anschaffungskosten des Gesellschafters an den Anteilen an der Tochtergesellschaft erhöhen sich entsprechend.

Auf die Werthaltigkeit der Darlehensforderung kommt es hierbei – anders als bei den deutschen Grundsätzen zur Behandlung eines Darlehensverzichtes des Gesellschafters[2] – grundsätzlich nicht an. Damit führt ein Darlehensverzicht des Gesellschafters gegenüber seiner Körperschaft grds. nur in solchen Fällen zu steuerpflichtigen *cancellation-of-debt-income*, in denen der steuerliche Buchwert der Darlehensforderung beim Gesellschafter niedriger ist als der Nennwert bzw. Buchwert der Verbindlichkeit beim Schuldner (z. B. in Fällen, in denen der Gesellschafter die Darlehensforderung unter Nennwert erworben hat).

Im Falle eines *debt-to-equity-swaps* greift grundsätzlich Sec. 108(e)(8) IRC. Hiernach wird der *debt-to-equity-swap* so behandelt als ob die Schuldner-Körperschaft die Verbindlichkeit in Höhe des gemeinen Wertes der ausgegebenen Anteile zurückgezahlt hat (und die Gläubiger sodann hiermit die ausgegebenen Anteile erworben haben). Diese Vorgehensweise führt dazu, dass wiederum kein steuerpflichtiges *cancellation-of-debt-income* entsteht, wenn der gemeine Wert der ausgegebenen Anteile dem Nennbetrag bzw. Buchwert der Verbindlichkeit entspricht. Ist dagegen der gemeine Wert der ausgegebenen Anteile geringer als der Nennbetrag der Verbindlichkeit, entsteht in Höhe der Differenz auf Ebene der Schuldner-Kapitalgesellschaft grundsätzlich steuerpflichtiges *cancellation-of-debt-income*.

Der Darlehensverzicht einer Körperschaft gegenüber einem Gesellschafter wird grundsätzlich als verdeckte Gewinnausschüttung behandelt.

1 Zu capital losses vgl. Kapital D.III.1.c. „Veräußerungsgewinne".

2 BFH vom 9.6.1997, GrS 1/94, BStBl. 1998 II S. 307.

5. Einlagen

Einlagen des Gesellschafters in die Kapitalgesellschaft führen grundsätzlich nicht zu steuerpflichtigem Einkommen der Gesellschaft (Sec. 118 IRC). Dies gilt auch, wenn im Rahmen der Einlage keine neuen Anteile ausgegeben werden.

Die Einlage ist bei der Kapitalgesellschaft mit den (fortgeführten) Anschaffungs- bzw. Herstellungskosten des einlegenden Gesellschafters zuzüglich eines beim einlegenden Gesellschafter versteuerten Gewinns anzusetzen (Sec. 362(a)(2) IRC). Ist der gemeine Wert niedriger als die (fortgeführten) Anschaffungs- bzw. Herstellungskosten des einlegenden Gesellschafters, ist der gemeine Wert anzusetzen (Sec. 362(e)(1)(A) IRC).

6. Nicht abzugsfähige Betriebsausgaben

Grundsätzlich können gewöhnliche und notwendige Geschäftsausgaben (*ordinary and necessary business expenses*) als Betriebsausgaben abgezogen werden (Sec. 162(a) IRC). Sec. 162 IRC sowie nachfolgende Vorschriften beinhalten jedoch auch verschiedenste Abzugsverbote und -beschränkungen.

Für folgende Zahlungen gelten Abzugsverbote:

- unangemessene oder verschwenderische Reisekosten (z. B. unangemessene Bewirtungskosten);
- bzgl. der Abzugsfähigkeit von Bewirtungskosten sowie Verpflegungskosten auf Geschäftsreisen vgl. Kapitel H.I.IV.1 „Einschränkung der Abzugsfähigkeit von Bewirtungs- und Unterhaltungsaufwendungen";
- Geschenke, sofern diese 25 USD je Jahr und Empfänger übersteigen (Sec. 274(b) IRC);
- Aufwendungen, die generell der Erholung, Freizeitgestaltung oder Unterhaltung dienen, sowie Aufwendungen für Einrichtungen, die diesen Zwecken dienen, und entsprechende Mitgliedsbeiträge (Sec. 274(a) IRC);
- Korruptions- und Bestechungsgelder und andere illegale Zahlungen (Sec. 162(c) IRC);
- Kosten, die für Zwecke der politischen Einflussnahme, Lobbyarbeit oder Unterstützung politischer Kampagnen angefallen sind (Sec. 162(e) IRC);
- Strafen und ähnliche Sanktionen (Sec. 162(f) IRC);
- bzgl. der Abzugsfähigkeit übermäßiger Gehaltszahlungen vgl. Kapitel H.I. IV.4 „Begrenzung der steuerlichen Abzugsfähigkeit für übermäßige Gehaltszahlungen („*escessive employee remuneration*").

7. Abfindungen

Abfindungen, die infolge eines Anteilseignerwechsels an Arbeitnehmer gezahlt werden und die das Dreifache der durchschnittlich gezahlten Vergütung in den letzten fünf Jahren übersteigen, gelten grundsätzlich als *excess parachute payment* i. S. d. Sec. 280G IRC. Das *excess parachute payment* unterliegt zudem grundsätzlich einer 20 %igen *Excise Tax*.

Die Zahlungen können nicht als Betriebsausgabe beim Arbeitgeber geltend gemacht werden.

Die Abzugsbeschränkung greift nicht für

- „kleine" Kapitalgesellschaften im Sinne von Sec. 1361(b) IRC (ohne Anwendung von Sec. 1361(b)(1)(C) IRC); sowie für
- Gesellschaften, die nicht börsennotiert sind und sofern mindestens 75 % der Gesellschafter der Abfindung zugestimmt haben.

Zudem greift die Abzugsbeschränkung nur für Abfindungen an Personen, die

- als Arbeitnehmer oder selbständig für die Körperschaft tätig sind; und zugleich
- Geschäftsführer/Vorstandsmitglied, Gesellschafter oder *highly compensated* sind. Als *highly compensated* gilt ein Arbeitnehmer, der zu dem einen Prozent und zugleich zu den 250 bestbezahlten Mitarbeitern des Unternehmens gehört bzw. im Falle von Selbständigen hierzu gehören würde, wenn diese Person Mitarbeiter wäre (Sec. 280(c) IRC).

8. Steuern

Die auf bundesstaatlicher Ebene erhobenen Körperschaftsteuern sind auf der Bundesebene von der Bemessungsgrundlage abzugsfähig (Sec. 164(a) IRC). Eine Anrechnung auf die *federal corporate income tax* ist dagegen nicht möglich.

Ebenfalls abzugsfähig sind Steuern auf betrieblich genutztes Vermögen (z. B. Grundsteuer, Kfz-Steuer).

9. Spenden

Spenden an steuerbefreite gemeinnützige Organisationen durch Körperschaften können i. H. v. bis zu 10 % des steuerpflichtigen Einkommens einkommensmindernd geltend gemacht werden (Sec. 170(b)(2)(A) IRC).

Neben der Höchstbetragsbegrenzung von 10 % wurde durch den *One Big Beautiful Bill Act* mit Wirkung ab 2026 eine Regelung eingeführt, wonach Spenden nur dann abzugsfähig sind, soweit diese 1 % des steuerpflichtigen Einkommens übersteigen. Im Ergebnis sind daher Spenden bis zu einer Höhe von 1 % des zu versteuernden Einkommens nicht abzugsfähig (sogenannter *„floor"*).

Übersteigen die jährlichen Spenden 10 % des zu versteuernden Einkommens, kann der nicht genutzte Betrag bis zu fünf Jahre als Spendenvortrag vorgetragen werden, wobei Spenden des jeweils laufenden Jahres vorrangig berücksichtigt werden. Spenden, die aufgrund des 1 %igen *floors* nicht abzugsfähig sind, können ebenfalls vorgetragen werden, allerdings nur in den Fällen, in den die Spenden des Jahres insgesamt 10 % des zu versteuernden Einkommens übersteigen.

Ein in diesem Zeitraum nicht genutzter Spendenvortrag verfällt (Sec. 170(d)(2)(A) IRC). Als steuerpflichtiges Einkommen gilt für diese Zwecke grundsätzlich das Einkommen vor Spendenabzug, vor der *dividend-received-deduction* und vor Verlustnutzung

Abzugsfähig sind grundsätzlich Geld- und Sachspenden. Der Wert erbrachter Dienstleistungen ist nicht abzugsfähig.

Als gemeinnützige Organisationen qualifizieren grundsätzlich solche, die von der IRS gemäß Sec. 501(c)(3) IRC als steuerbefreit angesehen werden.[1]

Für Spenden ab 250 USD ist ein Spendenabzug nur zulässig, wenn hierfür eine von der gemeinnützigen Organisation ausgestellte Spendenbescheinigung vorliegt. Für geringere Spenden genügen anderweitige Nachweise, z. B. ein Bankbeleg. Für von *C-Corporations* getätigte Sachspenden von über 5.000 USD ist die Wertermittlung in einer Anlage[2] zur Steuererklärung darzulegen. Für Sachspenden über 5.000 USD ist der Wert per Sachverständigengutachten nachzuweisen.

10. Abschreibungen

Zu Abschreibungen vgl. Kapitel H.III.2. *„Sofortabschreibung von bestimmten Wirtschaftsgütern (bonus depreciation)"*.

11. Aufwendungen für Forschung und Entwicklung

Für Forschungs- und Entwicklungskosten ist zwischen inländischen und ausländischen Forschungs- und Entwicklungskosten zu unterscheiden.

Solche Kosten qualifizieren als ausländische Kosten, wenn die zugrunde liegende Tätigkeit außerhalb der USA (inkl. Puerto Rico) ausgeübt wird (Sec. 41(d)(4)(F) IRC). Diese

1 Die Liste steuerbefreiter Organisationen kann unter **https://www.irs.gov/charities-non-profits/tax-exempt-organization-search** abgerufen werden.

2 IRS Form 8283.

Kosten sind gemäß Sec. 174 IRC zu aktivieren und über einen Zeitraum von 15 Jahren abzuschreiben.

Die steuerliche Behandlung inländischer Forschungs- und Entwicklungskosten richtet sich nach den durch den *One Big Beautiful Bill Act* neu eingeführten Sec. 174A IRC.[1] Sie können entweder sofort als Betriebsausgaben abgezogen oder aber aktiviert und grundsätzlich über einen Zeitraum von mind. 60 Monaten in gleichen monatlichen Beträgen abgeschrieben werden (Sec. 174 IRC). Forschungs- und Entwicklungskosten beinhalten Gehälter, Raumkosten sowie Material- und sonstige im Zusammenhang mit den Forschungs- und Entwicklungstätigkeiten stehende Kosten. Das Wahlrecht bezieht sich auf Forschungs- und Entwicklungskosten im experimentellen Sinne und umfasst sowohl Kosten der Grundlagenforschung als auch Kosten der Entwicklung von Prototypen oder Patenten.

Die Entwicklung von Software gilt grundsätzlich als Forschungs- und Entwicklungstätigkeit.

Die Vorschriften zur Abschreibung von Forschungs- und Entwicklungskosten unterliegen keiner zeitlichen Befristung mehr.

Sec. 41 IRC gewährt für Aufwendungen für Forschung und Entwicklung im Sinne von Sec. 174 IRC (siehe oben) eine Steuergutschrift (*research credit*).

Der *research credit* nach Sec. 41 IRC ist dabei nur eine von zahlreichen Steuergutschriften, welche im Steuergesetz (*Internal Revenue Code*), Subtitle A (*Income Taxes*), Chapter 1 (*Normal Taxes and Surtaxes*), Subchapter A (*Determination of Tax Liability*), Part IV (*Credits and against Tax*) geregelt sind. Dieser Teil ist regelmäßig im Fokus der steuerpolitischen Agenda der jeweiligen Regierung und unterliegt damit regelmäßig signifikanten Änderungen. So wurden zum Beispiel durch den *Inflation Reduction Act* aus dem Jahr 2022 der Biden-Regierung zahlreiche *Credits* im Bereich der erneuerbaren Energien eingeführt, welche durch den *OBIII* zum Teil wieder zurückgenommen oder zumindest erheblich verschärft worden sind.[2]

Die Regelung des Sec. 41 IRC sowie die weiteren *business related credits* enthalten zahlreiche Einzelfallregelungen sowie Spezialregelungen, zum Beispiel für bestimmte Industrien oder wirtschaftlich unterentwickelte Regionen(dies ist schon daran erkennbar, dass im Laufe der Zeit hinter Sec. 45 IRC weitere Sections bis Sec. 45AA eingeführt wurden).

Im Folgenden sollen nur Grundzüge der Sec. 41 IRC erläutert werden.

1 Zu Übergangsvorschriften vergleiche Kapitel H III.2. *„Abzugsfähigkeit von Forschungs- und Entwicklungskosten (R&D Expenses)"*.

2 Vergleiche Kapitel H.II und H.III.

Die Forschungstätigkeiten müssen sich zunächst auf Prinzipien der Physik, Biologie, Ingenieurwissenschaften oder Informatik beziehen. Die Anwendung muss zu der Entwicklung einer neuen oder verbesserten Geschäftschance des Steuerpflichtigen beitragen und den Tätigkeiten muss ein experimenteller Prozess zugrunde liegen; dies erfordert einen planvollen Prozess, der eine Reihe von Versuchen umfasst, in denen die Daten/Ergebnisse getestet, verfeinert, erneut getestet, analysiert usw. werden.

Für folgende Aufwendungen ist eine Steuergutschrift jedoch grundsätzlich ausgeschlossen:

- Forschungs-/Entwicklungskosten nach Beginn der kommerziellen Herstellung des Produktes, auf die sich die Aufwendungen beziehen;
- Kosten zur kundenspezifischen Anpassung eines Produktes/Prozesses;
- Vervielfältigung von bestehenden Produkten/Prozessen;
- Kosten im Zusammenhang mit Umfragen und Studien;
- Forschungs-/Entwicklungskosten für Computersoftware, sofern diese lediglich zum internen Gebrauch bestimmt ist;
- Forschungs-/Entwicklungskosten, die im Ausland anfallen;
- Forschungs-/Entwicklungskosten auf dem Gebiet der Sozial- und Geisteswissenschaften sowie der Kunst.

Die Höhe der Gutschrift beträgt grundsätzlich 20 % der Aufwendungen für Forschung und Entwicklung, soweit diese einen bestimmten Basisbetrag übersteigen. Der Basisbetrag wird ermittelt, indem ein durchschnittlicher Bruttoumsatzes des jeweiligen Unternehmens mit einem bestimmten Prozentsatz multipliziert wird. D. h. eine Steuergutschrift für Aufwendungen für Forschung und Entwicklung kommt grundsätzlich nur in Betracht, soweit diese Aufwendungen einen bestimmten Prozentsatz des durchschnittlichen Bruttoumsatzes übersteigen. In keinem Fall darf der Basisbetrag jedoch 50 % der Aufwendungen für Forschung und Entwicklung des laufenden Jahres unterschreiten.

Der Prozentsatz wird grundsätzlich wie folgt ermittelt:

- Für vor 1984 gegründete Unternehmen wird der Prozentsatz nach dem Verhältnis der in den Jahren 1984-1988 tatsächlich angefallenen kumulierten Aufwendungen für Forschung und Entwicklung zu dem in diesen Jahren erzielten kumulierten Bruttoumsatz ermittelt (traditional credit calculation). Der Prozentsatz darf 16 % nicht übersteigen.
- Für andere Unternehmen (start-up credit calucation) wird der Prozentsatz wie folgt ermittelt:
- für die ersten fünf Jahre nach 1993, in denen im Unternehmen Aufwendungen für Forschung und Entwicklung angefallen sind, beträgt der Prozentsatz 3 %;

- für das sechste Jahr sind die kumulierten Aufwendungen für Forschung und Entwicklung aus Jahr 4 und 5 ins Verhältnis zum kumulierten Bruttoumsatz dieser Jahre zu setzen und das Ergebnis durch 6 zu teilen;
- für das siebte Jahr sind die kumulierten Aufwendungen für Forschung und Entwicklung aus Jahr 5 und 6 ins Verhältnis zum kumulierten Bruttoumsatz dieser Jahre zu setzen und das Ergebnis durch 3 zu teilen;
- für das achte Jahr sind die kumulierten Aufwendungen für Forschung und Entwicklung aus Jahr 5 bis 7 ins Verhältnis zum kumulierten Bruttoumsatz dieser Jahre zu setzen und das Ergebnis durch 2 zu teilen;
- für das neunte Jahr sind die kumulierten Aufwendungen für Forschung und Entwicklung aus Jahr 5 bis 8 ins Verhältnis zum kumulierten Bruttoumsatz dieser Jahre zu setzen und das Ergebnis durch 1,5 zu teilen;
- für das zehnte Jahr sind die kumulierten Aufwendungen für Forschung und Entwicklung aus Jahr 5 bis 9 ins Verhältnis zum kumulierten Bruttoumsatz dieser Jahre zu setzen und das Ergebnis durch 1,2 zu teilen;
- für das elfte und weitere Jahre sind die kumulierten Aufwendungen für Forschung und Entwicklung aus Jahr 5 bis 10 ins Verhältnis zum kumulierten Bruttoumsatz dieser Jahre zu setzen.

Der Prozentsatz darf 16 % wiederum nicht übersteigen.

Der Gedanke hinter dieser Berechnung ist, dass lediglich die Ausweitung von Forschungs- und Entwicklungstätigkeiten bzw. ein über einen unternehmensspezifischen, aus der Vergangenheit abgeleiteten Basisbetrag hinausgehender Aufwand steuerlich gefördert werden soll.

Alternativ kann der Steuerpflichtige wählen, die Höhe der Steuergutschrift statt nach der *traditional credit calculation* beziehungsweise der *start-up credit calculation* nach der sogenannten *alternative simplified credit calculation* zu ermitteln (Sec. 41(c)(4) IRC). Hiernach beträgt die Steuergutschrift 14 % der Aufwendungen für Forschung und Entwicklung des jeweiligen Jahres, soweit diese 50 % der durchschnittlichen Aufwendungen für Forschung und Entwicklung der vergangenen drei Jahre übersteigen. Sofern in den vorangegangenen Jahren keine Aufwendungen für Forschung und Entwicklung angefallen sind, beträgt die Steuergutschrift 6 % der entsprechenden Aufwendungen des laufenden Jahres.

Forschungs- und Entwicklungskosten sind i. H. d. Steuergutschrift steuerlich grundsätzlich nicht abzugsfähig (Sec. 280C(c)(1) IRC). Nach Wahl des Steuerpflichtigen kann ein Abzug dennoch vorgenommen werden, in diesem Fall verringert sich die Höhe der Steuergutschrift jedoch um 21 % auf 79 % (100 % abzüglich Körperschaftsteuersatz von 21 %) des ursprünglichen unter Sec. 41 IRC ermittelten Betrages.

Ungenutzte Steuergutschriften können grundsätzlich ein Jahr zurückgetragen und 20 Jahre vorgetragen werden (Sec. 39 IRC).

12. Verlustnutzung und Verlustwegfall

Verluste aus laufender Geschäftstätigkeit (*net operating losses*, NOL) können grundsätzlich unbegrenzt vorgetragen werden und in den folgenden Jahren mit maximal 80 % des steuerlichen Einkommens verrechnet werden (Mindestbesteuerung, Sec. 172 IRC).

Diese Art der Mindestbesteuerung wurde im Rahmen des *Tax Cuts and Jobs Creation Act* von 2018 eingeführt. Die Mindestbesteuerung betrifft dabei Verluste, die ab 2018 entstehen. Für zuvor bestehende Verlustvorträge greift daher die Mindestbesteuerung nicht. Vor der Steuerreform war eine Mindestbesteuerung nicht vorgesehen und der Vortrag jedoch auf 20 Jahre beschränkt. Zusätzlich war ein Rücktrag von bis zu zwei Jahren möglich.

Sonderregelungen gibt es für Verluste von bestimmten Versicherungsunternehmen. Diese können Verluste zwei Jahre zurücktragen und maximal 20 Jahre vortragen. Die Mindestbesteuerung findet für diese Unternehmen keine Anwendung. Verluste, welche in den genannten Zeitraum nicht genutzt werden können, verfallen. Daneben gibt es für bestimmte Verluste aus landwirtschaftlichen Tätigkeiten einen zweijährigen Rücktrag.

Im Rahmen eines Anteilseignerwechsels kommt es bei der Körperschaft grundsätzlich nicht zu einem Wegfall von Verlusten, wie dies z. B. § 8c KStG für eine deutsche Körperschaft vorsieht.

Voraussetzung ist allerdings, dass die Körperschaft den vor Anteilseignerwechsel ausgeübten Geschäftsbetrieb für mindestens zwei Jahre fortführt (Sec. 382(c) IRC). Wird also der Geschäftsbetrieb kurzfristig nach Anteilseignerwechsel ein- oder umgestellt, können die vor Anteilseignerwechsel entstandenen Verlustvorträge nicht mehr genutzt werden. Ausnahmen gelten, sofern stille Reserven in Wirtschaftsgütern nach Anteilseignerwechsel aufgedeckt werden, die bereits beim Anteilseignerwechsel bestanden (Sec. 382(c)(2)(A)(i) IRC) sowie in bestimmten Umstrukturierungen (Sec. 382(c)(2)(A)(ii) IRC). Diese aufgedeckten stillen Reserven können auch bei Einstellung des Geschäftsbetriebes innerhalb der 2-Jahresfrist noch mit Verlustvorträgen aus der Zeit vor Anteilseignerwechsel verrechnet werden. Der Gedanke hierbei ist, dass sowohl die Verluste als auch die stillen Reserven unter dem vorherigen Anteilseigner entstanden sind und daher in der Verrechnung nicht beschränkt sein sollen.

Führt die Körperschaft den Geschäftsbetrieb für mindestens zwei Jahre fort, kommt es – wie erwähnt – zwar nicht zu einem Wegfall der Verlustvorträge, jedoch beschränkt

Sec. 382 IRC die künftige Nutzung der zum Anteilseignerwechsel bestehenden Verluste der Höhe nach, sog. *Sec. 382 Limitation* (Sec. 382(b) IRC).

In den Jahren nach Anteilseignerwechsel ist die Nutzung von bei Anteilseignerwechsel bestehenden Verlusten jährlich der Höhe nach wie folgt beschränkt:

	Verkehrswert der Körperschaft
x	langfristiger steuerbefreiter Prozentsatz (*long-term tax-exempt rate*)
=	Sec. 382 Limitation

Der Wert der Anteile an der Körperschaft unmittelbar vor Anteilseignerwechsel stellt grundsätzlich den „Verkehrswert der Körperschaft" dar (Sec. 382(e) IRC). Einlagen innerhalb eines Zeitraums von zwei Jahren vor dem Anteilseignerwechsel sind jedoch grundsätzlich nicht zu berücksichtigen (Sec. 382(l) IRC). Ebenfalls nicht zu berücksichtigen ist nicht betriebsnotwendiges Vermögen (*non-business assets* i. S. v. Sec. 382(l)(4) IRC), sofern dieses mindestens 1/3 des Vermögens der Verlustkörperschaft ausmacht.

Die *long-term tax-exempt rate* wird nach Sec. 382(f) IRC ermittelt und monatlich von der IRS veröffentlicht.[1] Es wird der höchste Prozentsatz aus dem veröffentlichten Prozentsatz für den Monat des Anteilseignerwechsels sowie den zwei vorangegangenen Monaten verwendet.

Fand zum Beispiel ein Anteilseignerwechsel im März 2025 statt, wird der höchste Prozentsatz aus den Veröffentlichungen von März 2025 (3,64 %), Februar 2025 (3,67 %) und Januar 2025 (3,43 %), also 3,67 % verwendet.

Diese beträgt für 2024 bzw. 2025:

Tab. E.3.:	Long-term tax-exempt rate		
2024		2025	
Januar	3,44 %	Januar	3,43 %
Februar	3,16 %	Februar	3,67 %
März	3,33 %	März	3,64 %
April	3,37 %	April	3,49 %
Mai	3,45 %	Mai	3,50 %
Juni	3,62 %	Juni	3,61 %
Juli	3,49 %	Juli	3,71 %
August	3,42 %	August	3,64 %

1 Siehe https://www.irs.gov/applicable-federal-rates.

September	3,31 %	September	3,65 %
Oktober	3,10 %	Oktober	3,58 %
November	3,14 %	November	3,50 %
Dezember	3,43 %	Dezember	3,45 %

BEISPIEL E.10: Eine Körperschaft hat bei Anteilseignerwechsel (31.12.2024) Verlustvorträge in Höhe von 10 Mio. USD. Der Wert der Anteile beträgt 30 Mio. USD. In 2025 erzielt die Körperschaft einen Gewinn von 2 Mio. USD.

LÖSUNG: Die jährliche Nutzung der Verlustvorträge ist nach Anteilseignerwechsel wie folgt limitiert:

Verkehrswert	30 Mio. USD
x *long-term tax-exempt rate*	3,43 % (Dezember 2024)
= Sec. 382 Limitation	1.029.000 USD

Der in 2025 erzielte Gewinn von 2 Mio. USD kann damit i. H. v. 1.029.000 USD mit Verlustvorträgen verrechnet werden, so dass 971.000 USD steuerpflichtiges Einkommen verbleiben. Für Folgejahre gilt Entsprechendes.

Eine ungenutzte *Sec. 382 Limitation* eines Jahres kann in Folgejahre vorgetragen werden und erhöht damit die Verlustnutzung in Folgejahren (Sec. 382(b)(2) IRC). Erzielt die Körperschaft in Beispiel E.10 in 2025 beispielsweise nur einen Gewinn von 1 Mio. EUR, kann die nicht genutzte *Sec. 382 IRC Limitation* in 2026 zusätzlich genutzt werden.

Was als „Anteilseignerwechsel" gilt, wird in Sec. 382(g) IRC definiert. Hiernach liegt ein Anteilseignerwechsel vor, wenn sich die kumulierte Beteiligungshöhe von „qualifizierten Gesellschaftern" innerhalb von drei Jahren (*testing period*) um mindestens 50 % erhöht. Als qualifizierte Gesellschafter gelten solche, die zumindest einen Anteil von 5 % an der Körperschaft halten oder gehalten haben (Sec. 382(g)(1)(A) IRC). Die Gesellschafter, die diese Beteiligungshöhe nicht erreichen, gelten grundsätzlich (Ausnahme: bestimmte Reorganisationen) gemeinsam als „ein" 5 %-Gesellschafter (Sec. 382(g)(4)(A) IRC).

BEISPIEL E.11: An einer Verlustkörperschaft sind in 2023 A (98 %) und B (2 %) beteiligt. Infolge von Anteilsübertragungen stellt sich die Gesellschafterstruktur in 2024 wie folgt dar: A (47 %), B (4 %), C (49 %).

LÖSUNG: Ein Anteilseignerwechsel im Sinne von Sec. 382(g) IRC liegt grundsätzlich noch nicht vor, da der zusätzliche Anteilserwerb von B nicht mitgezählt wird, da B kein 5 %-Gesellschafter ist oder war. Der Erwerb von C beträgt zudem weniger als 50 %.

FORTSETZUNG: In 2025 erwirbt B weitere 2 % der Anteile an der Verlustkörperschaft von A.

LÖSUNG: Zu diesem Zeitpunkt findet ein Anteilseignerwechsel statt, da B nunmehr qualifizierter 5 %-Gesellschafter wird und sich die Beteiligungshöhe von B und C damit innerhalb von drei Jahren um 53 % erhöht hat.

In bestimmten Fällen ist anstatt der 3-Jahresfrist eine verkürzte Frist anzuwenden. Erfolgte z. B. innerhalb der 3-Jahresfrist bereits ein Anteilseignerwechsel i. S. v. Sec. 382 IRC, beginnt die neue Frist erst im Anschluss an den vorherigen Anteilseignerwechsel. Weiterhin beginnt die Frist nicht vor dem Steuerjahr, in dem ein Verlust erwirtschaftet worden ist (es sei denn, die Wirtschaftsgüter der Körperschaft beinhalten nicht aufgedeckte stille Lasten).

BEISPIEL E.12: Die Körperschaft hat bis 2023 steuerliche Gewinne und in 2024 einen steuerlichen Verlust erzielt. Die Gesellschafterstruktur stellt sich wie folgt dar:

2022:	A (100 %)
2023:	A (60 %), B (40 %)
2024:	A (40 %), B (60 %)

LÖSUNG: Die *testing period* beginnt erst in 2024, da zuvor keine Verluste erwirtschaftet wurden. Ein Anteilseignerwechsel liegt daher innerhalb der *testing period* nicht vor.

ABWANDLUNG E.12: Bereits in 2023 beinhalteten die Wirtschaftsgüter der Körperschaft (kumuliert) nicht aufgedeckte stille Lasten.

LÖSUNG: In diesem Fall ist von der regulären 3-Jahresfrist auszugehen, so dass in diesem Fall in 2024 ein Anteilseignerwechsel im Sinne von Sec. 382 IRC vorliegt.

Sonderregelungen gibt es für nicht realisierte stille Reserven bzw. nicht realisierte stille Lasten in den Wirtschaftsgütern der Verlustkörperschaft (Sec. 382(h) IRC):

- Kommt es innerhalb von fünf Jahren nach dem Anteilseignerwechsel zu einer Aufdeckung von stillen Reserven, die bereits beim Anteilseignerwechsel bestanden haben, erhöht sich die *Sec. 382 Limitation* grundsätzlich um den Betrag der aufgedeckten stillen Reserven. Grund hierfür ist der Gedanke, dass solche bereits bei Anteilseignerwechsel bestehenden stillen Reserven nicht in der Verrechnung mit zu diesem Zeitpunkt bestehenden Verlustvorträgen beschränkt sein sollen.
- Kommt es innerhalb von fünf Jahren nach dem Anteilseignerwechsel zu einer Aufdeckung von stillen Lasten, die bereits beim Anteilseignerwechsel bestanden haben, ist dieser Verlust grundsätzlich wie ein Verlust vor Anteilseignerwechsel zu behandeln. D. h. dieser Verlust ist – kumuliert mit den übrigen vor Anteilseignerwechsel bestandenen Verlusten – in der Verrechnung auf die *Sec. 382 Limitation* beschränkt. Grund hierfür ist der Gedanke, dass stille Lasten, die bereits bei Anteilseignerwechsel bestanden, wie Alt-Verluste in der Verrechnung beschränkt sein sollen.

Diese Sonderregelungen gelten jedoch nur, sofern die bei Anteilseignerwechsel bestehenden kumulierten stillen Reserven bzw. stillen Lasten (i) 15 % des Verkehrswertes der Wirtschaftsgüter (grundsätzlich ohne liquide Mittel) der Verlustgesellschaft oder (ii) 10 Mio. USD übersteigen.

Weitere Beschränkungen gibt es für Fälle, in denen eine Verlustkörperschaft eine Gewinnkörperschaft erwirbt bzw. im umgekehrten Fall. Sie betreffen insbesondere Fälle, in denen beide Gesellschaften nach Anteilserwerb erstmalig ertragsteuerlich konsolidiert werden.

Gemäß Sec. 384 IRC sind z. B. Verluste der Verlustkörperschaft aus der Zeit vor Anteilserwerb bzw. Verluste aus der Aufdeckung stiller Lasten, die bereits bei Anteilserwerb bestanden, nicht mit Gewinnen der Gewinnkörperschaft aus der Aufdeckung stiller Reserven, die bereits bei Anteilserwerb bestanden und innerhalb von fünf Jahren nach Anteilserwerb aufgedeckt werden, verrechenbar.

BEISPIEL E.13: Körperschaft A hat signifikante Verlustvorträge zum 31.12.2023 und erwirbt zum 1.1.2024 alle Anteile an der Körperschaft B. Körperschaft B besitzt u. a. ein Grundstück, welches beim Anteilserwerb signifikante stille Reserven beinhaltet. Ab 2024 werden Körperschaft A und Körperschaft B ertragsteuerlich konsolidiert. Körperschaft B veräußert das Grundstück in 2024.

LÖSUNG: Körperschaft A gilt für Zwecke der Sec. 384 IRC als Verlustkörperschaft, da diese Verlustvorträge aus der Zeit vor Anteilserwerb hat. Körperschaft B ist eine Gewinnkörperschaft, da bei Anteilserwerb stille Reserven in dem Grundstück enthalten sind. Da diese stillen Reserven innerhalb von fünf Jahren nach Anteilserwerb aufgedeckt werden, können diese nicht mit den Verlustvorträgen der Körperschaft A aus der Zeit vor Anteilserwerb verrechnet werden.

Die Einschränkung gilt grundsätzlich auch für den Fall, dass die Gewinngesellschaft die Verlustgesellschaft erwirbt.

Zusammenfassend gelten damit folgende Grundzüge im Zusammenhang mit der Nutzung von Verlusten:

Tab. E.4.: Verlustnutzung

Kriterium	USA – Rechtslage vor der Steuerreform 2018	USA – Rechtslage nach der Steuerreform 2018	Rechtslage Deutschland
Verlustvortrag	bis zu 20 Jahre	Unbegrenzt	Unbegrenzt
Verlustrücktrag	bis zu 2 Jahre	nicht möglich	einjähriger Verlustrücktrag von bis zu 1 Mio. € (§ 10d EStG), kein Verlustrücktrag für gewerbesteuerliche Zwecke

Mindestbesteuerung	nicht vorgesehen	Verlustnutzung auf 80 % des zu versteuernden Einkommens beschränkt	Verlustnutzung bis zu einem zu versteuernden Einkommen von 1 Mio. € unbegrenzt, darüber hinaus Begrenzung auf 70 % des zu versteuernden Einkommens (60 % für Gewerbesteuer)
Wesentliche Regelungen zum Wegfall von Verlustvorträgen	- Wegfall von Verlusten bei > 50 % Gesellschafterwechsel, wenn Geschäftsbetrieb innerhalb von 2 Jahren aufgegeben wird - ansonsten kein Wegfall von Verlusten bei > 50 % Gesellschafterwechsel, jedoch in Folgejahren Begrenzung der jährlichen Nutzung der Höhe nach (*Sec. 382 limitation*)	- Wegfall von Verlusten bei > 50 % Gesellschafterwechsel, wenn Geschäftsbetrieb innerhalb von 2 Jahren aufgegeben wird - ansonsten kein Wegfall von Verlusten bei > 50 % Gesellschafterwechsel, jedoch in Folgejahren Begrenzung der jährlichen Nutzung der Höhe nach (*Sec. 382 limitation*)	- grundsätzlich Wegfall aller Verluste bei > 50 %[1] Gesellschafterwechseln (§ 8c Abs. 1 Satz 2 KStG) - Wesentliche Ausnahmen: stille-Reserven-Klausel (§ 8c Abs. 1 Satz 6 KStG)/Konzernklausel (§ 8c Abs. 1 Satz 5 KStG)/fortführungsgebundener Verlustvortrag (§ 8d KStG)

13. Ausschüttungen, Dividenden und Aktienrückkäufe

Körperschaften und ihre Anteilseigner werden in den USA nach dem klassischen System besteuert, d. h. die Körperschaft selbst unterliegt der Steuer und die ausgeschütteten Gewinne der Körperschaft werden nochmals und unabhängig von der auf der Ebene der Körperschaft anfallenden Steuer bei ihren Anteilseignern erfasst.

Vermögensübertragungen oder Ausschüttungen (*distributions*) einer Kapitalgesellschaft an ihre Anteilseigner, die ihre Begründung im Gesellschaftsverhältnis haben, können steuerpflichtige Dividenden, steuerfreie Kapitalrückzahlungen oder steuerpflichtige Veräußerungsgewinne darstellen. Solche Ausschüttungen sind auf der Ebene der Kapitalgesellschaft nicht steuerlich abzugsfähig. Ausschüttungen können in vielerlei Formen erfolgen, z. B. als Barausschüttung, Rückkauf von Aktien oder Sachdividende. Die steuerliche Behandlung von Ausschüttungen bei der Kapitalgesellschaft und bei den Anteilseignern hängt hauptsächlich von den steuerlichen Gewinnrücklagen (*accumulated earnings and profits*) und dem laufenden steuerlichen Jahresüberschuss (*current earnings and profits*) der Gesellschaft zum Zeitpunkt der Ausschüttung ab. Der Begriff *earnings and profits* ist gesetzlich nicht definiert. Der Begriff zielt darauf ab, den Gewinn, der zur Ausschüttung zur Verfügung steht, zu messen und wird auf Basis an-

1 Zur Prüfung der Verfassungsmäßigkeit vgl. FG Hamburg, Vorlagebeschluss v. 29.8.2017 - 2 K 245/17.

gemessener Rechnungslegung (*reasonable accounting concepts*) ermittelt. Auch steuerfreies Einkommen der Körperschaft erhöht daher die *earnings and profits*. Auf der anderen Seite mindern Ausgaben auch dann die *earnings and profits*, wenn diese steuerlich nicht abzugsfähig sind (z. B. Bundessteuern).

In Bezug auf die Besteuerung des Anteilseigners hinsichtlich einer Ausschüttung einer Kapitalgesellschaft schreibt das US-Steuerrecht eine zwingende Reihenfolge vor und definiert einen eigenen Dividendenbegriff, der unabhängig vom einschlägigen Gesellschaftsrecht ist. Aus Sicht des Steuerrechts handelt es sich um eine Dividende, wenn bei der Gesellschaft *earnings and profits* vorhanden sind. Ausschüttungen vermindern die *earnings and profits*. Sofern in einer Kapitalgesellschaft keine *current* oder *accumulated earnings and profits* vorhanden sind, stellen Ausschüttungen dieser Kapitalgesellschaft eine steuerfreie Kapitalrückgewähr (*tax-free return of basis*) bis zur Höhe des Beteiligungsbuchwerts des Anteilseigners dar. Eine Ausschüttung, die die Summe der *earnings and profits* und des Beteiligungsbuchwerts übersteigt, wird als kurz- oder langfristiger Veräußerungsgewinn des Anteilseigners behandelt.[1]

Abhängig davon, in welcher Form die Ausschüttung erfolgt (Barausschüttung oder Sachausschüttung), können sich für die Gesellschaft unterschiedliche Steuerfolgen ergeben. Die Ausschüttung von Barmitteln oder die verhältniswahrende Ausschüttung von eigenen Aktien führt grundsätzlich zu keinem steuerpflichtigen Gewinn bei der Gesellschaft. Eine nicht verhältniswahrende Ausschüttung (z. B. die Ausschüttung von eigenen Aktien nur an bestimmte Gesellschafter) wird im Allgemeinen dagegen wie eine Sachausschüttung behandelt.

Hingegen führen Sachausschüttungen zu einem steuerpflichtigen Gewinn, soweit der Teilwert (*fair market value*) der Sachausschüttung den steuerlichen Buchwert bei der Kapitalgesellschaft übersteigt, die Behandlung entspricht mithin der Vorgehensweise, als wenn die Kapitalgesellschaft die Wirtschaftsgüter verkauft hätte. Die *current earnings and profits* erhöhen sich entsprechend. Falls ein Vermögensgegenstand ausgeschüttet wird, dessen Teilwert niedriger ist als der steuerliche Buchwert bei der Gesellschaft, kann die ausschüttende Gesellschaft keinen steuerlichen Verlust geltend machen. Der Anteilseigner hat die ausgeschütteten Vermögenswerte grundsätzlich mit dem steuerlichen Buchwert zu übernehmen.

Der Rückkauf eigener Aktien durch eine Kapitalgesellschaft stellt grundsätzlich einen Veräußerungsvorgang für den Anteilseigner dar und unterliegt damit der Besteuerung als Veräußerungsgewinn. Steuerpflichtig als *capital gain* oder *capital loss*[2] ist die Differenz zwischen dem Beteiligungsbuchwert und dem Rückkaufpreis. Das Steuerrecht

1 Vgl.Kapital D.III.1.c. „Veräußerungsgewinne“.
2 Vgl. Kapital D.III.1.c. „Veräußerungsgewinne“.

sieht hierfür jedoch weitere Anforderungen vor, um zu vermeiden, dass Ausschüttungen, die wirtschaftlich Dividenden darstellen, in einen (ehemalig steuerbegünstigten) Veräußerungsgewinn umqualifiziert werden. So ist z. B. für die Behandlung des Rückkaufs als Veräußerung erforderlich, dass das Beteiligungsverhältnis des betroffenen Anteilseigners wesentlich reduziert wurde oder der Anteilseigner seine unmittelbare oder mittelbare Beteiligung an der Kapitalgesellschaft vollständig beendigt hat. Eine wesentliche Reduzierung der Beteiligung liegt dann vor, wenn die Beteiligungshöhe des Anteilseigners nach Rückkauf weniger als 80 % der Beteiligungshöhe vor Rückkauf beträgt; daneben muss der Anteilseigner nach Rückkauf weniger als 50 % der stimmrechtsgewährenden Anteile halten. Es wird in diesem Zusammenhang nicht nur auf den betroffenen Anteilseigner abgestellt, es sind auch die Beteiligungsverhältnisse nahestehender Personen einzubeziehen. So kommt es bspw. nicht zu einer vollständigen Beendigung der Beteiligung, wenn bestimmte Familienangehörige weiterhin Anteile an der Kapitalgesellschaft halten.

Ausschüttungen an inländische Anteilseigner (*U.S. persons*, Sec. 7701(a)(30) IRC) werden nicht an der Quelle besteuert, sondern werden im Rahmen der jährlichen Einkommensteuererklärung grundsätzlich als Dividenden oder Veräußerungsgewinne besteuert. Ggf. kommt auch eine Qualifikation als Kapitalrückgewähr in Betracht. Ausschüttungen an natürliche Personen als inländische Anteilseigner, die als Dividenden qualifizieren, unterliegen i. A. den reduzierten Steuersätzen, wie sie auch für Veräußerungsgewinne gelten[1], sofern

- der Empfänger die Anteile für mehr als 60 Tage (90 Tage für Vorzugsanteile) während des 121-Tage-Zeitraums (181 Tage für Vorzugsanteile) hält, der 60 Tage (90 Tage für Vorzugsanteile) vor dem Ex-Dividendentag beginnt; und
- die Dividende von einer US-Körperschaft oder einer „qualifizierten ausländischen Körperschaft" gezahlt wird. Eine ausländische Körperschaft ist grds. dann eine qualifizierte ausländische Körperschaft, wenn ihre Anteile an einer US Börse gehandelt werden oder sie berechtigt ist, ein umfassendes US-DBA in Anspruch zu nehmen, welches auch einen zwischenstaatlichen Informationsaustausch vorsieht (dies trifft derzeit neben dem DBA USA auch auf 56 (Stand 2025) weitere DBA zu).[2]

14. Zinsschranke / Gesellschafterfremdfinanzierung

Gemäß Sec. 163(j) IRC sind Netto-Zinsaufwendungen, d. h. Zinsaufwendungen abzüglich Zinserträgen, einer Kapitalgesellschaft grundsätzlich in Höhe von 30 % des *adjusted taxable income* abzugsfähig. Die Zinsabzugsbeschränkung ist grundsätzlich auf Ebene

1 Vgl. Kapital D.III.1.c. „Veräußerungsgewinne"..
2 Siehe https://www.irs.gov/pub/irs-pdf/p550.pdf.

jeder Kapitalgesellschaft anzuwenden. Im Falle der steuerlichen Konsolidierung erfolgt eine Anwendung auf konsolidierter Ebene.

Ausgenommen von der Zinsabzugsbeschränkung sind Kapitalgesellschaften, deren durchschnittliche Bruttoeinnahmen der vergangenen drei Jahre 31 Mio. USD nicht überschreiten (Stand 2025; Betrag wird regelmäßig inflationsbedingt angepasst). Ebenfalls sind öffentlich-rechtliche Versorgungsunternehmen, landwirtschaftliche Unternehmen und Unternehmen der Immobilienbranche (Grundstücksentwicklung, Bau, Vermietung, Management, Makler) von der Zinsabzugsbeschränkung ausgenommen.

Das *adjusted taxable income* entsprach in den Steuerjahren 2018-2021 im Wesentlichen dem steuerlichen EBITDA und wird wie folgt ermittelt:

	Steuerliches Einkommen vor Anwendung der Zinsabzugsbeschränkung
+	Zinsaufwendungen
./.	Zinserträge
+	Nutzung von Verlustvorträgen
+	Abschreibungen
=	*adjusted taxable income*

Für Steuerjahre 2022 – 2024 waren Abschreibungen nicht mehr hinzuzurechnen, d. h. für Steuerjahre 2022 – 2024 entsprach die Bemessungsgrundlage für die Berechnung der 30 % Zinsabzugsbegrenzung im Wesentlichen dem EBIT. Mit dem *One Big Beautiful Bill Act* wird die Zinsabzugsbeschränkung mit Wirkung ab 2025 und zeitlich unbefristet auf das steuerliche EBITDA festgesetzt. Zudem wurde die Definition des EBITDA leicht abgeändert, u. a. mit der Folge, dass Einkommen ausländischer Tochtergesellschaften, das auf Ebene einer US-Muttergesellschaft der Besteuerung im Rahmen des *Subpart-F* bzw. *GILTI (nunmehr NCTI)*-Regimes[1] unterliegt, nicht weiter zu einer Erhöhung des EBITDA führt.

Zinsaufwendungen für den Erwerb von bestimmten Fahrzeugen, insbesondere PKW, LKW, Motorräder und Wohnmobile, welche für den Weiterverkauf oder dem Leasing bestimmt sind und welche zugleich als Sicherheiten für die aufgenommenen Verbindlichkeiten dienen, sind von der Abzugsbeschränkung ausgenommen.

Nicht abzugsfähige Zinsaufwendungen eines Steuerjahres können zeitlich unbegrenzt vorgetragen werden. Einen Rücktrag gibt es nicht. Ebenfalls gibt es keinen EBITDA/EBIT-Vortrag oder Rücktrag.

1 Siehe Kapitel H.III.2. "Änderungen des GILTI Regimes".

Im Falle von Personengesellschaften, an denen Kapitalgesellschaften beteiligt sind, ist die Zinsabzugsbeschränkung grundsätzlich auf Ebene der Personengesellschaft anzuwenden. Soweit die Personengesellschaft ihr Zinsabzugspotenzial nicht ausgeschöpft hat, kann grundsätzlich der Gesellschafter das auf ihn entfallende nicht genutzte Zinsabzugspotenzial in Anspruch nehmen.

Die vor 2018 bestehenden Zinsabzugsbeschränkungen waren auf Zinszahlungen an ausländische oder steuerbefreite nahestehende Personen beschränkt und an zwei Voraussetzungen geknüpft: zum einen war dies das Überschreiten eines FK:EK Verhältnisses von 1,5:1 (*safe harbor rule*), zum anderen griffen die bisherigen Regelungen erst dann, wenn der Netto-Zinsaufwand der Gesellschaft mehr als 50 % des modifizierten Einkommens (vor Zinsabzug) betrug.

Die folgende Tabelle stellt zusammenfassend die wesentlichen Merkmale der US- und der deutschen Zinsschrankenregelung dar.

Tab. E.5.: Zinsschrankenregelung im US-amerikanischen und deutschen Recht

Merkmal	**US-Zinsschrankenregelung**	**Deutsche Zinsschrankenregelung**
de-minimis-Regelung	keine Freigrenze, aber Anwendbarkeit nur für Kapitalgesellschaften, deren durchschnittliche Bruttoeinnahmen der vergangenen drei Jahre 31 Mio. USD überschreiten	erst anwendbar ab 3 Mio. EUR Nettozinsaufwand
Abzugsbeschränkung	2018-2021: 30 % des steuerlichen EBITDA 2022-2024: 30 % des steuerlichen EBIT ab 2025 (zeitlich unbefristet): 30% des steuerlichen EBITDA	30 % des steuerlichen EBITDA
Escape-Clause	nicht vorgesehen	vorhanden (§ 4h Abs. 2 Buchst. c EStG i. V. m. § 8a KStG
Anwendung für Personengesellschaften	separat, nicht genutztes EBITDA kann jedoch auf den Gesellschafter übertragen und von diesem genutzt werden	separat
Zinsvortrag	Vortrag zeitlich unbegrenzt möglich	Vortrag zeitlich unbegrenzt möglich (§ 4h Abs. 1 Satz 5 EStG)
EBITDA-Vortrag	nicht vorgesehen	bis zu fünf Jahre (§ 4h Abs. 1 Satz 3 EStG)

15. Zinsen aus Darlehen für den Erwerb von Beteiligungen

Sec. 279 IRC beinhaltet eine Zinsabzugsbeschränkung für Zinsen aus bestimmten Darlehen, die im Zusammenhang mit dem Erwerb von Beteiligungen an anderen Körperschaften oder dem Erwerb des wesentlichen Geschäftsbetriebes von anderen Körperschaften stehen. Die Zinsabzugsbeschränkung greift jedoch nur für sog. *corporate acquisition indebtedness*. Nicht abzugsfähige Zinsen aus *corporate acquisition indebtedness* liegen grundsätzlich vor, sofern

- es sich bei dem Darlehen um ein nachrangiges, wandelbares Darlehen handelt;
- das FK:EK-Verhältnis der Schuldnerin 2:1 übersteigt oder die erwarteten zukünftigen Einkünfte nicht mindestens das dreifache der Zinsaufwendungen betragen;
- es sich nicht um ein Darlehen für den Erwerb von Beteiligungen an ausländischen Körperschaften oder dem Erwerb des wesentlichen Geschäftsbetriebes von ausländischen Körperschaften handelt; und
- die Zinsaufwendungen 5 Mio. USD (reduziert um Zinsaufwendungen auf Darlehen aus anderweitigen Akquisitionen, auch wenn diese nicht als *corporate acquisition indebtedness* qualifizieren) übersteigen.

Der Gedanke hinter dieser Regelung ist, dass solche Darlehen eigenkapitalähnliche Merkmale haben und ein Abzug von Zinsen auf solchen Darlehen daher nur im beschränkten Umfang möglich sein soll.

VIII. Besteuerung im Konzern

1. Steuerkonsolidierung (consolidated returns)

In Sec. 1501 ff. IRC sieht das US-Steuerrecht die Möglichkeit vor, dass eine Gruppe von Kapitalgesellschaften eine konsolidierte Steuererklärung (*consolidated tax return*) abgeben kann. Das Gesetz regelt insofern im Wesentlichen nur den Rahmen für die steuerliche Konsolidierung. Im Übrigen enthält Sec. 1502 IRC zugunsten der IRS die Ermächtigung zum Erlass von Anwendungsregelungen, von der die IRS auch umfassend Gebrauch gemacht hat.

Der Vorteil einer konsolidierten Steuererklärung ist u. a. der Verlustausgleich zwischen Konzerngesellschaften, da Einkommen und Verluste konsolidiert und damit verrechnet werden können.

Beschränkungen gibt es für steuerliche Verlustvorträge einzelner Gesellschaften aus der Zeit vor der Konsolidierung. Diese können grundsätzlich nur mit den Einkünften des Konsolidierungskreises verrechnet werden, die auf die Gesellschaft entfallen, bei der die Verluste aus der Zeit vor der Konsolidierung angefallen sind; sogenannte *„separate-return-limitation-year net operating losses“* (*SRLY NOLs*).

Diese Beschränkung greift jedoch nicht, sofern der Einbezug einer solchen Gesellschaft in den Konsolidierungskreis mit einem Anteilseigerwechsel zusammenfällt und die Verlustnutzung damit bereits aufgrund der Anwendung von Sec. 382 IRC[1] beschränkt ist. Dies gilt jedoch nur, wenn der Einbezug der erworbenen Gesellschaft in den Konsolidierungskreis (hierfür ist, wie unten erwähnt, eine Beteiligung von mindestens 80 % notwendig,) spätestens sechs Monate nach Anteilseignerwechsel im Sinne von Sec. 382 IRC (hierfür ist ein Anteilserwerb > 50 % ausreichend) erfolgt. Ansonsten können die *SRLY-NOL*-Regelungen und die Sec. 382 IRC-Beschränkung parallel Anwendung finden.

Die Beschränkung, dass Verlustvorträge aus der Zeit vor der Konsolidierung nur mit „eigenen" Gewinnen dieser Gesellschaft während der Konsolidierung verrechnet werden können, gilt ebenfalls nicht für die Muttergesellschaft des Konsolidierungskreises (Reg. 1.1502-1(f)(2)(i)). Insofern können Verlustvorträge der Muttergesellschaft aus der Zeit vor der Konsolidierung grundsätzlich mit Gewinnen von Tochtergesellschaften während der Konsolidierung verrechnet werden. Einschränkungen gelten für sog. *reverse acqusitions* (Sec. 1.1502-1(f)(3) IRC). Eine *reverse acquistion* findet zum Beispiel statt, wenn die Gesellschafter der übernommenen Gesellschaft im Zuge der Übernahme eine Mehrheitsbeteiligung an der übernehmenden Gesellschaft erhalten. Für Zwecke der Verlustverrechnungsbeschränkung wird dieser Fall so behandelt, als ob die übernommene Gesellschaft die übernehmende Gesellschaft erworben hat.

Ähnliche Regelungen gibt es für den Fall, dass eine Gesellschaft den steuerlichen Konsolidierungskreis verlässt; d. h. in diesem Fall sind nicht verrechnete Verluste aus der Zeit der Konsolidierung der ausscheidenden Gesellschaft zuzuordnen und bei dieser in Folgejahren ggf. mit Gewinnen zu verrechnen.

Reg. § 1.1502-21 enthält umfangreiche weitere Detailregelungen und Beispiele in Bezug auf die Nutzung von Verlusten im Konsolidierungskreis.

Gesellschaften innerhalb des Konsolidierungskreises werden steuerlich grundsätzlich weiterhin als separate Einheiten betrachtet, allerdings werden zwecks Ermittlung des steuerlichen Einkommens des Konsolidierungskreises Geschäftsvorfälle innerhalb der konsolidierten Gruppe anderweitig angepasst, da das konsolidierte Ergebnis grundsätzlich nur Transaktionen mit außerhalb der Gruppe stehenden Personen berücksichtigen darf. Veräußert zum Beispiel eine konsolidierte Gesellschaft (A) ein Wirtschaftsgut mit stillen Reserven an eine andere Gesellschaft (B) des selben Konsolidierungskreises, wird der Gewinn hieraus grundsätzlich erst besteuert – und zwar bei A soweit der Gewinn auf Wertsteigerungen während der Besitzzeit von A entfällt –, wenn das Wirtschaftsgut extern verkauft wird oder eine der beteiligten Gesellschaften den Konsolidierungskreis verlässt (Reg. 1502-13(a)(2) sowie Reg. 1502-13(d)(3)).

1 Vgl. Kapitel VII.12. „Verlustnutzung und Verlustwegfall".

Auch Erträge/Aufwendungen aus der Erbringung von Dienstleistungen und Dividenden zwischen konsolidierten Gesellschaften werden grundsätzlich nicht erfasst. Werden Verluste einer konsolidierten Gesellschaft auch im Ausland genutzt (*dual consolidated losses* gemäß Sec. 1503(d) IRC), ist eine Nutzung dieser Verluste innerhalb der US-Konsolidierung grundsätzlich ausgeschlossen.

Die Möglichkeit einem steuerlichen Konsolidierungskreis beizutreten ist – mit folgenden Ausnahmen – grundsätzlich allen Kapitalgesellschaften eröffnet.

Insbesondere für die folgenden Gesellschaften besteht die Möglichkeit einer Konsolidierung grundsätzlich nicht (Sec. 1504(b) IRC):

- steuerbefreite Kapitalgesellschaften (Ausnahmen gelten für bestimmte Fälle, in denen steuerbefreite Kapitalgesellschaften untereinander eine Konsolidierung bilden; Sec. 1504(e) IRC);
- ausländische Kapitalgesellschaften (Sec. 1504(d) IRC sieht enge Ausnahmen vor);
- *RICs*, *REITs* und *S-Corporations*;
- Lebensversicherungsgesellschaften (Ausnahmen gelten für bestimmte Fälle, in denen Lebensversicherungsgesellschaften untereinander eine Konsolidierung bilden; Sec. 1504(c) IRC).

Weitere Voraussetzung für die Einbeziehung einer Kapitalgesellschaft in einen steuerlichen Konsolidierungskreis sind die Eigentumsverhältnisse der beteiligten Gesellschaften. So muss ein Eigentumsverhältnis von mindestens 80 %, basierend auf Stimmrecht und Wert, zwischen den beteiligten Gesellschaften herrschen. Grundsätzlich nicht erlaubt sind mittelbare Beteiligungsverhältnisse bspw. über Personengesellschaften, *trusts* oder Kapitalgesellschaften, die nicht für einen steuerlichen Konsolidierungskreis qualifizieren. Die Beteiligten eines steuerlichen Konsolidierungskreises müssen der Abgabe einer konsolidierten Steuererklärung zu Beginn der Konsolidierung zustimmen. Die Abgabe einer konsolidierten Steuererklärung gilt als Zustimmung. Das Wahlrecht zur Abgabe einer konsolidierten Erklärung kann grundsätzlich nur einheitlich für alle Gesellschaften ausgeübt werden, für die die oben genannten Voraussetzungen erfüllt sind (*includible corporation*).

Eine konsolidierte Steuererklärung ist solange abzugeben, wie die betreffenden Eigentumsverhältnisse bestehen. Eine Beendigung der steuerlichen Konsolidierung ist nur mit Zustimmung der IRS möglich und sofern für die Beendigung nachvollziehbare Gründe dargelegt werden. Als nachvollziehbare Gründe gelten zum Beispiel Gesetzesänderungen oder Änderungen der *Regulations*, die sich nachteilig auf den Konsolidierungskreis auswirken (Reg. 1.1502-75(c)(I)(ii)). Der Antrag ist grundsätzlich 90 Tage vor Ende der Frist für die Einreichung der entsprechenden Steuererklärung einzureichen.

Sind die Voraussetzungen dagegen – auch nur für kurze Zeit – nicht mehr erfüllt, scheidet die betroffene Gesellschaft aus. Sie kann diesem Konsolidierungskreis erst nach Ablauf von fünf Jahren wieder angehören (Sec. 1501(a)(3) IRC).

Für den Fall, dass in Bezug auf eine Gesellschaft nur für einen Teil des Steuerjahres die erforderlichen Eigentumsverhältnisse erfüllt sind, kann nur dasjenige Einkommen dieser Gesellschaft in die konsolidierte Steuererklärung aufgenommen werden, welches in diesen Zeitraum fällt (Sec. 1501 IRC). Im Umkehrschluss bedeutet dies, dass – abweichend von der deutschen Regelung und ohne Einführung eines Rumpfwirtschaftsjahres – eine unterjährige Begründung bzw. Beendigung einer steuerlichen Konsolidierung möglich ist.

Keine Voraussetzung ist der Abschluss eines Ergebnisabführungsvertrages o. Ä. wie ihn das deutsche Recht für eine ertragsteuerliche Organschaft erfordert.

In einem sog. *tax sharing agreement* regeln die beteiligten Gesellschaften die Umlage bzw. Aufteilung der Steuerschuld im Innenverhältnis. Die Finanzbehörden können jedoch nach ihrem Ermessen die Zahlung der Steuerschuld des gesamten Konsolidierungskreises von jeder einzelnen beteiligten Gesellschaft fordern, da jede Gesellschaft für die gesamte Steuerschuld haftet (*joint and several liability*).

2. Abgrenzung Fremd-/Eigenkapital

Sec. 385 IRC erlaubt der US-Finanzverwaltung, Richtlinien zu erlassen, um die steuerliche Behandlung als Eigenkapital oder Fremdkapital zu bestimmen.

Gemäß Sec. 385 (b) IRC können hierbei folgende Faktoren zu berücksichtigen sein:

- Unbedingte Verpflichtung des Schuldners zur Zahlung eines bestimmten Geldbetrages und bestimmbarer Zinsen zu einem bestimmten Zeitpunkt;
- Vor- / Nachrangigkeit gegenüber anderen Finanzierungsinstrumenten der Schuldnerin;
- Eigenkapitalquote;
- Wandelbarkeit des Finanzierungsinstruments;
- Verhältnis zwischen dem Halten von Eigenkapital- und Fremdkapitalinstrumenten.

Solche Richtlinien hat die US-Finanzverwaltung ursprünglich in 2016 (teilweise in vorläufiger und teilweise in finaler Fassung) veröffentlicht. Die Richtlinien gehen weit über die Erläuterung der gesetzlich angelegten Kriterien hinaus, sind vielfacher Kritik ausgesetzt und wurden in der Vergangenheit mehrfach geändert bzw. zurückgenommen. Die ursprünglichen Richtlinien aus 2016 beinhalteten im Wesentlichen:

- Regelungen zur Dokumentation des Finanzierungsinstrumentes (Reg. 1385-2);

- Regelungen zur Umqualifizierung von Fremd- in Eigenkapital, sofern die Fremdkapitalaufnahme im zeitlichen Zusammenhang mit Ausschüttungen der Schuldnerin oder spezifizierten Transaktionen zwischen verbundenen Unternehmen stehen (sogenannte *recast-rules*; Reg. 1385-3, 1385-3(temporary), 1385-4(temporary)). Die *temporary regulations* beinhalteten Spezialregeln für die Einordnung kurzfristiger Finanzierungsinstrumente unter Einbezug von Personengesellschaften sowie von steuerlich konsolidierten Gruppen.

Die Richtlinien zur Dokumentation (Reg. 1385-2) sind mittlerweile vollständig zurückgenommen worden, die *temporary regulations* wurden zum Teil und in geänderter Fassung veröffentlicht. Darüber hinaus hat die IRS bereits in 2019 angekündigt die *recast-rules* zu überarbeiten und ggf. zu vereinfachen. Auch bei Veröffentlichung der finalen Richtlinien in 2020 wies die IRS wiederum darauf hin, dass die Angemessenheit der *recast-rules* weiterhin geprüft und in Zukunft ggf. vereinfacht werden.

Die *recast-rules* sind besonderer Kritik ausgesetzt, da die Umqualifizierung von Fremd- in Eigenkapital lediglich einen zeitlichen Zusammenhang zwischen einer Ausschüttung bzw. wirtschaftlich vergleichbarer Transaktionen zwischen verbundenen Unternehmen und der Aufnahme von Fremdkapital verlangt. Zeitlicher Zusammenhang umfasst dabei einen Zeitraum von 36 Monaten vor bzw. 36 Monaten nach Ausschüttung bzw. Umsetzung der wirtschaftlich vergleichbaren Transaktion (Reg. 385-3(b)(3)(iii). Eine inhaltliche / wirtschaftliche Verknüpfung ist für die Umqualifizierung nicht erforderlich. Die *recast-rules* sind grundsätzlich nur zwischen verbundenen Unternehmen mit Beteiligungsverhältnis von mindestens 80 % anwendbar (Reg. 385-1(c)(4) IRC).

Soweit die Richtlinie nicht greift, richtet sich die Abgrenzung zwischen Eigen- und Fremdkapital nach einer Anzahl von Kriterien, die durch die Rechtsprechung entwickelt wurden. Die von der Rechtsprechung entwickelten Kriterien lassen sich in drei Kategorien einordnen: formale, subjektive und quantitative. Die formalen Kriterien müssen zu der angestrebten steuerlichen Behandlung passen. Deshalb sollte bspw. bei Fremdkapital ein Darlehensvertrag abgeschlossen sein, der regelmäßige Zinszahlungen vorsieht und die Tilgung des vollen Darlehensbetrags zu einem bestimmten Zeitpunkt festlegt. Hinsichtlich der subjektiven Kriterien ist es erforderlich, dass die beteiligten Parteien sich im Hinblick auf den Sinn und Zweck der Finanzierung einig sind. Im Falle von Fremdkapital sollte z. B. die Rückzahlung des Darlehensbetrags zu einem bestimmten Zeitpunkt gewollt sein. In Bezug auf die quantitativen Kriterien ist es grundsätzlich erforderlich, dass das Fremdkapital bedient werden kann. Dies erfordert, dass der Cashflow ausreicht, um anfallende Zinsen und Tilgung zu zahlen. Es gibt hierzu jedoch keine festen quantitativen Vorgaben in der Rechtsprechung, da grundsätzlich die branchenüblichen Verhältnisse hierfür herangezogen werden.

Die Umqualifizierung von Fremd- in Eigenkapital durch die Finanzverwaltung führt dazu, dass abzugsfähige Zinszahlungen und evtl. steuerneutrale Tilgungen als nichtabzugsfähige Dividendenzahlungen behandelt werden.

3. Dividendenfreistellung (dividends-received-deduction)

Ist eine konsolidierte Körperschaftsteuererklärung nicht möglich oder wird eine solche trotz Bestehens der Voraussetzungen nicht abgegeben, sind inländische Schachteldividenden im Einkommen der Muttergesellschaft gemäß Sec. 243 IRC zu 65 % (50 % bei Beteiligungen unter 20 %) freigestellt. Bei Beteiligungen ab 80 % ist eine Freistellung von 100 % der Dividenden möglich.

4. Sondervorschriften

Als Besonderheit enthält das US-Steuerrecht in Sec. 304 IRC Vorschriften, die Verkäufe von Kapitalgesellschaftsbeteiligungen zwischen nahestehenden Personen, wie z. B. bei konzerninternen Umstrukturierungen, als Dividendenausschüttungen behandeln. Grund hierfür ist der Gedanke, dass solche Verkäufe wirtschaftlich nicht die tatsächlichen Besitzverhältnisse verändern, da die gleichen Personen vor und nach der betreffenden Transaktion die Beteiligung unmittelbar oder mittelbar kontrollieren. Mithin wird der gezahlte Kaufpreis beim Veräußerer als Ausschüttung bzw. Dividende und der Erwerb der Anteile als Kapitaleinlage gewertet. Diese Regelung wird auch dann angewandt, wenn US-Beteiligungen von nahestehenden ausländischen Gesellschaften übertragen werden, und kann bei grenzüberschreitender Zahlung des Veräußerungserlöses zu Quellensteuern führen.

IX. Internationales Steuerrecht

1. Allgemeines

Die US-Regelungen im Bereich des internationalen Steuerrechts weisen nicht zuletzt aufgrund der im Rahmen der Steuerreform 2018[1] eingeführten und mit dem *One Big Beautiful Bill Act* nochmals angepassten neuartigen Hinzurechnungsvorschriften („*global intanigble low taxed income (GILTI)*“, mittlerweile „*net CFC tested income (NCTI)*“) (zusätzlich zu den ohnehin schon komplexen vorhandenen Hinzurechnungsvorschriften), der im Rahmen des *One Big Beautiful Bill Act* nochmals vorteilhafter ausgestalteten begünstigten Besteuerung von Gewinnen aus „ausländischen“ Quellen („*foreign derived intangible income (FDII)*“, mittlerweile „*foreign derived deduction eligible income (FDDEI)*“), der Einführung eines eingeschränkten Territorialitätsprinzips, welches jedoch

1 Vgl. Kapitel H.I „Der Tax Cuts and Jobs Act von 2018“.

durch den *One Big Beautiful Bill Act* faktisch wieder zu einem System der weltweiten Einkommensbesteuerung zu reduzierten Steuersätzen umgestaltet wurde, einer neuartigen Mindeststeuer („*BEAT*") und der im Rahmen des *Inflation Reduction Act* aus 2022 eingeführten 15 % Mindeststeuer für große Kapitalgesellschaften („*Corporate Alternative Minimum Tax*") erhebliche Komplexität auf.

Da die verschiedenen Besteuerungsregime nur zum Teil aufeinander abgestimmt sind und diese regelmäßig auf eigenständige Definitionen bzw. Bemessungsgrundlagen zurückgreifen, ergibt sich für den US-Steuerpflichtigen in der Praxis ein erheblicher Aufwand bei der Prüfung der Auswirkungen der jeweiligen Besteuerungsregime. Ein ausgereiftes Modeling ist unerlässlich, um die verschiedenen Auswirkungen von geänderten Strukturen, Liefer- und Leistungsbeziehungen und Finanzierungen auf die verschiedenen Besteuerungsregime vorhersehen zu können.

Die teilweise mangelnde Abstimmung zwischen den Besteuerungsregimen, die *check-the-box-elections* sowie Qualifikationskonflikte im bilateralen oder multilateralen Kontext ermöglichen aber auch signifikante steuerliche Gestaltungen.

Generell können die wesentlichen Besteuerungsregime für US-Outbound-Konstellationen wie folgt zusammengefasst beschrieben werden:

CFC-rules (controlled-foreign-corporation rules):

- Hinzurechnungsbesteuerung „passiver" Einkünfte ähnlich dem deutschen AStG;
- Anwendung ab einem niedrigen ausländischen Steuersatz von 18,9 % oder weniger (90 % des US-Steuersatzes, Sec. 954(b)(4) IRC);
- grds. positive Auflistung „passiver" Einkünfte (im Gegensatz zum deutschen AStG);
- soll im Grundsatz Einkünfte aus „passiver" Tätigkeit (z. B. Vermietung, Lizenzen) erfassen sowie Einkünfte einer Auslandsgesellschaft, für deren Existenz im jeweiligen Land kein hinreichender Grund erkennbar ist (z. B. Handel, wobei Waren im Ausland eingekauft und wiederum ins Ausland verkauft werden);
- Anrechnung ausländischer Steuern grds. möglich.

Net CFC Tested income (NCTI); vormals global intangible low-taxed income (GILTI):

- Sonderform der Hinzurechnungsbesteuerung; eingeführt im Rahmen des Tax Cuts and Jobs Act aus 2018 und wesentlich angepasst im Rahmen des *One Big Beautiful Bill Act* in 2025;
- soll im Grundsatz dazu führen, dass niedrig besteuerte Gewinne ausländischer Tochtergesellschaften einer Hinzurechnungsbesteuerung in den USA unterliegen;
- eine niedrige Besteuerung liegt vor bei einem effektiven ausländischen Steuersatz von etwa 14 % (dies berücksichtigt einen Abzugsbetrag von 40 % sowie die Beschränkung der Anrechenbarkeit ausländischer Steuern auf 90 % (sog. *haircut*);

- Anwendung auf kumulierte Einkünfte aller ausländischen Tochtergesellschaften; sogenanntes *„jurisdictional blending"*.

Dividend-received-deduction:

- 100 %ige Steuerbefreiung von Dividenden ausländischer Tochtergesellschaften bei Beteiligungsbesitz von mindestens 10 %; eingeführt im Rahmen der Steuerreform 2018;
- eingeschränkter Anwendungsbereich, u. a. aufgrund der vorgenannten Besteuerungsregime *CFC* und *NCTI*.

BEAT (base erosion and anti-abuse tax):

- Alternative Mindeststeuer eingeführt im Rahmen der Steuerreform 2018;
- gilt lediglich für US-Unternehmen mit min. 500 Mio. USD Umsatz;
- soll im Grundsatz der Minderung der US-steuerlichen Bemessungsgrundlage durch übermäßige Zahlungen an nahe stehende Personen entgegen wirken;
- hierzu werden Zahlungen an nahe stehende Personen (wesentlichste Ausnahme: Warenlieferungen) der Bemessungsgrundlage wieder hinzugerechnet und auf die sich hiernach ergebende Bemessungsgrundlage ein Steuersatz von 10,5 % (ab 2026, zuvor 10 %) angewendet;
- ist diese BEAT-Steuer höher als die reguläre Steuer, ist die *BEAT*-Steuer festzusetzen.

Foreign derived deduction eligible income (FDDEI), zuvor foreign derived intangible income (FDII):

- Präferenzbesteuerung für Einkünfte aus ausländischen Quellen; eingeführt im Rahmen des *Tax Cuts and Jobs Act* aus 2018 und wesentlich angepasst im Rahmen des *One Big Beautifull Bill Act* in 2025;
- steuerliche Begünstigung von Einkünften aus ausländischen Quellen;
- begünstigter Steuersatz beträgt etwa 14 %; dieser wird dadurch erreicht, dass 33,34 % des *FDDEI*-Einkommens freigestellt wird;
- *FDDEI* (steuerliche Begünstigung von Einkünften eines US-Unternehmens aus ausländischen Quellen) stellt damit das Gegenstück zu NTCI (Hinzurechnungsbesteuerung von niedrig besteuerten Einkünften ausländischer Tochterunternehmen) dar.

Corporate Alternative Minimum Tax (Corporate AMT)

- 15 %ige Mindeststeuer auf das *„adjusted financial statement income"* (*AFSI*), welches auf Grundlage des US-GAAP-Konzernabschlusses der Unternehmensgruppe ermittelt wird;
- nur anwendbar für Unternehmensgruppen mit *AFSI* von mehr als 1 Mrd. USD (bei Unternehmensgruppen mit ausländischer Muttergesellschaft muss hinzutreten,

dass das auf US-Geschäftsaktivitäten entfallende *AFSI* mindestens 100 Mio. USD beträgt);

- *Corporate AMT* wird nur festgesetzt, wenn diese die Summe aus regulärer Steuerschuld und *BEAT* übersteigt.

Die im Rahmen des *Tax Cuts and Jobs Act* aus 2018, des *Inflation Reduction Act* aus 2022 und des *One Big Beautiful Bill Act* aus 2025 neu eingeführten Besteuerungsregime werden im Folgenden sowie im Kapitel H.I, H.II und H.III näher erläutert.

2. Dividends-received deduction und transition tax

Soweit nicht die jeweiligen Gewinne der ausländischen Tochter-Kapitalgesellschaft bereits unter den *Subpart F*-Regelungen[1] unmittelbar beim US-Anteilseigner besteuert wurden, wurden Dividendenausschüttungen ausländischer Tochter-Kapitalgesellschaften bei Erhalt durch den US-Anteilseigner bis einschließlich des Steuerjahres 2017 voll besteuert (Welteinkommensprinzip). Eine Steuerbefreiung für Gewinnausschüttungen ausländischer Tochter-Kapitalgesellschaften entsprechend der deutschen Regelung des § 8b KStG war nicht vorgesehen.

Zur Vermeidung einer Doppelbesteuerung wurden in diesen Fällen stattdessen die im Ausland auf die Gewinne gezahlten Ertragsteuern sowie eine etwaige bei Gewinnausschüttung anfallende Quellensteuer angerechnet. Einer Dividende gleichgestellt wurden wirtschaftlich vergleichbare Vorgänge, z. B. bestimmte Darlehensgewährungen der ausländischen Tochter-Kapitalgesellschaft an den US-Anteilseigner.

Durch die Besteuerung der Gewinnausschüttungen ausländischer Tochter-Kapitalgesellschaften unter Anrechnung der ausländischen Steuern erfolgte letztendlich eine Besteuerung ausländischer Gewinne (mindestens) auf US-Besteuerungsniveau.

Die Regelungen zur Besteuerung von Gewinnausschüttungen ausländischer Tochter-Kapitalgesellschaften wurden mit Wirkung zum Steuerjahr 2018 vollständig neu gefasst (Sec. 245A IRC).

Hiernach sind Gewinnausschüttungen ausländischer Tochtergesellschaften steuerfrei, sofern insbesondere die folgenden Voraussetzungen erfüllt sind:

- die Beteiligung des US-Anteilseigners an der Tochter-Kapitalgesellschaft beträgt zumindest 10 %;
- die 10 %-Beteiligung besteht für mindestens 366 Tage während des 731-Tage-Zeitraums, der 365 Tage vor der Dividendenausschüttung beginnt;

1 Vgl. Kapitel IX.3. „Hinzurechnungsbesteuerung (CFC rules/PFIC rules/NTCI)“.

- die Gewinnausschüttung ist bei der ausländischen Tochter-Kapitalgesellschaft steuerlich nicht abzugsfähig (*anti-hybrid-provision*);
- der US-Anteilseigner wird in den USA als US-Körperschaft besteuert (*C-Corporation*); für *REITs*, RICs und *S-Corporations* findet die Freistellung für erhaltene Gewinnausschüttungen keine Anwendung;
- die ausländische Gesellschaft ist keine *PFIC*, es sei denn, die ausländische Gesellschaft ist zugleich eine *CFC*[1].

Eine Anrechnung ausländischer Steuern ist für steuerfreie Gewinnausschüttungen nicht möglich.

Zu beachten ist allerdings, dass die Freistellung für Gewinnausschüttungen ausländischer Tochter-Kapitalgesellschaften nur einen eingeschränkten Anwendungsbereich hat, da die Regelungen zur Hinzurechnungsbesteuerung (*Subpart F*) sowie die *NCTI*-Regelungen vorrangig anzuwenden sind. Die *Subpart F*- und *NCTI*-Regelungen führen dazu, dass die Freistellung von Gewinnausschüttungen ausländischer Tochter-Kapitalgesellschaften nur einen begrenzten Anwendungsbereich hat.

Bis Ende 2017 nicht ausgeschüttete Gewinne ausländischer Tochtergesellschaften gelten als fiktiv ausgeschüttet und unterliegen einem Steuersatz von 15,5 %, soweit die nicht ausgeschütteten Gewinne auf Barmittel und barmittelähnliche Vermögensgegenstände (*cash and cash equivalents*) entfallen, bzw. 8 %, soweit die nicht ausgeschütteten Gewinne auf übriges Vermögen entfallen. Technisch erfolgt die Anwendung der Steuersätze von 15,5 % und 8 % durch Abzug eines Anteils vom fiktiv ausgeschütteten Gewinn. *Cash and cash equivalents* beinhalten insbesondere Barmittel, den Betrag der Netto-Forderungen (d. h. Forderungen des laufenden Geschäftsverkehrs abzgl. Verbindlichkeiten des laufenden Geschäftsverkehrs), Handelsgüter, Wertpapiere und Einlagen.

Ausländische Steuern sind grundsätzlich nur in dem Verhältnis des fiktiv ausgeschütteten Gewinns nach Abzug zum fiktiv ausgeschütteten Gewinn vor Abzug anrechenbar.

Die Einmalsteuer kann in zinsfreien Ratenzahlungen über acht Jahre geleistet werden, wobei in den ersten fünf Jahren jeweils 8 % der Steuer, im Jahr sechs 15 %, im Jahr sieben 20 % und im Jahr acht 25 % der Steuer zu zahlen ist. In bestimmten Fällen ist eine sofortige Zahlung vorgesehen (z. B. bestimmte Umstrukturierungen).

Sonderregelungen gibt es für *S-Corporations* und *REITs*.

1 Vgl. Kapitel IX.3. „Hinzurechnungsbesteuerung (CFC rules/PFIC rules / NCTI)“.

3. Hinzurechnungsbesteuerung (CFC rules/PFIC rules/NTCI)

a) CFC rules

Die mittlerweile sehr umfangreichen, komplexen und mit vielen Ausnahmen und Rückausnahmen versehenen US-Regelungen zur Hinzurechnungsbesteuerung, auch *Subpart F* oder *CFC rules* genannt, wurden bereits 1962 eingeführt. Sie gelten – vergleichbar der deutschen Hinzurechnungsbesteuerung im AStG – gleichermaßen für natürliche Personen und Körperschaften als Anteilseigner.[1]

Bei einer beherrschten ausländischen Gesellschaft (*controlled foreign corporation, CFC*) handelt es sich um eine ausländische Kapitalgesellschaft, deren Anteile (Stimmrecht oder Wert) sich zu über 50 % in den Händen von US-Anteilseignern befinden. Dabei gilt ein Steuerinländer als US-Anteilseigner, wenn er mindestens 10 % (Stimmrechte, direkt, indirekt oder durch Zurechnung) der Anteile dieser *CFC* besitzt. Ein Anteilseigner, der (direkt, indirekt oder durch Zurechnung) weniger als 10 % an der ausländischen Gesellschaft hält, gilt damit nicht als US-Anteilseigner, so dass seine Beteiligung bei der Bestimmung der 50 %-Grenze nicht berücksichtigt wird. US-Anteilseigner können neben natürlichen Personen (*citizens* und *residents*) auch US-Personengesellschaften, Nachlass- und Treuhandvermögen (*estate* und *trusts*) und Kapitalgesellschaften sein. Unter den bestehenden *Subpart-F* Regelungen erfolgte eine zeitanteilige Zurechnung von Einkommen aus ausländischen Tochtergesellschaften lediglich dann, wenn der US Anteilseigner die Anteile an der ausländischen Gesellschaft an dem letzten Tag des Jahres, in dem die ausländische Gesellschaft als *CFC* behandelt wird, hält (sog. *„last day rule"*). Diese Regelung wird ab dem Jahr 2026 abgeschafft, eine zeitanteilige Zurechnung erfolgt damit auch dann, wenn der US-Anteilseigner die Anteile an der ausländischen *CFC-Gesellschaft* nicht (mehr) am letzten Tag des Jahres hält.

Die Einkünfte der *CFC* sind nach US-Einkünfteermittlungsgrundsätzen zu ermitteln. Ähnlich den deutschen Vorschriften zur Hinzurechnungsbesteuerung gelten diese Regeln u. a. im Falle einer Niedrigbesteuerung im Ausland. Eine Niedrigbesteuerung wird angenommen, wenn die effektive ausländische Steuer weniger als 90 % des US-Höchststeuersatzes für Kapitalgesellschaften von 35 % (bis 2017), d. h. weniger als 31,5 %, beträgt.

Durch die Absenkung des allgemeinen Körperschaftsteuersatzes auf 21 % im Zuge der Steuerreform 2018 liegt eine niedrige Besteuerung nunmehr nur noch vor, wenn die effektive ausländische Steuer weniger als 18,9 % beträgt (Sec. 954(b)(4) IRC).

1 Da die CFC-Rules in der Praxis im Wesentlichen in Konzernen Anwendung finden, wird dieser Teil hier und nicht im Kapitel D „Die Besteuerung von natürlichen Personen" behandelt.

Einkommen im Sinne des *Subpart F* beinhaltet im Wesentlichen:

- bestimmte illegale Bestechungs- und Schmiergelder (*illegal bribes and kickbacks*);
- bestimmtes Einkommen aus Handelstätigkeit (*foreign base company sales income*); hierunter fallen insbesondere Einkünfte der *CFC* aus dem Einkauf von Gütern von nahe stehenden Personen bzw. dem Verkauf von Gütern an nahe stehenden Personen, sofern die Güter außerhalb des Ansässigkeitsstaates der *CFC* produziert/hergestellt wurden und die Güter in einen anderen Staat als dem Ansässigkeitsstaat der *CFC* verkauft oder dort verbraucht werden. Sofern die Güter daher im Ansässigkeitsstaat der *CFC* verkauft/verbraucht werden oder dort hergestellt/produziert werden, liegt grds. kein *foreign base company sales income* vor, da in einem solchen Fall nicht-steuerliche Gründe für die Einschaltung der ausländischen Gesellschaft in diesem Staat angenommen werden.
- Einkommen aus bestimmten Dienstleistungstätigkeiten (*foreign base company services income*), die von oder gegenüber nahestehenden Personen erbracht werden, sofern sie nicht im Sitzstaat der *CFC* erbracht werden;
- bestimmtes Einkommen passiver Natur (*foreign personal holding company income, FPHCI*), dazu zählen z. B. Dividenden, Zinsen, Lizenzzahlungen, Mieten und Gewinne aus der Veräußerung von Vermögen, aus dem Einkommen passiver Natur erzielt wird, sowie aus der Veräußerung von Personengesellschaftsanteilen und *trusts*. Daneben ist bestimmtes Dienstvertragseinkommen *foreign personal holding company income*, sofern die Dienstleistung von einer mittel- oder unmittelbar zu min. 25 % beteiligten Person erbracht wird. Weiterhin gehört hierzu Einkommen aus bestimmten Währungs- und Rohstofftransaktionen, sofern dieses nicht im Rahmen der gewöhnlichen aktiven Geschäftstätigkeit anfällt. Ausgenommen vom Begriff des *FPHCI* sind u. a. solche Zinsen und Lizenzzahlungen, die durch aktive Geschäftstätigkeit (und nicht von verbundenen Personen) erzielt werden, oder Exportfinanzierungszinsen, die im Rahmen eines Bankgewerbes erzielt werden. Daneben sind Zinsen und Dividenden ausgenommen, die von einer nahe stehenden Person gezahlt werden, sofern die nahe stehende Person im selben Land ansässig und im Wesentlichen gewerblich tätig ist. Mieten sind dann ausgenommen, wenn sie von einer nicht nahestehenden Person gezahlt werden, die im selben Land wie die *CFC* ansässig ist.

Zudem unterliegen Zahlungen von Dividenden, Zinsen, Mieten und Lizenzgebühren zwischen zwei ausländischen, als *CFC* behandelten Gruppengesellschaften, nicht der *Subpart-F* Besteuerung als *„foreign personal holding company income“* (Sec. 954(c)(6) IRC), sofern sie aus aktiven Einkünften des Schuldners finanziert werden. Diese in Praxis äußert relevante Erleichterung ist durch den *One Big Beautiful Bill Act* unbefristet verlängert worden.

Eine steuerliche Erfassung des Einkommens beim US-Anteilseigner findet nicht statt, wenn die passiven Einkünfte der *CFC* weniger als 5 % des Bruttoeinkommens der *CFC* und weniger als 1 Mio. USD betragen (*de-minimis rule*, Sec. 954(b)(3)(A) IRC). Andererseits werden sämtliche Einkünfte der *CFC* beim US-Anteilseigner steuerlich erfasst, wenn die Einkünfte der *CFC* zu mehr als 70 % aus passiven Einkünften bestehen (*full-inclusion test*, Sec. 954(b)(3)(B) IRC).

Positive Einkünfte der *CFC* i. S. d. *Subpart F* können unter Umständen mit negativen Einkünften der *CFC* aus Vorjahren, die auf den US-Anteilseigner entfielen, oder mit im gleichen Jahr angefallenen negativen Einkünften von Tochter- oder Muttergesellschaften der *CFC* ausgeglichen werden. Letzteres gilt aber grds. nur, sofern die *CFC* und die Tochter- oder Muttergesellschaft im selben Land ansässig sind und zwischen ihnen während des gesamten Jahres eine direkt oder indirekte ununterbrochene 100 %-Beteiligung bestand. Die Verrechnung mit negativen Einkünften der *CFC* aus Vorjahren geht der Verrechnung mit negativen Einkünften anderer Gesellschaften in der Beteiligungskette vor. Weiterhin können positive Einkünfte generell nur mit negativen Einkünften derselben Art verrechnet werden, z. B. kann *foreign base company sales income* nur mit Verlusten dieser Art verrechnet werden; *foreign base company services income* nur mit Verlusten hieraus. Daneben gibt es weitere Einschränkungen, so kommt eine Verrechnung von Gewinnen und Verlusten aus *foreign personal holding income* generell nur infrage, sofern es sich bei der *CFC* um ein Finanzinstitut/-unternehmen handelt.

Ausländische auf die *Subpart F*-Einkünfte entfallende Steuern können beim US-Anteilseigner angerechnet werden.

Dividenden, die aus bereits nach *Subpart F* vom US-Anteilseigner besteuerten Einkünften gezahlt werden, sind zwecks Vermeidung einer Doppelerfassung beim Empfänger (sei es der US-Anteilseigner oder eine weitere zwischengeschaltete *CFC*) freigestellt.

b) PFIC rules

Bei einer ausländischen passiven Investitionsgesellschaft (*passive foreign investment company, PFIC*) handelt es sich um eine ausländische Kapitalgesellschaft, deren Einkommen zu mindestens 75 % passiver Art ist (*income test*, Sec. 1297(b) IRC) oder deren Vermögen zu mindestens 50 % aus Wirtschaftsgütern besteht, die passives Einkommen erzielen (*asset test*, Sec. 1297(e) IRC). Hierunter sind grundsätzlich das *FPHCI* sowie die Wirtschaftsgüter, die es generieren, zu verstehen. Regelmäßig fallen hierunter *Mutual Funds, Hedge Funds, Investment trusts* und andere Investitionsvehikel.

Bei Beteiligungen der *PFIC* an anderen Gesellschaften werden diese für Zwecke des *income test* und *asset test* als transparent betrachtet, sofern die Beteiligung der *PFIC* min. 25 % beträgt; d. h. in diesem Fall wird das (anteilige) Einkommen bzw. das (anteilige)

Vermögen der Tochtergesellschaft berücksichtigt. Bei einer *PFIC* ist kein Mindestanteil des US-Anteilseigners an der Gesellschaft vorgeschrieben. Es gibt drei unterschiedliche Besteuerungsmöglichkeiten:

- Das Besteuerungsregime der excess distribution ist Methode anzuwenden, wenn der US-Anteilseigner kein anderes Besteuerungsregime gewählt hat. Der US-Anteilseigner wird grds. dann besteuert, wenn entweder tatsächlich Dividenden ausgeschüttet werden, die 125 % der im Durchschnitt der letzten drei Jahre ausgeschütteten Dividenden übersteigen (*excess distribution*) oder die *PFIC*-Anteile „veräußert" werden. Wenn es zu einer *excess distribution* oder Veräußerung (dieser Begriff ist sehr weit gefasst) kommt, ist der Betrag der *excess distribution* bzw. der Veräußerungsgewinn zunächst anteilig auf den gesamten Zeitraum zu verteilen, in dem der US-Anteilseigner die Anteile an der *PFIC* gehalten hat. Einkünfte, die nach dieser Verteilung auf das laufende Steuerjahr des US-Anteilseigners entfallen, werden regulär besteuert. Einkünfte, die nach dieser Verteilung auf vorherige Steuerjahre des US-Anteilseigners entfallen, werden mit dem in dem jeweiligen Jahr für den US-Anteilseigner anwendbaren Höchststeuersatz besteuert. Daneben fallen für den Zeitraum, auf den die Einkünfte verteilt wurden, bis zur tatsächlichen Nachbesteuerung Zinsen an. Die Besteuerung wird dadurch zwar in Teilen zeitlich verzögert, die Zinskomponente und die Besteuerung zu Höchstsätzen machen dieses Besteuerungsregime jedoch unattraktiv. Es erfordert aber nicht, dass dem Anteilseigner jährlich steuerlich relevante und nach US-Steuerprinzipien berechnete Informationen zur Verfügung stehen.
- Nach dem Besteuerungsregime der *mark-to-market* Methode hat der US-Anteilseigner die Wertsteigerung seiner Beteiligung zum Jahresende über seine steuerlichen Anschaffungskosten hinaus als Einkommen zu regulären Steuersätzen zu versteuern. Im Falle eines Wertverlusts kann dieser grundsätzlich nur steuerlich geltend gemacht werden, soweit in den Vorjahren Wertsteigerungen besteuert wurden. Es ist zu beachten, dass dieses Besteuerungsregime nur im Falle einer direkten Beteiligung an der *PFIC* gewählt werden kann und grds. nur, wenn die Beteiligung markgängig ist, d. h. insbesondere wenn sie regelmäßig an einer Börse gehandelt wird.
- Unter dem Besteuerungsregime des *Qualified Electing Fund* (sog. *QEF Election*) wird der US-Anteilseigner jährlich mit seinem anteiligen *PFIC*-Einkommen besteuert. Das *PFIC*-Einkommen wird in gewöhnliches Einkommen und Veräußerungsgewinne aufgeteilt. Während gewöhnliches Einkommen zu regulären Steuersätzen besteuert wird, gelten für langfristige Veräußerungsgewinne bei natürlichen Personen bevorzugte Steuersätze[1]. Eine verzinsliche Stundung der Steuer bis zur tatsächlichen Aus-

1 Vgl. Kapitel D.III.1.c. „Veräußerungsgewinne".

schüttung der Gewinne bzw. bis zum Verkauf der Anteile an der *PFIC* ist grds. möglich, sofern der Steueranspruch nicht gefährdet erscheint. Dieses Besteuerungsregime erfordert aber, dass dem Anteilseigner jährlich die steuerlich relevanten und nach US-Steuerprinzipien berechneten Einkommensinformationen zur Verfügung stehen.

Eine Anrechnung ausländischer Steuern ist grds. möglich.

In Einzelfällen können sich die Regelungen der einzelnen Steuerregime überschneiden; die Bestimmungen über die *CFC* gehen denen über die *PFIC* vor. Nichtsdestotrotz ist es möglich, dass die gleiche ausländische Gesellschaft gleichzeitig *CFC* für einen US-Anteilseigner und *PFIC* für einen anderen Anteilseigner ist; z. B. bei einem Beteiligungsverhältnis an der ausländischen Gesellschaft von 95 % (insoweit Anwendung der *CFC rules*) zu 5 % (insoweit Anwendung der *PFIC rules*).

Bei Beteiligung an einer *PFIC* hat der Investor jährlich für jede *PFIC* eine Steuererklärung (Form 8621) abzugeben. Zudem kommen weitere Reporting-Pflichten (z. B. *FATCA* Form 8938 und *FBAR-Reportings*) in Betracht.

c) NCTI (Net CFC Tested Income)

Vgl. Kapitel H.III “Der One Big Beautiful Bill Act aus dem Jahr 2025”.

4. BEAT (base erosion and anti-abuse tax)

Vgl. Kapitel H.III “Der One Big Beautiful Bill Act aus dem Jahr 2025”.

5. FDDEI (foreign derived deduction eligible income)

Vgl. Kapitel H.III “Der One Big Beautiful Bill Act aus dem Jahr 2025”.

6. Abzugsverbot für Zahlungen in hybriden Transaktionen oder an hybride Gesellschaften

Vgl. Kapitel H.I „Der Tax Cuts and Jobs Act von 2018“.

7. Corporate AMT

Vgl. Kapitel H.II. „Der Inflation Reduction Act aus dem Jahr 2022“.

8. Tatsächliche Zahlungen

Nach Sec. 267(a)(3) IRC sind bestimmte Aufwendungen eines US-Steuerpflichtigen gegenüber ausländischen nahestehenden Personen erst im Jahr des Geldflusses steuerlich abzugsfähig und nicht bereits in einem früheren Jahr, in dem der Aufwand gemäß der vom Steuerpflichtigen verwendeten Gewinnermittlungsmethode generell abzugsfähig wäre. Hierunter fallen bspw. Zinsen auf Darlehen von ausländischen nahestehenden Personen, soweit dieses Einkommen nicht in den USA steuerpflichtig ist. Erfolgt mithin am Jahresende keine Zinszahlung, sondern lediglich eine Abgrenzung des Aufwands, ist dieser Aufwand erst im Jahr der Zahlung US-steuerlich abzugsfähig, während die Zinsen möglicherweise nach ausländischem Steuerrecht schon in dem Jahr, in dem sie angefallen sind, zu versteuern sind.

9. Verrechnungspreisvorschriften

Die zentralen Verrechnungspreisvorschriften sind in Sec. 482 IRC enthalten. Sie erlauben es den US-Finanzbehörden, Einkommen und Abzugsbeträge zwischen Unternehmen unter direkter oder indirekter gemeinsamer Kontrolle anzupassen. Die Regelungen finden auf alle unbeschränkt und beschränkt Steuerpflichtigen Anwendung, also z. B. auch auf ausländische Unternehmen, die über eine Betriebsstätte in den USA verfügen. Die IRS hat zudem umfangreiche Richtlinien zu Sec. 482 IRC, welche die Auffassung der US-Finanzverwaltung umfassend beschreiben, veröffentlicht.

Eine Anpassung kann vorgenommen werden, um entweder Verrechnungspreismissbrauch zu verhindern oder eine eindeutige Zuordnung des wahren steuerlichen Einkommens zu dem Unternehmen vorzunehmen, das es wirtschaftlich tatsächlich erzielt. Die Anpassung ist dabei nicht nur auf eine unmittelbare Anpassung des Einkommens der betroffenen Steuerpflichtigen beschränkt, vielmehr können auch weitere Folgen (z. B. Behandlung als verdeckte Gewinnausschüttung mit Quellensteuerabzug, Behandlung als verdeckte Einlage mit Erhöhung des steuerlichen Buchwertes (*Tax Basis*) in Anteilen) nachvollzogen werden.

Der Begriff der gemeinsamen Kontrolle wird in diesem Zusammenhang sehr weit definiert. Die Verrechnungspreisvorschriften gelten nicht nur bei einem Auslandsbezug, sondern auch bei rein inneramerikanischen Sachverhalten. Sie sehen den Fremdvergleich als Grundsatz vor (*arm's length principle*). Grundsätzlich ist der Steuerpflichtige verpflichtet, die „beste" Verrechnungspreismethode zu verwenden und zudem nachzuweisen, dass die verwendete Methode auch die „beste" ist (Reg. 482-1(c)). Hierbei gibt es keine festgelegte Methoden-Hierarchie; vielmehr ist die Methode anzuwenden, die vor dem Hintergrund des Funktions- und Risikoprofils der jeweiligen Einheit das verlässlichste Ergebnis generiert. Reg. 482-8 enthält umfangreiche Anwendungsbeispiele zur Wahl der „besten" Verrechnungspreismethode. Die IRS-Richtlinien entsprechen inhaltlich grds. den OECD-Richtlinien, auch wenn hierauf in den IRS-Richtlinien nicht explizit verwiesen wird.

Ferner ist es hinsichtlich der Dokumentation der Verrechnungspreise erforderlich, dass eine ausführliche und den Vorschriften entsprechende Dokumentation zeitnah erstellt wird und zum Zeitpunkt der Abgabe der Steuererklärung verfügbar ist sowie dem Internal Revenue Service auf Anfrage innerhalb von 30 Tagen vorgelegt werden kann. Eine ordnungsgemäße, zeitnahe Verrechnungspreisdokumentation ist deshalb für Steuerpflichtige wichtig, da sie verhindert, dass der Internal Revenue Service Strafzuschläge (*penalties*) aufgrund unangemessener Verrechnungspreise festsetzen kann, wenn er die Verrechnungspreise erfolgreich angreift und dies zu einer Nachversteuerung führt.

Diese Strafzuschläge werden neben der Nachversteuerung einschließlich Säumniszinsen erhoben und betragen entweder 20 % (bei sogenannten *„substantial valuation misstatements"*; Reg. 6662-6(a)(1)) oder 40 % (bei sogenannten *„gross valuation misstatements"*) auf den Steuernachzahlungsbetrag, abhängig davon, in welcher Höhe die verwendeten Verrechnungspreise fehlerhaft abweichen, und von dem Gesamtbetrag der Verrechnungspreisanpassungen. Ob ein *substantial valuation misstatement* oder ein *gross valuation misstatement* vorliegt, wird dabei einerseits transaktionsbezogen und andererseits in Bezug auf die Netto-Einkommensanpassung ermittelt. Transaktionsbezogen gilt als *substantial valuation misstatement* gemäß Reg. 6662-6(b) eine Verrechnungspreisanpassung auf mehr als 200 % oder auf weniger als 50 % des ursprünglich erklärten Verrechnungspreises für die jeweilige Transaktion; ein *gross valuation misstatement* liegt bei Anpassung auf mehr als 400 % oder weniger als 25 % des ursprünglich erklärten Verrechnungspreises für die jeweilige Transaktion vor. Bezogen auf die Netto-Einkommensanpassung liegt ein *substantial valuation misstatement* gemäß Reg. 6662-6(c) vor, wenn die Einkommensanpassung entweder 5 Mio. USD oder 10 % der Bruttoeinnahmen (neben den Umsatzerlösen beinhaltet dies auch Zinserträge und Dividenden, Reg. 448-1T(f)(2)(iv)) übersteigt; ein *gross valuation misstatement* liegt vor, wenn die Einkommensanpassung entweder 20 Mio. USD oder 20 % der Bruttoeinnahmen übersteigt.

Die USA haben bezüglich der Verrechnungspreisdokumentation das von der OECD empfohlene Master-File/Country-File-Konzept nicht verpflichtend implementiert.

Vielmehr besteht eine US-Verrechnungspreisdokumentation grundsätzlich aus den sogenannten *Principal Documents* und *Background Documents* (Reg. 6662-6(d)(iii)). Die *Prinicipal Documents* umfassen Folgendes:

- ein Überblick über die Geschäftstätigkeit des Steuerpflichtigen einschließlich einer Analyse der wirtschaftlichen und rechtlichen Faktoren, die sich auf die Preisgestaltung auswirken;
- eine Beschreibung der Organisationsstruktur; diese hat alle Einheiten zu umfassen, die an den Verrechnungspreis-Transaktionen beteiligt sind;

- weitere Dokumente, welche nach den IRS-Richtlinien in spezifischen Fällen notwendig sind (dies kann z. B. sogenannte *„qualified cost sharing agreements"* umfassen);
- eine Beschreibung der gewählten Verrechnungspreismethode und eine Begründung, warum diese Methode gewählt wurde;
- eine Beschreibung der ansonsten in Betracht gezogenen Verrechnungspreismethoden und eine Begründung, warum diese nicht gewählt wurden;
- eine Beschreibung der Verrechnungspreis-Transaktionen und der verwendeten Daten zur Analyse der Transaktionen;
- eine Beschreibung der verwendeten *comparables* inklusive Bewertung der Vergleichbarkeit und vorgenommener Anpassungen;
- ökonomische Analyse und Erläuterung von verwendeten Prognosen;
- eine Darstellung relevanter Daten, die nach Ablauf des Steuerjahres und vor Einreichung der Steuererklärung erhoben wurden;
- eine Übersicht über die *Principal Documents* und *Background Documents.*

Die *Background Documents* umfassen Unterlagen wie weiterführenden Erläuterungen, Nachweise, Verträge oder Analysen, welche für die Erstellung des *Principal Documents* relevant sind bzw. verwendet wurden.

Zudem müssen Gesellschaften, welche zu mindestens 25 % von Nicht-Ansässigen gehalten wird, quantitative und qualitative Informationen zu Transaktionen mit verbundenen Unternehmen zusammen mit der jährlichen Steuererklärung per Form 5472 an die IRS übermitteln.

Ein *Country-by-Country-Report* (Form 8975) ist erstmals für Wirtschaftsjahre abzugeben, die am oder nach dem 30.6.2016 beginnen, d. h. üblicherweise erstmals für das Wirtschaftsjahr 2017. Konzerne, deren konsolidierter Umsatz weniger als 850 Mio. USD beträgt, sind von der Pflicht zur Abgabe eines *Country-by-Country-Reports* befreit. Der *Country-by-Country-Report* ist zusammen mit der jährlichen Ertragsteuererklärung abzugeben. Die USA sind nicht dem multilateralen Abkommen zum zwischenstaatlichen Austausch der *Country-by-Country-Reports* beigetreten. Ein zwischenstaatlicher Austausch findet jedoch mit den Staaten statt, die mit den USA ein bilaterales Abkommen zum Informationsaustausch abgeschlossen haben. Dies ist aktuell (Stand Oktober 2025) bei 54 Staaten der Fall.[1] Auch mit Deutschland findet ein solcher Informationsaustausch statt.

1 Die Liste der Länder, mit denen ein Abkommen zum Informationsaustausch abgeschlossen wurde; sowie der Stand der Verhandlungen können unter https://www.irs.gov/businesses/country-by-country-reporting-jurisdiction-status-table abgerufen werden.

10. Anrechnung ausländischer Steuern

Ausländische Steuern auf das Einkommen sind bei der Berechnung des zu versteuernden Einkommens als Ausgaben abzugsfähig; sie können stattdessen auch als Abzüge von der Steuerschuld (*foreign tax credits*) berücksichtigt werden (Anrechnungsmethode) (Sec. 901 IRC). Die Wahlmöglichkeit besteht jährlich.

Die Regelungen zur Anrechnung ausländischer Steuern auf die US-Steuerschuld spielen eine wichtige Rolle in der Steuerplanung sowohl für natürliche Personen, die der unbeschränkten US-Steuerpflicht unterliegen, und erst recht für US-Körperschaften. Dies hat insbesondere folgenden Hintergrund:

- Die unbeschränkte US-Steuerpflicht umfasst das gesamte Welteinkommen des US-Steuerpflichtigen, also auch das Einkommen aus ausländischen Quellen. Unterliegen ausländische Einkünfte auch einer ausländischen Steuer (z. B. im Rahmen einer Veranlagung oder als Quellensteuerabzug), stellt sich damit die Frage, ob und inwieweit eine Doppelbesteuerung durch Anrechnung vermieden werden kann.
- Daneben erfassen die US-Hinzurechnungsvorschriften umfangreiche Einkunftsteile von ausländischen, grundsätzlich als intransparent behandelten Tochtergesellschaften und besteuern diese – ähnlich der deutschen Hinzurechnungsbesteuerung – unmittelbar und unabhängig von einer tatsächlichen Dividendenausschüttung. Zu nennen sind in diesem Zusammenhang im Allgemeinen die umfangreichen *Subpart F*-Regelungen[1] (Hinzurechnungsbesteuerung von „passiven" Einkünften ausländischer Tochtergesellschaften) und im Speziellen die *NCTI*-Regelungen[2] (Hinzurechnung von niedrig besteuerten Einkünften ausländischer Tochtergesellschaften). Auch bei diesen Einkunftsteilen stellt sich die Frage, inwieweit auf diese Einkünfte gezahlte ausländische Steuern auf die Hinzurechnungsbesteuerung angerechnet werden können.
- Die im Zuge der Steuerreform 2018 eingeführte Freistellung von Dividenden ausländischer Tochtergesellschaften (Sec. 245A IRC[3]) hat vor diesem Hintergrund nur einen eingeschränkten Anwendungsbereich.

In Bezug auf die Anrechnung ausländischer Steuern gelten zahlreiche Beschränkungen, Einzelbestimmungen und Verrechnungstöpfe (sogenannte *baskets*). Von besonderer Bedeutung ist daneben die Definition der US-Einkommensquellen (*income from sources within the United States*, Sec. 861 IRC) und ausländischen Einkommensquellen (*income from sources without the United States*, Sec. 862 IRC).

---

1 Vgl. Kapitel IX.3. „Hinzurechnungsbesteuerung (CFC rules / PFIC rules / NCTI)".
2 Vgl. Kapitel H.III. „Der One Big Beautiful Bill Act aus dem Jahr 2025".
3 Vgl. Kapitel H.I „Der Tax Cuts and Jobs Act von 2018".

Zu einem *foreign tax credit* berechtigen neben Einkommen-, Kriegsgewinn- und Mehrgewinnsteuern (*income, war profits, and excess profits taxes*) ausländischer Staaten und US-Besitzungen (*possessions*) auch solche Steuern, die anstelle (*in lieu of*) derartiger Steuern erhoben werden.

Ausländische Steuern, die auf steuerfreie Einkommensteile entfallen (z. B. auf steuerfreie Dividenden ausländischer Tochtergesellschaften unter Sec. 245A IRC), können nicht angerechnet werden.

Die *foreign tax credits* sind nur innerhalb von Höchstbeträgen anrechenbar. So dürfen die ausländischen Steuern nur in Höhe der US-Steuerschuld angerechnet werden, die anteilig auf die ausländischen Einkommensteile (*Income from sources without the United States*, Sec. 862 IRC) entfällt. Ausländische Steuern, die auf Einkommen entfallen, welches als *income from sources within the United States* (Sec. 861 IRC) qualifiziert, sind generell nicht anrechenbar.

Allgemein gilt in diesem Zusammenhang Folgendes:

- Zinsen gelten allgemein als inländische (US-)Einkünfte, sofern der Schuldner in den USA ansässig ist.
- Dividenden gelten als inländische (US-)Einkünfte, sofern die ausschüttende Gesellschaft eine US-Körperschaft ist. Ist die ausschüttende Gesellschaft eine ausländische Gesellschaft, gilt die Dividende gleichwohl als inländisches Einkommen, sofern (i) die Gewinne der ausländischen Gesellschaft im Wesentlichen aus *US-effectively connected income*[1] stammen oder (ii) diese Gesellschaft ihrerseits Dividendenausschüttungen von US-Gesellschaften erhalten hat.
- Einkünfte aus Dienstleistungen gelten als inländische (US-)Einkünfte, sofern und soweit die Dienstleistung physisch in den USA erbracht wird. Wird die Dienstleistung sowohl in den USA als auch im Ausland erbracht, erfolgt grundsätzlich eine Aufteilung.
- Einkünfte aus der Vermietung von unbeweglichen oder beweglichen materiellen Vermögen sind inländische (US-)Einkünfte, wenn sich das Vermögen physisch in den USA befindet. Einkünfte aus Lizenzen gelten grundsätzlich als inländische (US-)Einkünfte, wenn eine Verwertung oder Nutzung des Rechts in den USA erfolgt. Der Ort der Entwicklung von immateriellen Wirtschaftsgütern, d. h. der Ort, an dem die Forschung und Entwicklung stattgefunden hat, ist dagegen grundsätzlich nicht relevant.
- Einkünfte aus dem Verkauf von Grundvermögen stellen inländische (US-)Einkünfte dar, wenn es sich um US-Grundvermögen handelt.

1 Vgl. Kapitel D.VIII. „Beschränkt Steuerpflichtige".

- Einkünfte aus dem Verkauf von erworbenen Umlaufvermögen stellen inländische (US-)Einkünfte dar, wenn sich der Ort des Verkaufs des Vermögens in den USA befindet.
- Einkünfte aus dem Verkauf von hergestelltem Umlaufvermögen stellen inländische (US-)Einkünfte dar, wenn dieses in den USA produziert wurde. Wurde dieses Vermögen zum Teil im Ausland und zum Teil in den USA produziert, erfolgt grundsätzlich eine Aufteilung.

Weiterhin gibt es bei den *foreign tax credits* als direkte Steueranrechnung zusätzliche Begrenzungen. Zunächst gilt die sog. *overall limitation*, d. h. alle gezahlten ausländischen Steuern werden zusammengerechnet, eine länderweise Berechnung ist dabei nicht zulässig (Sec. 904(a) IRC). Für diesen Zweck müssen alle ausländischen Verluste mit allen ausländischen Gewinnen saldiert werden. Übersteigen die ausländischen Verluste insgesamt die ausländischen Gewinne, ist zwar eine Verrechnung des negativen Betrages mit positivem US-Einkommen grundsätzlich zulässig. Dies hat aber zur Folge, dass die ausländischen Einkommensteuern, die auf dieses zu verrechnende Auslandseinkommen entfallen, für einen *foreign tax credit* nicht mehr in Frage kommen.

Eine weitere Begrenzung der *foreign tax credits* besteht darin, dass für einzelne Einkunftsarten (sog. *baskets*) ein Höchstbetrag für die Anrechnung separat berechnet wird. Seit der Steuerreform 2018 gibt es vier *baskets* (Sec. 904(d)(1) IRC):

- *NCTI*-Einkommen[1];
- Ausländisches Betriebsstätteneinkommen;
- passives Einkommen (*passive category income*), z. B. bestimmte Zinsen, Lizenzen und Mieten;
- alles übrige Einkommen aus ausländischen Quellen (*general category income*).

Die nicht anrechenbaren Beträge sind auf das vorangegangene Jahr zurück- und auf die folgenden zehn Jahre vortragbar (Sec. 904(c) IRC).

Die IRS hat wiederum umfangreiche Richtlinien zu *Foreign Tax Credits* veröffentlicht. Im Rahmen der letzten umfangreichen Überarbeitung dieser Richtlinien im Januar 2022 wurde insbesondere die Definition der *Income Tax* erheblich verschärft.[2] Ziel der Verschärfung war unter anderem, dass extraterritoriale Steuern und Steuern, deren Nexus sich auf die Ansässigkeit von Kunden / Verbrauchern bezieht, von der Anrechenbarkeit ausgeschlossen werden. Aufgrund vielfacher Kritik an der verschärften Definition der

1 Vgl. Kapitel H.III „Der One Big Beautiful Bill Act aus dem Jahr 2025“.

2 Vgl. Maywald in IWB Nr. 11 vom 10.6.2022 Seite 413.

Income Tax ist die Anwendung der diesbezüglichen Regeln derzeit in wesentlichen Teilen ausgesetzt.[1]

X. Beschränkt Steuerpflichtige

Die Regelungen zur beschränkten Steuerpflicht von Kapitelgesellschaften entsprechen den in Kapitel D.VIII. „Beschränkt Steuerpflichtige“ dargestellten Regelungen zur beschränkten Steuerpflicht von natürlichen Personen.

Darüber hinaus ist für ausländische Kapitalgesellschaften, die in den USA einer Geschäftstätigkeit nachgehen (*trade or business within the United States*) oder eine Betriebsstätte haben, zu beachten, dass diese neben der US-Körperschaftsteuer nach Sec. 884 IRC der sogenannten *branch profits tax* (*BPT*) und der *branch level interest tax* (*BLIT*) unterliegen. Diese Sonderregelungen wurden eingeführt, um eine Vergleichbarkeit in der Besteuerung von US-Tochterkapitalgesellschaften und US-Zweigniederlassungen ausländischer Investoren zu schaffen, sofern es sich bei den Investoren um Kapitalgesellschaften handelt. Die *BPT* stellt dabei eine Art Quellensteuer auf den einer Ausschüttung entsprechenden Betrag einer US-Betriebsstätte dar (siehe auch Kapitel I.VI. „Art. 10 *DBA USA* – Besteuerung von Dividenden“). Die *BLIT* dagegen stellt eine Quellensteuer auf Zinszahlungen einer US-Betriebsstätte dar.

Die *BPT* wird auf solche Gewinne der US-Betriebsstätte erhoben, die nicht als in den USA reinvestiert, sondern als repatriiert angesehen werden. Die Bemessungsgrundlage der auf die Gewinne der US-Betriebsstätte erhobenen *BPT* ist der sog. ausschüttungsgleiche Betrag (*dividend equivalent amount*). Wirtschaftlich soll der ausschüttungsgleiche Betrag den Betrag darstellen, der vom zu versteuernden Einkommen der Betriebsstätte abzüglich der US-Körperschaftsteuer und der in den USA reinvestierten Gewinne verbleibt und damit als repatriiert angesehen werden kann. Die Vorschriften sehen vor, dass der ausschüttungsgleiche Betrag hinsichtlich eines bestimmten Steuerjahres nach einem vorgeschriebenen Berechnungsschema ermittelt wird. Ausgangspunkt sind dabei die laufenden ausschüttungsfähigen Gewinne, die mit der US-Geschäftstätigkeit effektiv verbunden sind (*effectively connected earnings and profits, ECEP*). Dieser Betrag wird um den Zuwachs des US-Netto-Eigenkapitals (*U.S. net equity*) in diesem Jahr reduziert bzw. um die Verminderung des US-Netto-Eigenkapitals in diesem Jahr erhöht. Damit sollen nur solche ausschüttungsfähigen Gewinne von der *BPT* erfasst werden, die nicht zu einer Erhöhung des US-Nettovermögens führen. Es gibt zudem spezielle Vorschriften, die die Beendigung oder Inkorporation der US-Geschäftstätigkeit der US-Betriebsstätte regeln.

1 IRS Notice 2023-55 vom 21 July 2023.

Die *BLIT* wurde eingeführt, um eine Vergleichbarkeit von Zinszahlungen von US-Körperschaften und US-Betriebsstätten ausländischer Körperschaften herzustellen. Vor Einführung der *BLIT* unterlagen Zinszahlungen einer US-Betriebsstätte bzw. dieser Betriebsstätte zuzuordnende Zinsen der ausländischen Körperschaft grundsätzlich keiner Quellensteuer, da es sich bei der ausländischen Körperschaft nicht um eine US-Person handelt und diese Zahlungen damit nicht aus US-Quellen stammten. Die *BLIT* erfasst grundsätzlich Zinszahlungen der US-Betriebsstätte an ausländische Personen sowie die der Betriebsstätte zuzuordnenden Zinsaufwendungen der ausländischen Körperschaft (soweit diese höher sind als die Zinszahlungen der US-Betriebsstätte).

Der reguläre Steuersatz der *BPT* und *BLIT* beträgt 30 %. Für deutsche Investoren fällt unter dem DBA USA grundsätzlich keine BLIT an. Die *BLT* wird unter dem DBA USA analog zur Dividendenbesteuerung (siehe Artikel 10 Abs. 9, 10) auf 15 %, 5 % bzw. 0 % reduziert.

XI. Steuererklärungs- und Zahlungsfristen

1. Allgemeines

Ähnlich wie bei der Einkommensteuer werden die Körperschaftsteuer und die Vorauszahlungen im Wege der Selbstveranlagung berechnet und entrichtet. Schon bei einer voraussichtlichen Körperschaftsteuerschuld ab 500 USD im Jahr müssen vier vierteljährliche Vorauszahlungen geleistet werden. Die Vorauszahlungen sind jeweils am 15. Tag des 3., 6., 9. und 12. Monats des Geschäftsjahres zu leisten.

Eine Steuerschuld, die mit Vorauszahlungen nicht beglichen wurde, ist spätestens mit der Fälligkeit der Steuererklärung der Kapitalgesellschaft zu entrichten. Die Steuererklärung einer Kapitalgesellschaft ist grundsätzlich bis zum 15. Tag des 4. Monats nach Ablauf des Kalenderjahres (also bis zum 15. April des Folgejahres) bzw. nach Ende des Geschäftsjahres auf Form 1120 für inländische Kapitalgesellschaften und auf Form 1120-F für ausländische Kapitalgesellschaften einzureichen (Sec. 6072(a) IRC). Für ausländische Kapitalgesellschaften, die keine Betriebsstätte in den USA haben, ist die Steuererklärung grundsätzlich bis zum 15. Tag des 6. Monats nach Ablauf des Kalenderjahres (also bis zum 15. Juni des Folgejahres) bzw. nach Ende des Geschäftsjahres abzugeben (Sec. 6072(c) IRC). Ein Antrag auf Verlängerung – lediglich für die Abgabe der Steuererklärung, nicht jedoch für die Zahlung noch ausstehender Steuerschulden – für maximal sechs Monate muss bis zu diesem Termin per Form 7004 bei den Steuerbehörden eingereicht werden.

Die meisten Quellensteuern sind auf Form 1042 bzw. Form 1042-S zu erklären. Die Erklärung der *Branch Profits Tax* bzw. *Branch Level Interest Tax* erfolgt ebenfalls auf Formular 1120-F.

Nimmt ein Steuerpflichtiger eine ihn begünstigende Regelung eines Doppelbesteuerungsabkommens in Anspruch, ist dies grundsätzlich auf Form 8833 offen zu legen und zu erläutern (Sec. 6114 IRC).

2. Folgen bei verspäteter Abgabe der Steuererklärung oder verspäteter Steuerzahlung

Sanktionen für die verspätete Abgabe oder die verspätete Zahlung der Steuererklärungen ergeben sich grundsätzlich aus den allgemeinen Regelungen. Hiernach ergeben sich insbesondere folgende Sanktionen.

Zuschläge/Strafen/Zinsen für die verspätete Abgabe von Steuererklärungen bzw. die verspätete Zahlung von Steuern, welche auf Basis einer einzureichenden Steuererklärung festgesetzt werden, sind:

- Die Nicht-Abgabe bzw. verspätete Abgabe einer Steuererklärung wird grundsätzlich mit einer Sanktion i. H. v. 5 % der festzusetzenden Steuer der Säumnis belegt (Sec. 6651(a)(1) IRC). Diese Sanktion ist damit dem Verspätungszuschlag nach § 152 AO vergleichbar. Bei der US-Regelung fällt der US-Verspätungszuschlag i. H. v. 5 % der festzusetzenden Steuer jedoch pro Monat an. Hierbei zählen angefangene Säumnis-Monate voll mit; d. h. wird eine Steuererklärung z. B. einen Monat und einen Tag zu spät eingereicht, wird dies mit 10 % der festzusetzenden Steuer sanktioniert. Der US-Verspätungszuschlag ist jedoch auf 25 % der festzusetzenden Steuer gedeckelt. Sofern gegenüber der IRS nachvollziehbare Gründe für die verspätete Abgabe dargelegt werden können, erfolgt keine Sanktionierung.
- Die verspätete Zahlung von Steuern, welche auf Basis einer einzureichenden Steuererklärung festgesetzt werden, wird grundsätzlich mit 0,5 % pro Monat verzinst (Sec. 6651(a)(2) IRC). Der Zinslauf beginnt dabei bereits mit gesetzlicher Fälligkeit der Steuer (grundsätzlich der 15. April des Folgejahres) und nicht erst mit Einreichung der Steuererklärung bzw. Festsetzung der Steuer. Auch hier zählen angefangene Säumnis-Monate voll mit.
- Die Zinsen werden auf den zuvor beschriebenen US-Verspätungszuschlag angerechnet, so dass für die ersten fünf Monate einer Abgabe- und Zahlungssäumnis die Sanktionen je angefangenen Monat grundsätzlich auf 5 % der Säumnis beschränkt sind.

  Sofern gegenüber der IRS nachvollziehbare Gründe für die verspätete Abgabe dargelegt werden können, erfolgt keine Sanktionierung.
- Zusätzliche erhebliche Strafen fallen bei Steuerhinterziehung an.
- Zusätzlich fallen Nachzahlungszinsen an, wenn Steuern erst nach gesetzlicher Fälligkeit gezahlt bzw. erstattet werden, z. B. aufgrund einer geänderten Steuerfestsetzung. Zinsen fallen ab gesetzlicher Fälligkeit (grundsätzlich 15. April des Folgejahres)

an und werden taggenau berechnet (Sec. 6621 IRC). Der Zinssatz ist variabel und wird je Quartal neu von der IRS ermittelt und veröffentlicht. Er basiert auf der Verzinsung kurzfristiger US-Staatsanleihen zuzüglich eines Zuschlages von grundsätzlich drei Prozentpunkten und wird grundsätzlich auf volle Prozentpunkte gerundet. Der Zuschlag beträgt fünf Prozentpunkte für erhebliche Körperschaftsteuernachzahlungen (d. h. Nachzahlungen größer 100.000 USD); der Zinslauf für den erhöhten Zinssatz beginnt jedoch grundsätzlich erst 30 Tage nachdem die Steuerbehörde einen Nachzahlungsbescheid (*deficiency notice*) im Sinne von Sec. 6212 IRC erlassen hat.

Nachzahlungszinsen fallen grundsätzlich auch bei verspäteter Zahlung von Vorauszahlungen an.

Für Körperschaftsteuererstattungen beträgt der Zuschlag zwei Prozentpunkte. Soweit die Steuererstattung 10.000 USD übersteigt, beträgt der Zuschlag nur 0,5 Prozentpunkte.

Hiernach ergeben sich folgende Zinssätze[1]:

Tab. E.6.: Nachzahlungszinsen

Zeitraum	Januar bis Sept. 2023	Oktober bis Dezember 2023	Januar bis Dezember 2024	Januar bis Dezember 2025
Zinssatz Nachzahlungen	7 %	8 %	8 %	7 %
Zinssatz „erhebliche“ Nachzahlungen	9 %	10 %	10 %	9 %
Zinssatz Erstattungen	6 %	7 %	7 %	6 %
Zinssatz „erhebliche“ Erstattungen	4,5 %	5,5 %	5,5 %	4,5 %

1 Die Zinssätze können unter https://www.irs.gov/payments/quarterly-interest-rates abgerufen werden.

F. Die Besteuerung von deutschen Investitionen in den USA

Bei der Analyse der Besteuerungsfolgen von deutschen Investitionen in den USA kommt es zu einem komplexen Zusammenspiel von Regelungen des deutschen und des US-Steuerrechts, die durch den Regelungsinhalt des Doppelbesteuerungsabkommens Deutschland-USA miteinander verzahnt sind. Die steuerliche Belastung hängt dabei von vielen Faktoren ab, die stark einzelfallabhängig sind. Bei der Entscheidung über eine Investitionsform und die Strukturierung des Investments gibt es eine ganze Fülle von Entscheidungen und Parametern, die für den Erfolg oder Misserfolg entscheidend sein können, die steuerliche Komponente ist dabei nur eine von vielen und sollte niemals allein ausschlaggebend für die Strukturierung sein. Neben steuerlichen Fragestellungen sind Fragen aus dem rechtlichen Umfeld wie z. B. der Haftungsabgrenzung, der Akzeptanz einer Rechtsform oder mögliche Anforderungen von Geschäftspartnern zu nennen, auch stellen Fragen der Finanzierung, externe Kapitalisierungserfordernisse und Standortbedingungen wesentliche Punkte dar. Manche Bundesstaaten oder lokale Gebietskörperschaften bieten zudem nicht-steuerliche Investitionsförderungen an, die sowohl bei ihren Anforderungen, der Verfügbarkeit und der Attraktivität eine Vielzahl von Erscheinungsformen annehmen können.

Die steuerliche Strukturierung hängt zudem entscheidend von den deutschen, steuerlichen Attributen des Investors ab und welche Form der Konzernaufbau hat. Das sich ständig wechselnde Umfeld im Bereich der Steuergesetzgebung ist dabei als eine weitere Herausforderung anzusehen. Nicht vergessen werden soll, dass neben der hier beschriebenen Besteuerung für Einkommenszwecke auch indirekte Steuern und Zölle eine Rolle nicht nur für die Entscheidung über das „ob“, sondern auch über das „wie“ einer Struktur darstellen können.

Aufgrund der in den USA vorhandenen Möglichkeit durch eine sog. *„check-the-box-election“* (vgl. dazu Kapitel E.II.) Gesellschaften unabhängig von ihrer zivilrechtlichen Klassifikation für steuerliche Zwecke zu behandeln und der aus deutscher Sicht bestehenden Möglichkeit eine *LLC* unabhängig von ihrer steuerlichen Behandlung in den USA durch die Ausgestaltung ihrer Satzung entweder als Körperschaft oder als Personengesellschaft/Betriebsstätte für steuerliche Zwecke anzusehen, können sich zusätzliche Komplexitäten und Strukturierungsalternativen ergeben.

I. Behandlung einer US-LLC für deutsche steuerliche Zwecke

Die *Limited Liability Company* (*LLC*) stellt seit langem die in den USA verbreitetste Rechtsform dar (vgl. dazu Kapitel B.IV.). Diese Entwicklung lässt sich auch bei ausländischen Investoren beobachten, da sich hier die Vorteile der persönlichen Haftungsbeschränkung der Gesellschafter mit der deutschen steuerlichen Freistellung als Personengesellschaftsgewinn kombinieren lassen können.

Dabei stellt sich zur Bestimmung der steuerlichen Rechtsfolgen in Deutschland die Frage, ob die *LLC* aus deutscher Sicht als Personen- oder als Kapitalgesellschaft einzuordnen ist. Zur Qualifikation der *LLC* hat sich die Finanzverwaltung mit Schreiben vom 19.3.2004 (BStBl 2004 I S. 411) geäußert.

Bei einer *LLC* kommt es zu einer Aufgabe der strengen Trennung der Merkmale für Kapitalgesellschaften und Personengesellschaften und diese verbindet damit Merkmale aus beiden Regelungsbereichen miteinander. Da die *LLC*-Gesetze in den USA zudem in großen Teilen dispositive Regelungen enthalten, besteht ein hohes Maß an Flexibilität bei der gesellschaftsvertraglichen Ausgestaltung einer *LLC*. So kann z. B. gesellschaftsvertraglich geregelt werden, dass ausschließlich Gesellschafter (*member*) zur Geschäftsführung berufen werden (*„member-managed“*) oder gerade diese von der Geschäftsführung ausgeschlossen werden (*„manager-managed“*). Auch kann die freie Übertragbarkeit von Anteilen oder die beschränkte, mit Vorkaufsrechten oder Zustimmungsvorbehalten versehene Übertragbarkeit von Anteilen vorgesehen werden. Hierin liegt auch der Grund für die Schwierigkeiten der Einordnung aus deutscher Sicht und für die Regelungen in dem Schreiben der Finanzverwaltung. Auch wenn sich das Schreiben der Finanzverwaltung explizit lediglich auf eine US-*LLC* bezieht, sind die darin gemachten Ausführungen und Abgrenzungskriterien auch für sonstige ausländische Rechtsformen anwendbar, die Abgrenzungskriterien sollten Allgemeingeltung beanspruchen können und sind auch durch Rechtsprechung bestätigt.[1] Auf der anderen Seite kann die Flexibilität bewusst dahingehend genutzt werden, dass ein bestimmtes Ergebnis (z. B. Einordnung als Personengesellschaft für deutsche steuerliche Zwecke) erzielt wird.

Wie in dem BMF-Schreiben zutreffend ausgeführt wird, existiert kein einheitliches Leitbild für die Ausgestaltung einer *LLC*, vielmehr existieren auf Ebene aller 50 Bundesstaaten und dem *District of Columbia* Einzelgesetze zur Ausgestaltung einer *LLC*. Diese folgen zwar alle den beiden Mustergesetzen (*Uniform Limited Liability Company Act – ULCCA* und *ABA Prototype LLC Act*), haben jedoch alle ihre Besonderheiten und sind nicht abgestimmt. Wie vom BMF dargestellt, lässt sich in der Praxis beobachten, dass *LLC*s sowohl im Bereich von kleinen und mittelgroßen Unternehmen Verwendung finden als auch bei großen, international tätigen US-Unternehmen.

Um eine Einordnung der US-*LLC* für deutsche steuerliche Zwecke vornehmen zu können, listet das BMF-Schreiben verschiedene Kriterien auf, aufgrund dessen eine Einord-

1 Bspw. BFH, Beschluss vom 18.5.2021 – I B 76/20 (AdV); zur a. A., dass eine LLC für steuerliche Zwecke grundsätzlich als Kapitalgesellschaft eingeordnet werden soll vgl. Raquet, IStR 2024, 10.

nung vorgenommen werden kann. Gleichzeitig wird betont, dass die Qualifikation für deutsche steuerliche Zwecke ausschließlich nach deutschem Steuerrecht vorgenommen werden muss, hierfür kann weder das DBA Deutschland-USA noch die Einordnung der *LLC* für US-steuerliche Zweck herangezogen werden. Wie eine *LLC* für US-steuerliche Zwecke behandelt wird, ist daher für die deutsche steuerliche Behandlung unbeachtlich.

Die Analyse einer *LLC* hat im Rahmen eines zweistufigen Rechtstypenvergleichs zu erfolgen, die Finanzverwaltung folgt hierbei den in der Vergangenheit vom BFH und RFH entwickelten Grundsätzen[1]. Danach ist eine Qualifikation der *LLC* zunächst anhand einer Gesamtschau der Kriterien vorzunehmen, kommt diese zu keinem eindeutigen Ergebnis, ist eine quantitative Wertung vorzunehmen. An dem Erfordernis der Einordnung nach dem Typenvergleich soll sich nach Aussage des BMF-Schreibens auch nichts durch den Freundschafts-, Handels- und Schifffahrtsvertrag zwischen der Bundesrepublik Deutschland und den USA vom 29.10.1954[2] ändern, nachdem eine *US-corporation* entsprechend der Gründungstheorie als solche auch im Inland anzuerkennen ist. Der Rechtstypenvergleich hat auf Grundlage der konkreten Bestimmungen des Gesellschaftsvertrages (sog. *„operating agreement"*) zu erfolgen und nicht abstrakt-generell auf Grundlage des jeweils einschlägigen *LLC*-Gesetzes. Die Gesetzesbestimmung ist lediglich dann heranzuziehen, wenn im Gesellschaftsvertrag keine Regelung enthalten ist oder explizit auf die gesetzliche Regelung verwiesen wird. Sofern der Gesellschaftsvertrag Wahlrechte enthält oder die Ausübung bestimmter Rechte in das Ermessen der Geschäftsführer stellt, ist die tatsächliche Handhabung in der Praxis maßgeblich.

Die Kriterien, die in dem BMF-Schreiben zur Klassifizierung einer *LLC* genannt werden, sind die folgenden:

1. Zentralisierte Geschäftsführung und Vertretung

Als Merkmal für eine körperschaftliche Einordnung einer *LLC* gilt eine zentralisierte Geschäftsführung und Vertretung. Dies soll immer dann der Fall sein, wenn die Leitung der Gesellschaft von fremden Dritten bzw. durch ein eigenständiges Organ, dem neben Gesellschaftern auch Nicht-Gesellschafter angehören können, wahrgenommen wird. Als Bezug werden die §§ 116, 124 HGB angeführt, nachdem Personengesellschaften von den Gesellschaftern geleitet werden. Ernennen oder wählen die Gesellschafter fremde Dritte, also Nicht-Gesellschafter, zu Geschäftsführern und Vertretern, spricht dies damit grundsätzlich für eine zentralisierte Geschäftsführung (*„manager-managed*

1 Sog. „Venezuela Urteil" des RFH v. 12.2.1930 - VI A 899/27, RFHE 27, 73, sog. „Rumänien Urteil" des RFH v. 18.12.1930- VI A 899/30, RFHE 27, 303; BFH v. 17.7.1968, BStBl 1968 II S. 695; BFH v. 3.2.1988, BStBl 1988 II S. 588; BFH v. 23.6.1992, BStBl 1992 II S. 972; BFH v. 16.12.1992, BStBl 1993 II S. 399.

2 BGBl 1956 II S. 487.

LLC"). Wird die Geschäftsführung und Vertretung der Gesellschaft demgegenüber ausschließlich von Gesellschaftern wahrgenommen, ist nach dem BMF-Schreiben zu differenzieren, ob die geschäftsführenden Gesellschafter die Geschäftsführung und Vertretung in ihrer Eigenschaft als Gesellschafter oder als Geschäftsführer wahrnehmen. Handeln sie in ihrer Eigenschaft als Gesellschafter ist grundsätzlich eine nicht zentralisierte Geschäftsführung anzunehmen (*„member-managed-LLC"*), handeln sie dagegen in ihrer Eigenschaft als ernannte Geschäftsführer, spricht dies für eine zentralisierte Geschäftsführung und Vertretung.

2. Beschränkte Haftung

Nach Ansicht der Finanzverwaltung ist die für eine Körperschaft typische Haftungsbeschränkung gegeben, wenn keiner der Gesellschafter für die Schulden der Gesellschaft oder Ansprüche gegen diese persönlich mit seinem Vermögen haftet.

Dieses Merkmal dürfte in der überwiegenden Mehrzahl aller Fälle als Indiz für eine körperschaftliche Qualifikation der *LLC* zu werten sein, da die Haftungsbeschränkung einer der Charakteristika der *LLC* darstellt und nur in den seltensten Fällen abbedungen sein dürfte.

3. Freie Übertragbarkeit der Anteile

Nach Darstellung der Finanzverwaltung spricht eine freie Übertragbarkeit der Anteile an einer *LLC* für eine körperschaftsteuerliche Einordnung, während Beschränkungen oder Zustimmungserfordernisse anderer Gesellschafter für eine Einordnung als Personengesellschaft sprechen.

4. Gewinnzuteilung

Ein in der Praxis deutlich schwieriger zu handhabendes Abgrenzungskriterium ist die Gewinnzuteilung. Nach Darstellung im BMF-Schreiben hängt bei einer Körperschaft die Zuteilung eines Gewinnanteils an den Gesellschafter von einem jährlich zu fassenden Beschluss der Gesellschafterversammlung ab, während es bei Personengesellschaften grundsätzlich keines Ausschüttungsbeschlusses bedarf, damit der Gesellschafter über seinen Gewinnanteil verfügen kann. Dieses Kriterium wird in den seltensten Fällen zu einer eindeutigen Einordnung kommen, da die typischen Regelungen in einem *LLC*-Gesellschaftsvertrag zumeist keine den deutschen Regelungen vergleichbare Gewinnzuteilungsvorschriften enthalten. Häufig sehen LLC-Gesellschaftsverträge z. B. vor, dass nicht ein Gesellschaftergremium, sondern ein Management-Gremium (z. B. board of managers) über die Gewinnzuteilung entscheidet.

5. Kapitalaufbringung

Sofern im Gesellschaftsvertrag auf Einlagen durch die Gesellschafter verzichtet wird oder diese in Form von Dienstleistungen erbracht werden können, gilt dies nach Ansicht der Finanzverwaltung als Kriterium für eine personengesellschaftliche Einordnung. Gleiches gilt, wenn im Gesellschaftsvertrag ganz auf Einlagen verzichtet wird. Sofern eine Einlage in Form von Barmitteln oder Sachgegenständen gefordert wird, spricht dies für eine Einordnung als Kapitalgesellschaft.[1]

6. Unbegrenzte Lebensdauer der Gesellschaft

Die Existenz von Körperschaften ist vom Gesellschafterbestand unabhängig und ihr Bestehen grundsätzlich auf unbeschränkte Zeit angelegt. Jedoch ist auch bei Personengesellschaften der Bestand der Gesellschaft seit der Reform des Handelsgesetzbuchs in 1998[2] nicht mehr abhängig vom Bestand der Gesellschafter. Wie das BMF selbst ausführt, ist dieses Kriterium daher nur eingeschränkt anwendbar. Wie das BMF weiter ausführt, ist eine Relevanz dieses Kriteriums nur dann gegeben, wenn die Lebensdauer nach ausländischem Recht oder nach dem Gesellschaftsvertrag begrenzt ist oder es sich bei der Gesellschaft nicht um eine Personenhandelsgesellschaft handelt. Letzeres („oder es sich bei der Gesellschaft nicht um eine Personenhandelsgesellschaft handelt") sollte allerdings nach Einführung des MoPeG nicht mehr gelten, da auch bei Nicht-Personenhandelsgesellschaft das Ausscheiden eines Gesellschafters nicht mehr zur Auflösung der Gesellschaft führt.[3]

7. Gewinnverteilung

Die Finanzverwaltung orientiert sich am gesetzlich vorgesehenen Regelfall, nachdem der Gewinnanteil eines Gesellschafters einer Kapitalgesellschaft nach dem Verhältnis der Aktiennennbeträge bzw. nach den Geschäftsanteilen zu bemessen ist, während bei Personengesellschaften die Gewinnverteilung nach Maßgabe der Einlagen und im Übrigen nach Köpfen erfolgt. Die Verteilbarkeit eines Teils des Gewinns unabhängig von der Einlage berücksichtige den persönlichen Einsatz des Gesellschafters in einer Personengesellschaft, während bei dem Gesellschafter einer Körperschaft die Stellung als Kapitalgeber im Vordergrund stehe. Da sich seit der Änderung des § 709 Abs. 3 BGB bzw. § 120 Abs. 1 Satz 2 HGB durch das MoPeG jedoch auch bei Personengesellschaften der Gewinnanteil vorrangig an den vereinbarten Beteiligungsverhältnissen orientiert, sollte dieses Kriterium als Abgrenzungsmerkmal nicht mehr anwendbar sein.[4]

8. Formale Gründungsvoraussetzungen

Während Körperschaften zur Entstehung in das Handelsregister eingetragen werden müssen, entstehen Personengesellschaften nach Darstellung des BMF bereits mit Ab-

1 Zur Frage der Relevanz dieses Kriterium nach Einführung der Unternehmergesellschaft (haftungsbeschränkt) nach § 5a HGB vgl. Linn/Maywald, IStR 2021, 825.

2 Handelsrechtsreformgesetz v. 22.6.1998, BGBl 1998 I S. 1474.

3 Linn/Maywald, IStR 2021, 825.

4 Linn/Maywald, IStR 2021, 825.

schluss des Gesellschaftsvertrages. Nach diesem Verständnis wird damit für die Klassifizierung einer *LLC* stets mindestens ein Merkmal für eine Einordnung als Körperschaft sprechen, da alle *LLC*-Gesetze beinhalten, dass eine *LLC* erst im Zeitpunkt der Registrierung durch den *„secretary of state"* als zuständige Behörde des Gründungsstaats entsteht.

9. Sonstige Kriterien

Unter diesem Punkt wird in dem BMF-Schreiben klargestellt, dass dem Merkmal der vorhandenen oder fehlenden Rechtsfähigkeit des ausländischen Gebildes im Ausland für die Einordnung keine entscheidende Bedeutung zukommt[1]. Ebenso wird darauf hingewiesen, dass sich die Anzahl der Gesellschafter nicht als Merkmal für die Unterscheidung zwischen Körperschaft und Personengesellschaft eignet[2]. In der Praxis sind ansonsten keine sonstigen Kriterien ersichtlich, die zur steuerlichen Einordnung einer *LLC* eine Rolle spielen.

Bei der Analyse der oben genannten Kriterien führt das BMF-Schreiben aus, dass die Einordnung aufgrund einer Gesamtschau aller Merkmale zu erfolgen hat, bei der jedoch die Einzelmerkmale gewichtet werden müssen. Einzelnen Merkmalen alleine kann dabei keine ausschlaggebende Bedeutung zukommen. Die Merkmale der beschränkten Haftung oder der unbegrenzten Lebensdauer einer *LLC* können deshalb für sich alleine gesehen nicht als Indizien für eine körperschaftliche Einordnung der *LLC* gesehen werden. Da mit dem Kriterium der „formalen Gründungsvoraussetzungen" stets ein Merkmal auf eine körperschaftliche Einordnung deutet, muss auch hier die Einschränkung gelten, dass weitere Merkmale vorliegen müssen (neben dem Merkmal der beschränkten Haftung oder der unbegrenzten Lebensdauer) um zu einer klaren Einstufung als Körperschaft zu kommen.

Sofern die Gesamtschau aller Merkmale (unter Beachtung der vorstehend beschriebenen Grundsätze) zu keinem eindeutigen Ergebnis kommt (dies ist in der Praxis meist der Fall), ist nach dem BMF-Schreiben zu prüfen, ob bei der *LLC* die Mehrzahl der zu den ersten fünf gehörenden Merkmalen, die für eine Körperschaft sprechen, vorhanden ist. Das in dem BMF-Schreiben unter Punkt 6 genannte Kriterium („unbegrenzte Lebensdauer der Gesellschaft") ist nur in den dort genannten Fällen in die Betrachtung mit einzubeziehen. Das BMF-Schreiben weist auf die Mehrzahl der Kriterien hin, d. h., soweit es zu einem Patt kommt, ist die betreffende Gesellschaft nicht als Körperschaft, sondern als Personengesellschaft bzw. Betriebsstätte anzusehen.

1 Unter Hinweis auf RFH v. 12.2.1930, RStBl S. 444; BFH v. 3.2.1988, BStBl 1988 II S. 588.

2 Unter Hinweis auf BFH v. 25.6.1984, BStBl 1984 II S. 751.

Auch wenn das BMF-Schreiben relativ klare Kriterien zur Durchführung des Rechtstypenvergleichs bereitstellt, kann eine Abgrenzung im Einzelfall aufgrund der Regelungen im Gesellschaftsvertrag schwierig sein. Dies insbesondere vor dem Hintergrund, da aufgrund des breiten Einsatzfeldes von *LLCs* der Umfang von Gesellschaftsverträgen von einigen wenigen Seiten bis zu mehr als 100 Seiten reichen kann. Dementsprechend detailliert und komplex können die einzelnen Regelungsfelder ausgestaltet sein und nicht immer kann eine klare Einordnung für eine körperschaftliche oder personengesellschaftliche Ausgestaltung bei einem Kriterium zu erkennen sein.

Besondere Probleme bereitet zumeist die Qualifikation von sog. *„single-member LLCs"*, d. h. *LLCs* mit nur einem Gesellschafter. Da die Anzahl der Gesellschafter für den Rechtstypenvergleich keine Rolle spielt, kommt auch hier generell sowohl eine Qualifikation als Körperschaft als auch als Betriebsstätte in Betracht. Da Regelungen in solchen *single-member LLC*-Gesellschaftsverträgen jedoch zumeist sehr knapp bis gar nicht vorhanden sind und eine Anwendung der in dem BMF-Schreiben genannten Kriterien nur schwierig bis gar nicht möglich ist, ist eine klare Abgrenzung zum Teil nicht möglich. Hier ist entweder dafür Sorge zu tragen, dass der Gesellschaftsvertrag entsprechend der gewünschten Qualifikation ausgestaltet wird oder aber die Möglichkeit einer verbindlichen Auskunft in Betracht zu ziehen.

Auch die Rechtsfolgen der unterschiedlichen Einordnung einer *LLC* für deutsche steuerliche Zwecke werden in dem BMF-Schreiben angesprochen: Ist die *LLC* sowohl aus Sicht des deutschen als auch des US-Steuerrechts als Körperschaft einzuordnen, beziehen die Gesellschafter Dividenden im Sinne der Art. 10 und Art. 23 Abs. 2 DBA. Sie sind unter den Voraussetzungen des Art. 23 Abs. 2 Buchst. a DBA USA freizustellen jedoch ist § 8b Abs. 5 KStG zu beachten. Ist die *LLC* dagegen als Personengesellschaft bzw. Betriebsstätte zu behandeln, sind die auf die im Inland ansässigen Gesellschafter entfallenden Gewinne, die der Betriebsstätte zuzurechnen sind, nach Art. 23 Abs. 2 Buchst. a des DBA von der Bemessungsgrundlage, ggf. unter Progressionsvorbehalt, auszunehmen.

Dies gilt auch für den Fall, dass die Qualifikation nach deutschem und US-Steuerrecht auseinanderfällt:

Wird die *LLC* in den USA als Körperschaft behandelt, ist sie aber nach deutschem Steuerrecht als Personengesellschaft bzw. Betriebsstätte anzusehen, erzielen die in Deutschland ansässigen Gesellschafter gewerbliche Gewinne im Sinne des Art. 7 DBA; sie sind gemäß Art. 23 Abs. 2 Buchst. a DBA unter Progressionsvorbehalt freizustellen, soweit sie einer US-Betriebsstätte der *LLC* zuzurechnen sind. Dagegen besteuern die USA den Gewinn der *LLC* und erheben im Ausschüttungsfall eine Quellensteuer (Art. 10 Abs. 2 DBA). Eine Anrechnung der Quellensteuer entfällt, da die Ausschüttungen als steuerlich nicht relevante Entnahmen nicht besteuert werden.

Behandeln die USA die *LLC* als Personengesellschaft bzw. Betriebsstätte, gilt sie aber nach deutschem Steuerrecht als Körperschaft, führt dies in den USA zur Besteuerung der Gesellschafter mit ihrem Anteil am Gewinn der *LLC*. Nach deutschem Steuerrecht werden ebenfalls die Gesellschafter besteuert, jedoch nur mit den Ausschüttungen der *LLC*. Die Ausschüttungen sind abkommensrechtlich Einkünfte im Sinne des Art. 21 Abs. 1 DBA, da die *LLC* keine in den USA ansässige Gesellschaft ist (Art. 4 Abs. 1, Art. 10 Abs. 1 DBA). US-Quellensteuer fällt in diesem Fall grundsätzlich nicht an (Ausnahme sogenannte Branch Profits Tax, vergleiche Kapitel I), da nach der amerikanischen Wertung die Verteilung des Gewinns kein Steuertatbestand ist.

II. Belastungsvergleiche

Ein steuerlicher Belastungsvergleich verschiedener Investitionsformen kann im Einzelfall sehr umfangreich und komplex werden, da alle Einflussfaktoren bekannt sein müssen und zudem meist mehrere Varianten untersucht werden müssen. Um jedoch eine übersichtsartige Darstellung zu ermöglichen, sollen im Folgenden einige grundlegende Szenarien dargestellt werden, um die Gesamtsteuerbelastung eines deutschen Investments in den USA zu vergleichen.

Hingewiesen werden soll dabei, dass sowohl aus deutscher als auch aus US-steuerlicher Sicht das Investment in Form einer US-Personengesellschaft (transparente Behandlung sowohl aus deutscher als auch aus US-Sicht) und einer US-Betriebsstätte generell gleichbehandelt wird. Eine unterschiedliche Darstellung ist deshalb nicht erforderlich. Dargestellt werden soll das Investment eines deutschen Investors in der Form einer natürlichen Person und in der Form einer Kapitalgesellschaft.

Die Betrachtungsweise basiert dabei auf den folgenden Annahmen:

- Der US-Körperschaftsteuersatz beträgt 21 %, die Regelungen des BEAT-, GILTI- und FDII Regimes (dazu Kapitel H) finden keine Anwendung.
- Die Belastung mit Körperschaftsteuer auf US-Bundesstaatsebene wird typisiert mit 6 % angenommen.
- Es existieren weder US- noch deutsche steuerliche Verlustvorträge, die Regelungen der alternative minimum tax für US-Steuerzwecke finden keine Anwendung.
- Für Zwecke der Anwendung des DBA Deutschland-USA wird davon ausgegangen, dass die Voraussetzungen des Art. 10 Abs. 3 Buchst. a Doppelbuchst. bb bzw. Art. 28 Abs. 2 Buchst. f Doppelbuchst. aa Doppelbuchst. bb und Art. 28 Abs. 4 des DBA gegeben sind und demzufolge auch keine branch profits tax bei einem Investment über eine deutsche Kapitalgesellschaft anfällt.
- Die Besteuerung mit US-Einkommensteuer auf Ebene des deutschen Investors beruht auf einem Einkommensteuersatz von 37 %.

- Für Zwecke der deutschen Besteuerung wird davon ausgegangen, dass bei einer Beteiligung über eine deutsche Kapitalgesellschaft die Anteile der deutschen Kapitalgesellschaft im Privatvermögen des Investors gehalten werden und demzufolge der Abgeltungssteuersatz i. H. v. 25 % zuzüglich des 5,5%igen Solidaritätszuschlags zur Anwendung kommt.
- Die US-Aktivitäten sind als aktiv im Sinne des AStG anzusehen und qualifizieren ebenso unter § 9 Nr. 7 GewStG.
- Der Investor ist eine deutsche natürliche Person und kein US-Staatsbürger.
- Es wird davon ausgegangen, dass das Investment in den USA nicht für den 20%igen Abzug für sog. „pass-through"-Gesellschaften qualifiziert.

BEISPIEL F.1: Steuerliche Belastung bei der Direktbeteiligung einer deutschen natürlichen Person in Form einer US-Personengesellschaft bzw. Betriebsstätte und in Form einer US-Kapitalgesellschaft.

Im Fall einer Direktbeteiligung einer deutschen natürlichen Person an einer US Personengesellschaft bzw. Betriebsstätte oder einer US-Kapitalgesellschaft lässt sich die folgende Berechnung anstellen:

	US-Personengesellschaft/Betriebsstätte	**US-Kapitalgesellschaft**
Besteuerung des Gesellschafters in den USA		
Zu versteuerndes Einkommen USA	1.000.000	
US-State Income Tax 6 %	60.000	
davon abzugsfähig für *Federal Income Tax purposes*	10.000	
BMG für die *US-Federal Income Tax*	990.000	
US-Federal Income Tax 37 %	366.300	
Zufluss bei deutschem Investor	573.700	
Besteuerung der Gesellschaft in den USA		
Zu versteuerndes Einkommen USA		1.000.000
US-State Income Tax 6 %		60.000
BMG für die *US Corporate Federal Income Tax*		940.000
US Corporate Federal Income Tax 21 %		197.400
Einkommen nach US-Einkommensteuern		742.600
15 % Quellensteuer auf Dividenden für natürliche Personen		111.390
Einkommen nach US-Steuern		631.210
Steuerbelastung USA	**42,63 %**	**36,88 %**

Besteuerung des Gesellschafters in Deutschland		
Steuerpflichtige Dividendeneinkünfte		742.600
Abgeltungsteuer 25 %		185.650
Anrechnung US-Quellensteuer		111.390
Verbleibende Abgeltungsteuer		74.260
Solidaritätszuschlag 5,5 %		4.084
Verbleibendes Einkommen nach deutschen und US-Steuern	**573.700**	**552.866**
Gesamtsteuerbelastung (Deutschland und USA)	**42,63 %**	**44,71 %**

Erfolgt das Investment über eine US-Personengesellschaft oder eine US-Betriebsstätte wird das zugrundeliegende Einkommen lediglich in den USA besteuert und unterliegt dort dem für natürliche Personen geltenden Einkommensteuersatz. Die deutsche natürliche Person wird mit dem über die Personengesellschaft bzw. der Betriebsstätte bezogenen Einkünften in den USA beschränkt steuerpflichtig. Aufgrund der Regelung des Art. 7 Abs. 1 DBA Deutschland-USA und des Art. 23 Abs. 3 Buchst. a des DBA werden diese Einkünfte in Deutschland unter Anwendung des Progressionsvorbehalts von der Besteuerung ausgenommen bzw. freigestellt.

Erfolgt das Investment über eine US-Kapitalgesellschaft, findet auf die US-Kapitalgesellschaft der allgemeine Körperschaftsteuersatz von 21 % Anwendung (zzgl. *state and local taxes*). Hinzu kommt die für natürliche Personen aufgrund von Art. 10 Abs. 2 Buchst. b DBA geltende 15%ige Quellensteuer, die in Deutschland jedoch anrechenbar ist (Art. 23 Abs. 3 Buchst. b Doppelbuchst. aa des DBA i. V. m. § 34c Abs. 6 Satz 2 EStG und § 34c Abs. 1 Satz 2 - 5 EStG bzw. § 34c Abs. 2 EStG), so dass im Regelfall keine Doppelbelastung verbleiben sollte. Sofern die Beteiligung an der US-Kapitalgesellschaft im Privatvermögen gehalten wird, findet der 25%ige Abgeltungsteuersatz Anwendung, § 32d EStG.

BEISPIEL F.2: Steuerliche Belastung bei der der Beteiligung einer deutschen natürlichen Person über eine deutsche Kapitalgesellschaft in eine US-Personengesellschaft bzw. Betriebsstätte und eine US-Kapitalgesellschaft.

Bei der Betrachtung der Beteiligung einer deutschen natürlichen Person über eine deutsche Kapitalgesellschaft in eine US-Personengesellschaft bzw. Betriebsstätte und eine US-Kapitalgesellschaft lassen sich die folgenden Überlegungen anstellen:

	US-Personengesellschaft/ Betriebsstätte	**US-Kapitalgesellschaft**
Besteuerung des Gesellschafters in den USA		
Zu versteuerndes Einkommen USA	1.000.000	
US-State Income Tax 6 %	60.000	
BMG für die *US-Federal Income Tax*	940.000	
US-Federal Income Tax 21%	197.400	
Zufluss bei deutschem Investor	742.600	

Besteuerung der Gesellschaft in den USA		
Zu versteuerndes Einkommen USA		1.000.000
US-State Income Tax 6 %		60.000
BMG für die *US Corporate Federal Income Tax*		940.000
US Corporate Federal Income Tax 21 %		197.400
Einkommen nach US-Einkommensteuern		742.600
0 % Quellensteuer auf Dividenden für deutsche Kapitalgesellschaft		0
Einkommen nach US-Steuern		742.600
Steuerbelastung USA	**25,74 %**	**25,74 %**
Besteuerung der KapGes in Deutschland		
Dividendeneinkünfte		742.600
5 % steuerpflichtiges Einkommen		37.130
Körperschaftsteuer und Gewerbesteuer 30 %		11.139
Verbleibendes Einkommen für Dividende an Gesellschafter		731.461
Besteuerung des Gesellschafters in Deutschland		
Steuerpflichtige Dividendeneinkünfte	742.600	731.461
Abgeltungsteuer 25 %	185.650	182.865
Anrechnung US-Quellensteuer	0	0
Verbleibende Abgeltungsteuer	185.650	182.865
Solidaritätszuschlag	10.211	10.058
Verbleibendes Einkommen nach deutschen und US-Steuern	**546.739**	**538.538**
Gesamtsteuerbelastung (Deutschland und USA)	**45,33 %**	**46,15 %**

Erfolgt das Investment über eine deutsche Kapitalgesellschaft in eine US-Personengesellschaft bzw. Betriebsstätte so wird die deutsche Kapitalgesellschaft in den USA beschränkt steuerpflichtig und unterliegt dem 21%igen Körperschaftsteuersatz (zzgl. *state and local taxes*). Eine Repatriierung auf die Ebene der deutschen Kapitalgesellschaft löst zunächst keine weiteren Steuern aus, lediglich bei einer Weiterausschüttung auf die Ebene des deutschen Investors kommt es zu einer zusätzlichen Belastung mit der 25%igen Abgeltungssteuer, sofern die Beteiligung an der deutschen Kapitalgesellschaft im Privatvermögen gehalten wird.

Erfolgt die Investition der deutschen Kapitalgesellschaft über eine US-Kapitalgesellschaft, bleibt die steuerliche Belastung in den USA auf gleichem Niveau. Aufgrund der 0%igen Quellensteuer des Art. 10 Abs. 3 Buchst. a des DBA sollte auch die Repatriierung nach Deutschland keine weitere steuerliche Belastung auslösen. Aus deutscher Sicht schließlich stellt die 5%ige „Schachtelstrafe" des § 8b Abs. 5 KStG die steuerliche Mehrbelastung gegenüber einer Investition über eine US-Personengesellschaft bzw. einer Betriebsstätte in diesem Szenario dar.

Festzuhalten ist somit, dass ein Direktinvestment ohne Einschaltung einer deutschen Kapitalgesellschaft bei den gegebenen Parametern als aus steuerlicher Sicht vorzugswürdig erscheint. Diese Investitionsform mag jedoch aus außersteuerlichen Gründen nicht als vorzugswürdig anzusehen sein, insbesondere die fehlende Haftungsabschirmung kann hier von Nachteil sein.

Bei der Investition über eine deutsche Kapitalgesellschaft ist die Alternative einer weiteren Kapitalgesellschaft in den USA als steuerlich nachteilig anzusehen. Grund dafür ist die 5%ige Besteuerung von Dividenden aus den USA auf Ebene der deutschen Kapitalgesellschaft.

Hingewiesen werden muss jedoch nochmals, dass sich bei Änderung der zugrundeliegenden Parameter auch die steuerlichen Folgen grundlegend verändern können. Auch sind z. B. Exit-Szenarien, Flexibilität bei Umstrukturierungen und weitere Punkte zu beachten, die für die ein oder andere Alternative sprechen können.

Bei der Verwendung einer US-Personengesellschaft bzw. Betriebsstätte ist insbesondere auf die sog. *„subject-to-tax"* oder *„switch-over"*-Klausel des Art. 23 Abs. 4 Buchst. b des DBA hinzuweisen. Hier kann es nach Auffassung der deutschen Finanzverwaltung immer dann zu einer Besteuerung der in den USA belegenen stillen Reserven kommen, wenn eine in den USA durchgeführte Umstrukturierung nach den Vorschriften des US-Steuerrechts als steuerfrei anzusehen ist. Dies führt zu einer aus deutscher Sicht mangelnden Flexibilität einer solchen Struktur.

Als Alternative zu den oben gezeigten Strukturierungsmöglichkeiten für ein US-Investment kann auch das Investment über eine *LLC* in Betracht gezogen werden, die für US-steuerliche Zwecke als Kapitalgesellschaft ausgestaltet ist, aus deutscher Sicht dagegen als Betriebsstätte anzusehen ist (vgl. dazu oben unter F.I.).

BEISPIEL F.3: Investment in eine *LLC*, die aus US Sicht als KapGes und aus deutscher Sicht als Betriebsstätte qualifiziert (*„reverse hybrid"*).

	Direktinvestment	Deutsche KapGes
Besteuerung der Gesellschaft in den USA		
Zu versteuerndes Einkommen USA	1.000.000	1.000.000
US-State Income Tax 6 %	60.000	60.000
BMG für die *US Corporate Federal Income Tax*	940.000	940.000
US Corporate Federal Income Tax 21 %	197.400	197.400
Einkommen nach US-Einkommensteuern	742.600	742.600
Quellensteuerbelastung bei Ausschüttung	111.390	0
Einkommen nach US-Steuern	631.210	742.600
Steuerbelastung USA	**36,88 %**	**25,74 %**
Besteuerung der KapGes in Deutschland		
Dividendeneinkünfte		0
5 % steuerpflichtiges Einkommen		0
Körperschaft- und Gewerbesteuer 30 %		0
Verbleibendes Einkommen für Dividende an Gesellschafter		742.600
Besteuerung des Gesellschafters in Deutschland		
Steuerpflichtige Dividendeneinkünfte	0	742.600
Abgeltungsteuer 25 %	0	185.650
Anrechnung US-Quellensteuer	0	0
Verbleibende Abgeltungsteuer	0	185.650
Solidaritätszuschlag	0	10.211
Verbleibendes Einkommen nach deutschen und US-Steuern	**631.210**	**546.739**
Gesamtsteuerbelastung (Deutschland und USA)	**36,88 %**	**45,33 %**

Bei Betrachtung dieser Strukturierungsalternative ist es möglich, die Vorteile des niedrigen US-Körperschaftsteuersatzes mit einer Freistellung aus deutscher Sicht zu verbinden. Nicht vergessen werden darf jedoch, dass es bei einem Direktinvestment einer natürlichen Person in eine solchermaßen ausgestaltete LLC zu einer Berücksichtigung des in den USA erzielten Einkommens für Zwecke des Progressionsvorbehalts kommt.

Als schwierig erweist sich eine solche Struktur allerdings in einem Exit Szenario, da Deutschland aufgrund der Nichtbesteuerung in den USA eine Freistellung nach DBA Grundsätzen für einen Veräußerungsgewinn vermutlich nicht gewähren wird, Art. 23 Abs. 4 Buchst. b des DBA Deutschland-USA.

Bei der Entscheidung über die Finanzierungsstruktur eines US-Investments kann generell zwischen einer Eigenkapital und Fremdkapitalfinanzierung in Betracht gezogen werden. Dabei gilt es allerdings die Restriktionen zur steuerlichen Abzugsfähigkeit von Zinsaufwand für US-Zwecke zu beachten (vgl. dazu Kapitel E, VII, 14). Ein Zinsabzug in den USA auf Grundlage eines ca. 26%igen Körperschaftsteuersatzes (unter Einbeziehung von bundesstaatlichen und lokalen Ertragsteuern) macht allerdings wenig Sinn, wenn auf der Ebene eines deutschen Investors eine Versteuerung der Zinseinnahmen mit einem 30%igen Körperschaftsteuersatz bzw. mit einem hohen persönlichen Einkommensteuersatz stattfindet. Eine solche Struktur wäre lediglich dann als vorteilhaft anzusehen, wenn auf Ebene des deutschen Investors laufende Verluste erzielt werden bzw. Verlustvorträge existieren oder ein unterhalb des in den USA anwendbaren Steuersatzes liegender Steuersatz Anwendung findet.

G. Erbschaft- und Schenkungsteuer

I. Allgemeines

Auf Bundesebene erheben die USA die der deutschen Erbschaft- und Schenkungsteuer ähnliche Nachlass- (*federal estate taxes*) bzw. Schenkungsteuern (*federal gift taxes*). Abweichend von der deutschen Erbschaftsteuer (§ 1 Abs. 1 Nr. 1 ErbStG) besteuert die *federal estate tax* jedoch nicht den Erwerb von Vermögen von Todes wegen z. B. durch Erben oder Vermächtnisnehmer, sondern erfasst vielmehr den gesamten Nachlass unabhängig von der Person des Erben oder des Vermächtnisnehmers oder der Anzahl der Erben oder Vermächtnisnehmer.

Das System der Nachlass- und Schenkungsteuer wird ergänzt um eine sog. Generationen-Überspringsteuer (*generation-skipping transfer tax*). Sinn und Zweck der Generationen-Überspringsteuer ist es, den Übergang von Vermögen im Rahmen einer Schenkung bzw. eines Erbfalls über mehrere Generationen hinweg (z. B. Vermögensübergang im Rahmen eines Erbfalls auf die Enkelkinder unter Außerachtlassung der Kinder) zusätzlich zu besteuern. Die Generationen-Überspringsteuer wird zusätzlich zu einer etwaig ohnehin anfallenden Nachlass- oder Schenkungsteuer erhoben.

Rechtsgrundlage für die Nachlass-, Schenkung- und Generationen-Überspringsteuer ist der Subtitle B (*Estate and Gift Taxes*) des IRC, im Speziellen:

- Chapter 11 (Sections 2001 - 2210) betreffend die Nachlasssteuer,
- Chapter 12 (Sections 2501 - 2524) betreffend die Schenkungsteuer,
- Chapter 13 (Sections 2601 - 2664) betreffend die Generationenüberspringsteuer,
- Chapter 14 (Sections 2701 - 2704) betreffend bestimmte Bewertungsregeln,
- Chapter 15 (Section 2801) betreffend Sonderregelungen für Geschenke und Nachlässe von Personen, welche aufgrund von Wegzug und/oder Aufgabe der US-Staatsbürgerschaft nicht mehr der unbeschränkten US-Steuerpflicht unterliegen (expatriates).

Hinzu kommen umfangreiche *Treasury Regulations* der US-Finanzverwaltung. Die *Treasury Regulations* sind z. T. mit den deutschen Durchführungsverordnungen und z. T. mit den deutschen Richtlinien vergleichbar.[1]

Enthalten sind sowohl Regelungen für die unbeschränkte Steuerpflicht (US-Staatsangehörige und in den USA ansässige Personen) als auch für die beschränkte Steuerpflicht (nicht in den USA ansässige Personen, die nicht US-Staatsangehörige sind).

1 Gesetz und Treasury Regulations können abgerufen werden unter https://www.irs.gov/privacy-disclosure/tax-code-regulations-and-official-guidance.

Durch den *Economic Growth and Tax Relief Reconciliation Act* aus 2001 wurden Regelungen geschaffen, die die Nachlasssteuer und die Generationen-Überspringsteuer (nicht jedoch die Schenkungsteuer) über einen Zeitraum von zehn Jahren schrittweise abschaffen sollten. Mit dem *Tax Relief, Unemployment Insurance Reauthorization, and Job Creation Act* aus 2010 wurden die Nachlasssteuer und die Generationen-Überspringsteuer jedoch zunächst vorübergehend, mittlerweile dauerhaft wieder eingeführt. Den einzelstaatlichen Erbschaft- und Schenkungsteuern liegen Gesetze der betreffenden Einzelstaaten zugrunde.

Im Rahmen der Beratungen zum *Tax Cuts and Jobs Creation Act* aus 2017 wurde zunächst eine vollständige Abschaffung der Nachlass-, Schenkung- und Generationen-Überspringsteuer avisiert. Letztendlich beschränkte sich die Gesetzesänderung jedoch auf eine zeitlich befristete Verdoppelung von Freibeträgen.

Mit dem *One Big Beautiful Bill Act* aus 2025 wurde der wesentliche Freibetrag mit dauerhafter Wirkung nochmals erhöht.

2023 hat die IRS auf Bundesebene ca. 32 Mrd. USD Nachlass-, Schenkung- und Generationen-Überspringsteuer erhoben. Der Anteil dieser Steuern am gesamten Steueraufkommen auf Bundesebene betrug damit etwas weniger als 1 %.[1]

Zusätzlich zu den auf Bundesebene erhobenen Steuern erheben zahlreiche Bundesstaaten separate Erbschaft-, Nachlass- und/oder Schenkungsteuern für die Vermögensteile, welche sich in dem jeweiligen Bundesstaat befinden. Rechtsgrundlage sind die jeweiligen Gesetze der Bundesstaaten. Die Regelungen in den einzelnen Bundesstaaten unterscheiden sich z. T. erheblich.

Eine Erbschaft-, Nachlass- und/oder Schenkungsteuer der Bundesstaaten ist nicht auf die Nachlass- und Schenkungsteuer auf Bundesebene anrechenbar; diese können jedoch als Abzug geltend gemacht werden (Sec. 2058(a) IRC).

II. Nachlasssteuer bei unbeschränkter Steuerpflicht

1. Allgemeines

Mit dem Tode geht das gesamte Vermögen einer natürlichen Person nicht direkt auf die Erben über, sondern bildet grundsätzlich bis zur Auflösung eine eigene juristische Person (*estate*), die in die Rechtsstellung des Verstorbenen eintritt und von einem Testamentsvollstrecker oder Nachlassverwalter vertreten wird. Wird im Testament kein Testamentsvollstrecker genannt, wird dieser üblicherweise von einem Gericht bestellt. Dem Testamentsvollstrecker bzw. Nachlassverwalter obliegt grundsätzlich die Erfas-

1 https://www.irs.gov/statistics/soi-tax-stats-collections-and-refunds-by-type-of-tax-irs-data-book-table-1.

sung der Nachlassgegenstände, die Begleichung von Schulden des Nachlasses sowie die Verteilung des Nachlasses an die Erben oder sonstigen Begünstigten. Der *estate* umfasst sämtliche materiellen und immateriellen Vermögensgegenstände und Schulden des Erblassers, unabhängig davon, ob sich diese in den USA oder im Ausland befinden.

Dem Testamentsvollstrecker bzw. Nachlassverwalter obliegt auch die Erfüllung der steuerlichen Pflichten des Nachlasses.

Die Einkünfte des *estate* unterliegen grundsätzlich der Einkommensteuer, da der *estate* auch für Einkommensteuerzwecke eine – vom Erblasser unabhängige – eigene steuerpflichtige Person darstellt (Sec. 1(e)(1) IRC). Der *estate* unterliegt dabei im Wesentlichen den gleichen Regelungen zur Einkommensermittlung wie natürliche Personen. Wesentliche Ausnahme ist jedoch, dass dem *estate* ein Abzug für ausgeschüttete Gewinne zusteht (Sec. 661(a) IRC). Demensprechend ist für den *estate* eine separate Steuernummer zu beantragen sowie jährlich eine eigene Steuererklärung abzugeben.[1]

Der *estate tax* unterliegt der Vermögensübergang auf den Nachlass (Sec. 2001(a) IRC). Eine Besteuerung des Übergangs des Vermögens auf die Erben findet auf Bundesebene nicht mehr statt. Dementsprechend handelt es sich bei der *estate tax* – abweichend von der deutschen Erbschaftsteuer (§ 1 Abs. 1 Nr. 1 ErbStG) – um eine Nachlasssteuer und nicht um eine Erbschafts- bzw. Erbanfallsteuer (Reg. 20.0-2(a)).

Vor dem Hintergrund, dass der Vermögensübergang auf den *estate* der Besteuerung unterliegt, ist auch der Erbanteil eines einzelnen Erben oder das Verwandtschaftsverhältnis zwischen Erblasser und Erben für die Erhebung der *estate tax* grundsätzlich nicht relevant (Ausnahmen gelten insbesondere für Vermögen, dass auf den Ehegatten übertragen wird). Selbst wenn der Erblasser keine Erben hat und der *estate* damit dem Bundesstaat zufällt, fällt *estate tax* an (Reg. 20.0-2(a)).

Auch ist aufgrund dieser Systematik zu beachten, dass der allgemeine Freibetrag[2] für unbeschränkt Steuerpflichtige – abweichend von der Systematik des deutschen ErbStG – unabhängig ist von der Anzahl der Erben oder dem Verwandtschaftsverhältnis zum Erblasser.

Der allgemeine Freibetrag, welcher jährlich inflationsbedingt angepasst wird, beträgt für Erbfälle im Jahr 2017 5.490.000 USD. Der Freibetrag wurde mit dem *Tax Cuts and Jobs Creation Act of 2017* erhöht und beträgt für 2018 11.200.000 USD; diese Erhöhung

1 Formular 1041 bzw. Formular 1041NR. Weitere grundlegende Informationen zur Besteuerung von *estates* enthält die IRS Publication 559 (2024).

2 Steuertechnisch handelt es sich hierbei um einen Steuerabzugsbetrag, der in seiner Wirkung nach allerdings im Wesentlichen einen allgemeinen Steuerfreibetrag entspricht – siehe hierzu Kapitel II.6 „Berechnung der Nachlasssteuer".

war temporär begrenzt und wäre eigentlich mit Ablauf des Jahres 2025 ausgelaufen. Für 2025 beträgt der inflationsangepasste Freibetrag 13.990.000 USD.

Mit dem *One Big Beautiful Bill Act* aus 2025 wurde der Freibetrag jedoch dauerhaft mit Wirkung ab 2026 auf 15.000.000 USD angehoben. Dieser Freibetrag wird wiederum ab 2027 inflationsbedingt angepasst.

Dem Wert des *estate* sind dabei die zu Lebzeiten des Erblassers erfolgten steuerpflichtigen Schenkungen hinzuzurechnen (IRC 2001(b) IRC). Dies bedeutet, dass zumindest bis zu einem Vermögen in Höhe von 5.490.000 USD (2017), 11.200.000 USD (2018) bzw. 15.000.000 USD (2026), welches zu Lebzeiten durch Schenkung oder im Todesfall übertragen wird, keine *estate tax* oder *gift tax* anfällt. Zudem kann ein durch einen Ehegatten nicht ausgeschöpfter Freibetrag auf den anderen Ehegatten übertragen werden, so dass Ehegatten grundsätzlich 10.980.000 USD (2017), 22.400.000 USD (2018) bzw. 30.000.000 USD (2026) nachlass- und schenkungsteuerfrei übertragen können (Sec. 2010(c)(2)(B) IRC).

BEISPIEL G.1: Erblasser A verstirbt 2025 und hinterlässt ein Vermögen von 6 Mio. USD, welches er laut Testament zur Hälfte seinem Sohn und zur anderen Hälfte B (nicht verwandt) vermacht. 2019 hatte A bereits Vermögen im Wert von 6 Mio. USD auf B per Schenkung übertragen.

LÖSUNG: Dem Wert des *estates* in Höhe von 6 Mio. USD sind die zu Lebzeiten erfolgten Schenkungen (6 Mio. USD) hinzuzurechnen. Da diese jedoch den allgemeinen Steuerfreibetrag von 13.990.000 USD (2025 nach Inflationsanpassung) nicht überschreiten, fällt keine *estate tax* an.

Sofern der Wert des *estate* zuzüglich der zu Lebzeiten durch den Erblasser erfolgten steuerpflichtigen Schenkungen 5.490.000 USD (2017), 11.200.000 USD (2018) bzw. 15.000.000 USD (2026) übersteigt, hat der Testamentsvollstrecker bzw. Nachlassverwalter für den *estate* eine Nachlasssteuererklärung abzugeben (Form 706). Die Abgabe einer Nachsteuererklärung kann jedoch auch bei Unterschreiten dieser Grenzen empfehlenswert sein, insbesondere, um die Übertragung eines durch den verstorbenen Ehegatten nicht ausgeschöpften Freibetrages auf den anderen Ehegatten zu ermöglichen (Sec. 2010(c)(5)(A) IRC).

2. Unbeschränkte Steuerpflicht

Da es sich bei der Bundessteuer um eine Nachlasssteuer handelt, ist die subjektive Steuerpflicht mit der objektiven identisch. Die *estate tax* erfasst das gesamte in- und ausländische Vermögen, einschließlich der Renten- und Pensionsansprüche, wenn der Erblasser US-Staatsangehöriger war oder als Ausländer im Zeitpunkt des Todes in den USA – wenn auch erst kurzfristig – ansässig war (unbeschränkte Steuerpflicht) (Reg. 20.0-1(b)(1)). In diesem Sinne umfassen die USA die 50 Bundesstaaten sowie den District of Columbia (Reg. 20.0-1(b)).

US-Staatsangehörige mit Wohnsitz außerhalb der USA unterliegen, da die unbeschränkte Steuerpflicht an den Wohnsitz oder die Staatsangehörigkeit anknüpft, damit ebenfalls der unbeschränkten Steuerpflicht.

Eine Person ist in den USA ansässig, wenn diese dort zum Zeitpunkt des Erbfalls einen Wohnsitz hat, selbst wenn dieser Wohnsitz erst vor kurzem bezogen wurde. Für die unbeschränkte Steuerpflicht muss zum Wohnsitz jedoch noch die Absicht hinzukommen, sich hier für eine unbestimmte Zeit aufzuhalten. Besteht dagegen die konkrete Absicht, den US-Wohnsitz aufzugeben, liegt keine unbeschränkte Steuerpflicht vor (Reg. 20.0-1(b)).

Ein US-Staatsangehöriger, welcher in einem der US-*possessions* (insbesondere Puerto Rico, American Samoa und U.S. Virgin Islands) ansässig ist, unterliegt der unbeschränkten US-Steuerpflicht, es sei denn, seine US-Staatsangehörigkeit basiert ausschließlich darauf, dass er (i) Staatsangehöriger der US-*possession* ist (z. B. Puerto Ricaner) oder (ii) in der US-*possession* geboren wurde oder dort ansässig ist (Sec. 2209 IRC sowie Reg. 20.2209-1).

BEISPIEL G.2: A, geboren in New York und daher US-Staatsangehöriger, ist in Puerto Rico ansässig und ebenfalls Staatsangehöriger von Puerto Rico. A stirbt 2025.

LÖSUNG: Die Vermögensübertragung auf den *estate* des A unterliegt der unbeschränkten US-Steuerpflicht, da A aufgrund der Geburt in New York US-Staatsangehöriger ist und insbesondere nicht nur aufgrund seiner puerto-ricanischen Staatsangehörigkeit bzw. dortigen Ansässigkeit.

ABWANDLUNG: A ist in Puerto Rico geboren und Staatsangehöriger von Puerto Rico. Aufgrund seiner puerto-ricanischen Staatsangehörigkeit ist er ebenfalls US-Staatsangehöriger. A stirbt 2025.

LÖSUNG: Der Vermögensübergang auf den *estate* des A unterliegt nicht der unbeschränkten US-Steuerpflicht. Sofern Anknüpfungspunkte vorliegen, unterliegt der Vorgang jedoch der beschränkten US-Steuerpflicht.[1]

3. Der Brutto-Nachlass (gross estate)

Ausgangspunkt für die Berechnung der *estate tax* ist das „Brutto-Nachlassvermögen" (*gross estate*) des Erblassers. Dieses umfasst das gesamte in- und ausländische, materielle und immaterielle, bewegliche und unbewegliche Nachlassvermögen des Erblassers (Sec. 2031 IRC).

Dies beinhaltet insbesondere

- Barvermögen, Bankguthaben, Forderungen und Wertpapiere,

1 Siehe hierzu Kapitel III. „Nachlasssteuer bei beschränkter Steuerpflicht".

- Aktien und Anleihen (inklusive der Anleihen, welche von der *Federal Income Tax* befreit sind),
- Grundvermögen,
- Versicherungsleistungen anlässlich des Todes des Erblassers (auch in dem Fall, in dem die Versicherungssumme unmittelbar an die berechtigte Person ausbezahlt wird und damit nicht Nachlassvermögen wird),
- Trustvermögen, welches dem Erblasser zuzurechnen ist (insbesondere solche *grantor/lifetime trusts*, bei denen sich der Erblasser als Errichter des *trusts* das Recht zum Bezug des Einkommens oder zur Bestimmung des Begünstigten des *trusts* vorbehalten hat),
- Pensions-/Versorgungsansprüche,
- Unternehmen/Unternehmensbeteiligungen,
- Kunstgegenstände/Kollektionen/Schmuck,
- sonstiges bewegliches Vermögen (Haushaltsgegenstände, Kfz etc).

Für die Erfassung des Vermögens ist es nicht relevant, ob sich dieses im Inland oder Ausland befindet oder ob dieses in ein inländisches oder ausländisches Register eingetragen ist. Die unbeschränkte Steuerpflicht umfasst das weltweite Vermögen des Erblassers.

War der Erblasser als *trustee* rechtlicher, jedoch nicht wirtschaftlicher Eigentümer des Vermögens eines *trusts*, ist dieses Vermögen in dem *gross estate* nicht zu erfassen.

War der Erblasser Miteigentümer von Vermögen, ist das Vermögen grundsätzlich entsprechend seines Miteigentumsanteils zu erfassen. Die Erfassung „nur“ des eigenen Miteigentumsanteils des Erblassers erfordert jedoch grundsätzlich, dass der andere Miteigentümer seinen Miteigentumsanteil aus eigenen Mitteln und zum gemeinen Wert erworben hat (Sec. 2040 IRC / Reg. 20.2040-1(c)).

BEISPIEL G.3: Eheleute A und B sind Miteigentümer eines Grundstücks. Den Kaufpreis für das Grundstück hatte A bezahlt. A stirbt 2025.

LÖSUNG: Da A die Mittel zum Erwerb des Grundstücks geleistet hat, ist das gesamte Grundstück im *gross estate* des A zu erfassen.

4. Bewertung des Brutto-Nachlasses

Sämtliche Vermögensgegenstände des Brutto-Nachlasses sind mit dem gemeinen Wert (*fair market value*) zum Zeitpunkt des Erbfalls anzusetzen (Sec. 2031 IRC). Alternativ kann der Nachlass – nach Wahl des Testamentsvollstreckers oder Nachlassverwalters – zum Zeitpunkt der Auskehrung oder des Verkaufs aus dem Nachlass, spätestens jedoch sechs Monate nach dem Todestag bewertet werden (alternativer Bewertungsstichtag) (Sec. 2032 IRC / Reg. 20.2032-1(a)).

Der alternative Bewertungsstichtag kann nur einheitlich für den gesamten Nachlass angewendet werden; eine Anwendung nur für einzelne Vermögensgegenstände ist ausgeschlossen. Das Wahlrecht ist mit der Abgabe der Nachlasssteuererklärung durch den Testamentsvollstrecker bzw. Nachlassverwalter auszuüben (Sec. 2032(d) IRC).

Der *fair market value* ist wie folgt definiert[1]:

„The fair market value is the price at which the property would change hands between a willing buyer and a willing seller, neither being under any compulsion to buy or to sell and both having reasonable knowledge of relevant facts. The fair market value of a particular item of property includible in the decedent's gross estate is not to be determined by a forced sale price. Nor is the fair market value of an item of property to be determined by the sale price of the item in a market other than that in which such item is most commonly sold to the public, taking into account the location of the item wherever appropriate".

Der Ansatz des *fair market values* gilt grundsätzlich für sämtliches Nachlassvermögen. Eine Ausnahme gilt lediglich für bestimmtes Unternehmensvermögen (s. u.).

Konkret bedeutet dies Folgendes:

- Aktien und Anleihen (Reg. 20.2031-2):
  Die Bewertung ist anhand des mittleren Preises für Käufe/Verkäufe der Aktien/Anleihen am Tag des Erbfalls bzw. am späteren Bewertungsstichtag zu ermitteln. Erfolgten an diesem Stichtag keine Transaktionen, sind zeitnah erfolgte Transaktionen heranzuziehen, sofern diese in einer angemessenen Zeit vor oder nach dem Stichtag erfolgt sind. Es ist jedoch zu beachten, dass insbesondere Zu-/Abschläge für Mehrheits-/Minderheitsbeteiligungen notwendig sein können bzw. genutzt werden können.[2] Sind Kaufpreise nicht vorhanden, ist grundsätzlich eine (Unternehmens-)Bewertung erforderlich.
- Unternehmen/Unternehmensbeteiligungen (Reg. 20.2031-3):
  - Entsprechend der allgemeinen Definition des *fair market value* sind Unternehmen (z. B. Einzelunternehmen) und Unternehmensbeteiligungen (z. B. Beteiligungen an Personengesellschaften oder Kapitelgesellschaften) mit dem Wert anzusetzen, den ein bereitwilliger Käufer einem bereitwilligen Verkäufer zahlen wür-

1 Treasury Regulation USD20.2031-1. Siehe auch Ruthardt/Hachmeister, DStR 2016 S. 1048 und DStR 2016 S. 1127 für eine Diskussion zu Unterschieden zwischen dem „gemeinen Wert" gemäß deutschem Bewertungsgesetz und dem *„fair market value"*.

2 Ruthardt/Hachmeister, Ruthardt/Hachmeister, DStR 2016 S. 1048 und DStR 2016 S. 1127.

de, wobei für keinen der beteiligten Parteien eine Zwangslage vorliegt und beide Parteien Kenntnis von den wesentlichen Fakten haben.

- Dementsprechend ist grundsätzlich eine Unternehmensbewertung erforderlich. Hierbei ist insbesondere das künftige Ertragspotenzial zu berücksichtigen. Ein Firmenwert (*goodwill*) ist anzusetzen, sofern der Wert des Unternehmens den Wert der einzelnen Vermögensgegenstände übersteigt. Ein Abschlag auf den Unternehmenswert kann in Betracht kommen, wenn der Unternehmenserfolg wesentlich vom Erblasser abhängig war; sog. *key person discount*.[1]
- Eine vereinfachte Unternehmensbewertung (wie z. B. das vereinfachte Ertragswertverfahren nach § 200 BewG für Zwecke der deutschen ErbSt/SchenkSt) sieht das US-Recht nicht vor.
- Das US-Steuerrecht sieht ebenfalls keine Steuerbefreiung entsprechend §§ 13a, 13b ErbStG für betrieblich oder landwirtschaftlich genutztes Vermögen vor. In Betracht kommt allerdings eine Stundung der auf dieses Vermögen entfallenden Steuer.[2]
- Es wird allerdings unter bestimmten Voraussetzungen ein Bewertungsabschlag für Grundvermögen gewährt, welches vom Erblasser und vom Erben zu einem „qualifizierten Zweck" (i. d. R. betriebliche oder landwirtschaftliche Nutzung) genutzt wurde bzw. genutzt wird (Sec. 2032A IRC). Der Bewertungsabschlag ist begrenzt auf 1.420.000 USD (Stand 2025). Dieser Betrag wird regelmäßig inflationsbedingt angepasst.
- Wesentliche Voraussetzungen für die Inanspruchnahme des Bewertungsabschlages sind (Reg. 20.2032a-3, 20.2032a-4 und 0.2032a-8):

    Der Erblasser war zum Zeitpunkt des Todes entweder US-Staats angehöriger oder in den USA ansässig.

    Das Grundvermögen (Grund und Boden und Gebäude) befindet sich in den USA.

    Das Grundvermögen wurde durch den Erblasser (oder durch ein Familienmitglied) für mindestens fünf der letzten acht Jahre vor dem Tod des Erblassers für landwirtschaftliche oder betriebliche Zwecke genutzt (*qualified use*). Zudem muss der Erblasser (oder ein Familienmitglied) im Betrieb aktiv tätig gewesen sein. Die Vermietung zu landwirtschaftlichen oder betrieblichen Zwecken einer anderen Person ist kein *qualified use*. Es ist ausreichend, wenn

1 Ruthardt/Hachmeister, DStR 2016 S. 1048 und DStR 2016 S. 1127.

2 Siehe Kapitel II.7 „Fristen, Erklärungs- und Zahlungspflichten, Zahlungsaufschub".

dem Erblasser das Grundvermögen indirekt zuzurechnen war, z. B. über eine Personengesellschaft, eine Kapitalgesellschaft oder einem *trust*. In diesem Fall ist es jedoch erforderlich, dass die Personengesellschaft, Kapitalgesellschaft bzw. der *trust* als sog. *closely held business* des Erblassers unter Sec. 6166 IRC[1] qualifiziert.

Der Wert des vererbten Unternehmensvermögens macht mindestens 50 % des Wertes des gesamten Brutto-Nachlasses (abzüglich Hypothekenverbindlichkeiten und vor Anwendung des Bewertungsabschlages) aus.

Der Wert des begünstigungsfähigen Grundvermögens macht mindestens 25 % des Wertes des gesamten Brutto-Nachlasses (abzüglich Hypothekenverbindlichkeiten und vor Anwendung des Bewertungsabschlages) aus.

- Liegen die Voraussetzungen vor, erfolgt die Bewertung des Grundvermögens vor dem Hintergrund der tatsächlichen landwirtschaftlichen bzw. betrieblichen Nutzung durch den Erblasser/Erben. Dieser Wert kann geringer sein als der *fair market value*, bei dem für Zwecke der Bewertung die ertragsreichste Nutzung zu unterstellen wäre.
- Eine Nachversteuerung erfolgt unter anderem dann, wenn der Erbe das begünstigte Grundvermögen innerhalb von zehn Jahren nach dem Erbfall verkauft oder nicht mehr zu begünstigten landwirtschaftlichen oder betrieblichen Zwecken nutzt.

► Forderungen, Barmittel und Bankguthaben (Reg. 20.2031-4):
Die Bewertung erfolgt grundsätzlich mit dem Nominalwert, es sei denn, dass Beträge (teilweise) uneinbringlich sind oder der gemeine Wert aus anderen Gründen dem Nominalwert nicht entspricht (z. B. aufgrund Zinssatz/Laufzeit von Forderungen).

► Pensions-/Versorgungsansprüche:
Die Bewertung erfolgt grundsätzlich anhand versicherungsmathematischer Grundsätze. Die *Treasury Regulations* enthalten hierfür Tabellen versicherungsmathematischer Faktoren sowie ausführliche Beispiele (Reg. 20.2031-7).

► Lebensversicherungen

► Haushaltsgegenstände/Kunstgegenstände/Kollektionen/Schmuck/sonstiges Vermögen (Reg. 20.2031-6):
Die Bewertung erfolgt mit dem gemeinen Wert. Sofern der Wert von Kunstgegenständen, Schmuck oder Antiquitäten 3.000 USD übersteigt, ist der Steuererklärung ein Bewertungsgutachten beizufügen.

1 Siehe Kapitel II.7 „Fristen, Erklärungs- und Zahlungspflichten, Zahlungsaufschub“..

5. Der „steuerpflichtige Nachlass“ (taxable estate)

Die Summe der gemeinen Werte (gegebenenfalls inklusive des Bewertungsabschlages für landwirtschaftlich oder betrieblich genutztes Grundvermögen) aller Nachlassgegenstände bildet den Brutto-Nachlass. Dieser ist insbesondere um folgende Beträge zu kürzen:

- den Ehe-Abzug (*marital deduction*),
- Übertragungen auf einen *qualified domestic trust* (*QDOT*),
- Begräbniskosten,
- Verwaltungskosten des *estate*,
- Schulden,
- durch Diebstahl/Unfall verlorenes Nachlassvermögen,
- Vermächtnisse an öffentliche, gemeinnützige oder religiöse Organisationen,
- Nachlass-, Erbschaft-, Vermächtnis- und Nachfolgesteuern, welche an die Bundesstaaten und den District of Columbia gezahlt werden.

Im Einzelnen gilt Folgendes:

a) Ehe-Abzug (marital deduction) (Sec. 2056 IRC)

Der Bruttonachlass ist um den Wert des Vermögens zu kürzen, der an den überlebenden Ehepartner ausgekehrt wird, sogenannter „Ehe-Abzug“ (*marital deduction*), sofern der überlebende Ehegatte die US-Staatsbürgerschaft hat. Hintergrund dieses Abzuges ist, dass Vermögensübertragungen von Todes wegen an den Ehepartner generell und grundsätzlich in unbeschränkter Höhe nicht mit Nachlasssteuern belastet werden sollen. Diese Regelung gilt auch für gleichgeschlechtliche Ehen.

Ist der überlebende Ehegatte nicht US-Staatsbürger, erfolgt selbst dann kein Ehe-Abzug, wenn der überlebende Ehegatte in den USA ansässig und damit zum Zeitpunkt des Todes des erstversterbenden Ehegatten selbst unbeschränkt steuerpflichtig ist (Reg. 20.2056A-1(a)). Eine Ausnahme gilt lediglich dann, wenn der überlebende Ehegatte bis zur Einreichung der Nachlasssteuererklärung US-Staatsbürger wird und vom Zeitpunkt des Todes des erstversterbenden Ehegatten bis zum Zeitpunkt der Annahme der US-Staatsbürgerschaft in den USA ansässig war (Reg. 20.2056A-1(b)).

Die *marital deduction* umfasst jedoch grundsätzlich nur solches Vermögen, welches endgültig und ohne auflösende und/oder aufschiebende Bedingung auf den Ehepartner übergeht. Geht Vermögen dagegen unter einer aufschiebenden oder auflösenden Bedingung auf den Ehepartner über (sog. *terminable interest*), kann hierfür grundsätzlich keine *marital deduction* geltend gemacht werden (Sec. 2056(b) IRC). Dies gilt jedoch nur, wenn nach Eintritt der aufschiebenden oder auflösenden Bedingung einer anderen Person das Vermögen bzw. ein Nutzungsrecht hieran zufällt (Reg. 20.2056(b)-1).

BEISPIEL G.5: Ehemann A vererbt eine Immobilie an Sohn C. Ehefrau B erhält jedoch ein lebenslanges Wohnrecht an dieser Immobilie.

LÖSUNG: Für das Wohnrecht ist keine *marital deduction* möglich, da das Nutzungsrecht der B auflösend bedingt auf ihren Tod ist und sodann C das alleinige Nutzungsrecht erhält.

BEISPIEL G.6: Ehemann A schenkte 2013 eine Immobilie an Sohn C. A hat sich jedoch ein 20-jähriges Nutzungsrecht an dieser Immobilie vorbehalten, welches im Falle des Versterbens des A innerhalb der 20-Jahresfrist auf Ehefrau B übergeht. A verstirbt 2018.

LÖSUNG: Für das Nutzungsrecht, welches auf Ehefrau B übergeht, ist keine *marital deduction* möglich, da das Nutzungsrecht der B auflösend bedingt auf den Ablauf der 20-Jahresfrist ist und sodann C das alleinige Nutzungsrecht erhält.

BEISPIEL G.7: Ehemann A erwarb zu Lebzeiten monatliche Rentenansprüche aus einer privaten Rentenversicherung. Im Falle seines Versterbens erhält Ehefrau B als Hinterbliebene Rentenzahlungen bis zu ihrem Tod.

LÖSUNG: Die Rentenansprüche der B sind kein nicht-abzugsfähiger *terminable interest*, da nach Eintritt der auflösenden Bedingung (Tod der B) keiner anderen Person Vermögen zufällt.

Abweichend vom Grundsatz, dass für *terminable interest* keine *marital deduction* in Betracht kommt, kann ein Abzug sehr wohl vorgenommen werden, sofern dies separat beantragt wird (*election to deduct qualified terminable interest – QTIP*) (Sec. 2056(b)(7) IRC). Der Antrag hat jedoch zugleich zur Folge, dass das betreffende Vermögen als vollumfänglich auf den Ehegatten übergegangen gilt.

ABWANDLUNG BEISPIEL G.5: Ehemann A vererbt eine Immobilie an Sohn C. Ehefrau B erhält jedoch ein lebenslanges Wohnrecht an dieser Immobilie. Es wird der *QTIP*-Antrag gestellt. Ehefrau B stirbt mehrere Jahre später.

LÖSUNG: Durch den *QTIP*-Antrag gilt die Immobilie als vollumfänglich auf B übergegangen. Hierfür ist aufgrund des Antrages eine *marital deduction* zulässig, so dass bei Tod des A keine Nachlasssteuer auf die Übertragung der Immobilie anfällt. Bei Tod der Ehefrau gilt die Immobilie allerdings als vollumfänglich auf Sohn C übergegangen. Hierfür greift keine *marital deduction*.

b) Übertragungen auf einen qualified domestic trust (QDOT)

Wie unter „Ehe-Abzug (*marital deduction*)" erwähnt, ist die *marital deduction* grundsätzlich nur möglich, wenn der überlebende Ehegatte die US-Staatsbürgerschaft hat. Ist der überlebende Ehegatte nicht US-Staatsbürger, erfolgt selbst dann kein Ehe-Abzug, wenn der überlebende Ehegatte in den USA ansässig ist.

Die *marital deduction* kann jedoch auch in dem Fall angewendet werden, in dem der überlebende Ehegatte nicht die US-Staatsbürgerschaft hat, vorausgesetzt, das Vermögen wird spätestens zum Zeitpunkt der Einreichung der Nachlasssteuererklärung auf einen sogenannten qualifizierten US-*trust* (*qualified domestic trust – QDOT*) übertragen (Sec. 2056A IRC).

Wird Vermögen auf einen *QDOT* übertragen, unterliegen spätere Ausschüttungen des Trustvermögens an den überlebenden Ehegatten der Nachlasssteuer. Ebenfalls fällt beim Tod des letztversterbenden Ehegatten Nachlasssteuer auf das zu diesem Zeitpunkt noch vorhandene Trustvermögen an.

Die Höhe der Nachlasssteuer entspricht dem Betrag an Nachlasssteuer, der angefallen wäre, wenn das (ausgeschüttete oder zum Zeitpunkt des Todes des letztversterbenden Ehegatten noch vorhandene) Trustvermögen Teil des steuerpflichtigen Nachlasses des erstversterbenden Ehegatten wäre (Sec. 2056A(b) IRC).

Ein *trust* qualifiziert als *QDOT* (Sec. 2056A(a) IRC), wenn

- zumindest ein *trustee* US-Staatsangehöriger oder eine US-Körperschaft ist;
- dieser *trustee* die Befugnis hat, die bei einer Ausschüttung des Trustvermögens an den überlebenden Ehepartner anfallenden Steuern im Rahmen eines Quellensteuerabzuges einzubehalten;
- die Behandlung als *QDOT* unwiderruflich beantragt wird.

Durch die Befugnis des US-*trustees*, die bei Ausschüttung des Trustvermögens anfallenden Nachlasssteuern im Rahmen eines Quellensteuerabzuges einzubehalten, soll die Steuererhebung sichergestellt werden. Der *trustee* haftet für diese Steuern (Sec. 2056A(b)(6) IRC).

c) Begräbniskosten (Reg. 20.2053-2)

Abzugsfähig sind im Zusammenhang mit dem Begräbnis angefallene Kosten sowie grundsätzlich Kosten der künftigen Grabpflege.

d) Verwaltungskosten des estate (Reg. 20.2053-3)

Die Verwaltungskosten des *estate* beinhalten insbesondere Kosten, die im Zusammenhang mit der Erfassung der Nachlassgegenstände, der Begleichung von Schulden des Nachlasses sowie der Verteilung des Nachlasses an die Erben oder sonstigen Begünstigten anfallen. Dies kann z. B. die Gebühr für den Nachlassverwalter bzw. Testamentsvollstrecker beinhalten, Gerichtskosten, Rechtsberatungs- und Rechtsdurchsetzungskosten (soweit notwendig für die Auseinandersetzung über den Nachlass), Buchhaltungskosten, Kosten für die Erstellung von Bewertungsgutachten, Kosten für Aufbewahrung/Lagerung von Gegenständen des Nachlasses sowie Kosten im Zusammenhang mit dem Verkauf von Nachlassgegenständen (Makler-/Vermittlungsgebühren).

e) Schulden (Reg. 20.2053-4 sowie Reg. 20.2053-7):

Schulden/Verbindlichkeiten, die der Erblasser zum Zeitpunkt des Todes hatte und die gegenüber dem *estate* vollstreckbar sind, sind abzugsfähig. Gleiches gilt für solche Schulden/Verbindlichkeiten, die durch Nachlassvermögen besichert sind (z. B. Hypotheken).

Vermögen- und Einkommensteuern des Erblassers sind abzugsfähig, soweit diese Zeiträume bis zum Todeszeitpunkt betreffen. Steuern, welche Zeiträume nach dem Todeszeitpunkt betreffen, sind nicht abzugsfähig. Sofern es nachträglich, d. h. nach Einreichung der Nachlasssteuererklärung, zu einer Änderung der Festsetzung von Vermögens- oder Einkommensteuern des Erblassers kommt, erfolgt grundsätzlich auch eine Korrektur der festgesetzten Nachlasssteuer.

Ungewisse Verbindlichkeiten (z. B. aus einem Rechtsstreit) können grundsätzlich abgezogen werden, soweit hierfür ein Sachverständigengutachten vorliegt. Stellt sich nachträglich (d. h. nach Abgabe der Nachlasssteuererklärung) heraus, dass die tatsächliche Verbindlichkeit höher oder niedriger ist (z. B. aufgrund eines später ergangenen Urteils), kann der ursprüngliche Ansatz grundsätzlich noch korrigiert werden, sofern die Festsetzungsfrist noch nicht abgelaufen ist. Ist die Festsetzungsfrist dagegen bereits abgelaufen, kommt eine Korrektur grundsätzlich nur noch in Betracht, wenn vor Ablauf der Festsetzungsfrist vorsorglich ein Antrag auf Erstattung gestellt wurde (*protective claim for refund*).

f) Durch Diebstahl/Unfall verlorenes Nachlassvermögen (Sec. 2054 IRC sowie Reg. 20.2054-1):

Für Nachlassvermögen, welches bis zur Auseinandersetzung durch Diebstahl verloren- oder Unfall untergegangen ist, erfolgt ein Abzug. Dies beinhaltet z. B. Verlust von Vermögen durch Diebstahl, Feuer, Sturm und andere Naturereignisse. Ein Abzug kommt nicht in Betracht, soweit dieser durch eine Versicherung ersetzt wird.

g) Vermächtnisse an öffentliche, gemeinnützige oder religiöse Organisationen (Sec. 2055 IRC sowie Reg. 2055-1 bis 2055-6):

Für Übertragungen von Vermögen an bestimmte öffentliche, gemeinnützige oder religiöse Organisationen kann ein Abzug geltend gemacht werden. Dies umfasst im Allgemeinen:

- Die Übertragung von Vermögen an die USA, einen Bundesstaat, eine politische Gebietskörperschaft oder den District of Columbia für ausschließlich öffentliche Zwecke.

- Die Übertragung von Vermögen auf Gesellschaften, Organisationen oder *trusts* ausschließlich zu religiösen, gemeinnützigen, wissenschaftlichen, literarischen, bildenden, künstlerischen Zwecken, zur Förderung des Amateursports sowie zum Tier- und Kinderschutz. Ein Abzug ist nicht möglich, wenn die Gesellschaft, Organisation oder der *trust* politische Einflussnahme durch die Verbreitung von Propaganda, Lobbyarbeit oder Unterstützung politischer Kampagnen nimmt.
- Die Übertragung von Vermögen auf Veteranenorganisationen.

Im Falle der unbeschränkten Steuerpflicht des Erblassers, d. h. in dem Fall, dass der Erblasser US-Staatsangehöriger oder in den USA ansässig war, ist ein Abzug auch bei Übertragung von Vermögen auf nicht in den USA ansässige Gesellschaften, Organisationen oder *trusts* möglich.

Anders als bei der Einkommen- und Körperschaftsteuer ist der Abzug zudem nicht auf einen bestimmten Prozentsatz oder anderweitig beschränkt.

h) Nachlass-, Erbschafts-, Vermächtnis- und Nachfolgesteuern, welche an die Bundesstaaten und den District of Columbia gezahlt werden (Sec. 2058 IRC):

Nachlass-, Erbschaft-, Vermächtnis- und Nachfolgesteuern, welche an die Bundesstaaten und den District of Columbia gezahlt werden und welche sich auf das Nachlassvermögen beziehen, sind abzugsfähig. Eine Anrechnung dieser Steuern ist nicht mehr möglich.

Das nach den o. g. Abzügen verbleibende Vermögen wird als „steuerpflichtiger Nachlass“ (*taxable estate*) bezeichnet.

6. Berechnung der Nachlasssteuer

Zum steuerpflichtigen Nachlass hinzugerechnet werden sämtliche seit 1976 getätigten steuerpflichtigen Schenkungen des Erblassers, soweit diese die jährlichen Freibeträge überschritten haben (Sec. 2001(b) IRC). Der jährliche Freibetrag für Schenkungen beträgt grundsätzlich 19.000 USD (2025) je Beschenktem und wird regelmäßig inflationsbedingt angepasst.[1]

Auf die Summe aus dem gemeinen Wert des steuerpflichtigen Nachlasses und der seit 1976 getätigten steuerpflichtigen Schenkungen wird der Steuertarif laut folgender Tabelle angewendet (Sec. 2001(c) IRC). Die „vorläufige Steuer“ (*tentative tax*) ergibt sich sodann unter Abzug der Schenkungsteuer, welche auf die seit 1976 getätigten Schenkungen angefallenen ist (hierbei sind jedoch die Steuersätze zum Zeitpunkt des Todes

1 Vgl. Kapitel V „Schenkungsteuer“.

des Erblassers zu berücksichtigen). In einem nächsten Schritt wird die *tentative tax* um Steueranrechnungsbeträge gekürzt.

Tab. G.1. Tentative Tax			
Steuerpflichtige Vermögen in USD		Steuer (tentative tax)	
Über	Bis	fester Betrag in USD	Prozentsatz auf den die Spalte I übersteigenden Betrag
I	II	III	IV
–	10.000	0	18
10.000	20.000	1.800	20
20.000	40.000	3.800	22
40.000	60.000	8.200	24
60.000	80.000	13.000	26
80.000	100.000	18.200	28
100.000	150.000	23.800	30
150.000	250.000	38.800	32
250.000	500.000	70.800	34
500.000	750.000	155.800	37
750.000	1.000.000	248.300	39
über 1.000.000	–	345.800	40

Auf die sich aus dieser Tabelle ergebende *tentative tax* werden insbesondere folgende Beträge angerechnet:

- der „einheitliche Steuerabzugsbetrag“ (*unified transfer tax credit*);
- ausländische Erbschaft- und Nachlasssteuern;
- Nachlasssteuern, die innerhalb der letzten 10 Jahre durch vorherige *estates* gezahlt wurden und auf Vermögen entfallen, welches zum *estate* des Verstorbenen gehört (*previously taxed property credit*).

a) Der einheitliche Steuerabzugsbetrag

Der einheitliche Steuerabzugsbetrag beträgt 5.945.800 USD (2025) (Sec. 2010(c)(3) IRC). Der einheitliche Steuerabzugsbetrag ist zwar steuertechnisch eine Anrechnung auf die vorläufige Steuer, seiner Wirkung nach ist er aber ein allgemeiner Steuerfreibetrag. Sofern die Summe aus dem gemeinen Wert des steuerpflichtigen Nachlasses zzgl. der seit 1976 getätigten steuerpflichtigen Schenkungen daher 15.000.000 USD

(Stand 2025) nicht übersteigt, fällt grds. keine Nachlasssteuer an. Die Anwendung des einheitlichen Steuerabzugsbetrages ist unabhängig davon, an wen das Nachlassvermögen letztlich ausgekehrt wird. Das diesen Betrag übersteigende Vermögen wird mit einem Steuersatz von 40 % besteuert. Der Betrag wird jährlich inflationsbedingt angepasst. Zudem wurde der *unified transfer tax credit* mehrfach gesetzlich erhöht: Mit dem *Tax Cuts and Jobs Act* wurde der Freibetrag von 5.000.000 USD auf 10.000.000 USD erhöht (Stand 2011 vor Inflationsanpassung) und sodann mit dem *One Big Beautiful Bill Act* auf 15.000.000 USD erhöht (Stand 2025). Der anwendbare *unified transfer tax credit* bzw. hieraus abgeleitete Freibetrag beträgt[1]:

Tab. G.2. Unified Transfer Tax Credit

Jahr	Abgeleiteter Freibetrag	Unified transfer tax credit
2002 – 2010	1.000.000 USD	345.800 USD
2011	5.000.000 USD	1.945.800 USD
2012	5.120.000 USD	1.993.800 USD
2013	5.250.000 USD	2.045.800 USD
2014	5.340.000 USD	2.081.800 USD
2015	5.430.000 USD	2.117.800 USD
2016	5.450.000 USD	2.125.800 USD
2017	5.490.000 USD	2.141.800 USD
2018	11.180.000 USD	4.417.800 USD
2019	11.400.000 USD	4.505.800 USD
2020	11.580.000 USD	4.577.800 USD
2021	11.700.000 USD	4.625.800 USD
2022	12.060.000 USD	4.769.800 USD
2023	12.920.000 USD	5.113.800 USD
2024	13.610.000 USD	5.389.800 USD
2025	15.000.000 USD	5.945.800 USD

Das folgende Beispiel verdeutlicht die Wirkungsweise des einheitlichen Steuerabzugsbetrages. Hierbei wird vereinfachungshalber von der durchgängigen Anwendung des Freibetrages von 15.000.000 USD ausgegangen.

1 Die Entwicklung des *Unified Transfer Tax Credits* auch für Vorjahre ist den Erläuterungen der IRS zum Erklärungsformular für Zwecke der *gift tax* (*Instruction for Form 709*) enthalten. Dieses kann unter https://www.irs.gov/pub/irs-pdf/i709.pdf abgerufen werden.

BEISPIEL G.8: A tätigte zu Lebzeiten steuerpflichtige Schenkungen i. H. von 10 Mio. USD. Der Wert des steuerpflichtigen Nachlassvermögens zum Todeszeitpunkt im Jahr 2018 beträgt 10 Mio. USD.

LÖSUNG: Zur Berechnung der *tentative tax* wird dem steuerpflichtigen Nachlassvermögen i. H. von 10 Mio. USD der Wert der steuerpflichtigen Schenkungen in Höhe von 10 Mio. USD hinzugerechnet. Entsprechend der Tabelle G.1 ergibt sich somit eine *tentative tax* von 7.945.800 USD. Unter Berücksichtigung des einheitlichen Steuerabzugsbetrages für 2025 ergibt sich eine Nachlasssteuer von 2.000.000 USD (7.945.800 USD./. 5.945.800 USD). Die Nachlasssteuer von 2.000.000 USD entspricht mithin einer Besteuerung des Vermögens, welches 15.000.000 USD übersteigt, zu einem Steuersatz von 40 %.

Sofern ein verstorbener Ehegatte den einheitlichen Steuerabzugsbetrag nicht ausgeschöpft hat, kann dieser auf den überlebenden Ehegatten übertragen werden (Sec. 2010(c)(4) IRC). Dies gilt auch für gleichgeschlechtliche Ehen. In diesem Fall kann der später versterbende Ehegatte folglich je nach Verbrauch des einheitlichen Steuerabzugsbetrages beim zuerst versterbenden Ehegatten einen Nachlass mit einem steuerpflichtigen Wert von über 15 Mio. USD bis max. 30 Mio. USD (sofern der zuerst verstorbene Ehegatte den *unified transfer tax credit* nicht in Anspruch genommen hat) steuerfrei vererben (Stand 2025).

Voraussetzung ist, dass die Übertragung des nicht ausgeschöpften *unified transfer tax credits* unwiderruflich beantragt wird. Der Antrag ist in der Nachlasssteuererklärung für den erstversterbenden Ehegatten auszuüben (Sec. 2010(c)(5) IRC). Dementsprechend ist zur Übertragung eines nicht ausgeschöpften *unified transfer tax credits* die fristgerechte Abgabe einer Nachlasssteuererklärung auch in dem Fall erforderlich, in dem der Wert des steuerpflichtigen Nachlasses des erstversterbenden Ehegatten kleiner als 15 Mio. USD (2025) ist.

b) Ausländische Erbschaft- und Nachlasssteuern (Sec. 2014 IRC)

Ausländische Erbschaft-, Nachlass- und ähnliche Steuern, welche vom Nachlass oder einem Erben gezahlt werden, werden auf die *tentative tax* angerechnet. Die Anrechnung ist begrenzt auf den Teil der *estate tax*, der auf Vermögen entfällt, welches in dem anderen Land belegen ist. Hierzu ist der Wert des durch die ausländische Steuer belasteten Vermögens zu dem gesamten in den USA steuerpflichtigen Wert des Nachlasses ins Verhältnis zu setzen.

Ob Vermögen „in dem anderen Land" oder in den USA belegen ist, ist in entsprechender Anwendung der Zuordnungsvorschriften für Vermögen von beschränkt nachlasssteuerpflichtigen Personen zu bestimmen.[1] Durch unterschiedliche Zuordnungsvorschriften kann es zu Doppelbesteuerungen kommen.

BEISPIEL G.9: Erblasser A war US-Staatsangehöriger und ansässig in den USA. A besaß zum Todeszeitpunkt ein Bankguthaben bei einer Bank des Staates B (kein Doppelbesteuerungsabkommen) sowie eine Beteiligung an einer im Staat B ansässigen Kapitalgesellschaft. Staat B besteuert sowohl das Bankguthaben als auch die Beteiligung mit Erbschaftsteuer, da nach lokalem Recht ausreichende Anknüpfungspunkte (Ansässigkeit der Bank sowie der Kapitalgesellschaft im Staat B) vorliegen.

LÖSUNG: Eine Anrechnung der Erbschaftsteuer des Staates B auf die *US estate tax* ist nur möglich, soweit die Erbschaftsteuer des Staates B auf die Beteiligung entfällt, da auch nach den US-Zuordnungsvorschriften die Beteiligung als im Staat B belegen gilt. Für die auf das Bankguthaben anfallende Erbschaftsteuer des Staates B ist dagegen keine Anrechnung möglich, da diese nach den US-Zuordnungsvorschriften nicht als im Staat B belegen gilt.

Nachlass- und Erbschaftsteuern der Bundesstaaten können nicht angerechnet, sondern nur als Schuld vom Brutto-Nachlass abgezogen werden.

c) Previously taxed property credit (Sec. 2013 IRC)

Der *previously taxed property credit* soll Härten ausgleichen, die entstehen können, wenn der Verstorbene kurz vor dem Todeszeitpunkt selbst Vermögen erhalten hat, welches mit *estate tax* belastet wurde. Die Anrechnung erfolgt, wenn Vermögen zum Nachlass des Verstorbenen gehört, welches der Verstorbene innerhalb der letzten zehn Jahre selbst geerbt hat. Die Höhe der Anrechnung ist gestaffelt nach den Jahren, die seit dem Erbanfall vergangen sind und beträgt

- 100 % der zuvor gezahlten Steuer, wenn der letzte Erbanfall innerhalb von zwei Jahren geschehen ist;
- 80 % der zuvor gezahlten Steuer, wenn der letzte Erbanfall vor mehr als zwei aber weniger als vier Jahren geschehen ist;
- 60 % der zuvor gezahlten Steuer, wenn der letzte Erbanfall vor mehr als vier aber weniger als sechs Jahren geschehen ist;
- 40 % der zuvor gezahlten Steuer, wenn der letzte Erbanfall vor mehr als sechs aber weniger als acht Jahren geschehen ist;
- 20 % der zuvor gezahlten Steuer, wenn der letzte Erbanfall vor mehr als acht aber weniger als zehn Jahren geschehen ist.

Für die Inanspruchnahme der Anrechnung ist es nicht erforderlich, dass das erhaltene Vermögen noch existiert oder Teil des Nachlasses ist. Ausreichend ist, dass das Ver-

1 Zur Qualifikation von Vermögen als inländisches bzw. ausländisches Vermögen vgl. Kapitel III „Nachlasssteuer bei beschränkter Steuerpflicht".

mögen im Rahmen der vorherigen Übertragung mit *estate tax* belastet war und dass die oben genannten Fristen noch nicht abgelaufen sind (Reg. 20.2013-1(a)).

Die Anrechnung ist allerdings begrenzt auf die Minderung der *estate tax*, welche sich unter Außerachtlassung des Wertes des erhaltenen Vermögens (bewertet wie in der Nachlasssteuererklärung des Übertragenden) aus dem *estate* des Erblassers ergibt.

7. Fristen, Erklärungs- und Zahlungspflichten, Zahlungsaufschub

Bei der Nachlasssteuer ist der Testamentsvollstrecker bzw. Nachlassverwalter verpflichtet, die Steuererklärung IRS Form 706 abzugeben (Sec. 6018(a)(1) IRC). Ist ein solcher nicht vorhanden ist jede Person, der eine einem Testamentsvollstrecker bzw. Nachlassverwalter ähnliche Position einnimmt zur Abgabe der Steuererklärung verpflichtet.

Die Verpflichtung zur Abgabe der Nachlasssteuererklärung besteht jedoch nur, sofern der steuerpflichtige Nachlass zuzüglich der seit 1976 erfolgten steuerpflichtigen Schenkungen den in dem jeweiligen Jahr anwendbaren allgemeinen Freibetrag übersteigt (Sec. 6018(a)(1) IRC). Für Erbfälle im Jahr 2025 ist damit die Abgabe einer Nachlasssteuererklärung grundsätzlich nicht erforderlich, sofern der steuerpflichtige Nachlass zuzüglich der seit 1976 erfolgten steuerpflichtigen Schenkungen 15.000.000 USD nicht übersteigt.

Zudem ist die fristgerechte Abgabe einer Nachlasssteuererklärung erforderlich, wenn ein vom erstversterbenden Ehegatten nicht ausgeschöpfter Freibetrag auf den überlebenden Ehegatten übertragen werden soll.

IRS Form 706 ist innerhalb von neun Monaten nach dem Erbfall einzureichen (Sec. 6075(a) IRC). Eine sechsmonatige Fristverlängerung ist grundsätzlich möglich (Sec. 6081(a) IRC).[1] Die Steuererklärung steht einer Steuerfestsetzung gleich (Selbstveranlagung) (Sec. 6151(a) IRC).

Die Zahlung der *estate tax* hat durch den Testamentsvollstrecker bzw. Nachlassverwalter aus dem Nachlassvermögen zu erfolgen (Sec. 2002 IRC). Unterlässt er dies und kehrt das Vermögen des *estates* an die Begünstigten aus, ist er persönlich für die *estate tax* haftbar. Unter Umständen sind zudem die Personen für die *estate tax* haftbar, die Vermögen aus dem *estate* erhalten (Reg. 20.2002-1).

Der Testamentsvollstrecker bzw. Nachlassverwalter kann sich von der persönlichen Haftung durch Antrag befreien lassen (Sec. 2204 IRC). Der Testamentsvollstrecker bzw. Nachlassverwalter wird von der persönlichen Haftung frei, sobald ihm die IRS nach Antragstellung über die Höhe der anfallenden *estate tax* informiert und diese gezahlt

1 Antrag auf Fristverlängerung erfolgt über IRS Form 4768.

wird bzw. bereits gezahlt wurde. Über den Antrag hat die IRS grundsätzlich innerhalb von neun Monaten nach Antragstellung zu entscheiden.

Die Steuer ist neun Monate nach dem Todeszeitpunkt fällig. Dies gilt grundsätzlich auch für den Fall, dass für die Einreichung der Nachlasssteuererklärung eine sechs-monatige Fristverlängerung gewährt wurde (Sec. 6151 IRC). Auf individuellen Antrag und bei Vorliegen sachlicher Gründe ist jedoch eine bis zu 12-monatige verzinsliche Verlängerung der Zahlungsfrist möglich (Sec. 6161(a)(1) IRC). Als sachliche Gründe kommen zum Beispiel in Betracht (Reg. 20.6161-1):

- der Testamentsvollstrecker bzw. Nachlassverwalter hat (noch) keinen Zugriff auf liquide Mittel, da sich diese im Ausland befinden;
- der Nachlass enthält unzureichende liquide Mittel und eine Liquidierung anderer Wirtschaftsgüter ist nicht innerhalb der neun-Monatsfrist möglich;
- der Nachlass besteht vorwiegend aus schwierig liquidierbaren Wirtschaftsgütern, aus denen jedoch laufende Einkünfte erzielt werden (z. B. Patente).

Eine etwaige Zahlungsfristverlängerung beinhaltet keine Verlängerung der Frist zur Abgabe der Nachlasssteuererklärung.

Eine verzinsliche Ratenzahlung der Steuer über einen Zeitraum von max. zehn Jahren ist möglich, sofern der Verstorbene US-Staatsbürger oder ansässiger Ausländer war, der Wert von bestimmten Unternehmensbeteiligungen (*closely held business*) mehr als 35 % des angepassten Nachlasses (*adjusted gross estate*) ausmacht und die Steuererklärungspflichten rechtzeitig erfüllt werden (Sec. 6166 IRC).

Als *closely held business* qualifzieren:

- Einzelunternehmen;
- Beteiligungen an Personengesellschaften sofern (i) der Anteil des *estate* an der Personengesellschaft mindestens 20 % beträgt oder (ii) die Personengesellschaft höchstens 45 Gesellschafter hat;
- Beteiligungen an Kapitalgesellschaften sofern (i) der Anteil des *estate* an der Kapitalgesellschaft mindestens 20 % beträgt oder (ii) die Kapitalgesellschaft höchstens 45 Gesellschafter hat.

Der *adjusted gross estate* ist der *gross estate* abzüglich der Schulden, Begräbniskosten, Verwaltungskosten und dem durch Diebstahl/Unfall verloren gegangenen Nachlassvermögen. Dies bedeutet insbesondere, dass der *adjusted gross estate* keinen Abzug der *marital deduction*, der Übertragungen auf einen *QDOT* und der Vermächtnisse an öffentliche, gemeinnützige oder religiöse Organisationen beinhaltet.

Die Ratenzahlung ist gedeckelt auf den Teil der Nachlasssteuer, der auf den Wert des *closely held business* entfällt. Dieser Teil der Nachlasssteuer wird ermittelt auf Basis des Verhältnisses des Wertes des *closely held business* zum *adjusted gross estate*. Für die Steuer, die auf übriges Nachlassvermögen entfällt, ist keine Ratenzahlung möglich.

Sofern die Voraussetzungen erfüllt sind, kann der Testamentsvollstrecker bzw. Nachlassverwalter wählen, ob die Nachlasssteuer in zwei bis maximal zehn gleichen Raten gezahlt werden soll.

Daneben können die jährlichen Ratenzahlungen in den ersten vier Jahren ausgesetzt werden, so dass der gesamte Zahlungsaufschub bis zu 14 Jahre beträgt.

Die ausgesetzten bzw. in Raten zu zahlenden Nachlasssteuern sind wie folgt zu verzinsen (Sec. 6601(j) IRC):

- Für den Teil der *estate tax*, der auf einen Wert des *closely held businesses* von bis 1.850.000 USD (Wert für 2024 – dieser wird regelmäßig inflationsbedingt angepasst) entfällt, beträgt der Zinssatz 2 %.
- Für den Teil der *estate tax*, die auf den übersteigenden Wert des *closely held businesses* entfällt, beträgt der Zinssatz 45 % des Zinssatzes für allgemeine Steuernachzahlungen. Der Zinssatz für allgemeine Steuernachzahlungen wird ermittelt aus der *Federal Short Term Rate* zuzüglich 3 %-Punkte.[1]

Die Zinsen sind jährlich fällig, auch sofern für die Nachlasssteuer für die ersten vier Jahre ein Zahlungsaufschub gewährt wird (Sec. 6166(f) IRC).

8. Vergleich wesentlicher Parameter Deutschland / USA

Die folgende Tabelle enthält ausgesuchte Parameter der deutschen Erbschaft- und Schenkungsteuer sowie der vergleichbaren US-Steuern auf Bundesebene.

Tab. G.3.: Vergleich Deutschland/USA

Parameter	Erbschaft-/Schenkungsteuer Deutschland	US federal estate/gift/generation-skipping tax
Steueraufkommen	ca. 9 Mrd. € (2023)[2]	ca. 32 Mrd. USD (2023)
Anteil am Steueraufkommen	Ca. 1 %	< 1 %

1 Vgl. Kapitel E.XI.2 „Folgen bei verspäteter Abgabe der Steuererklärung oder verspäteter Steuerzahlung" zur allgemeinen Zinsberechnung.

2 https://de.statista.com/statistik/daten/studie/235806/umfrage/einnahmen-aus-der-erbschaftsteuer//.

Wesentlichste besteuerte Vorgänge	- Erbanfall („Erwerb von Todes wegen" § 1 Abs. 1 Nr. 1 ErbStG) - Schenkung (§ 1 Abs. 1 Nr. 2 ErbStG)	- Übergang auf den *estate* (Anteil des einzelnen Erben grds. nicht relevant) - Schenkung - Vermögensübergang über mehrere Generationen (Generationen-Überspringsteuer)
Persönlicher Freibetrag (nicht besteuertes Vermögen)	- von 20.000 € (Steuerklasse III) bis zu 500.000 € (Ehegatte) - abhängig von der Steuerklasse/ Verhältnis zum Erblasser/Schenker - Freibetrag gilt je Erwerber (Erbe/ Beschenkter)	- 15.000.000 USD (Stand 2025) - Freibetrag gilt je Erblasser / Schenker (d. h. dieser ist unabhängig von der Anzahl der Erben/Beschenkten und dem Verhältnis dieser Personen zum Erblasser/Schenker)
Berücksichtigung früherer Erwerbe/ Schenkungen	- Erwerbe der vergangenen zehn Jahre werden addiert - dadurch ist der persönliche Freibetrag nach Ablauf von zehn Jahren neu nutzbar	- sämtliche Schenkungen und das Vermögen zum Zeitpunkt des Todes werden addiert - dadurch ist der persönliche Freibetrag nur einmal im Leben nutzbar
Steuersatz	- Steuerklasse I: 7 % (Vermögen bis 75.000 €) – 30 % (Vermögen über 26 Mio. €) - Steuerklasse II: 15 % (Vermögen bis 75.000 €) – 43 % (Vermögen über 26 Mio. €) - Steuerklasse III: 30 % (Vermögen bis 6 Mio €) – 50 % (Vermögen über 26 Mio. €)	40 % (unter Berücksichtigung des Freibetrages)
Bewertungsmaßstab	- gemeiner Wert - für Unternehmen „vereinfachtes Ertragswertverfahren" gem. § 200 ff. BewG möglich	- *Fair Market Value* - Bewertung von Unternehmen nach „anerkannten" Methoden, z. B. Discounted-Cash-Flow/Vervielfältiger-Methode
Begünstigung von Betriebsvermögen	- ggf. vollständige Verschonung gemäß §§ 13a ff. ErbStG möglich („Optionsverschonung"), darüber hinaus - Abschmelzung des Verschonungsabschlages - Verschonungsbedarfsprüfung (§ 28a ErbStG) - ggf. 30 %iger Wertabschlag für Familienunternehmen (§ 13a Abs. 9 ErbStG)	- Bewertungsabschlag von maximal 1.420.000 USD (Stand 2025, regelmäßige Inflationsanpassung) für betrieblich genutztes Grundvermögen - verzinsliche Stundung der Nachlasssteuer über maximal 15 Jahre (Jahr 1 bis 5 tilgungsfrei) soweit begünstigtes Betriebsvermögen mindestens 35 % des Wertes des gesamten Nachlasses ausmacht

III. Nachlasssteuer bei beschränkter Steuerpflicht

Die Berechnungssystematik bei beschränkter Erbschaftsteuerpflicht ist in weiten Teilen ähnlich der bei unbeschränkter Erbschaftsteuerpflicht. Die wesentlichen Abweichungen sind im Folgenden dargestellt.

Wenn der Erblasser im Zeitpunkt seines Todes nichtansässiger Ausländer war (beschränkte Steuerpflicht), wird nur das Vermögen zur Erbschaftsteuer herangezogen, welches „US-Vermögen" darstellt (Sec. 2101, 2103 IRC). Dies ist insbesondere in den USA belegendes Grundvermögen, bewegliches Vermögen, welches sich physisch in den USA befindet (ausgenommen hiervon sind grundsätzlich Kunstgegenstände, welche einem Museum leihweise überlassen sind, Sec. 2105(c) IRC); Forderungen gegen US-Ansässige, US-Bürger, US-*Corporations*, US-*partnerships* und US-*trusts*; US-Staatsanleihen und andere Anleihen ggü. US-Gebietskörperschaften, in den USA eingetragene Patente sowie Anteile an US-Kapitalgesellschaften (Sec. 2104 IRC). Einlagen auf US-Bankkonten stellen grds. kein US-Vermögen dar (Sec. 2105(b) IRC), es sei denn, dieses steht im Zusammenhang mit einer betrieblichen Tätigkeit in den USA. Leistungen aus einer auf den Tod des Erblassers abgeschlossenen Lebensversicherung qualifiziert nicht als US-Vermögen (Sec. 2105(a) IRC). Siehe auch Reg. 20.2104-1 für weitere Erläuterungen zum US-Vermögen (*property within the United States*) und Reg. 20.2105-1 zum ausländischen Vermögen (*property without the United States*).

Es sei an dieser Stelle erwähnt, dass der Besteuerungsumfang im Rahmen einer Schenkung stärker eingeschränkt ist. So unterliegen z. B. immaterielle Wirtschaftsgüter (dies umfasst auch Anteile an Kapitalgesellschaften) nicht der beschränkten Schenkungsteuerpflicht. Die Nutzung der unterschiedlichen Regelungen zum Besteuerungsumfang bei schenkweiser Übertragung (immaterielle Vermögensgegenstände inklusive Beteiligung sind von der Besteuerung ausgenommen) bzw. Übertragung von Todes wegen wird als *„intangible property exemption"*-Planung bezeichnet.

Das Besteuerungsrecht für „US-Vermögen" kann durch ein Doppelbesteuerungsabkommen, z. B. dem Doppelbesteuerungsabkommen zwischen Deutschland und den USA, überlagert werden.[1]

Die Bewertung erfolgt wiederum mit dem Verkehrswert zum Todeszeitpunkt, ggf. auch auf einen max. sechs Monate späteren Zeitpunkt.

Begräbnis- und Verwaltungskosten des estate, Schulden des Erblassers (unabhängig davon, ob diese im Zusammenhang mit dem US-Vermögen stehen) und Nachlassvermögen, welches bis zur Auseinandersetzung durch Diebstahl verloren oder durch Unfall untergegangen ist, können im Verhältnis „gemeiner Wert des US-Vermögens" zum

1 Vgl. Kapitel X. „Doppelbesteuerungsabkommen".

„gemeinen Wert des gesamten Erbvermögens“ abgezogen werden (Sec. 2106(a)(1) IRC).

Ebenfalls abgezogen werden können Vermächtnisse an bestimmte gemeinnützige oder religiöse Organisationen[1]. Voraussetzung ist jedoch, dass es sich bei dem Empfänger um eine US-Organisation handelt und die Mittel in den USA verwendet werden (Sec. 2106(a)(2) IRC).

Nachlass-, Erbschaft-, Vermächtnis- und Nachfolgesteuern, welche an die Bundesstaaten und den District of Columbia gezahlt werden, können ebenfalls abgezogen werden. Eine Anrechnung dieser Steuern ist nicht möglich.

Die Höhe des „Ehe-Abzugs“ (*marital deduction*)[2] hängt vom Status des überlebenden Ehegatten ab (Sec. 2106(a)(3) IRC). Hat dieser die US-Staatsbürgerschaft, ist ein unbegrenzter Abzug von (US-)Vermögen, welches der überlebende Ehegatten erhält, möglich. Diese Regelung gilt auch für gleichgeschlechtliche Ehen. Hat dieser nicht die US-Staatsbürgerschaft (unabhängig davon, ob dieser in den USA ansässig ist oder nicht), ist grds. kein Abzug möglich, es sei denn, das US-Vermögen wird in einen qualifizierten US-*trust* (*„qualified domestic trust“ – „QDOT“*) übertragen oder der überlebende Ehegatte wird kurzfristig nach dem Erbfall US-Bürger.

Die „vorläufige Steuer“ (*tentative tax*) wird wiederum auf Basis der Summe des gemeinen Wertes des steuerpflichtigen (US-)Nachlasses und der getätigten steuerpflichtigen Schenkungen nach der auch für unbeschränkt Steuerpflichtige geltenden Tabelle berechnet (Sec. 2101(b) IRC).[3]

Als Steuerabzugsbeträge kommen ähnlich wie bei der unbeschränkten Steuerpflicht in Betracht:

- der „einheitliche Steuerabzugsbetrag für beschränkt Steuerpflichtige“ (*unified transfer tax credit*);
- Steuern, die auf vorherige Erwerbe (bis zu zehn Jahre) angefallen sind (*credit for tax on prior transfer*).

Der einheitliche Steuerabzugsbetrag für beschränkt Steuerpflichtige beträgt 2024 13.000 USD, was einem effektiven Freibetrag von 60.000 USD entspricht (Sec. 2102(b)(1) IRC).

Durch Anwendung eines Doppelbesteuerungsabkommens kann es jedoch zu einer signifikanten Erhöhung des Freibetrages kommen. Im Regelfall wird hiernach der Frei-

1 Vgl. Kapitel II.5.g) „Vermächtnisse an öffentliche, gemeinnützige oder religiöse Organisationen (Sec. 2055 IRC sowie Reg. 2055-1 bis 2055-6)“.

2 Vgl. Kapitel II.5 „Ehe-Abzug (*marital deduction*) (Sec. 2056 IRC)“.

3 Vgl. Kapitel II.6 „Berechnung der Nachlasssteuer“.

betrag, der bei unbeschränkter Steuerpflicht Anwendung findet, im Verhältnis „gemeiner Wert des US-Vermögens" zum „gemeinen Wert des gesamten Erbvermögens" gewährt.[1]

Die Anrechnung von Steuern auf vorherige Erwerbe entspricht im Wesentlichen der Regelung für unbeschränkt Steuerpflichtige.

Bei der Nachlasssteuer ist der Testamentsvollstrecker bzw. Nachlassverwalter verpflichtet, die Steuererklärung IRS Form 706-NA abzugeben. Ist ein solcher nicht vorhanden, ist jede Person, der eine einem Testamentsvollstrecker bzw. Nachlassverwalter ähnliche Position einnimmt, zur Abgabe der Steuererklärung verpflichtet.

Die Verpflichtung zur Abgabe der Nachlasssteuererklärung besteht jedoch nur, wenn das US-Vermögen des Erblassers 60.000 USD übersteigt (Sec. 6018(a)(2) IRC). Vermögen, welches nicht als US-Vermögen qualifiziert, braucht in der Nachlasssteuererklärung nicht deklariert zu werden, es sei denn, dies spielt für die Ermittlung von Abzugspositionen eine Rolle (z. B. für Zwecke der oben genannten Verhältnismäßigkeitsberechnungen).[2]

IRS Form 706-NA ist innerhalb von neun Monaten nach dem Erbfall einzureichen (Sec. 6075 IRC). Eine sechsmonatige Fristverlängerung ist grundsätzlich möglich (Sec. 6081(a) IRC).[3] Die Steuererklärung steht einer Steuerfestsetzung gleich (Selbstveranlagung) (Sec. 6151(a) IRC).

Die Steuer ist neun Monate nach dem Todeszeitpunkt fällig. Dies gilt grundsätzlich auch für den Fall, dass für die Einreichung der Nachlasssteuererklärung eine sechs-monatige Fristverlängerung gewährt wurde.

IV. Die Generationen-Überspringsteuer

Das System der Erbschaft- und Schenkungsteuer des Bundes wird durch eine „Generationen-Überspringungsteuer" (*generation-skipping transfer tax*) ergänzt. Sie soll verhindern, dass Vermögen nicht an die nächste, sondern an die übernächste oder an noch jüngere Generationen übertragen wird, ohne dass (mehrfach) Erbschaft- oder Schenkungsteuer anfällt.

Die beteiligten Personen sind dazu zunächst einer Generation im Verhältnis zum Schenker/Verstorbenen zuzuordnen (Sec. 2651 IRC). Ehegatte und Geschwister gehören zur gleichen Generation. Kinder werden der nächsten Generation zugeordnet, Enkelkin-

1 Section 2102(b)(3)(a) IRC; vgl. auch Kapitel X. „Doppelbesteuerungsabkommen".

2 Siehe auch die Erläuterungen der IRS zum Formular 706-NA (*Instructions for Form 706-NA*) – https://www.irs.gov/pub/irs-pdf/i706na.pdf.

3 Antrag auf Fristverlängerung erfolgt über IRS Form 4768.

der der übernächsten Generation. Sofern die Eltern der Enkelkinder bereits verstorben sind, werden die Enkelkinder der nächsten statt der übernächsten Generation zugeordnet. Entferntere Verwandte werden nach dem gleichen Muster den Generationen zugeordnet. Nicht-verwandte Personen gehören zur gleichen Generation wie der Schenker/Verstorbene, sofern diese nicht mehr als 12,5 Jahre jünger sind als der Schenker/Verstorbene. Im Übrigen werden nicht-verwandte Personen in 25-Jahre-Abständen den nächsten Generationen zugeordnet; d. h. nicht verwandte Personen, die 12,5 bis 37,5 Jahre jünger sind als der Schenker/Verstorbene, gehören zur nächsten Generation usw.

Die *generation-skipping transfer tax* fällt an, wenn Vermögen vom Schenker/Verstorbenen an die übernächste (z. B. Enkelkinder) oder spätere Generationen (z. B. Ur-Enkelkinder) übertragen wird; sog. *skip persons* (Sec. 2601 IRC).

Hierbei kommen vor allem direkte Vermögensübertragungen (*direct skips, Sec. 2611(a)(3) IRC*) an *skip persons*, Ausschüttungen von Trustvermögen an eine *skip person (taxable distribution, Sec. 2611(a)(1) IRC)* und die Beendigung nießbrauchähnlicher Rechte an einigen *trusts* (*taxable termination, Sec. 2611(a)(2) IRC*) in Betracht. Die Regelungen zu *direct skips, taxable distributions* und *taxable terminations* unterscheiden sich teilweise.

Steuerschuldner ist

- im Falle des *direct skips* der Schenker bzw. *trust (Sec. 2603(a)(3) IRC)*;
- im Falle der *taxable distribution* derjenige, der die Ausschüttung erhält *(Sec. 2603(a)(1) IRC)*; und
- im Falle der *taxable termination* der *trustee (Sec. 2603(a)(2) IRC).*
- Ein *direct skip* ist eine der *gift tax* oder *estate tax* unterliegende Vermögensübertragung auf eine *skip person* (Sec. 2612(c) IRC). Eine *skip person* ist, wie oben bereits erwähnt, eine Person, die zumindest der übernächsten (oder einer weiteren) Generation im Verhältnis zum Erblasser oder Schenker zuzuordnen ist. Ein *trust* gilt unter anderem dann als *skip person*, wenn sämtliche Rechte an dem Trustvermögen durch *skip persons* gehalten werden (Sec. 2613 IRC). Eine Übertragung von Vermögen auf eine mehr als zwei Generationen entfernte Person (z. B. eine Vermögensübertragung auf einen Ur-Enkel) unterliegt nur einmalig der *generation-skipping transfer tax*. Die Bewertung erfolgt grundsätzlich mit dem Verkehrswert (Sec. 2623 IRC). Im Falle eines Erbfalls erfolgt die Bewertung grundsätzlich analog zur Bewertung für Zwecke der *estate tax*, d. h. für betrieblich oder landwirtschaftlich genutztes Vermögen kommt gegebenenfalls ein Abschlag in Betracht; im Fall des Erbfalles kommt analog zur *estate tax* auch eine Bewertung spätestens sechs Monate nach Erbfall in Betracht (Sec. 2624(b) IRC).

Eine *taxable distribution* ist die Ausschüttung von Vermögen oder Auskehrung von Vermögen aus einem *trust* an eine *skip person* (Sec. 2612(b) IRC). Die Bewertung erfolgt grundsätzlich mit dem Verkehrswert. Der der *generation-skipping transfer tax* unterliegende Betrag erhöht sich um eine etwaige durch den *trust* gezahlte *generation-skipping transfer tax* (Sec. 2621 IRC).

Eine *taxable termination* ist die Beendigung eines Rechtes (z. B. Vermögens- oder Gewinnbezugsrecht) an einem Trustvermögen (z. B. durch Tod oder Zeitablauf), es sei denn, (i) die Beendigung hat eine der *estate tax* oder *gift tax* unterliegende Übertragung des Trustvermögen zur Folge, (ii) dieses wird nicht auf eine *non-skip person* übertragen oder (iii) es können künftig keine Ausschüttungen an *skip-persons* erfolgen (Sec. 2612(a) IRC). Die Bewertung erfolgt grundsätzlich mit dem Verkehrswert (Sec. 2622 IRC). Im Fall des Erbfalles kommt analog zur *estate tax* auch eine Bewertung spätestens sechs Monate nach Erbfall in Betracht (Sec. 2624(c) IRC).

Wie bei der Schenkungsteuer unterliegt die Übernahme von Studiengebühren und Krankheitskosten nicht der *generation-skipping transfer tax (Sec. 2611(b)(1) IRC).* Der jährliche Freibetrag je Beschenktem i. H. von 19.000 USD (38.000 USD bei Ehegatten) (Stand 2025, der Betrag wird regelmäßig inflationsbedingt angepasst) greift nur für *direct skips.*[1]

Daneben steht jedem Schenker/Verstorbenen ein Freibetrag i. H. v. 15.000.000 USD (2026) zu; d. h. bis zu dieser Höhe ist die Summe aller Vermögensübertragungen an *skip persons* von der *generation-skipping transfer tax* befreit (Sec. 2631 IRC). Der Freibetrag ist zwar der Höhe nach identisch mit dem effektiven Freibetrag bei der Schenkung- bzw. Erbschaftsteuer, ist aber vom Letzteren in der Anwendung ansonsten gänzlich unabhängig. Der Freibetrag wird bei Verheirateten verdoppelt, sofern diese beantragen, dass die Vermögensübertragung so behandelt wird, als ob diese von jedem Ehegatten zu je 50 % erfolgt ist.

Der Steuersatz beträgt einheitlich 40 % und ist nicht weiter gestaffelt (Sec. 2641 IRC). Eine Anrechnung von *estate tax* oder *gift tax*, die auf denselben Vermögensübergang erhoben wird, ist nicht möglich.

Es ergeben sich folgende Steuererklärungspflichten (Reg. 26.2662-1):

- Im Falle einer *taxable distribution* ist durch denjenigen, der die Ausschüttung erhält, Form 706GS(D) einzureichen; der *trustee* hat Form 706GS(D-1) (*notification of distribution*) einzureichen.
- Im Falle einer *taxable termination* ist durch den *trustee* Form 706GS(T) einzureichen.

1 Zum jährlichen Freibetrag je Beschenkten vgl. Kapitel V. „Schenkungsteuer“.

- Im Falle eines *direct skips* unter Lebenden erfolgt die Deklaration durch den Schenker im gleichen Formular (Form 709), welches auch für die *gift tax* verwendet wird.
- Im Falle eines *direct skips* aufgrund eines Erbfalls erfolgt die Deklaration durch den Testamentsvollstrecker bzw. Nachlassverwalter im gleichen Formular (Form 706 bzw. Form 706-NA für beschränkt Steuerpflichtige), welches auch für die *estate tax* verwendet wird.

Im Fall der *taxable distribution* und *taxable termination* sind die Steuererklärungen grundsätzlich bis zum 15. April des Folgejahres des steuerpflichtigen Ereignisses einzureichen (Reg. 26.2662-1(d)(1)(ii)). Die *generation-skipping transfer tax* ist zum 15. April des Folgejahres fällig. Eine sechsmonatige Fristverlängerung ist auf Antrag möglich (Reg. 26.6081-1). Dies gilt auch für den Fall, dass für die Einreichung der Steuererklärung eine sechs-monatige Fristverlängerung gewährt wurde.

Für die *direct skips* gelten die für die *gift tax* und *estate tax* relevanten Fristen (Reg. 26.2662-1(d)(1)(i)).

V. Schenkungsteuer

1. Unbeschränkte Steuerpflicht

Die Schenkungsteuer des Bundes (*federal gift tax*) wird auf jährlicher Basis auf die Summe aller Schenkungen im In- und Ausland durch US-Staatsangehörige und in den USA ansässige Ausländer erhoben (Sec. 2501 IRC). Dies entspricht den Regelungen zur unbeschränkten Steuerpflicht bei der *estate tax*.[1]

Die Schenkung von Vermögen an US-Staatsangehörige oder in den USA ansässige Ausländer durch nicht in den USA ansässige Ausländer unterliegt nicht der *gift tax*, vorausgesetzt der Schenker ist nicht beschränkt steuerpflichtig (z. B. aufgrund der Belegenheit des Vermögens in den USA)[2]. Der Beschenkte hat die Schenkung jedoch gegenüber den Finanzbehörden anzuzeigen.[3]

Erfolgt eine Schenkung durch eine Kapital- oder Personengesellschaft, durch einen *trust* oder durch einen *estate*, wird die Schenkung anteilig den Gesellschaftern bzw. Begünstigten zugerechnet. Schenkungen an eine Kapital- oder Personengesellschaft durch einen Gesellschafter gelten dementsprechend als anteilige Schenkungen durch diesen Gesellschafter an die übrigen Gesellschafter. Die unwiderrufliche Übertragung von Ver-

1 Vgl. Kapitel II.2 „Unbeschränkte Steuerpflicht".

2 Vgl. zum Umfang der Besteuerung bei beschränkter Steuerpflicht Kapitel V.5."Schenkungsteuer bei beschränkter Steuerpflicht".

3 Die Anzeige der Schenkung erfolgt auf Form 3520.

mögen auf einen *trust* gilt grundsätzlich als Schenkung von dem Übertragenden an den Begünstigten des *trusts* (Reg. 25.2511-1(h)(1)).

Kapital- und Personengesellschaften sowie *trusts* und *estates* unterliegen damit selbst nicht der *gift tax* (Reg. 25.0-1(b)).

2. Der gift tax unterliegende Übertragungen

Der *gift tax* unterliegen grundsätzlich alle unentgeltlichen Übertragungen von Vermögen unabhängig vom Empfänger des Vermögens. Dies umfasst bei unbeschränkter persönlicher Steuerpflicht z. B. die unentgeltliche Übertragung von beweglichem und unbeweglichem Vermögen, von materiellem und immateriellem Vermögen sowie von Privat- und Betriebsvermögen (Reg. 25.2511-1).

Die Anwendung der *gift tax* ist unabhängig von der Belegenheit des Vermögens, d. h. sowohl inländisches als auch ausländisches Vermögen unterliegt der *gift tax*, sofern der Schenker unbeschränkt schenkungsteuerpflichtig ist.

Teilentgeltliche Übertragungen unterliegen in Höhe des unentgeltlichen Teils der Schenkungsteuer. Forderungsverzichte können ebenso der *gift tax* unterliegen wie zinslose Darlehensgewährungen (ersparte Zinsaufwendungen).

Im Falle der Eröffnung eines gemeinsamen Bankkontos und der Einzahlung von Guthaben nur durch eine Person liegt eine Schenkung in dem Zeitpunkt vor, in dem die andere Person Geld für eigene Zwecke abhebt oder überweist, ohne dass eine Rückzahlungsverpflichtung besteht. Werden Ehegatten zusammen zur Einkommensteuer veranlagt und zahlt ein Ehegatte einen überproportionalen Teil oder die gesamte Einkommensteuer der zusammen veranlagten Ehegatten, stellt dies keine Schenkung dar. Ebenso stellt es keine Schenkung dar, wenn ein Ehegatte im Fall des *gift-splitting* die gesamte Schenkungsteuer zahlt (Reg. 25.2511-1(d)). Vermögensübertragungen anlässlich einer Scheidung unterliegen nicht der Schenkungsteuer, sofern die Ehegatten hierüber eine schriftliche Vereinbarung treffen und die Scheidung innerhalb eines Jahres vor oder innerhalb von zwei Jahren nach Abschluss dieser Vereinbarung stattfindet; dies umfasst auch angemessene Vermögensübertragungen bzw. Unterhaltszahlungen zugunsten minderjähriger Kinder (Sec. 2516 IRC).

Die Bewertung erfolgt mit dem gemeinen Wert (*fair market value*) zum Zeitpunkt der Schenkung und damit grundsätzlich entsprechend der Regelungen zur *estate tax* (Sec. 2512 IRC).

Der Bewertungsabschlag von bis zu 1.420.000 USD (Stand 2025) für bestimmtes betrieblich genutztes Grundvermögen[1] findet für die Schenkungsteuer jedoch keine Anwendung.

Relevante Sonderregelungen gibt es für die Bewertung von Anteilen an Körperschaften und Personengesellschaften sowie von Vermögensübertragungen auf *trusts* und Übertragungen von *trust*-Beteiligungen, sofern die Übertragung an ein Familienmitglied erfolgt und sich der Schenker bestimmte Rechte (z. B. Gewinnbezugsrechte) vorbehalten hat (Sec. 2701, 2702 IRC) (sogenannte *Discounting*-Regelungen).

Die wesentlichen Abzugspositionen vom Verkehrswert des geschenkten Vermögens sind:

- jährlicher Freibetrag je Beschenktem (*annual per donee exclusion*);
- Abzug für die Übernahme von Studiengebühren und Krankheitskosten des Beschenkten;
- Abzug für Schenkungen an den Ehegatten (*marital deduction*);
- Abzug für Schenkungen an gemeinnützige und politische Organisationen.

Jährlicher Freibetrag je Beschenktem (*annual per donnee exclusion*) (Sec. 2503(b)(1) IRC):

- Unter der *annual per donee exclusion* sind grundsätzlich jährliche Schenkungen bis zu einem Betrag von 19.000 USD in 2025 je Beschenktem steuerfrei. Tätigt der Schenker z. B. jährlich Schenkungen von je 19.000 USD an mehrere Empfänger, sind diese im Allgemeinen steuerfrei, auch wenn der Gesamtbetrag der Schenkungen 19.000 USD übersteigt. Die Anwendung der *annual per donee exclusion* ist unabhängig vom Verwandtschaftsgrad zwischen Schenker und Beschenktem. Der Betrag wird regelmäßig an die Inflation angepasst.
- Ehegatten können den Betrag von 19 000 USD je Beschenktem verdoppeln (sog. *gift-splitting*), sofern beide Ehegatten dieser Vorgehensweise zustimmen und beide Ehegatten entweder US-Staatsbürger sind oder in den USA ansässig sind (Sec. 2513 IRC). Hierbei wird so getan, als ob die Schenkung eines Ehegatten jeweils zur Hälfte von jedem Ehegatten erfolgt. In diesem Fall werden beide Ehegatten Schuldner der Schenkungsteuer. Im Fall des *gift-splitting* hat jeder Ehegatte eine eigene Schenkungsteuererklärung abzugeben, in der der jeweilige Anteil erklärt wird.

1 Vgl. Kapitel II.4 „Bewertung des Brutto-Nachlasses“.

Übernahme von Studiengebühren und Krankheitskosten des Beschenkten (Sec. 2503(e) IRC):

- Die Übernahme von Studiengebühren und Krankheitskosten (hierzu zählen auch Krankenversicherungsbeiträge) des Beschenkten ist im Allgemeinen in unbeschränkter Höhe und unabhängig vom Verwandtschaftsgrad steuerfrei.
- Voraussetzung ist, dass die Zahlung unmittelbar an die leistende Organisation (z. B. Universität oder Krankenversicherung) erfolgt. Die leistende Organisation kann auch im Ausland ansässig sein. Sofern Anspruch auf Erstattung besteht (z. B. aus einer Krankenversicherung) kommt ein Abzug nicht in Betracht. Ebenfalls kommt in Bezug auf Studiengebühren kein Abzug in Betracht für Sachkosten (z. B. Bücher), Unterbringungs- und Verpflegungskosten und ähnliche Kosten.

Schenkungen an den Ehegatten (*marital deduction*) (Sec. 2523 IRC):

- Schenkungen an den Ehegatten sind im Allgemeinen in unbeschränkter Höhe steuerfrei, sofern der beschenkte Ehegatte die US-Staatsbürgerschaft hat. Diese Regelung gilt auch für gleichgeschlechtliche Ehen. Die *marital deduction* umfasst jedoch wie bei der Nachlasssteuer nur solches Vermögen, welches endgültig und ohne auflösende und/oder aufschiebende Bedingung auf den Ehepartner übergeht.[1]
- Für Schenkungen an einen Ehegatten, der nicht die US-Staatsbürgerschaft hat, greift der unbeschränkte Eheabzug nicht. Da die *marital deduction* ausschließlich auf die Staatsbürgerschaft und nicht auf die Ansässigkeit des Beschenkten Bezug nimmt, greift somit die *marital deduction* nicht für Beschenkte, die zum Zeitpunkt der Schenkung zwar in den USA ansässig sind, jedoch nicht die US-Staatsbürgerschaft haben. Abweichend von den Regelungen zur *estate tax* ist es zudem nicht ausreichend, wenn der beschenkte Ehegatte bis zum Zeitpunkt der Abgabe der Schenkungsteuererklärung US-Staatsbürger wird. Für Übertragungen an Ehegatten, die nicht die US-Staatsbürgerschaft haben, gibt es stattdessen einen jährlichen Freibetrag von 190.000 USD (2025) (Sec. 2523(h) IRC). Die Anwendung dieses Freibetrages ist unabhängig vom Status (US-Staatsbürger, Ausländer, Ansässigkeit) des schenkenden Ehegatten. Der Freibetrag wird regelmäßig inflationsbedingt angepasst. Bei Anwendung von Doppelbesteuerungsabkommen kann es Vergünstigungen geben.[2]

Schenkungen an gemeinnützige und politische Organisationen (Sec. 2522 IRC):

- Für Schenkungen an bestimmte öffentliche, gemeinnützige oder religiöse Organisationen kann ein Abzug geltend gemacht werden. Dies umfasst im Allgemeinen:

1 Vgl. hierzu Kapitel II.5.a) „Ehe-Abzug (*marital deduction*) (Sec. 2056 IRC)“.

2 Vgl. hierzu Kapitel X. „Doppelbesteuerungsabkommen“.

- Die Übertragung von Vermögen an die USA, einen Bundesstaat, eine politische Gebietskörperschaft oder den District of Columbia für ausschließlich öffentliche Zwecke.
- Die Übertragung von Vermögen auf Gesellschaften, Organisationen oder *trusts* ausschließlich zu religiösen, gemeinnützigen, wissenschaftlichen, literarischen, bildenden, künstlerischen Zwecken, sowie zum Tier- und Kinderschutz. Ein Abzug ist nicht möglich, wenn die Gesellschaft, Organisation oder der *trust* politische Einflussnahme durch die Verbreitung von Propaganda, Lobbyarbeit oder Unterstützung politischer Kampagnen nimmt.
- Die Übertragung von Vermögen auf Veteranenorganisationen.

► Im Falle der unbeschränkten Steuerpflicht des Schenkers, d. h. in dem Fall, dass der Schenker US-Staatsangehöriger oder in den USA ansässig war, ist ein Abzug auch bei Übertragung von Vermögen auf nicht in den USA ansässige Gesellschaften, Organisationen oder *trusts* möglich.

3. Berechnung der Schenkungsteuer

Die Steuer wird nach dem Tarif der Bundesnachlasssteuer vom Schenker kumulativ erhoben, d. h. auf den Gesamtbetrag aller steuerpflichtigen Schenkungen zu seinen Lebzeiten (Sec. 2502 IRC).

Hierfür wird grundsätzlich wie folgt vorgegangen:

► **Schritt 1:** Zunächst wird zu dem Betrag der steuerpflichtigen Schenkungen des laufenden Kalenderjahres der kumulierte Betrag der zu Lebzeiten erfolgten steuerpflichtigen Schenkungen der Vorjahre hinzu addiert.

► **Schritt 2:** Auf Basis der Summe sämtlicher steuerpflichtiger Schenkungen wird sodann die *tentative tax* auf Basis des Tarifs, der auch für die Nachlasssteuer Anwendung findet, berechnet. Anwendung findet dabei der Tarif in der Fassung zum Zeitpunkt der letzten Schenkung.

► **Schritt 3:** Von der *tentative tax* wird sodann die Steuer abgezogen, die sich auf Basis des kumulierten Betrages der in Vorjahren erfolgten steuerpflichtigen Schenkungen und auf Basis des bereits in Schritt 2 angewendeten Tarifs ergibt (d. h. es findet wiederum der Tarif in der Fassung zum Zeitpunkt der letzten Schenkung Anwendung). Das Ergebnis stellt grundsätzlich die Schenkungsteuer für die Schenkungen des laufenden Kalenderjahres dar.

Der „einheitliche Steuerabzugsbetrag“ (*unified transfer tax credit*) der Nachlasssteuer gilt dabei auch für die Schenkungsteuer; d. h. bei steuerpflichtigen Schenkungen bis zu einem Betrag von 15.000.000 USD (2025) fällt grds. keine Schenkungsteuer an (Sec. 2505 IRC). Schenkungen bzw. Vermögen, welches bei Tod des Schenkers der Nachlasssteuer unterliegt, welches den Betrag von 15.000.000 USD (2025) übersteigt, unterliegt damit effektiv einem Steuersatz von 40 %.

Der *unified transfer tax credit* kann je Steuerpflichtigem insgesamt nur einmal in Anspruch genommen werden. Eine Übertragung eines nicht ausgeschöpften *unified transfer tax credit* von einen Ehegatten auf den anderen Ehegatten ist bei Tod des Ehegatten, der den *unified transfer tax credit* nicht ausgeschöpft hat, jedoch grundsätzlich möglich, so dass der Höchstbetrag, bis zu dem Vermögen von Ehegatten durch Schenkung bzw. Erbfall steuerfrei übertragen werden kann, 30.000.000 USD (2025)beträgt.[1]

Schenkungsteuern der Bundesstaaten können nicht angerechnet werden. Ebenfalls ist nach nationalem Recht keine Anrechnung ausländischer Schenkungsteuer möglich. Auf Basis von Doppelbesteuerungsabkommen kann sich jedoch eine Anrechnungsmöglichkeit ergeben.[2]

4. Fristen, Erklärungs- und Zahlungspflichten, Zahlungsaufschub

Bei der Schenkungsteuer ist der Schenker verpflichtet eine Steuererklärung (Form 709) abzugeben, in der sämtliche Schenkungen eines Kalenderjahres zu erklären sind (Sec. 6019 IRC). Eine Steuererklärung braucht grds. nicht abgegeben werden, wenn die Schenkung aufgrund der *marital deduction*, der *annual per donee exclusion* oder als Übernahme von Studiengebühren und Krankheitskosten des Beschenkten steuerfrei ist. Dagegen ist eine Steuererklärung in den Fällen abzugeben, in denen aufgrund der Schenkung an gemeinnützige und politische Organisationen oder aufgrund der Inanspruchnahme des *unified transfer tax credits* tatsächlich keine Schenkungsteuer anfällt.

Die Steuererklärungspflicht erstreckt sich ausschließlich auf natürliche Personen. Erfolgen Schenkungen durch Kapitalgesellschaften, Personengesellschaften oder *trusts*, hat der Gesellschafter, Inhaber bzw. Begünstigte, der diese Schenkung zuzurechnen ist, eine Schenkungsteuererkärung abzugeben (Reg. 25.2511-1(h)(1)).

IRS Form 709 ist bis zum 15. April des Folgejahres abzugeben (Sec. 6075(b) IRC). Wird eine Fristverlängerung für die Abgabe der Bundes-Einkommensteuer gewährt, erstreckt sich diese Fristverlängerung automatisch auch auf die Abgabe der Schenkungsteuererklärung (Sec. 6075(b)(2) IRC). Daneben ist ein separater Antrag (Form 8892) auf sechsmonatige Fristverlängerung nur für die Schenkungsteuererklärung möglich. Fällt das Fristende auf einen Samstag, Sonntag oder gesetzlichen Feiertag, verlängert sich die Frist entsprechend auf den nächsten Werktag.

1 Zu den weiteren Voraussetzungen der Übertragung des *unified transfer tax credit* vgl. Kapitel II.6. „Berechnung der Nachlasssteuer".

2 Vgl. Kapitel X. „Doppelbesteuerungsabkommen".

Steuerschuldner ist grds. der Schenker (Sec. 2502(c) IRC). Sofern dieser die Schenkungsteuer nicht zahlt, kann die IRS die Steuer allerdings auch von dem Beschenkten erheben (Sec. 6324(b) IRC).

Die Steuer ist am 15. April des Folgejahres fällig. Eine gewährte Fristverlängerung zur Abgabe der Schenkungsteuererklärung beinhaltet keine Verlängerung der Zahlungsfrist (Sec. 6151 IRC). Eine verzinsliche Verlängerung der Zahlungsfrist ist nur in besonders gelagerten Ausnahmefällen möglich, in denen die Zahlung eine unbillige Härte darstellen würde.

Der Beschenkte ist nicht zur Abgabe einer Schenkungsteuererklärung verpflichtet. Dies gilt auch in den Fällen, in denen der Beschenkte US-Staatsbürger oder in den USA ansässig ist und der Schenker weder US-Staatsbürger noch in den USA ansässig ist. In diesen Fällen ist durch den Beschenkten unter den folgenden weiteren Voraussetzungen jedoch eine Anzeige (Form 3520) über die erhaltene Schenkung einzureichen:

- die Schenkung erfolgte durch eine natürliche Person, die weder US-Staatsbürger noch in den USA ansässig ist, oder einen ausländischen *estate* und der Betrag der Schenkung/Schenkungen ist höher als 100.000 USD pro Jahr (Schenkungen von nahe stehenden Personen sind zusammen zu fassen); oder
- die Schenkung erfolgte durch eine ausländische Kapital- oder Personengesellschaft und der Betrag der Schenkung ist höher als 20.116 USD (2025 – der Betrag wird regelmäßig inflationsbedingt angepasst); und
- es handelt sich nicht um eine Übernahme von Studiengebühren und Krankheitskosten des Beschenkten.

IRS Form 3520 ist innerhalb der Frist für die Abgabe der Bundes-Einkommensteuererklärung abzugeben. Fristverlängerungen für die Bundes-Einkommensteuererklärung erstrecken sich auch auf die Abgabe der IRS Form 3520.

5. Schenkungsteuer bei beschränkter Steuerpflicht

Personen, die nicht der unbeschränkten Schenkungsteuerpflicht unterliegen (d. h. solche, die weder US-Staatsangehörige noch in den USA ansässige Ausländer sind), unterliegen der beschränkten Schenkungsteuerpflicht. Die Berechnungssystematik bei beschränkter Schenkungsteuerpflicht ist in weiten Teilen ähnlich der bei unbeschränkter Schenkungsteuerpflicht. Die wesentlichen Abweichungen sind im Folgenden dargestellt.

Grds. unterliegt nur die Schenkung von unbeweglichem und materiellem beweglichem Vermögen, welches in den USA belegen ist bzw. sich dort befindet, der beschränkten Schenkungsteuerpflicht (Sec. 2501(a)(2) IRC, Reg. 25.2511-3). Ausgenommen hiervon sind grundsätzlich Kunstgegenstände, welche einem Museum leihweise überlassen sind. Die Übertragung von immateriellen Vermögen durch Personen, die weder US-Staatsangehörige noch in den USA ansässig sind, unterliegt damit nicht der beschränkten Schenkungsteuerpflicht. Die schenkweise Übertragung von Patenten sowie Forderungen gegenüber US- (oder ausländischen) Personen unterliegen daher nicht der *gift tax*.

Ebenfalls nicht der *gift tax* unterliegt die Schenkung von Anteilen an US- (oder ausländischen) Kapitalgesellschaften. Gehören Anteile an US-Kapitalgesellschaften dagegen zum *estate* eines beschränkt Steuerpflichtigen, unterliegen diese der *estate tax*. Die Nutzung der unterschiedlichen Regelungen zum Besteuerungsumfang bei schenkweiser Übertragung (immaterielle Vermögensgegenstände inklusive Beteiligung sind von der Besteuerung ausgenommen) und bzw. Übertragung von Todes wegen wird als *„intangible property exemption"*-Planung bezeichnet.

Guthaben bei US-Banken können dagegen für *gift tax* Zwecke als in den USA belegenes materielles Vermögen qualifizieren und damit bei schenkweiser Übertragung durch einen beschränkt Steuerpflichtigen (wiederum anders als bei der *estate tax*) der *gift tax* unterliegen.

Das Vermögen ist mit dem Verkehrswert anzusetzen (Sec. 2512 IRC).

Zur Ermittlung der „steuerpflichtigen Schenkung" (*taxable gift)* kommen als Abzugsbeträge in Betracht:

- jährlicher Freibetrag je Beschenktem (*annual per donee exclusion*);
- Abzug für Schenkungen an den Ehegatten (*marital deduction*);
- Abzug für die Übernahme von Studiengebühren und Krankheitskosten des Beschenkten;
- Abzug für Schenkungen an gemeinnützige und politische Organisationen.

Unter der *annual per donee exclusion* sind wie bei unbeschränkter Schenkungsteuerpflicht jährlich Schenkungen bis zu einem Betrag von 19.000 USD (2025) je Beschenktem steuerfrei (Sec. 2503(b)(1) IRC). Ein *gift-splitting*, wie dies bei unbeschränkt steuerpflichtigen Ehegatten möglich ist, ist bei beschränkter Steuerpflicht nicht möglich. Ein unbegrenzter Abzug von Schenkungen an den Ehegatten erfolgt, wenn der beschenkte Ehegatte die US-Staatsbürgerschaft hat (Sec. 2523 IRC). Diese Regelung gilt auch für gleichgeschlechtliche Ehen.

Hat der beschenkte Ehegatte nicht die US-Staatsbürgerschaft, ist die *marital deduction* auf 190.000 USD (2025) pro Jahr beschränkt (Sec. 2523(i) IRC).

Zu dem Abzug für die Übernahme von Studiengebühren und Krankheitskosten des Beschenkten vgl. Kapitel V.2 „Der *gift tax* unterliegende Übertragungen".

Ebenfalls bleiben Schenkungen an bestimmte gemeinnützige oder religiöse Organisationen bei der Ermittlung der steuerpflichtigen Schenkung unberücksichtigt, sofern es sich bei dem Empfänger um eine US-Organisation handelt und die Mittel in den USA verwendet werden (Sec. 2522 IRC).

Die Berechnung der Steuer erfolgt wie bei unbeschränkter Steuerpflicht unter Hinzurechnung der steuerpflichtigen Schenkungen aus Vorjahren und Anrechnung der hierauf entfallenden Steuer nach der unter V.III. „Berechnung der Schenkungsteuer" dargestellten Systematik. Der Abzug eines *unified transfer tax credits* ist nicht möglich.

Der Schenker ist verpflichtet, eine Steuererklärung (IRS Form 709) abzugeben, in der sämtliche Schenkungen eines Kalenderjahres zu erklären sind (Sec. 6019 IRC). Hierbei handelt es sich um das gleiche Formular, dass auch unbeschränkt Steuerpflichtige zu verwenden haben. Eine Steuererklärung braucht grds. nicht abgegeben zu werden, wenn die Schenkung aufgrund der *marital deduction* oder der *annual per donee exclusion* steuerfrei ist. IRS Form 709 ist bis zum 15. April des Folgejahres abzugeben (Sec. 6075(b) IRC). Eine sechsmonatige Fristverlängerung bis zum 15. September des Folgemonats ist möglich (IRS Form 8892). Fällt das Fristende auf einen Samstag, Sonntag oder gesetzlichen Feiertag, verlängert sich die Frist entsprechend auf den nächsten Werktag. Auf Antrag ist eine sechsmonatige Fristverlängerung möglich. Steuerschuldner ist grds. der Schenker (Sec. 2502(c) IRC). Sofern dieser die Schenkungsteuer nicht zahlt, kann die IRS die Steuer allerdings auch von dem Beschenkten erheben. Die Steuer ist am 15. April des Folgejahres fällig. Eine gewährte Fristverlängerung für die Abgabe der Schenkungsteuererklärung beinhaltet keine Verlängerung der Zahlungsfrist, d. h. die Zahlung ist auch in diesem Fall zum 15. April des Folgejahres fällig (Sec. 6151 IRC).

VI. Sonderregelung für expatriates

Eine Sonderregelung gilt für Geschenke oder Erbschaften, die ein US-Staatsbürger, eine in den USA ansässige Person, ein US-*trust* oder ein ausländischer *trust*, der ein Wahlrecht zur Besteuerung als US-Trust ausgeübt hat, von sogenannten *covered expatriates* erhält (Section 2801 IRC).

Diese Regelung dient der Sicherung des US-Besteuerungsrechtes für den Fall, dass eine Person aufgrund Aufgabe seiner US-Staatsbürgerschaft oder Beendigung der Ansässigkeit in den USA ab dem 17.6.2008 (Auswanderer) nicht mehr der unbeschränkten US-Steuerpflicht unterliegt. Entsprechend der Gesetzesbegründung sollte die Regelung zwar „steuerneutral" sein, in der tatsächlichen Ausgestaltung ist sie es allerdings nicht. Insbesondere sind die ansonsten geltenden effektiven persönlichen Freibeträge (insbesondere der *unified transfer tax credit* in Höhe von 15.000.000 USD (2025)) bei unbeschränkter Steuerpflicht für diese Regelung nicht anwendbar.

Andererseits ist für diese Übertragungen allerdings auch nicht die *generation-skipping-transfer-tax* anwendbar; d. h. Übertragungen über mehrere Generationen hinweg werden nicht zusätzlich mit *generation-skipping-transfer-tax* belastet.

Die Regelung wurde mit dem *Heroes Earnings Assistance and Relief Tax Act* aus 2008 grundsätzlich mit Wirkung ab dem 17.6.2008 eingeführt. Die Anwendung der Vorschrift und damit die Erhebung der Steuer war allerdings faktisch bis zum Erlass finaler Anwendungsvorschriften durch die IRS ausgesetzt. Die finalen Anwendungsvorschriften wurden im Januar 2025 erlassen und finden für Übertragungen ab dem 1.1.2025 Anwendung.[1]

Diese Regelung ist im System der Nachlass- und Schenkungsteuern der USA in mehrfacher Hinsicht besonders. Insbesondere ist zu erwähnen, dass hiernach der Vermögensanfall beim Beschenkten bzw. Erben besteuert wird und dementsprechend nicht der *estate* des Erblassers bzw. der Schenker Steuerschuldner ist, sondern der Beschenkte.

Der Beschenkte bzw. Erbe hat dementsprechend auch zu beurteilen, ob der Schenker bzw. Erblasser ein *covered expatriate* ist und ob die konkrete Vermögensübertragung unter Sec. 2801 IRC fällt.

Weiterhin enthält die Regelung keine explizite zeitliche Beschränkung, so dass selbst noch Vermögensübertragungen viele Jahre nach dem Wegzug einer Besteuerung unterliegen (sofern der Wegzug ab dem 17.6.2008 erfolgt ist). Die Besteuerung ist zudem nicht auf das Vermögen beschränkt, welches der Schenker bzw. Erblasser bereits zum Zeitpunkt der Aufgabe seiner US-Staatsbürgerschaft bzw. Green Card Inhaberschaft besaß, sondern umfasst auch später erworbenes Vermögens.

Wer als *covered expatriate* qualifiziert, ist anhand der allgemeinen einkommensteuerlichen Regelungen zur Wegzugsbesteuerung zu prüfen (Sec. 877, 877A IRC). Als *covered expatriates* gelten

- ehemalige US-Staatsangehörige, die ihre Staatsbürgerschaft aufgegeben haben, und
- natürliche Personen ohne US-Staatsbürgerschaft, die in mindestens acht der letzten 15 Jahre vor der Auswanderung eine Green Card hatten und ihre steuerliche Ansässigkeit in den USA aufgegeben haben,

sofern die jeweilige Person

1 https://public-inspection.federalregister.gov/2025-00284.pdf?utm_campaign=pi+subscription+mailing+list&utm_medium=email&utm_source=federalregister.gov

- in dem fünf-Jahreszeitraum, der mit der Auswanderung endet, eine durchschnittliche Steuerschuld von mehr als 206.000 USD (2025, der Betrag wird regelmäßig inflationsbedingt angepasst) hatte,
- ein Nettovermögen von mindestens 2 Mio. USD im Zeitpunkt der Auswanderung hatte, oder
- den Nachweis nicht erbringt, dass die US-Steuergesetze in den letzten fünf Jahren vor Auswanderung beachtet wurden.

Der Erhalt einer Schenkung von einem *covered expatriate* sowie der Erwerb von Todes wegen von einem *covered expatriate* unterliegt unter dieser Regelung grundsätzlich der Besteuerung, sofern Empfänger des Vermögens ein US-Staatsbürger oder eine in den USA ansässige Person ist. Die Bewertung erfolgt mit dem Verkehrswert. Der Steuersatz beträgt 40 % und ist nicht weiter gestaffelt.

Auch Strukturen über inländische oder ausländische *trusts* sind von Sec. 2801 IRC erfasst. So unterliegt auch der Vermögensanfall von inländischen *trusts* (*US-trusts* sowie ausländische *trusts*, die das Wahlrecht zur steuerlichen Behandlung als US-*trusts* ausgeübt haben *„electing foreign trusts"*) der Besteuerung nach Sec. 2801 IRC. Der Vermögensanfall bei ausländischen *trusts* unterliegt grundsätzlich nicht der Besteuerung nach Sec. 2801 IRC, allerdings können Ausschüttungen aus ausländischen *trusts* an US-Staatsbürger, US-ansässige oder US-*trusts* der Besteuerung nach Sec. 2801 IRC unterliegen, sofern der ausländische *trust* mit Vermögenswerten eines *covered expatriates* ausgestattet worden ist und die Ausschüttung hierauf zurück zu führen ist. In Bezug auf die zeitliche Anwendung ist zu beachten, dass Ausschüttungen aus ausländischen *trusts* ab dem 1.1.2025 der Besteuerung nach Sec. 2801 IRC unterliegen, selbst wenn der *trust* vor dem 1.1.2025 durch einen *covered expatriate* aufgesestzt worden ist.

Ausgenommen von der Besteuerung sind lediglich Vermögensanfälle durch Schenkung oder von Todes wegen,
- deren Wert 19.000 USD (2025, der Betrag wird regelmäßig inflationsbedingt angepasst) jährlich nicht übersteigt;
- die ohnehin der *estate tax* oder *gift tax* unterliegen (z. B. wegen beschränkter Steuerpflicht aufgrund Belegenheit des Vermögens in den USA);
- zugunsten des Ehepartners, sofern der Ehegatte US-Staatsbürger ist (eine US-Ansässigkeit des Ehepartners genügt nicht);
- für bestimmte öffentliche, gemeinnützige oder religiöse Zwecke.

Die oben genannte zweite Ausnahme (Vermögensanfälle, die ohnehin der *estate tax* oder *gift tax* unterliegen) ist konkret dahingehend ausgestaltet, dass solches Vermögen von der Besteuerung nach § 2801 IRC ausgenommen ist, welches in einer Steuererklärung über *estate tax* (Chapter 11 IRC) oder *gift tax* (Chapter 12) aufgeführt ist. Weitere Voraussetzung ist, dass die *estate-tax-* bzw. *gift-tax*-Erklärung fristgerecht abgegeben worden ist (Sec. 2801(e)(2) IRC). Dies bedeutet, dass die verspätete Abgabe dieser Erklärungen zu einer Doppelbesteuerung mit *estate tax* bzw. *gift tax* und einer Besteuerung nach Sec. 2801 IRC führen kann.

Erbschaft-, Nachlass- oder Schenkungsteuern, die für die Vermögensübertragung in einem anderen Land anfallen, können angerechnet werden.

Ebenso finden Doppelbesteuerungsabkommen grundsätzlich auch auf die Sec. 2801 IRC-Besteuerung Anwendung, wobei die *IRC-Regulations* hierzu keine weiteren detaillierten Erläuterungen oder Anwendungsbeispiele enthalten.

VII. Folgen bei verspäteter Abgabe der Steuererklärung oder verspäteter Zahlung der Steuer

Sanktionen für die verspätete Abgabe oder die verspätete Zahlung der *estate tax, gift tax, generation-skipping transfer tax* und *Sec. 2801 IRC-tax* ergeben sich grundsätzlich aus den allgemeinen Regelungen. Hiernach ergeben sich insbesondere folgende Sanktionen.

Zuschläge/Strafen/Zinsen für die verspätete Abgabe von Steuererklärungen bzw. die verspätete Zahlung von Steuern, welche auf Basis einer einzureichenden Steuererklärung festgesetzt werden, sind:

- Die Nicht-Abgabe bzw. verspätete Abgabe einer Steuererklärung wird grundsätzlich mit einer Sanktion in Höhe von 5 % der festzusetzenden Steuer belegt (Sec. 6651(a)(1) IRC). Diese Sanktion ist damit dem Verspätungszuschlag nach § 152 AO vergleichbar. Bei der US-Regelung fällt der US-Verspätungszuschlag in Höhe von 5 % der festzusetzenden Steuer jedoch pro Monat an. Hierbei zählen angefangene Säumnis-Monate voll mit; d. h. wird eine Steuererklärung z. B. einen Monat und einen Tag zu spät eingereicht, wird dies mit 10 % der festzusetzenden Steuer sanktioniert. Der US-Verspätungszuschlag ist jedoch auf 25 % der festzusetzenden Steuer gedeckelt. Sofern gegenüber der IRS nachvollziehbare Gründe für die verspätete Abgabe dargelegt werden können, erfolgt keine Sanktionierung.
- Die verspätete Zahlung von Steuern, welche auf Basis einer einzureichenden Steuererklärung festgesetzt werden, wird grundsätzlich mit 0,5 % pro Monat verzinst (Sec. 6651(a)(2) IRC). Der Zinslauf beginnt dabei bereits mit gesetzlicher Fälligkeit der Steuer (grundsätzlich der 15. April des Folgejahres) und nicht erst mit Einreichung der Steuererklärung bzw. Festsetzung der Steuer. Auch hier zählen angefangene Säumnis-Monate voll mit.
- Die Zinsen werden auf den zuvor beschriebenen US-Verspätungszuschlag angerechnet, so dass für die ersten fünf Monate einer Abgabe- und Zahlungssäumnis die Sanktionen je angefangenen Monat grundsätzlich auf 5 % der Säumnis beschränkt sind.

- Sofern gegenüber der IRS nachvollziehbare Gründe für die verspätete Abgabe dargelegt werden können, erfolgt keine Sanktionierung.

Zusätzliche erhebliche Strafen fallen bei Steuerhinterziehung an.

Zusätzlich fallen Nachzahlungs- bzw. Erstattungszinsen an, wenn Steuern erst nach gesetzlicher Fälligkeit gezahlt bzw. erstattet werden, z. B. aufgrund einer geänderten Steuerfestsetzung. Zinsen fallen ab gesetzlicher Fälligkeit (grundsätzlich 15. April des Folgejahres) an und werden taggenau berechnet (Sec. 6621 IRC). Der Zinssatz ist variabel und wird je Quartal neu von der IRS ermittelt und veröffentlicht. Er basiert auf der Verzinsung kurzfristiger US-Staatsanleihen zuzüglich eines Zuschlages von zwei Prozentpunkten und wird grundsätzlich auf volle Prozentpunkte gerundet. Für das zweite Quartal 2018 beträgt der Zinssatz 5 %; für den Zeitraum April 2016 – März 2018 betrug der Zinssatz 4 % und für den Zeitraum Oktober 2012 bis März 2016 3 %.[1]

Stellt sich heraus, dass Vermögensgegenstände in einer Nachlass- oder Schenkungsteuererklärung mit einem signifikant zu niedrigen Wert angesetzt wurden, ist zusätzlich zur auf die Unterbewertung entfallenden *estate tax* bzw. *gift tax* ein Zuschlag zu zahlen (Sec. 6662 IRC). Der Zuschlag beträgt (i) 20 % der zusätzlichen *estate tax* bzw. *gift tax*, wenn das Vermögen mit 65 % oder weniger des tatsächlichen Verkehrswertes angesetzt wurde (*substantial valuation understatement*), und (ii) erhöht sich auf 40 %, wenn das Vermögen mit 40 % oder weniger des tatsächlichen Verkehrswertes angesetzt wurde (*gross valuation understatement*).

VIII. Erbschaft-/Schenkungssteuer der Bundesstaaten

Einige Einzelstaaten haben Nachlass-, Erbschaft- und Schenkungsteuern in verschiedenen Formen. Zum Teil übernehmen sie die Bemessungsgrundlage der Bundessteuer mit einigen Abänderungen. Die Freibeträge liegen teilweise deutlich unter den Freibeträgen für die Bundessteuer. Die nachfolgende Tabelle gibt einen Überblick über Nachlass-, Erbschaft- und Schenkungsteuern in den Bundesstaaten:

Tab. G.4.:	Überblick über die Nachlass-, Erbschaft- und Schenkungsteuern in den Bundesstaaten
Bundesstaaten mit Nachlasssteuer (*estate tax*): Connecticut, District of Columbia, Hawaii, Illinois, Maine, Massachusetts, Minnesota, New York, Oregon, Rhode Island, Vermont, Washington	
Bundesstaaten mit Erbschaftsteuer (*inheritance tax*): Iowa, Kentucky, Nebraska, New Jersey, Pennsylvania	

1 Section 6621 Determination of Rate of Interest; Revenue Ruling 2018-07.

Bundesstaaten mit Nachlass- und Erbschaftsteuer: Maryland
Bundesstaaten mit Schenkungssteuern (*gift tax*): Connecticut

Connecticut ist der einzige Staat, der eine Schenkungsteuer erhebt (Stand 2017). Einige andere Staaten beziehen jedoch Schenkungen, die in einem bestimmten Zeitrahmen (bis zu drei Jahre) vor dem Todeszeitpunkt erfolgen, bei der Nachlass- oder Erbschaftsteuer ein.

Diese einzelstaatlichen Nachlass-, Erbschaft- und Schenkungsteuern erfassen das gesamte übergehende Vermögen der in ihrem Gebiet Ansässigen unter Ausschluss der in anderen Einzelstaaten belegenden Vermögensteile und die in ihrem Gebiet belegenden Vermögensteile Nichtansässiger. Die Systeme sind im Allgemeinen nicht aufeinander abgestimmt, so dass es zu Doppelbesteuerungen kommen kann.

Nachlass-, Erbschaft- und Schenkungsteuer der Bundesstaaten sind nicht auf eine etwaige *estate tax* oder *gift tax* des Bundes anrechenbar. Es kommt aber grundsätzlich ein Abzug dieser Steuern in Beracht.

IX. Einkommensteuerliche Auswirkungen

1. Der Nachlass als einkommensteuerpflichtige Person

Der Nachlass (*estate*) eines Erblassers bildet bis zur Auflösung eine eigene juristische Person, die in die Rechtsstellung des Verstorbenen eintritt und von einem Testamentsvollstrecker oder Nachlassverwalter vertreten wird. Die Einkünfte des *estate* unterliegen grundsätzlich der Einkommensteuer, da der *estate* auch für Einkommensteuerzwecke eine – vom Erblasser unabhängige – eigene steuerpflichtige Person darstellt. Der *estate* unterliegt dabei im Wesentlichen den gleichen Regelungen zur Einkommensermittlung wie natürliche Personen. Wesentliche Ausnahme ist jedoch, dass dem *estate* ein Abzug für ausgeschüttete Gewinne zusteht. Demensprechend ist für den *estate* eine separate Steuernummer zu beantragen sowie jährlich eine eigene Steuererklärung abzugeben.[1] Die Erfüllung steuerlichen Pflichten des Nachlasses obliegt dem Testamentsvollstrecker bzw. Nachlassverwalter.

2. Wertansatz beim Erben bzw. Beschenkten

Beim Erben bzw. beim Beschenkten ermitteln sich die (fortgeführten) Anschaffungskosten bzw. Herstellungskosten, welche für ertragsteuerliche Zwecke als Basis für spä-

1 Formular 1041 bzw. Formular 1041NR.

tere Abschreibungen und für die Ermittlung von Veräußerungsgewinnen bzw. Veräußerungsverlusten dienen, grundsätzlich wie folgt.[1]

Vermögen, welches durch Erbfall übergegangen ist, wird beim Erben grundsätzlich mit dem Verkehrswert zum Zeitpunkt des Erbfalls angesetzt (sog. Step-Up-Methode). In der Alternative, dass der Nachlass – nach Wahl des Testamentsvollstreckers oder Nachlassverwalters – statt zum Zeitpunkt des Erbfalls zum Zeitpunkt der Auskehrung oder des Verkaufs aus dem Nachlass, spätestens jedoch sechs Monate nach dem Todestag, bewertet wird (alternativer Bewertungsstichtag), erfolgt der Ansatz beim Erben mit dem Verkehrswert zu diesem Zeitpunkt. Sofern ein Bewertungsabschlag für insbesondere landwirtschaftlich genutztes Vermögen in Anspruch genommen wird, bildet der niedrigere Wert die steuerliche Bemessungsgrundlage für den Erben.

Im Falle der Schenkung führt der Beschenkte grundsätzlich die (fortgeführten) Anschaffungs- bzw. Herstellungskosten des Schenkers fort. Dies gilt zumindest dann, wenn der Verkehrswert zum Zeitpunkt der Schenkung höher ist als die (fortgeführten) Anschaffungs- bzw. Herstellungskosten des Schenkers.

Die (fortgeführten) Anschaffungs- bzw. Herstellungskosten können jedoch erhöht werden um etwaige auf die Wertsteigerung entfallende und vom Schenker gezahlte Schenkungsteuer.

BEISPIEL G.10[2]: A erhält von B in 2024 im Wege der Schenkung Vermögen mit einem Wert von 50.000 USD. Die (fortgeführten) Anschaffungskosten des A betragen 20.000 USD. Der Wert der steuerpflichtigen Schenkung – nach Abzug des jährlichen Freibetrages in Höhe von 18.000 USD (Stand 2024) – beträgt 32.000 USD. Die hierauf gezahlte Schenkungsteuer beträgt 6.440 USD.

LÖSUNG: Der auf die Wertsteigerung entfallende Teil der steuerpflichtigen Schenkung beträgt 6.054 USD (6.440 USD Schenkungsteuer x 30.000 USD Wertsteigerung / 32.000 USD Wert der steuerpflichtigen Schenkung). Die (fortgeführten) Anschaffungskosten des B betragen mithin 26.054 USD ((fortgeführte) Anschaffungskosten des B in Höhe von 20.000 USD zuzüglich der auf die Wertsteigerung entfallenden Schenkungsteuer in Höhe von 6.054 USD).

Der Wertansatz für den Fall, dass der Verkehrswert zum Zeitpunkt der Schenkung geringer ist als die (fortgeführten) Anschaffungs- oder Herstellungskosten des Schenkers, hängt davon ab, ob der Beschenkte aus einem späteren Verkauf des Vermögens einen Gewinn oder Verlust realisiert.

Für Zwecke der Ermittlung eines Veräußerungsgewinns werden die höheren (fortgeführten) Anschaffungs- bzw. Herstellungskosten des Schenkers herangezogen. Für Zwecke der Ermittlung eines Veräußerungsverlustes wird der niedrigere Verkehrswert zum Zeitpunkt der Schenkung herangezogen.

1 IRS Publication 551, Basis of Assets.

2 Aus IRS Publication 551, Basis of Assets.

BEISPIEL G.11[1]: A erhält von B im Wege der Schenkung ein unbebautes Grundstück. Die Anschaffungskosten des B betragen 10.000 USD und der Verkehrswert 8.000 USD. A veräußert das Grundstück später für (a) 12.000 USD; (b) 6.000 USD bzw. (c) 9.000 USD.

LÖSUNG: Im Fall (a) wird für Zwecke der Ermittlung des Veräußerungsgewinns der höhere Verkehrswert zum Zeitpunkt der Schenkung in Höhe 10.000 USD herangezogen, so dass ein Veräußerungsgewinn in Höhe von 2.000 USD verbleibt.

Im Fall (b) werden für Zwecke der Ermittlung des Veräußerungsverlustes die geringen Anschaffungskosten des Schenkers zum Zeitpunkt der Schenkung in Höhe 8.000 USD herangezogen, so dass ein Veräußerungsverlust in Höhe von 2.000 USD verbleibt.

Im Fall (c) würde sich für Zwecke der Ermittlung eines Veräußerungsgewinns ein Verlust in Höhe von 1.000 USD ergeben (9.000 USD abzgl. höherer Verkehrswert von 10.000 USD = 1.000 USD Verlust) und für Zwecke der Ermittlung eines Veräußerungsverlustes ein Gewinn ergeben (9.000 USD abzgl. geringere Anschaffungskosten von 8.000 USD = 1.000 USD Gewinn). In diesem Fall ist für einkommensteuerliche Zwecke weder ein Gewinn noch ein Verlust anzusetzen.

X. Doppelbesteuerungsabkommen

1. Übersicht

Die USA haben mit folgenden Staaten Doppelbesteuerungsabkommen auf dem Gebiet der Nachlass-/Erbschaftsteuern bzw. Schenkungsteuern abgeschlossen:

Tab. G.5.: Erbschafts-DBA der USA

Land	**Umfang**
Australien	Estate and Gift Taxes
Dänemark	Estate and Gift Taxes
Deutschland	Estate and Gift Taxes
Finnland	Estate Tax
Frankreich	Estate and Gift Taxes
Griechenland	Estate Tax
Irland	Estate Tax
Italien	Estate Tax
Japan	Estate and Gift Taxes

1 Aus IRS Publication 551, Basis of Assets.

Kanada	Estate Tax (die Regelungen hierzu finden sich in Artikel XXIX B des „allgemeinen" Doppelbesteuerungsabkommens zwischen den USA und Kanada)
Niederlande	Estate Tax
Österreich	Estate and Gift Tax
Schweiz	Estate Tax
Südafrika	Estate Tax
Vereinigtes Königreich	Estate and Gift Taxes

Das DBA zwischen Deutschland und den USA (DBA USA) gilt grundsätzlich für Erbfälle und Schenkungen ab dem 1.1.1979 (Art. 17 Abs. 2). Zuletzt wurde das DBA mit Änderungsprotokoll vom 14.12.1998 (BGBl 2001 II S. 62) geändert.

Das DBA zwischen Deutschland und den USA ist nach Maßgabe des OECD-Musterabkommens wie folgt aufgebaut:

Artikel 1 und 2: Regelungen zum persönlichen (Art. 1) und sachlichen (Art. 2) Geltungsbereich

Artikel 3 und 4: Begriffsbestimmungen: Allgemeines (Art. 3), Wohnsitz (Art. 4)

Artikel 5 bis 9: Zuweisung des (beschränkten) Besteuerungsrechtes

Artikel 10: Regelungen zu Abzügen (z. B. Abzug von Schulden) und Befreiungen (z. B. Vermögensübergang auf eine gemeinnützige Gesellschaft, Befreiung von Versorgungsleistungen, Begünstigung von Vermögensübertragungen an Ehegatten, Anwendung allgemeiner Freibeträge)

Artikel 11: Methode zur Vermeidung der Doppelbesteuerung – als Methode ist einzig die Anrechnung vorgesehen

Artikel 12: Sonderregelungen zu *trusts*

Artikel 13: Verständigungsverfahren

Artikel 14-18: Informationsaustausch/Diplomaten/Inkrafttreten/Kündigung

Die wesentlichen Regelungen sollen im Folgenden kurz erläutert werden.

2. Artikel 1: Persönlicher Anwendungsbereich

Der persönliche Anwendungsbereich ist grundsätzlich eröffnet, sofern der Erblasser zum Zeitpunkt des Todes bzw. der Schenker zum Zeitpunkt der Schenkung seinen

Wohnsitz in einem der Vertragsstaaten hat. Wo eine natürliche Person ihren Wohnsitz hat(te), bestimmt sich nach Art. 4 DBA USA.

Der persönliche Anwendungsbereich ist damit z. B. nicht eröffnet, wenn nur der Erbe oder Beschenkte seinen Wohnsitz in einem der Vertragsstaaten hat, nicht jedoch der Erblasser bzw. Schenker.[1]

BEISPIEL G.12: A (kanadischer Staatsbürger, ansässig in Kanada) schenkt seiner Nichte B (deutsche Staatsbürgerin, ansässig in Deutschland) ein in den USA belegenes Grundstück.

LÖSUNG: Die Schenkung ist aufgrund der Ansässigkeit der B in Deutschland steuerpflichtig (§ 2 Abs. 1 Nr. 1 Buchst. a ErbStG). Zugleich unterliegt der Vorgang der beschränkten Steuerpflicht in den USA aufgrund der Belegenheit des Grundstücks in den USA (Sec. 2501(a)(2) IRC). Aufgrund der Schenkung an eine *skip-person* unterliegt der Vorgang grundsätzlich ebenfalls der *generation-skipping transfer tax* (Sec. 2601 IRC)[2]. Der persönliche Anwendungsbereich des DBA ist nicht eröffnet, da B weder in Deutschland noch in den USA ansässig ist (Art. 1 Buchst. b DBA USA).

Andererseits ist der persönliche Anwendungsbereich des DBA eröffnet, wenn der Schenker (oder Erblasser) US-Staatsbürger ist, in tatsächlicher Hinsicht jedoch weder in Deutschland noch in den USA wohnhaft ist (Art. 4 Abs. 1 Buchst. a DBA USA).

BEISPIEL G.13: A, wohnhaft in Kanada, ist US-Staatsbürger und schenkt seiner Nichte B (kanadische Staatsbürgerin und ansässig in Kanada) ein in Deutschland belegenes Grundstück.

LÖSUNG: Die Schenkung unterliegt der Steuerpflicht in den USA, da A US-Staatsbürger ist (Sec. 2501 IRC). In Deutschland ist die Schenkung ebenfalls steuerpflichtig aufgrund der Belegenheit des Grundstücks in Deutschland (§ 1 Abs. 1 Nr. 3 ErbStG i. V. m. § 121 Nr. 2 BewG). Der persönliche Anwendungsbereich des DBA ist gem. Art. 1 Buchst. b DBA USA eröffnet, da A aufgrund der US-Staatsbürgerschaft als in den USA ansässig gilt (Art. 4 Abs. 1 Buchst. a DBA USA).

Eine Sonderregelung für *Expatriates* besteht in Art. 4 Abs. 3 DBA USA, wobei im Wesentlichen zu unterscheiden ist zwischen *Expatriates* die bis zu zehn Jahre im anderen Staat leben und *Expatriates* die weniger als zehn Jahre im anderen Land leben. Personen, die weniger als zehn im anderen Staat leben verbleiben insoweit im Wesentlichen im Schenkung-/Erbschaftsteuersystem des Entsendestaates.

3. Artikel 2: Sachlicher Anwendungsbereich

Sachlich umfasst das DBA USA auf Seiten der USA die Bundes-Nachlasssteuer (*estate tax*) gem. Chapter 11 des IRC, die Bundes-Schenkungsteuer (*gift tax*) gem. Chapter 12 des IRC sowie die Generationen-Überspringsteuer (*generation-skipping transfer tax*) auf Bundesebene gem. Chapter 13 des IRC. Ebenfalls umfasst sein sollte aufgrund Art. 2

1 Vgl. Meincke/Hannes/Holtz, ErbStG, 2025, § 2 Rz. 35, 37.

2 Vgl. Kapitel VI. „Die Generationen-Überspringsteuer".

Abs. 2 DBA USA die auf Vermögensübertragungen von bestimmten *covered expatriates*[1] anfallende Steuer gemäß Chapter 15 des IRC.

Das DBA USA findet keine Anwendung auf Erbschaft-, Nachlass- und Schenkungsteuern der Bundesstaaten. Dementsprechend ist es in der Theorie denkbar, dass Vermögensübertragungen, die aufgrund der Zuweisung des Besteuerungsrechtes nach dem DBA USA (Art. 5-9) an Deutschland nicht der Bundes-Nachlasssteuer, gleichwohl aber einer vergleichbaren Steuer eines Bundesstaates unterliegen.

Obwohl das DBA USA Erbschaft-, Nachlass- und Schenkungsteuern der Bundesstaaten nicht umfasst, hat sich Deutschland gleichwohl gemäß Art. 11 Abs. 4 in Verbindung mit Art. 11 Abs. 3 DBA USA zur Anrechnung dieser Steuern verpflichtet (zumindest soweit sie auf Vermögen entfällt, für das die USA gemäß Art. 5, 6 oder 8 DBA USA das Besteuerungsrecht haben).

4. Artikel 3: Allgemeine Begriffsbestimmungen

Art. 3 enthält allgemeine Begriffsbestimmungen. Soweit ein Begriff im Abkommen nicht definiert wird, kommt ihm – wie dies auch in anderen DBA üblich ist – die Bedeutung nach nationalem Recht des Anwenderstaates zu (Art. 3 Abs. 2 DBA USA).

5. Artikel 4: Wohnsitz

Die Regelungen zum Wohnsitz sind zunächst vor dem Hintergrund der deutschen und US-Regelungen zur unbeschränkten Nachlass-/Erbschaft- bzw. Schenkungsteuerpflicht zu betrachten.

- **Ansässigkeit des Schenkers/Erblassers:**
  Die Ansässigkeit (bzw. im deutschen Sinne der Wohnsitz bzw. gewöhnliche Aufenthalt) des Schenkers/Erblassers ist grundsätzlich sowohl für deutsche (§ 2 Abs. 1 Nr. 1 Buchst. a ErbStG) als auch für US-Zwecke (Sec. 2001 (a) IRC) Anknüpfungspunkt für eine unbeschränkte Steuerpflicht.
  Dementsprechend gilt für diese Personen, dass sie ihren Wohnsitz auch für Zwecke des DBA USA in dem jeweiligen Land haben.
  Im Einzelfall ist zu beachten, dass die Begriffe „Ansässigkeit" im Sinne von Art. 4 Abs. 1 Buchst. a DBA USA bzw. „Wohnsitz"/„gewöhnlicher Aufenthalt" i. S. von Art. 4 Abs. 1 Buchst. b DBA USA nicht deckungsgleich sind, da der Begriff „Ansässigkeit" nach US-Recht[2] und die Begriffe „Wohnsitz"/„gewöhnlicher Aufenthalt" nach deutschem Recht auszulegen sind.

---

1 Vgl. Kapitel VI. „Sonderregelung für expatriates".

2 Vgl. Kapitel II.2. „Unbeschränkte Steuerpflicht".

- **Ansässigkeit des Beschenkten/Erben/Vermächtnisnehmers:**
  Die Ansässigkeit des Beschenkten/Erben/Vermächtnisnehmers ist nur für deutsche (§ 2 Abs. 1 Nr. 1 Buchst. a ErbStG) steuerliche Zwecke Anknüpfungspunkt für die unbeschränkte Steuerpflicht. Für US-Steuerzwecke ist der Status des Empfängers dagegen grundsätzlich nicht relevant (Ausnahme z. B. die Steuer auf Schenkungen/Erbe von *covered expatriates* unter Sec. 2801 IRC).
- **Staatsangehörigkeit:**
  Die Staatsangehörigkeit ist wiederum nur für US-Zwecke Anknüpfungspunkt für eine unbeschränkte Steuerpflicht (Sec. 2001 (a) IRC). Für deutsche Zwecke ist die Staatsangehörigkeit dagegen grundsätzlich nicht relevant (Ausnahme z. B. § 2 Abs. 1 Nr. 1 Buchst. b und c ErbStG).
  Gemäß Art. 4 Abs. 1 Buchst. a DBA USA gilt daher auch für US-Staatsangehörige, die tatsächlich im Ausland ansässig sind, dass diese für Zwecke des DBA USA ihren Wohnsitz in den USA haben. Für deutsche Staatsangehörige, die aufgrund § 2 Abs. 1 Nr. 1 Buchst. b und c ErbStG unbeschränkt steuerpflichtig sind, gilt Entsprechendes gem. Art. 4 Abs. 1 Buchst. b DBA USA.

Art. 4 Abs. 2 DBA USA enthält eine *tie-breaker-rule* für den Fall, dass eine Person nach Abs. 1 in beiden Staaten einen Wohnsitz hat. Sofern die immer enger werdenden Voraussetzungen der Buchstaben a-c in Bezug auf beide Staaten erfüllt werden, regeln die zuständigen Behörden die Wohnsitzfrage im gegenseitigen Einvernehmen.

Art. 4 Abs. 3 DBA USA enthält eine Sonderregelung z. B. für die Fälle, in denen ein deutscher Staatsangehöriger mit Wohnsitz in Deutschland (Wohnsitz im Sinne von Abs. 1; die *tie-breaker-rule* des Abs. 2 ist hierfür nicht relevant) vorübergehend, z. B. aufgrund einer Entsendung, ebenfalls im anderen Staat ansässig ist. Der Wohnsitz dieser Person sowie der Familienmitglieder soll für Zwecke des DBA USA vorrangig vor Abs. 2 weiterhin im Ursprungsland (im Beispiel Deutschland) sein, um diesen Personen Planungssicherheit in Bezug auf erbschaft- und schenkungsteuerliche Angelegenheiten zu gewähren. Ein *Expatriate* verbleibt damit für einen Entsendezeitraum von bis zu zehn Jahren im Wesentlichen im Erbschaft-/Schenkungsteuersystem des Entsendestaates.

Art. 4 Abs. 4 DBA USA enthält Sonderregelungen für Personen, die in den US-Besitzungen ansässig sind und nur aufgrund ihrer Beziehung zur US-Besitzung US-Staatsbürger sind. Für diese Personen gilt für Zwecke des DBA USA, dass diese keinen Wohnsitz in den USA haben und auch keine US-Staatsangehörigen sind. Diese Regelung ist vor dem Hintergrund zu betrachten, dass diese Personengruppe auch nach nationalem US-Recht nicht der unbeschränkten Steuerpflicht unterliegt.[1] Dementsprechend sollen diese

1 Vgl. Kapitel II.2. „Unbeschränkte Steuerpflicht".

Merkmale auch nicht zur Folge haben, dass diese Personen in den Abkommensschutz des DBA USA einbezogen werden.

Art. 4 Abs. 5 DBA USA enthält Regelungen für andere als natürliche Personen.[1]

6. Artikel 5-9: Zuweisung des (beschränkten) Besteuerungsrechtes

Die Artikel 5-9 DBA USA können je nach Sachverhalt signifikante Begünstigungen in Bezug auf die Besteuerungsfolgen im Quellenstaat zur Folge haben. Denn hiernach kann der Quellenstaat nur das Vermögen besteuern, für das ihm in den Artikeln 5-9 DBA USA ausdrücklich das Besteuerungsrecht eingeräumt wird (Ausnahme Art. 11 Abs. 1 DBA USA). Dies umfasst (lediglich)

- im Quellenstaat belegenes Grundvermögen (Art. 5 DBA USA);
- im Quellenstaat belegene Betriebsstätten (Art. 6 DBA USA, die Betriebsstättendefinition ist im Wesentlichen identisch mit der des DBA zu Steuern vom Einkommen und Ertrag);
- Vermögen, im Sinne von Art. 5 und 6 DBA USA, welches über eine Personengesellschaft gehalten wird.[2]

Übriges Vermögen kann nur im anderen Wohnsitzstaat besteuert werden und muss im anderen Staat freigestellt werden.

Beschränkungen ergeben sich damit aus US-Sicht insbesondere in Bezug auf Beteiligungen an US-Kapitalgesellschaften, Forderungen gegen US-Ansässige, US-Bürger, US-*Corporations*, US-*partnerships* und US-*trusts*, US-Staatsanleihen und andere Anleihen ggü. US-Gebietskörperschaften, bewegliches in den USA belegenes Vermögen, welches nicht Bestandteil einer US-Betriebsstätte ist und in Bezug auf in den USA eingetragene Patente.[3] Dieses Vermögen unterliegt in den USA grundsätzlich der beschränkten Erbschaftsteuerpflicht (jedoch nicht unbedingt der Schenkungsteuerpflicht, sofern es sich um immaterielles Vermögen handelt), gem. DBA USA ist dieses Vermögen jedoch freizustellen.

Aus deutscher Sicht ergeben sich entsprechende Beschränkungen für wesentliche Beteiligungen an deutschen Kapitalgesellschaften[4] sowie dem übrigen Vermögen im Sinne von § 121 BewG, welches nicht in den o. g. Artikeln genannt wird.

1 Jülicher in Wassermeyer, DBA, Art. 4 DBA USA, Rz. 36.

2 Zur Behandlung vermögensverwaltender, gewerblich geprägter Personengesellschaften vgl. Meincke/Hannes/Holtz, ErbStG, 2025, § 2 Rz. 39.

3 Siehe Jülicher in Troll/Gebel/Jülicher/Gottschalk, ErbSt, § 21 Rz. 137; Scherer, ZEV 2010 S. 246.

4 Zur beschränkten deutschen Steuerpflicht bei ausländischen Kapitalgesellschaftsanteilen vgl. Peter, ZEV 2014 S. 475.

Das DBA enthält keine Grundstücks-Klausel für Kapitalgesellschaften. Damit kann eine beschränkte US-Erbschaft-/Schenkungsteuerpflicht z. B. dadurch vermieden werden, dass Grundstücke über Kapitalgesellschaftsbeteiligungen statt direkt bzw. über Personengesellschaften gehalten werden.

Über das mittelbare Halten von Anteilen an US-Kapitalgesellschaften über zwischengeschaltete Nicht-US-Kapitalgesellschaften kann grundsätzlich eine US-Erbschafts-/ Schenkungsteuerpflicht vermieden werden und ggf. zusätzlich – bei Zwischenschaltung einer EU-Kapitalgesellschaft – das Verschonungssystem der §§ 13a ff. ErbStG in Anspruch genommen werden. Auch über die Zwischenschaltung z. B. einer GmbH & Co. KG, welche für US-steuerliche Zwecke zur Behandlung als Kapitalgesellschaft optiert, kann grds. eine US-Erbschaft-/Schenkungsteuerpflicht vermieden werden.

7. Artikel 10: Abzüge, Befreiungen, Begünstigung von Vermögensübertragungen an Ehegatten, Anwendung allgemeiner Freibeträge

Art. 10 Abs. 1 DBA USA enthält zunächst Regelungen zum Abzug von Verbindlichkeiten, die im Zusammenhang mit dem Vermögen stehen, für das dem Belegenheitsstaat das Besteuerungsrecht gem. Art. 5, 6 und 8 DBA USA zugewiesen wird. Hierbei handelt es sich um einen Mindestabzug, d. h. sofern nach dem nationalen Steuerrecht des Belegenheitsstaates ein weitergehender Schuldenabzug möglich ist, wird dieser durch Art. 10 Abs. 1 DBA USA nicht eingeschränkt.[1]

Das DBA USA enthält keine Regelung zum Abzug von Schulden bzw. zur Allokation von Schulden auf Inlands- bzw. Auslandsvermögen (z. B. für Zwecke der Ermittlung der Höchstgrenzen für die Steueranrechnung) für den Ansässigkeitsstaat. Insofern finden die nationalen Regelungen Anwendung.

Art. 10 Abs. 1 Buchst. c soll sich lediglich auf Schulden der Personengesellschaft, nicht jedoch auf Schulden der Gesellschafter beziehen.[2] Schulden, die nach deutschem ertragsteuerlichen Grundsätzen als Sonderbetriebsvermögen qualifizieren, wären demnach im Belegenheitsstaat nicht abzugsfähig.

Gemäß Art. 10 Abs. 2 DBA USA kann Vermögen ohne Steuerbelastung auf eine der dort beschriebenen gemeinnützigen Organisationen des jeweils anderen Staates übertragen werden. Voraussetzung ist lediglich, dass die Vermögensübertragung in dem Staat, in dem die gemeinnützige Organisation ansässig ist, tatsächlich steuerbefreit ist und

1 Zum Schuldenüberhang im Ansässigkeits- bzw. Belegenheitsstaat vgl. Jülicher in Wassermeyer, DBA, Art. 10 DBA USA, Rz. 16.

2 Jülicher in Troll/Gebel/Jülicher/Gottschalk, ErbStG, § 2 Rz. 242.

im anderen Staat steuerbefreit wäre, wenn es sich um eine ähnliche Organisation dieses Staates handeln würde.

Diese Regelung ist insbesondere vor dem Hintergrund zu sehen, dass die USA im Falle der beschränkten Steuerpflicht lediglich Vermögensübertragungen an inländische gemeinnützige Organisationen nicht besteuern. Im Fall der unbeschränkten Steuerpflicht ist dagegen bereits nach US-Recht ein Abzug für Vermögensübertragungen an ausländische gemeinnützige Organisationen möglich.

Das deutsche ErbStG enthält bereits in § 13 Abs. 1 Nr. 16 ErbStG eine entsprechende Regelung.

Art. 10 Abs. 3 DBA USA erstreckt bestimmte Steuerbefreiungen eines Vertragsstaates für Renten, Ruhegehälter und andere Versorgungsleistungen auch auf den anderen Vertragsstaat. Relevant ist dies insbesondere für Leistungen, die unter dem Versorgungsfreibetrag gemäß § 17 ErbStG fallen.

Art. 10 Abs. 4 DBA USA enthält signifikante Vergünstigungen für Übertragungen von Vermögen (ausgenommen Gesamtgut[1]) an Ehegatten, welches im Belegenheitsstaat aufgrund Art. 5, 6 oder 8 DBA USA besteuert werden kann. Dieses wird gemäß Art. 10 Abs. 4 DBA USA im Grundsatz nur zu 50 % in die steuerliche Bemessungsgrundlage einbezogen.

Die Begünstigung ist der Höhe nach jedoch wie folgt beschränkt:

- In Deutschland ist der Teil, welcher aus der deutschen Bemessungsgrundlage auszunehmen ist, auf den persönlichen Ehegattenfreibetrag (500.000 € gemäß § 16 Abs. 1 Nr. 1 ErbStG) gedeckelt.
- In den USA darf die hieraus resultierende Steuer nicht niedriger sein als die bei einer Person mit Wohnsitz in den USA in einem solchen Fall anfallende Steuer.

Eine der signifikantesten Begünstigungen für in Deutschland ansässige Personen mit Vermögen in den USA enthält Art. 10 Abs. 5 DBA USA.

Nach nationalem US-Steuerrecht steht beschränkt Steuerpflichtigen lediglich ein effektiver Freibetrag für Zwecke der *estate tax* von 60.000 USD zu.[2] Unbeschränkt Steuerpflichtigen steht dagegen ein effektiver lebenslanger Freibetrag von 13.990.000 USD (2025) bzw. 15.000.000 USD (2026 – dieser Betrag wird sodann fortlaufend inflationsbedingt angepasst) zu.[3]

1 Hierzu Jülicher in Troll/Gebel/Jülicher/Gottschalk, ErbStG, § 2 Rz. 242.

2 Vgl. Kapitel III. „Nachlasssteuer bei beschränkter Steuerpflicht".

3 Vgl. Kapitel II.6 „Berechnung der Nachlasssteuer".

Art. 10 Abs. 5 DBA USA gewährt den grundsätzlich nur für unbeschränkt steuerpflichtige Erblasser geltenden Freibetrag auch Erblassern, die in Deutschland ansässig waren, und zwar im Verhältnis des in den USA steuerpflichtigen Brutto-Nachlasses zum Wert des gesamten Nachlasses (Art. 10 Abs. 5 Buchst. a DBA USA). Mindestens wird der für beschränkt Steuerpflichtige geltende Freibetrag in Höhe von 60.000 USD gewährt (Art. 10 Abs. 5 Buchst. b DBA USA). Zu beachten ist, dass Art. 10 Abs. 5 DBA USA lediglich für Erbfälle, nicht jedoch für Schenkungen Anwendung findet.

BEISPIEL G.14: A, deutscher Staatsangehöriger mit Wohnsitz in Deutschland, verstirbt 2026. Er hinterlässt ein in den USA belegenes Grundstück im Wert von 5 Mio. USD und Bankguthaben i. H. von ebenfalls 5 Mio. USD.

LÖSUNG: Den USA steht lediglich in Bezug auf das in den USA belegende Grundstück das Besteuerungsrecht gemäß Art. 5 DBA USA zu. Wäre A nicht abkommensberechtigt, stünde dem Nachlass lediglich der für beschränkt Steuerpflichtige geltende Freibetrag von 60.000 USD zu, so dass 4.940.000 USD zu versteuern wären.

Art. 10 Abs. 5 DBA USA gewährt nunmehr jedoch den für unbeschränkt Steuerpflichtige geltenden Freibetrag im Verhältnis des in den USA steuerpflichtigen Brutto-Nachlasses (5 Mio. USD) zum gesamten Brutto-Nachlass (10 Mio. USD), also zu 50 %. Dies bedeutet: Der in den USA steuerpflichtige Brutto-Nachlass i. H. von 5 Mio. USD ist komplett steuerfrei, da ein Freibetrag von 7.500.000 USD (15.000.000 x 5 Mio. / 10 Mio.) genutzt werden kann.

Deutsche mit Vermögen in den USA profitieren damit unmittelbar von der weiteren Anhebung des effektiven US-Freibetrages durch den *One Big Beautiful Bill Act*.

Zu beachten ist, dass die Inanspruchnahme des erhöhten Freibetrages auf Basis von Art. 10 Abs. 5 Buchst. a DBA USA erfordert, dass in der US-Nachlasssteuererklärung sämtliche Vermögenswerte des weltweiten Nachlasses offengelegt werden.

Eine weitere wesentliche Vergünstigung für Vermögensübertragungen von Todes wegen zwischen Ehegatten enthält Art. 10 Abs. 6 DBA USA. Auch diese Regelung gilt nur für Vermögensübertragungen von Todes wegen und nicht für Schenkungen.

Die Regelung ist wiederum vor dem Hintergrund des US-Rechtes zu betrachten, wonach Vermögensübertragungen zwischen Ehegatten grundsätzlich in unbeschränkter Höhe steuerfrei sind, vorausgesetzt der überlebende Ehegatte ist US-Staatsbürger (*marital deduction*). Ist der überlebende kein US-Staatsbürger, kommt eine Steuerfreiheit lediglich in Betracht, wenn das Vermögen bis zur Abgabe der US-Nachlasssteuererklärung auf einen sog. *qualified domestic trust* übertragen wird.[1]

Art. 10 Abs. 6 DBA USA bestimmt vor diesem Hintergrund, dass die *marital deduction* auch Anwendung findet, sofern zum Zeitpunkt des Erbfalls

1 Vgl. Kapitel II.5.b) Übertragungen auf einen *qualified domestic trust* (*QDOT*)".

- Erblasser und überlebender Ehegatte in Deutschland oder den USA ansässig waren; und
- zumindest einer von beiden deutscher Staatsbürger war, sofern beide in den USA ansässig waren.

Weitere Voraussetzung ist, dass die Anwendung dieses Absatzes beantragt wird und auf anderweitige US-Vergünstigungen (z. B. Errichtung eines *qualified domestic trusts*) verzichtet wird.

Abweichend vom US-Recht ist die *marital deduction* in diesem Fall allerdings gedeckelt auf die Höhe des Freibetrages unter Sec. 2010 IRC, also auf 13.990.000 USD (2025) bzw. 15.000.000 USD (2026).[1]

Für Ehegatten kann der 50%ige „Bewertungsabschlag" nach Art. 10 Abs. 4 DBA USA (gilt für Schenkungen und Erbfälle), die verhältnismäßige Gewährung des US-Freibetrages von 13.990.000 USD (2025) bzw. 15.000.000 USD (2026) (gilt nur für Erbfälle) und die Gewährung der *marital deduction* von bis 13.990.000 USD (2025) bzw. 15.000.000 USD (2026) (gilt ebenfalls nur für Erbfälle) unter den weiteren Voraussetzungen der genannten Regelungen kumuliert genutzt werden.

8. Artikel 11: Methode zur Vermeidung der Doppelbesteuerung (Anrechnung)

Die Doppelbesteuerung wird gemäß Art. 11 DBA USA durch Anrechnung vermieden. Eine Freistellung ist nicht vorgesehen.

Dies bedeutet, dass

- Deutschland als Ansässigkeitsstaat die US-Nachlass- oder Schenkungsteuern anrechnet, die auf Vermögen entfallen, für das die USA gem. Art. 5, 6 oder 8 DBA USA das Besteuerungsrecht haben (Art. 11 Abs. 3 Buchst. a DBA USA). Hierbei werden auch Erbschaft-, Nachlass- oder Schenkungsteuer der US-Bundesstaaten berücksichtigt, obwohl diese grundsätzlich nicht vom DBA USA abgedeckt sind.
- die USA als Ansässigkeitsstaat die deutsche Erbschaft- oder Schenkungsteuer anrechnet, für das Deutschland gem. Art. 5, 6 oder 8 DBA USA das Besteuerungsrecht hat (Art. 11 Abs. 2 Buchst. a DBA USA).

Eine besondere Regelung für Vor-Schenkungen enthält Art. 11 Abs. 5 DBA USA. Hiernach sind Steuern auf Vor-Schenkungen bei der Anrechnung „in angemessener Weise" zu berücksichtigen. Diese allgemeine Regelung ist insbesondere vor dem Hintergrund zu sehen, dass sich die jeweiligen Regelungen zum Einbezug von Vor-Schenkungen er-

1 Frank/Wainwright IV, ZEV 2015 S. 568.

heblich unterscheiden. So bezieht Deutschland grundsätzlich lediglich Schenkungen der vergangenen zehn Jahre ein (§ 14 ErbStG), die USA dagegen sämtliche zu Lebzeiten erfolgten Schenkungen. Zudem sind zahlreiche Einzelfälle denkbar (z. B. zwischenzeitlicher Wegzug, Heirat, Scheidung, Änderung der Staatsbürgerschaft), die erheblichen Einfluss auf die Besteuerungssituation haben. Im Zweifelsfall ist ein Verständigungsverfahren vorgesehen.

Daneben enthält Art. 11 DBA USA Regelungen zur sog. überdachenden Besteuerung.[1] Hiernach schließt das Abkommen eine Besteuerung bestimmter Personengruppen nach dem nationalen Recht des jeweiligen Staates nicht aus.

Dies betrifft auf Seiten der USA insbesondere US-Staatsangehörige (auch wenn diese ihren Wohnsitz in Deutschland hatten) und auf Seiten Deutschlands Fälle, in denen der Erbe, Vermächtnisnehmer oder Beschenkte den Wohnsitz in Deutschland hat (auch wenn der Erblasser bzw. Schenker seinen Wohnsitz in den USA hat(te)).

Diese Regelungen sind auch vor dem Hintergrund der Unterschiede der jeweiligen Regelungen zur unbeschränkten Steuerpflicht zu betrachten, wonach in den USA (abweichend von den deutschen Regelungen) Staatsangehörige grundsätzlich und unabhängig von der Ansässigkeit der unbeschränkten US-Steuerpflicht unterliegen[2] und wonach die unbeschränkte Steuerpflicht in Deutschland (abweichend von den US-Regelungen) auch von der Ansässigkeit des Erben, Vermächtnisnehmers bzw. Beschenkten abhängig ist.

In solchen Fällen soll die Doppelbesteuerung wie folgt vermieden werden:

- Im Fall eines US-Staatsangehörigen mit DBA-Wohnsitz in Deutschland rechnen die USA nicht nur die Steuer für das Vermögen an, für welches Deutschland das Besteuerungsrecht gemäß Art. 5, 6 oder 8 DBA USA hat, sondern grundsätzlich sämtliche weiteren deutschen Erbschaft- und Schenkungsteuern an (Art. 11 Abs. 2 Buchst. b DBA USA). Ausgenommen sind lediglich etwaige deutsche Erbschaft- oder Schenkungsteuern, welche auf Vermögen entfallen, für das die USA das Besteuerungsrecht gemäß Art. 5, 6 oder 8 DBA USA haben. Insofern rechnet allerdings Deutschland als Ansässigkeitsstaat des US-Staatsangehörigen die hierauf entfallende US-Steuer gemäß Art. 11 Abs. 3 Buchst. a DBA USA an.
- Im Fall, dass der Schenker oder Erblassers seinen Wohnsitz in den USA hatte und sich die unbeschränkte Steuerpflicht in Deutschland aufgrund des deutschen Wohnsitzes des Erben, Vermächtnisnehmers oder Beschenkten ergibt, rechnet Deutschland nicht nur die Steuer für das Vermögen an, für welches die USA das Besteue-

1 Vgl. Jülicher, BB 2014 S. 1369.
2 Vgl. Kapitel II.2. „Unbeschränkte Steuerpflicht“.

rungsrecht gemäß Art. 5, 6 oder 8 DBA USA haben, sondern grundsätzlich auch sämtliche weiteren US-Nachlass- oder Schenkungsteuern (Art. 11 Abs. 3 Buchst. b DBA USA). Ausgenommen sind lediglich etwaige US-Nachlass- oder Schenkungsteuern, welche auf Vermögen entfallen, für das Deutschland das Besteuerungsrecht gem. Art. 5, 6 oder 8 DBA USA hat. Insofern rechnen allerdings die USA als Ansässigkeitsstaat des Erblassers bzw. Schenkers die hierauf entfallende deutsche Steuer gemäß Art. 11 Abs. 2 Buchst. a DBA USA an.

9. Artikel 12: Sonderregelungen zu Trusts

Art. 12 DBA USA enthält Sonderregelungen für *trusts*, wobei Abs. 1 zunächst bestimmt, dass insofern die jeweiligen nationalen Regelungen Anwendung finden. In Deutschland sind dies insbesondere die § 3 Abs. 2 Nr. 1 Satz 2 ErbStG und § 7 Abs. 1 Nr. 9 Satz 2 ErbStG.[1] Bei Unterschieden beim Zeitpunkt der Besteuerung kommt ein Verständigungsverfahren in Betracht.[2]

10. Zusammenfassende Darstellung wesentlicher Vorteile des DBA USA für in Deutschland ansässige Personen

Die folgende Tabelle enthält eine zusammenfassende Darstellung wesentlicher Vorteile des DBA für in Deutschland ansässige Erblasser bzw. Schenker (vorausgesetzt, hierbei handelt es sich nicht zugleich um US-Staatsangehörige).

Tab. G.6.: Zusammenfassende Darstellung

Merkmal	Besteuerung unter nationalem US-Recht	DBA-Begünstigung	Verweis
Umfang der beschränkten Steuerpflicht	- beschränkte Steuerpflicht umfasst i. W. US-Grundbesitz, US-Betriebsstätten, materielles in den USA belegenes Vermögen, Forderungen ggü. US-Schuldnern, Anteile an US-Gesellschaften, in den USA eingetragene Patente (bei der *gift tax* jedoch nur materielles Vermögen)	- US-Besteuerungsrecht beschränkt auf US-Grundbesitz und US-Betriebsstätten	Art. 5 – 9 DBA USA

1 Zu weiteren Einzelheiten Stein/Reich, ZEV 2013 S. 109.

2 Zur Nutzung von *trusts* zur Nachfolgeplanung vgl. von Oertzen/Stein, ZEV 2010 S. 500; Jülicher in Troll/Gebel/Jülicher/Gottschalk, ErbStG, § 21 Rz. 136; Jülicher in Wassermeyer, DBA, Art. 12 DBA USA, Rz. 2ff.

Übertragung von Vermögen an gemeinnützige Organisationen	- bei beschränkter Steuerpflicht nur Vermögensübertragung an gemeinnützige US-Organisationen begünstigt	- auch Übertragungen an deutsche gemeinnützige Organisationen begünstigt	Art. 10 Abs. 2 DBA USA
Ansatz von an den Ehegatten übertragenen Vermögen	- Ansatz des Vermögens mit dem gemeinen Wert	- grds. nur Ansatz mit 50 % des gemeinen Wertes	Art. 10 Abs. 4 DBA USA
Persönlicher Freibetrag bei Erbfall	- 60.000 USD	- Freibetrag für unbeschränkt Steuerpflichtige i. H. von 15.000.000 USD (2026) wird im Verhältnis des Wertes des US-Nachlasses zum gesamten Nachlass gewährt	Art. 10 Abs. 5 DBA USA
Freibetrag für Vermögensübertragungen an Ehegatten	- jährlicher Freibetrag von 190.000 USD bei Schenkungen - kein besonderer Freibetrag bei Erbfall	- im Erbfall Freibetrag von bis zu 15.000.000 USD	Art. 10 Abs. 6 DBA USA
Anrechnung	- Anrechnung ausländischer Steuern nur im Erbfall	- Anrechnung ausländischer Steuer auch bei Schenkung	Art. 11 DBA USA

H. Der Tax Cuts and Jobs Act von 2018

Die US-Steuerreform aus dem Jahr 2018 während der ersten Regierungsperiode von Präsident Trump kann zu Recht als die grundlegendste Reform des US-Steuerrechts seit über 40 Jahren bezeichnet werden. Durch den am 1.1.2018 in Kraft getretenen Tax Cuts and Jobs Act[1] wurden insbesondere das internationale Steuerrecht der USA reformiert, der Körperschaftsteuersatz drastisch von ehemals 35 % auf 21 % herabgesetzt und neue Besteuerungsformen eingeführt. Die Steuerreform ist eines der zentralen Versprechen von Präsident Trump im Wahlkampf des Jahres 2016 gewesen und wurde im ersten Jahr seiner Präsidentschaft umgesetz. Die praktisch nicht vorhandene Vorlaufzeit, die Komplexität der Regelungen und die erst in den Folgejahren veröffentlichten Richtlinien der Finanzverwaltung zur Anwendung der komplexen Neuregelungen waren als besondere Herausforderungen an die Steuerpflichtigen in diesem Zeitraum anzusehen.

Die Reform sollte ursprünglich zu einer Steuerentlastung von Unternehmen und Bürgern von ca. 1,5 Billionen USD über einen 10-Jahreszeitraum führen, über den wirtschaftlichen Erfolg und die Haushaltsauswirkungen des TCJA bestehen bis heute unterschiedliche Sichtweisen. Zu den Schwierigkeiten den wirtschaftlichen Erfolg des TCJA zu messen kommen erschwerend die Auswirkungen der Corona Pandemie der Jahre 2020 und 2021 hinzu, sämtliche Berechnungsmodelle sind von den Auswirkungen der Pandemie überholt worden. Unstrittig ist jedoch, dass die Neuausrichtung des internationalen Steuerrechts der USA und die Einführung vor allem des GILTI Regimes Signalwirkung gehabt hat und als ein Vorbild für die Pillar 2 Initiative der OECD in den Folgejahren gedient hat.

Während die Steueränderungen des TCJA für natürliche Personen aus haushaltsökonomischen Gesichtspunkten in ihrer Wirkungsweise bis zum 31.12.2025 befristet waren (dazu auch das Kapitel zur US-Steuerreform des Jahres 2025), sind die Änderungen im Körperschaftsteuerrecht unbefristet (allerdings mit Änderungen in den Folgejahren).

1 Die offizielle Bezeichnung lautet „An Act to provide for reconciliation pursuant to titles II and V of the concurrent resolution on the budget for fiscal year 2018". Der Gesetzestext kann unter https://www.congress.gov/bill/115th-congress/house-bill/1/text abgerufen werden.

I. Änderungen des TCJA im Körperschaftsteuerrecht der USA

1. Senkung des Körperschaftsteuersatzes

Anstelle des vor 2018 geltenden Steuersatzes von 35 % wurde ab dem 1.1.2018 ein bundesweiter Körperschaftsteuersatz von 21 % eingeführt. Basierend auf einem durchschnittlichen Körperschaftsteuersatz von 6 % auf Ebene der Bundesstaaten sank damit die durchschnittliche kombinierte Steuerbelastung für US-Unternehmen von 38,9 % auf 25,74 %. Im internationalen Vergleich bewegen sich die USA seitdem im Mittelfeld.

Abb. H.1: Vergleich des durchschnittlichen US-Körperschaftsteuersatzes (inkl. state tax) im internationalen Vergleich vor und nach der US-Steuerreform im Jahr 2018

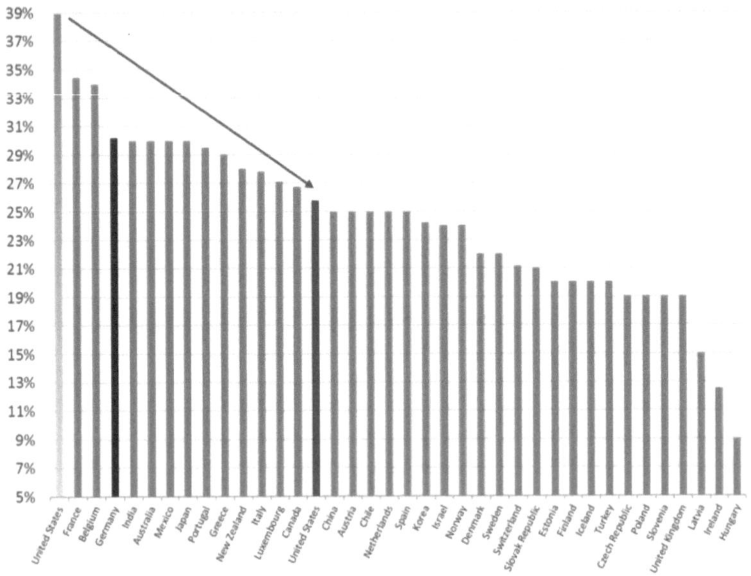

2. Übergang zum Territorialitätsprinzip

Nach den bis 2018 geltenden Besteuerungsprinzipien wurden im Ausland erwirtschaftete Gewinne in den USA bei Repatriierung unter Anrechnung der ausländischen Steuer besteuert (Welteinkommensprinzip). Unterstützt wurde dieses System durch das sog. Subpart F-Regime, das vergleichbar den deutschen Regelungen des Außensteuergesetzes auch unabhängig von einer tatsächlichen Repatriierung zu einer sofortigen Besteuerung von ausländischem Einkommen führt. Dieses Prinzip wurde durch die Steuerreform ersetzt und das bis heute geltende (sehr eingeschränkte) Territorialitätsprinzip eingeführt. Neben einer beschränkten Dividendenfreistellung wurden die Regelungen des Subpart F-Regimes ausgeweitet und mit dem GILTI-Regime eine bislang nicht bestehende, neue Kategorie von Subpart F-Einkommen eingeführt.

Im Rahmen der Dividendenfreistellung für ausländische Dividenden bleiben Dividenden seit der Steuerreform aus dem Jahr 2018 unter der Voraussetzung einer 10 %igen Mindestbeteiligung steuerfrei. Die 10 %ige Beteiligung muss für mindestens 366 Tage während eines 731 Tage-Zeitraums vorliegen. Die Steuerbefreiung wird im Rahmen einer 100 %igen sog. dividends received deduction gewährt, die Anrechnung von ausländischen Steuern (inkl. Quellensteuern) entfällt. Für hybride Dividenden (d. h. soweit es auf Ebene der die Dividende zahlenden Gesellschaft zu einem steuerlichen Betriebsausgabenzug kommt) und Dividenden von ausländischen sog. passiven Investmentgesellschaften (PFIC) entfällt die Steuerbefreiung. Im Zusammenspiel mit den allgemeinen Regelungen des Subpart F-Regimes und den GILTI-Regelungen haben die Regelungen zur ausländischen Dividendenfreistellung jedoch nur einen sehr begrenzten Anwendungsbereich.

Um sicherzustellen, dass die bislang unversteuerten Gewinne in den ausländischen Tochtergesellschaften nicht von der neuen Dividendenfreistellung profitierten, wurden die nicht ausgeschütteten ausländischen Gewinne (sog. earnings & profits oder kurz E&P) fiktiv ausgeschüttet und einem gesplitteten Präferenzsteuersatz unterworfen. Dabei handelte es sich um alle nach 1986 erwirtschafteten und bis zum Systemwechsel nicht ausgeschütteten Gewinne. Für die Feststellung des Ausschüttungsbetrages waren die bislang unversteuerten earnings & profits sowohl auf den 2.11.2017 als auch auf den 31.12.2017 festzustellen. Der jeweils höhere Betrag war dann maßgeblich. Technisch wurden die Einkünfte, die durch die fiktive Ausschüttung auf Ebene des US-Anteilseigners erzielt werden, als Subpart F-Einkommen behandelt. Ausländische Gewinne in Form von Barmitteln (und sog. cash equivalents) unterlagen dabei einem Steuersatz von 15,5 %, während auf reinvestierte Gewinne ein Satz von 8 % Anwendung fand. Die transition tax konnte auf Antrag über einen Zeitraum von acht Jahren gezahlt werden, die Anrechnung von ausländischen Steuern war nur beschränkt möglich.

3. Änderung der Zinsabzugsbeschränkung

Die vor 2018 bestehenden Zinsabzugsbeschränkungen waren auf Zinszahlungen an ausländische oder steuerbefreite nahestehende Personen beschränkt und an zwei Voraussetzungen geknüpft: Zum einen war dies das Überschreiten eines FK/EK-Verhältnisses von 1,5:1 (safe-harbor rule), zum anderen griffen die bisherigen Regelungen erst dann, wenn der Netto-Zinsaufwand der Gesellschaft mehr als 50 % des modifizierten Einkommens betrug.

Durch die Steuerreform des TCJA wurde eine Zinsschranke nach europäischem bzw. deutschem Vorbild eingeführt. Die neu eingeführte Regelung basiert auf einer 30 %igen Beschränkung des jährlichen Nettozinsaufwands berechnet auf dem sog. adjusted taxable income oder ATI. Das ATI entsprach für die Jahre 2018 bis 2021 dem EBITDA und ab dem Jahr 2022 dem EBIT der jeweiligen Gesellschaft. Für kleinere Gesellschaften mit einem durchschnittlichen Dreijahresumsatz von bis zu 25 Mio. USD besteht eine Befreiung von der Zinsschranke. Die Neuregelung umfasste sämtlichen Zinsaufwand und war nicht auf Zinszahlungen an nahestehende Personen beschränkt. Ein Zinsvortrag ist seitdem zeitlich unbeschränkt möglich, ein Vortrag von ungenutztem ATI ist dagegen nicht vorgesehen. Eine zusätzliche Abzugsbegrenzung für sog. International Financial Reporting Groups, die in früheren Versionen des Tax Cuts and Jobs Act enthalten war, wurde nicht in die endgültige Gesetzesversion übernommen. Im Fall des Bestehens einer consolidated group in den USA erfolgt eine Berechnung der Zinsschranke auf konsolidierter Ebene.

Im Vergleich zur deutschen Regelung des § 4h EStG ist eine De-minimis-Regelung (3 Mio. € Freigrenze) nicht enthalten, eine Escape-Klausel vergleichbar dem § 4h Abs. 2 Buchst. c EStG ist ebenfalls nicht enthalten.

Bei der Anwendung der Zinsschrankenregelung auf Personengesellschaften sind die beschriebenen Regelungen prinzipiell auf Ebene der Personengesellschaft selbst und nicht auf Ebene der Partner anzuwenden. Es besteht jedoch die Besonderheit, das ungenutzte ATI der Personengesellschaft, d. h. Zinsabzugsvolumen, anteilig auf die Ebene der Partner zu übertragen und es dort zu nutzen.

Die Ausweitung der Regelungen zur Zinsabzugsfähigkeit auf Zinszahlungen an fremde Dritte hatte zur Folge, dass US-Unternehmen ihren bislang in den USA bestehenden Zinsaufwand vielfach auf ausländische Gruppenunternehmen verlagerten, um dadurch die Nichtabzugsfähigkeit der Zinsen für US-steuerliche Zwecke zu minimieren.

4. Einführung von Anti-Hybrid Regelungen

Die Neuregelung in IRC Sec. 267A enthält ein Abzugsverbot für Zins- und Lizenzzahlungen zwischen verbundenen Unternehmen, soweit entweder der korrespondierende Ertrag auf Ebene des Empfängers im Ausland nicht besteuert wird (sog. deduction/no inclusion-Szenario) oder aber es zu einem doppelten Betriebsausgabenabzug kommt (sog. double deduction-Szenario). Dabei müssen die beschriebenen Szenarien die Folge einer hybriden Transaktion oder der Einschaltung einer hybriden Gesellschaft sein.

Bei einer hybriden Transaktion handelt es sich nach der Regelung um eine Transaktion, eine Abfolge von mehreren Transaktionen, eine vertragliche Vereinbarung oder um ein sonstiges Instrument, auf dessen Grundlage es aus US-steuerlicher Sicht zu Zins- oder Lizenzzahlungen kommt, diese auf Ebene des Zahlungsempfängers aber nicht als solche behandelt werden. Bei einer hybriden Gesellschaft handelt es sich um eine Gesellschaft, die entweder für US-steuerliche Zwecke als transparent, für ausländische Zwecke jedoch als intransparent behandelt wird oder aber für ausländische Zwecke als transparent jedoch für US-steuerliche Zwecke als intransparent.

Die Regelungen in dem Reformpaket enthalten eine weitreichende Ermächtigung zum Erlass von Richtlinien zur Klarstellung und Regelung von Details durch das Treasury Department bzw. den IRS. Der IRS hat im Jahr 2020 von dieser Ermächtigung Gebrauch gemacht und sowohl final regulations als auch proposed regulations zur Anwendung von IRC Sec. 267A veröffentlicht.

Die im US-Steuerrecht möglichen Check-the-Box-Strukturen, d. h. die für steuerliche Zwecke mögliche Behandlung einer Gesellschaft als transparent/intransparent unabhängig von ihrer rechtlichen Ausgestaltung, werden von den Anti-Hybrid-Regelungen nicht erfasst. Sofern eine Zahlung bereits von den Subpart F-Vorschriften des US-Steuerrechts erfasst wird, gehen diese Regelungen den Anti-Hybrid-Regelungen vor.

5. Sofortabschreibung für neu angeschaffte Wirtschaftsgüter

Einer der Eckpunkte der US-Steuerreform von 2018 war die Einführung der Sofortabschreibung für bestimmte Wirtschaftsgüter, die sog. 100 %ige „bonus depreciation“ (IRC Sec. 168(k)).

Für bestimmte Wirtschaftsgüter (sog. qualified property), die nach dem 27.9.2017 und vor dem 1.1.2023 angeschafft und in Gebrauch genommen wurden, konnte anstelle der regulären Abschreibung ein Wahlrecht zur Sofortabschreibung im Jahr der Anschaffung ausgeübt werden. Die Sofortabschreibung wurde ab dem Jahr 2023 auf 80 %, 2024 auf 60 %, 2025 auf 40 % und dann 2026 auf 20 % abgesenkt, bevor sie 2027 ganz ausläuft. Für bestimmte besonders langlebige Wirtschaftsgüter („longer production period property“) und Flugzeuge verlängern sich die genannten Abschreibungszeiträume um jeweils ein Jahr.

Wirtschaftsgüter, die nach dem 27.9.2017 in Gebrauch genommen worden sind, bei denen aber der Anschaffungszeitpunkt vor dem 28.9.2017 lag, qualifizierten lediglich für die vor 2018 geltenden Regelungen zur Sonderabschreibung und nicht für die danach eingeführten Regelungen. Unter den vor 2018 geltenden Regelungen zur „bonus depreciation“ konnten die Anschaffungskosten für „qualified property“, die 2017 in Gebrauch genommen wurden, lediglich zu 50 % zusätzlich abgeschrieben werden.

Für vor dem 28.9.2017 angeschaffte Wirtschaftsgüter, die in den Jahren 2018 bzw. 2019 in Gebrauch genommen wurden, galt unter den „Altregelungen" ein 40 %iger bzw. 30 %iger Sonderabschreibungssatz.

Als Anschaffungszeitpunkt für Zwecke der 100 %igen bonus depreciation war das Datum des jeweiligen Kaufvertrages anzusehen. Die Neuregelungen zur bonus depreciation enthielten keine Aussage zum Anschaffungszeitpunkt von selbst hergestellten Wirtschaftsgütern. Am 3.8.2018 hatten das Treasury Department und der IRS sog. Proposed Regulations zur Anwendung der bonus depreciation erlassen, in der sie u. a. ihre Sichtweise auf den Anschaffungszeitpunkt für selbst hergestellte Wirtschaftsgüter erläuterten.[1]

Die vor 2018 für Zwecke der bonus depreciation geltende Definition von „qualified property" ist durch den TCJA deutlich ausgeweitet worden. Die Definition von „qualified property" für Zwecke der bonus depreciation beinhaltete neu und gebraucht angeschaffte Wirtschaftsgüter in den folgenden Kategorien:

- Wirtschaftsgüter (Sachanlagen) mit einer betriebsgewöhnlichen Lebensdauer von höchstens 20 Jahren, die in den Anwendungsbereich der allgemeinen Abschreibungsregeln des sog. MACRS-Systems („modified accelerated cost recovery system") fallen. Bei dem MACRS-System handelt es sich um die allgemeinen steuerlichen Abschreibungsregeln; innerhalb des MACRS-Systems wird zwischen den GDS-Regelungen („general depreciation system") und den ADS-Regelungen („alternative depreciation system") unterschieden.
- Wirtschaftsgüter von Wasserversorgungsbetrieben,
- bestimme Software,
- bestimmte Mietereinbauten/Gebäudebestandteile („qualified improvement property").

Die Anwendung auf gebraucht angeschaffte Wirtschaftsgüter in den oben genannten Kategorien setzte jedoch voraus, dass die Wirtschaftsgüter bislang nicht von dem Steuerpflichtigen genutzt wurden oder von einer nahestehenden Person erworben worden sind. Durch den TCJA wurde eine neue Kategorie von begünstigten Wirtschaftsgütern eingeführt, wonach Kosten für bestimmte Film, TV und Theaterproduktionen sofort abgeschrieben werden können.

Die 100 %ige bonus depreciation Regelungen finden ebenfalls auf die Anschaffung von bestimmten Pflanzensorten Anwendung.

Auf der anderen Seite wurde die 100 %ige bonus depreciation an die neu eingeführte Zinsabzugsbeschränkung des IRC Sec. 163(j) gekoppelt: Steuerpflichtige, die den neu

1 https://www.gpo.gov/fdsys/pkg/FR-2018-08-08/pdf/2018-16716.pdf

eingeführten Zinsabzugsbeschränkungen nicht unterliegen (bestimmte Versorgungsbetriebe, Gebrauchtwagenhändler, etc.), können von der bonus depreciation keinen Gebrauch machen.

6. Base Erosion and Anti-Abuse Tax (BEAT)

Bei der Base Erosion and Anti-Abuse Tax (kurz: BEAT) handelte es sich um ein neuartiges Besteuerungskonzept, das eine übermäßige Minderung der steuerlichen Bemessungsgrundlage einer US-Gesellschaft durch Zahlungen an im Ausland ansässige nahestehende Personen verhindern soll (IRC Sec. 59A und 59B). Mit dem BEAT Regime wurde dabei ein neuartiges Besteuerungskonzept in den USA eingeführt, das bis dahin ohne Vorbild war. Durch die BEAT-Vorschriften erfasste Zahlungen werden dem zu versteuernden Einkommen in den USA in einer Art Alternativrechnung wieder hinzugerechnet und das so ermittelte Einkommen dann einer 5 %igen Steuerbelastung unterworfen. Der 5 %ige Steuersatz war lediglich als Übergangsgröße für das Jahr 2018 anzusehen und erhöhte sich ab 2019 auf 10 % und ab 2026 auf 12,5 % (vgl. jedoch dazu die Ausführungen zu dem „One Big Beautiful Bill Act" in Kapitel HIII). Führt die so ermittelte Steuer zu einer gegenüber der regulären US-Einkommensteuer erhöhten Steuer, kommt es in Höhe des Differenzbetrages zu einer Mehrbelastung bei dem US-Unternehmen.

BEAT greift erst bei US-Unternehmen mit einem Mindestumsatz von 500 Mio. USD ein (basierend auf dem Durchschnitt der vergangenen drei Jahre) und enthält eine 3 %ige Bagatellgrenze (2 % für bestimmte Finanzunternehmen) für schädliche Zahlungen. Diese relativ hohe Umsatzschwelle führt dazu, dass kleine und mittelständische Unternehmen mit ihren Tochtergesellschaften in den USA weitgehend von den Folgen dieser Regelung verschont bleiben.

- In einem ersten Schritt wird ein „Modified Taxable Income" (MTI) berechnet. Hierzu wird das reguläre zu versteuernde Einkommen um sog. Base Erosion Payments wieder erhöht. Hierbei handelt es sich um bestimmte Zahlungen an ausländische nahestehende Personen (25 %-Grenze) für immaterielle Leistungen im weiteren Sinne (z. B. Dienstleistungen, Lizenzen, Zinsen, Abschreibungen auf erworbene Wirtschaftsgüter) mit Ausnahme von cost-of-goods-sold und bestimmten „at-cost"-Services.
- In einem zweiten Schritt wird dieses MTI mit dem BEAT-Prozentsatz multipliziert. Dieser Prozentsatz betrug im ersten Jahr 5 %, für die Jahre 2019-2025 dann 10 % und ab 2026 dann 12,5 %. Für Banken ist er jeweils einen Prozentpunkt höher (6 %, 11 % und 13,5 %).
- Im abschließenden dritten Schritt wird die so ermittelte Größe mit der regulären Steuerschuld verglichen. Ist die reguläre Steuerschuld im Vergleich zu der nach der Alternativrechnung ermittelten Steuerschuld zu niedrig, wird die Differenz als Mindeststeuer erhoben (Base Erosion Minimum Tax Amount, BEMTA).

BEISPIEL H.1: (für das Jahr 2025)

2025	Szenario 1	Szenario 2
Umsatz	400	400
abzgl. COGS	320	280
abzgl. BEPs	40	80
= Einkommen	40	40
MTI	80	120
10 % MTI	8	12
Reguläre Steuer	8,4	8,4
BEMTA	-	3,6

Während es in Szenario 1 zu keiner zusätzlichen Steuerbelastung durch BEAT kommt, da die reguläre Steuer höher ist als die 10 %ige BEAT auf das MIT, kommt es in Szenario 2 zu einer Zusatzbelastung durch BEAT in Höhe von 3,6 da die 10 %ige Belastung auf das MIT die regulär geschuldete Steuer überschreitet.

Unter die Definition der Base Erosion Payments fallen grundsätzlich alle steuerlich abzugsfähigen Betriebsausgaben, die an verbundene ausländische Unternehmen (unter Berücksichtigung einer 25 %igen Mindestbeteiligung) für immaterielle Leistungen im weiteren Sinne (z. B. Dienstleistungen, Lizenzen, Zinsen, Abschreibungen auf erworbene Wirtschaftsgüter) gezahlt werden. Kosten des Wareneinsatzes (COGS) sowie bestimmte „at-cost“-Services sind von der Definition als BEPs ausgenommen.

Dienstleistungen (at-cost Services), die danach nicht unter die BEAT-Regelungen fallen, lassen sich in zwei Kategorien einteilen: Dies sind zum einen solche Dienstleistungen, die industrieunabhängig üblich und lediglich unterstützender Natur sind und in der Regel mit nur einem geringen Kostenaufschlag vergütet werden. Die US-Finanzverwaltung hat die Arten der in diese Kategorie fallenden Dienstleistungen per Verwaltungsvorschrift bestimmt.

Demnach sind solche intercompany Dienstleistungen unschädlich, bei denen es sich um einfache Routinetätigkeiten handelt. Solche Tätigkeiten beschränken sich auf das Sammeln und Aufbereiten von Daten oder Informationen und beinhalten keine Entscheidungsfunktion. Beispielhaft handelt es sich dabei um folgende Tätigkeiten („White List“-Aufzählung aus den sog. Revenue Procedures 2007-13):

- Bearbeitung von Gehaltsabrechnungen (Sammlung der Daten, Berechnung der geleisteten Stunden, Reisekostenabrechnung etc.),
- Zusammenstellung von Abrechnungsdaten im Rahmen der Pflege von Debitoren und Kreditorenkonten,

- Allgemeine administrative und organisatorische Unterstützung (z. B. Terminplanung, Postdienst, Archivierungsdienste etc.),
- Erstellung von Steuererklärungen, Betreuung von Betriebsprüfungen und Vorabverständigungsverfahren,
- Erstellung von Trainings- und Entwicklungsplänen für Personal,
- Erstellung von Richtlinien für die Nutzung von IT-Systemen,
- Instandhaltung und Testen von bestehenden Computer-Datenbanken, jedoch nicht die Ermittlung von Nutzerbedarf, Entwicklung von Hard- oder Softwarelösungen oder Empfehlung zum Kauf von Softwareprogrammen,
- In-house Rechtsberatung (Vertragsformulierungen, Vertretung vor Gericht etc.).

Die zweite Kategorie von Dienstleistungen, die als unschädlich anzusehen sind, sind Dienstleistungen mit geringen Margen, d. h. einem Kostenaufschlag, der im Durchschnitt maximal 7 % beträgt (Datenbankstudie erforderlich).

Bestimmte Arten von Dienstleistungen sind in jedem Fall schädlich und können in keine der „guten" Kategorien fallen („Black List"):

- Leistungen, die wesentlich zu den Schlüsselkompetenzen für das Geschäft der Gruppe beitragen oder wesentlich den Erfolg oder Misserfolg des Geschäfts beeinflussen können,
- Herstellung,
- Produktion,
- Leistungen im Zusammenhang mit natürlichen Ressourcen (wie z. B. Minenarbeit, Ölgewinnung etc.),
- Bauleistungen,
- Vertrieb, Wiederverkauf, Kommissionsleistungen u. Ä.,
- F&E Leistungen,
- Ingenieursleistungen und wissenschaftliche Dienstleistungen,
- Finanztransaktionen, inkl. Garantien,
- Versicherungs- und Rückversicherungsleistungen.

Hinzuweisen ist, dass Managementleistungen jeder Art lediglich unter die zweite Kategorie der unschädlichen Dienstleistungen fallen können und mit einem Restrisiko behaftet sind, unter die „Black List" zu fallen.

Gerade bei Unternehmen, die im Finanzsektor tätig sind (Banken, Versicherungen), oder bei Serviceunternehmen, die Services von ausländischen Gruppengesellschaften beziehen, können die Auswirkungen von BEAT erheblich sein. Solche Unternehmen haben im Gegensatz zu einem klassischen Vertriebsunternehmen keine COGS und sämtliche konzernintern bezogenen Leistungen können damit zu einer Erhöhung der Steuerbelastung in den USA führen.

Die Regelungen des Beat Regimes wirken faktisch wie ein Betriebsausgabenabzugsverbot auf zusätzliche Base Erosion Payments. Vor diesem Hintergrund muss die Aussage, dass eine zusätzliche Belastung der BEPs lediglich in Höhe von 10 % (2025) stattfindet, als unzutreffend bezeichnet werden

Die in einer vorherigen Version des Gesetzesvorschlags des Repräsentantenhauses enthaltene 20 %ige excise tax ist nicht in die finale Version des Gesetzespakets aus dem Jahr 2017 übernommen worden.

7. Die Besteuerung von Überrenditen – GILTI und FDII

a) Global intangible low-taxed income – GILTI

Durch die zum 1.1.2018 erfolgte Einführung der Einkommenskategorie „Global intangible low-taxed income“ (abgekürzt: GILTI) in den Hinzurechnungsvorschriften des US-Steuerrechts soll missbräuchlichen Gestaltungen vorgebeugt werden und die Subpart F-Vorschriften verbreitert werden. Im Fokus der Vorschrift standen dabei insbesondere der Transfer von IP aus den USA heraus sowie IP-Gesellschaften in Niedrigsteuerländern (sog. Offshore-Strukturen). GILTI erfasst ausländisches Einkommen, das eine gewisse Routinerendite übersteigt (sog. Überrendite), und unterwirft dieses der US-Besteuerung. Das renditestarke Einkommen der ausländischen Zwischengesellschaften (die Bestimmung erfolgt auf einer konsolidierten Betrachtungsweise aller ausländischen Gesellschaften) wurde zu 50 % (ab 2026 war eine Erhöhung auf 62,5 % geplant) auf Ebene des US-Anteilseigners laufend besteuert. Daraus resultierte ein effektiver Steuersatz von 10,5 % bzw. geplant 13,125 % ab 2026. Ausländische Steuern konnten generell zu 80 % angerechnet werden. Auf die Art der Tätigkeit kommt es dabei nicht an, d. h. auch aus deutscher Sicht aktive Tätigkeiten können einer Besteuerung mit GILTI unterliegen, wenn die Rendite hoch genug und die Steuerbelastung im Ausland niedrig genug ist.

Die Bemessungsgrundlage für GILTI bildet das Einkommen der ausländischen Gesellschaft, soweit dieses nicht bereits auf Grund anderweitiger Vorschriften (z. B. allgemeine Subpart F-Vorschriften, ECI etc.) der US-Besteuerung unterliegt. Von dieser Bemessungsrundlage ist dann eine fiktive 10 %ige Routinerendite basierend auf den materiellen Vermögensgegenständen der Gesellschaft, des sog. Qualified business asset investment (kurz: QBAI) abzuziehen. Unter QBAI fallen grundsätzlich alle materiellen Vermögensgegenstände der Gesellschaft, nicht umfasst werden Vorratsvermögen und Forderungen. Das QBAI ist um einen evtl. vorhandenen Zinsaufwand der Gesellschaft zu kürzen (was dazu führt, dass ein fremdfinanzierter Erwerb von materiellen Wirtschaftsgütern nicht zur Erhöhung des QBAI genutzt werden kann).

Die 80 %ige Anrechnung der ausländischen Steuer führt prinzipiell dazu, dass es ab einem ausländischen Steuersatz von 13,125 % (bzw. dann ursprünglich ab 2026 ab einem ausländischen Steuersatz von 16,4 %) zu keinen direkten GILTI Konsequenzen führen sollte. Ungenutzte foreign tax credits im Zusammenhang mit dem GILTI-Einkommen fallen in einem separaten sog. basket an und können weder mit anderen Einkunftsarten verrechnet werden noch innerhalb dieser Kategorie vor- oder zurückgetragen werden. Diese Beschränkung der Nutzung von foreign tax credits für GILTI-Zwecke kann im Einzelfall zu höchst unerwünschten und nachteiligen Ergebnissen führen. Erschwerend hinzukommt, dass es aufgrund der Schaffung eines neuen baskets für foreign tax credits und der allgemeinen sog. expense allocation and apportionment rules zu nachteiligen Folgen außerhalb der GILTI-Regelungen kommen kann.

Die Bestimmung des Einkommens der ausländischen Gesellschaft sowie die Bemessungsgrundlage für die Routinerendite sowie auch die Feststellung der anrechenbaren ausländischen Steuern hat jährlich und auf Grundlage von US-Bestimmungen zu erfolgen. Die jährliche Bestimmung erfordert einen nicht unerheblichen Aufwand und stellt erheblichen Anforderungen an die Steuerabteilungen und Berater in den USA.

Die Gesetzesvorschrift sieht eine umfangreiche Ermächtigung an das Treasury Department und den IRS zum Erlass von Ausführungsregelungen und Missbrauchsvorschriften vor, von denen der IRS auch Gebrauch gemacht hat (siehe dazu nur die in den Jahren 2019 und 2020 veröffentlichten regulations).

Zur Verdeutlichung der Funktionsweise des GILTI Regimes sollen die folgenden Beispiele gelten:

BEISPIEL H.2: Funktionsweise von GILTI

In ersten Szenario hat die ausländische Gesellschaft materielle Wirtschaftsgüter (QBAI) in Höhe von 1000 und ansonsten keine weiteren assets. In zweiten Szenario soll das QBAI der ausländischen Gesellschaft null betragen.

	Szenario 1	Szenario 2
„Qualified Business Asset Investment“	1000	-
Einkommen der ausländischen Gesellschaft	200	200
Betriebsausgaben	150	150
Ausländische Steuern (10 %)	5	5
„Net CFC Tested Income“	45	45
Routinerendite	100	-
Gross-up für ausländische Steuern	-	5
Summe	-	50
50 %ige Steuerbefreiung	-	25

GILTI Betrag	-	25
US Steuern 21 %	-	5,25
80 %ige Anrechnung der ausländischen Steuer	-	4
US Steuerlast	-	1,25

Während im ersten Szenario eine GILTI-Hinzurechnung unterbleibt, da die Routinerendite höher ist als das eigentliche Einkommen der ausländischen Gesellschaft, besitzt die ausländische Gesellschaft in Szenario 2 kein QBAI. Damit ist das GILTI-Regime anwendbar und führt zu den berechneten Folgen.

b) Foreign derived intangible income (FDII)

Das FDII-Regime ist ein Präferenzregime für US-Einkünfte aus ausländischen Quellen, die über eine bestimmte Routinerendite hinausgehen, und muss im Zusammenhang mit der Einführung des voranstehend erläuterten GILTI-Regimes gesehen werden. Beide Regime dienen demselben Zweck und verwenden dabei ein „Zuckerbrot und Peitsche"-Konzept. Mit Hilfe des GILTI-Regimes sollen Gewinne ausländischer Tochtergesellschaften der sofortigen US-Besteuerung unterworfen werden, sofern diese Gewinne eine gewisse Routinerendite überschreiten („Peitsche"). Als Konsequenz des FDII-Regimes werden von US-Unternehmen erzielte Einkünfte, die aus ausländischen Quellen stammen und über eine gewisse Routinerendite hinausgehen, einem niedrigeren Steuersatz unterworfen („Zuckerbrot"). Die Bestimmung der Routinerendite folgt dabei im Rahmen von GILTI und FDII denselben Prinzipien.

Die Bezugnahme auf „intangible income" sowohl bei GILTI als auch FDII ist dabei irreführend. Während in der Vorstellung des Gesetzgebers von 2017 ein die Rouetinerendite übersteigender Gewinn das Vorhandensein von intangible income impliziert und der übersteigende Gewinn stets auf die Nutzung von intangible income zurückzuführen ist, ist das tatsächliche Vorhandensein von IP nicht von Bedeutung. Es handelt sich hier vielmehr um eine typisierende Betrachtungsweise, die beiden Regelungen zugrunde liegt und bei der die Nutzung bzw. das Vorhandensein von IP fingiert wird.

Für Einkünfte, die dem FDII-Regime unterfallen, wurde ab dem Jahr 2018 ein Steuerabzug von 37,5 % gewährt, ab dem Jahr 2026 sollte der Abzug auf 21,875 % abgesenkt werden. Dadurch wurde die effektive Steuerbelastung in den USA für solche Einkünfte auf 13,125 % gesenkt bzw. sollte ab 2026 auf dann 16,406 % gesenkt werden.

Das FDII-Regime setzt ebenso wie das GILTI-Regime keinen Mindestumsatz oder bestimmte Mindestbezugsgrößen zur Anwendung der Besteuerungsfolgen voraus. Ebenso steht die Anwendung nicht zur Disposition des Steuerpflichtigen, die Regelung ist nicht als Wahlrecht ausgestaltet.

Das FDII-Regime ist generell nur für sog. C-Corporations in den USA anwendbar. Einzelpersonen können ebenso wie RICs oder REITs oder auch S-Corporations nicht von dem Präferenzregime Gebrauch machen. Das unter das FDII-Regime fallende Einkommen wird dabei so ermittelt, dass das (modifizierte) Gesamteinkommen der jeweiligen US-Gesellschaft um eine 10 %ige Routinerendite auf die materiellen Wirtschaftsgüter der Gesellschaft gekürzt wird. Der verbleibende Betrag wird auf in- bzw. ausländische Aktivitäten der US Gesellschaft aufgeteilt. Der auf ausländische Aktivitäten entfallende Betrag qualifiziert dann für die Steuerbefreiung.

Die Ermittlung des FDII-Einkommens hat in den folgenden Schritten zu erfolgen:

- **Schritt 1:** Bestimmung des relevanten Gesamteinkommens der US-Gesellschaft, sog. deduction eligible income oder „DEI"
  Die Bestimmung des relevanten Gesamteinkommens erfolgt auf Basis der Bruttoeinnahmen der Gesellschaft. Als Einnahmen nicht berücksichtigt werden dabei (a) Einkünfte, die der Gesellschaft auf Grundlage der US-Subpart F Regelungen zugerechnet werden, (b) Einkünfte, die der Gesellschaft auf Grundlage des GILTI-Regimes zugerechnet werden, (c) sog. financial services income, (d) Dividendeneinkünfte von ausländischen Tochtergesellschaften, die als „controlled foreign corporations" anzusehen sind, (d) Einkünfte aus Tätigkeiten im Öl- und Gasgeschäft und (e) Einkünfte, die durch ausländische Betriebsstätten erzielt werden.
  Von den so ermittelten Bruottoeinnahmen sind dann die jeweils zuzuordnenden Betriebsausgaben der Gesellschaft abzuziehen.
- **Schritt 2**: Bestimmung des Einkommens, das eine 10 %ige Routinerendite der Gesellschaft übersteigt, sog. deemed intangible income oder DII
  In einem zweiten Schritt ist zunächst die Routinerendite der Gesellschaft zu ermitteln. Hierbei wird eine fiktive 10 %ige Rendite basierend auf den materiellen Wirtschaftsgütern der Gesellschaft (sog. qualified business asset investment oder QBAI) zugrunde gelegt. Die Bestimmung der materiellen Wirtschaftsgüter sowie der entsprechende Wertansatz kann im Einzelfall komplex sein und soll an dieser Stelle nicht weiter vertieft werden. Die so ermittelte Routinerendite ist dann von dem in Schritt 1 ermittelten relevanten Gesamteinkommen (DEI) abzuziehen um zu dem DII zu gelangen. Sofern der so ermittelte Betrag negativ ist, ist das die Routinerendite übersteigende Einkommen mit 0 anzusetzen, das DII kann nicht negativ werden.
- **Schritt 3**: Bestimmung des aus ausländischen Quellen stammenden Gesamteinkommens, sog. foreign derived deduction eligible income oder FDDEI
  Aus ausländischen Quellen stammt grob dargestellt Einkommen, das aus Aktivitäten mit Auslandsbezug stammt. Als Aktivitäten mit Auslandsbezug gelten (a) der Verkauf, die Vermietung oder Lizensierung von Wirtschaftsgütern an ausländische Empfänger und (b) Dienstleistungen, die an ausländische Empfänger erbracht wer-

den. Der Gesetzestext enthält eine äußerst weitgehende weitere Voraussetzung, nämlich, dass der Steuerpflichtige in beiden Alternativen zur Zufriedenheit der Finanzverwaltung nachweist, dass die entsprechenden Wirtschaftsgüter bzw. Dienstleistungen auch tatsächlich lediglich im Ausland genutzt werden.
Findet eine der beschriebenen Transaktionen mit einem verbundenen Unternehmen statt, so kommt eine Anwendung des Präferenzregimes nur dann in Frage, wenn die betroffenen Wirtschaftsgüter am Ende an einen fremden Dritten weitergegeben werden. Besondere Regelungen greifen auch dann ein, wenn eine Weiterverarbeitung oder Modifikation durch einen fremden Dritten in den USA erfolgt, die entsprechenden Wirtschaftsgüter aber dann in das Ausland verkauft werden. Generell ist in einem solchen Fall kein begünstigtes Einkommen gegeben. Eine Ausnahme existiert jedoch dann, wenn es sich bei der Weiterverarbeitung/Modifikation durch einen in den USA ansässigen fremden Dritten lediglich um einen ausgelagerten Zwischenschritt handelt und die Güter in dem darauffolgenden Schritt durch eine nahestehende Person in das Ausland veräußert werden. Diese Ausnahme ist für Dienstleistungen nicht anwendbar.

- **Schritt 4**: Bestimmung des FDII auf Grundlage des Verhältnisses von FDDEI und DEI
  Im letzten Schritt wird dann das „foreign derived intangible income“ durch Anwendung des Verhältnisses von FDDEI und DEI auf das DII ermittelt. Kurz gesagt wird der Anteil des aus ausländischen Quellen stammenden Einkommens am Gesamteinkommen ermittelt und dann auf das die Routinerendite übersteigende Einkommen angewendet.

Wie bereits dargestellt ist das FDII-Regime unabhängig von der tatsächlichen Existenz von IP und dem Vorhandensein von Einkünften aus der Verwertung von IP anwendbar. Abgestellt wird bei der Begünstigung auf Einkünfte, die durch den Export von Gütern und Dienstleistungen entstehen und über eine gewisse Routinerendite hinausgehen.

BEISPIEL H.3: FDII-Berechnung

In dem folgenden Beispielsfall soll eine US-Gesellschaft neben 200 ausländischen Lizenzeinkünften noch 200 an Lizenzeinkünften aus US Quellen beziehen (keine sonstigen Einkünfte). Die US-Gesellschaft besitzt Produktionsvermögen (QBAI) von 400. Die FDII Berechnung sieht dann wie folgt aus:

Modifiziertes Einkommen	400
abzgl. 10 % Rendite auf QBAI	40
zugrundezulegendes Einkommen	360
davon ausländisches Einkommen	50 %
FDII-Betrag	180
Steuerbefreiung 37,5 %	67,5
steuerpflichtiges Einkommen	332,5
US-Besteuerung mit 21 %	69,8

In dem Beispielsfall ist das Gesamteinkommen von 400 um eine 10 %ige Routinerendite auf die materiellen Wirtschaftsgüter zu kürzen, somit 40. Das danach verbleibende Einkommen von 360 ist auf in- und ausländisches Einkommen aufzuteilen, was jeweils einen Betrag von 180 ergibt. Auf den ausländischen Teil des so ermittelten Einkommens ist dann die 37,5 %ige Steuerbefreiung anzuwenden, was insgesamt in einem steuerpflichtigen Einkommen von 332,5 resultiert (400 abzüglich 67,5). Auf das so ermittelte Einkommen ist dann der reguläre Steuersatz von 21 % anzuwenden.

8. Sonstige Änderungen im Körperschaftsteuerrecht durch den TCJA

a) Abschaffung der Alternative Minimum Tax

Die Corporate AMT (Alternative Minimum Taxation) i. H. v. 20 % ist ab dem 1.1.2018 abgeschafft worden. Für bestehende Steuergutschriften des bisherigen AMT-Systems gab es Übergangsregelungen.

b) Abschaffung von Sonderabzügen und Tax Credits

Als Teil der Gegenfinanzierung der Steuerreform aus dem Jahr 2017 wurden zahlreiche betriebliche Sonderabzüge und Steuergutschriften gestrichen. Ausgenommen wurden lediglich Steuervergünstigungen für Forschung und Entwicklung, die Förderung war jedoch bis zum Ende des Jahres 2021 befristet. Ab dem Jahr 2022 mussten entsprechende Aufwendungen aktiviert und über fünf Jahre (bzw. 15 Jahre für im Ausland durchgeführte F&E-Projekte) abgeschrieben werden (IRC Sec. 174), siehe dazu auch das Kapitel H.III.

c) Änderung der Verlustverrechnungsvorschriften

Vor 2018 konnten Verluste für zwei Jahre steuerlich zurückgetragen werden und für 20 Jahre vorgetragen werden. Für ab 2018 entstehende Verluste ist nach IRC Sec. 172 nur noch ein – zeitlich allerdings unbeschränkter – Verlustvortrag möglich. Der Verlustrücktrag wurde vollständig abgeschafft (was insbesondere im Zusammenhang mit der Sofortabschreibung neu angeschaffter Wirtschaftsgüter wichtig ist, um Periodenverlagerungen zu verhindern). Überdies wird die Nutzung des Verlustvortrags für ab 2018 neu entstehende Verluste auf 80 % des zu versteuernden Einkommens des Jahres der Verlustnutzung begrenzt.

II. Änderungen bei den sog. „pass-through" Gesellschaften[1]

Der TCJA führte nicht nur bei der Besteuerung von Körperschaften, sondern auch bei der Besteuerung von sog. pass-through entities zu einer grundlegenden Reform der Besteuerungsprinzipien (IRC Sec. 199A). Für hinter einer pass-through-Gesellschaft stehende natürliche Personen wurde ein 20 %iger Abzug für durch die pass-through-Gesellschaft erzieltes gewerbliches Einkommen gewährt. Ziel der Neuregelung war es, eine steuerliche Gleichbehandlung des über eine Körperschaft oder eine pass-through-Gesellschaft erzielten gewerblichen Einkommens zu erreichen. Die Neuregelung basierte dabei auf der für Körperschaften geltenden Reduzierung des Körperschaftsteuersatzes von 35 % auf 21 %. Die Neuregelung war auf den Zeitraum 1.1.2018 bis 31.12.2025 beschränkt und sollte dann wie alle sonstigen Regelungen für Einzelpersonen auslaufen (vgl. dazu auch Kapitel H.III.).

1. Generelles Besteuerungskonzept für pass-through-Gesellschaften

Bei den sog. pass-through entities handelt es sich um für steuerliche Zwecke transparente Gesellschaften, bei denen die Besteuerung des Einkommens auf Ebene der dahinterstehenden Gesellschafter erfolgt. Die Behandlung ist dabei vergleichbar mit der Besteuerung von Personengesellschaften in Deutschland. Sofern es sich bei dem Anteilseigner um eine natürliche Person handelt, erfolgt die Besteuerung mit dem individuellen Einkommensteuersatz des Anteilseigners. Eine Besteuerung auf Ebene der pass-through-Gesellschaft selbst wie z. B. für deutsche gewerbesteuerliche Zwecke existiert in den USA nicht. Für die Besteuerung von natürlichen Personen gibt es sieben verschiedene sog. tax brackets, bei denen die Belastung mit Einkommensteuer ansteigt, je höher das zu versteuernde Einkommen ist. Die anwendbaren Steuersätze liegen dabei zwischen 10 % (Eingangssteuersatz) und 37 % (Spitzensteuersatz).[2] Dazu kommen die jeweiligen Einkommensteuern auf Bundesstaatsebene und lokaler Ebene.

2. Anwendbarkeit der Neuregelung

Der 20 %ige Abzug auf Ebene des Anteilseigners einer pass-through-Gesellschaft wird für sog. qualified business income (QBI) der Gesellschaft gewährt. Unter QBI ist gewerbliches Einkommen mit Ausnahme von „investment income", d. h. Dividenden- und Zinseinkommen zu verstehen. Der 20 %ige Abzug ist auf Grundlage des „taxable incomes" zu gewähren, d. h. erst nach Abzug der sog. personal exemptions und itemized

1 Vgl. Dazu auch Kapitel D.III.4.d

2 Vgl. Dazu Kapitel D

deductions. Der Abzug wird auf Grundlage des oben erwähnten QBI gewährt, das über die folgenden Gesellschaften bezogen wird:

- S-Corporation (Körperschaft, die für steuerliche Zwecke als transparent behandelt wird, hier sind jedoch besondere Voraussetzungen zu erfüllen),
- Partnership (Personengesellschaft),
- Sole Proprietorship (Einzelgewerbetreibender),
- Qualified REIT Dividends (bestimmte Dividenden aus „real estate investment trusts“),
- Qualified Cooperative Dividends (bestimmte Dividenden aus Genossenschaften, zumeist im Bereich der Landwirtschaft),
- Qualified Publicly Traded Partnership Income, „PTP Income" (bestimmtes Einkommen aus börsennotierten Personengesellschaften).

Das dem 20 %igen Abzug zugrundeliegende QBI wird ohne Berücksichtigung von Arbeitslohn ermittelt (sog. reasonable W-2 wages), die von der pass-through-Gesellschaft an den Anteilseigner gezahlt wird. Auch garantierte Zahlungen von der pass-through-Gesellschaft an den Anteilseigner werden von der Bemessungsgrundlage ausgenommen.

Wichtig ist dabei der Bezug auf die sog. W-2 wages (die Bezugnahme auf das Form W-2 entspricht dabei in etwa der deutschen Lohnsteuerbescheinigung). Während bei einer S-Corporation Lohnzahlungen an Anteilseigner als W-2 wages qualifizieren, ist dies bei Personengesellschaften und Einzelgewerbetreibenden nicht der Fall.

Als Höchstbetrag des 20 %igen Abzugs gelten 50 % des Betrags aller Gehaltszahlungen (W-2 wages) durch die pass-through entity bezogen jeweils auf die Beteiligungshöhe des Anteilseigners bzw. 25 % des Betrages aller Gehaltszahlungen (W-2 wages) bezogen auf die Beteiligungshöhe des Anteileigners zuzüglich 2,5 % des Buchwerts aller abschreibungsfähigen Wirtschaftsgüter („unadjusted basis of depreciable property“). Die Möglichkeit, auf die abschreibungsfähigen Wirtschaftsgüter abzustellen, stellt insbesondere für kapitalintensive Betriebe (z. B. real estate-Gesellschaften) eine Erleichterung dar, erfahrungsgemäß sind hier die anzusetzenden W-2 wages eher gering.

Diese Höchstbeträge finden keine Anwendung, wenn das zu versteuernde Einkommen des jeweiligen Anteilseigners nicht mehr als 157.500 USD (Einzelveranlagung) bzw. 315.000 USD (Zusammenveranlagung) beträgt.

BEISPIEL H.4: A ist zu 60 % an einer S-Corporation beteiligt. Aus seiner Beteiligung an der S-Corporation erzielt er einen Gewinnanteil in Höhe von 900.000 USD. Die S-Corporation hat Gehaltsaufwand i. H. v. insgesamt 2,2 Mio. USD. Der von A zu beanspruchende Abzug ermittelt sich wie folgt: 20 % von 900.000 USD ergibt 180.000 USD. Dieser Betrag wird auch in der nachfolgendem Höchstbetragsberechnung nicht gekürzt: 50 % von 2,2 Mio. USD ergeben

1,1 Mio. USD, davon 60 % ergeben 660.000 USD. Der 20 %ige Abzug liegt somit unter dem zulässigen Höchstbetrag.

ABWANDLUNG ▸ Wie im vorhergehenden Beispiel, nur dass der Gehaltsaufwand der S-Corporation nun 500.000 USD beträgt. Der von A maximal geltend zu machende Abzug beträgt nun: 50 % von 500.000 USD ergibt 250.000 USD, davon 60 % ergeben 150.000 USD. Der 20 %ige Abzug wird somit auf einen Betrag i. H. v. 150.000 USD begrenzt.

Die Höchstbetragsberechnung findet nicht auf Ebene der pass-through-Gesellschaft statt, sondern auf Ebene des jeweiligen Gesellschafters. Bei mehreren Beteiligungen eines Gesellschafters wird die Höchstbetragsberechnung für jede Beteiligung gesondert durchgeführt.

3. Ausnahmen für sog. SSB-Aktiviäten

Für sog. specified services businesses (SSB) Aktivitäten gelten besondere Regelungen, hier ist der 20 %ige Abzug entweder gar nicht oder nur eingeschränkt möglich. Als specified services businesses gelten die folgenden Tätigkeiten:

- Berufstätigkeit von Ärzten,
- anwaltliche Tätigkeiten,
- Berufstätigkeit von Steuerberatern und Wirtschaftsprüfern,
- Finanzdienstleistungen,
- künstlerische Tätigkeiten,
- Consulting-Aktivitäten,
- generell alle Aktivitäten, bei denen die Reputation und die Fähigkeiten des Betriebsinhabers von entscheidender Bedeutung sind.

Solange das zurechenbare Einkommen 157.500 USD (Einzelveranlagung) bzw. 315.000 USD (Zusammenveranlagung) nicht überschreitet, kommt auch für den Anteilseigner einer pass-through-Gesellschaft mit SSB-Aktivitäten ein Abzug in Betracht. Der Abzug wird bei übersteigendem Einkommen graduell reduziert, ab einem zurechenbaren Einkommen von 207.500 USD (Einzelveranlagung) bzw. 415.000 USD (Zusammenveranlagung) kann kein Abzug mehr in Anspruch genommen werden.

Die Ausnahmeregelung für SSB-Aktivitäten kann im Einzelfall schwierig sein und beinhaltet bis heute nicht vollständig gelöste Fragestellungen. Die Aktivitäten von Architekten und Ingenieuren waren noch im Gesetzesentwurf des Repräsentantenhauses und des Senats enthalten, beide Berufsgruppen sind jedoch im finalen Gesetzestext ausgenommen worden, besondere Gründe dafür sind nicht ersichtlich. Auch die Definition von Consulting-Aktivitäten ist im Einzelfall nicht einfach durchzuführen. Die Bezugnahme auf Aktivitäten, bei denen „die Reputation und die Fähigkeiten des Betriebsinhabers von entscheidender Bedeutung sind", als „catch-all"-Klausel trägt entscheidend zur Unsicherheit bei, welche Aktivitäten genau als SSB-Aktivitäten einzuordnen sind.

III. Änderungen im Einkommensteuerrecht für natürliche Personen

Auch wenn die Änderungen im TCJA im Einkommensteuerrecht für natürliche Personen weit weniger spektakulär als im Unternehmensteuerrecht gewesen sind, ist es doch zu einer Reihe von wesentlichen Neuerungen gekommen. Wesentliches Merkmal der Änderungen im Einkommensteuerrecht war, dass die Regelungen, die für Einzelpersonen durch den „Tax Cuts and Jobs Act" (TCJA) eingeführt worden sind, ursprünglich lediglich bis zum Jahr 2025 Bestand haben sollten (vgl. auch hier die Ausführungen in Kapitel H.III.). Die zeitliche Befristung ist aus haushaltsrechtlichen Gründen erforderlich gewesen.

1. Absenkung der Steuersätze für natürliche Personen und Änderungen bei der „alternative minimum tax" (AMT)

Vor 2018 gab es für natürliche Personen sieben verschiedene sog. tax brackets mit Steuersätzen von 10 % bis zu 39,6 %. Während die Anzahl der tax brackets durch den TCJA unverändert geblieben ist, wurden die jeweils anwendbaren Steuersätze (bei leicht verändertem Zuschnitt) leicht abgesenkt. Der Eingangssteuersatz ist mit 10 % unverändert geblieben, der Höchststeuersatz liegt nun bei 37 % und greift für Einkommen von über 500.000 USD (Einzelveranlagung) bzw. 600.000 USD (Zusammenveranlagung). Im Gegensatz zur Körperschaftsteuer ist die AMT nicht abgeschafft worden, allerdings wurde der Anwendungsbereich für Einzelpersonen durch einen erhöhten Freibetrag deutlich eingeschränkt.

2. Erhöhung von allgemeinen Abzugsbeträgen („standard deductions") und Abschaffung von persönlichen Freibeträgen („personal exemptions")

Die vor 2018 geltenden allgemeinen Abzugsbeträge wurden auf 12.000 USD für einzelveranlagte Steuerpflichtige (bislang 6.350 USD), auf 18.000 USD für einzelveranlagte Steuerpflichtige mit einem Kind (bislang 9.350 USD) und auf 24.000 USD für zusammenveranlagte Steuerpflichtige (bislang 12.700 USD) erhöht. Alle vor 2018 geltenden persönlichen Freibeträge wurden abgeschafft. Sog. non-resident- und dual-resident-Steuerpflichtige sind nicht zur Geltendmachung des allgemeinen Abzugsbetrages berechtigt. Dadurch ist es im Einzelfall für diesen Personenkreis zu einer deutlichen Verschärfung der steuerlichen Belastung gekommen.

3. Änderungen bei den sonstigen Abzugsbeträgen („itemized deductions“)

Bei den sonstigen Abzugsbeträgen sind insbesondere die folgenden Änderungen zu erwähnen:

- **Abzug für Einkommensteuern der Bundesstaaten und lokale Einkommensteuern („federal and local taxes“), Grundsteuern („property taxes“) und Verbrauchsteuern („sales taxes“)**
  Während vor 2018 diese Abzüge ohne eine Höchstbetragsbeschränkung möglich waren, ist durch den Tax Cuts and Jobs Act ein Höchstbetrag von 10.000 USD eingeführt worden. Dies hat insbesondere für Steuerpflichtige, die in Bundesstaaten mit hohen Steuersätzen wohnhaft sind, nachteilige Folgen (sog. SALT-cap).
- **Abzug für Zinszahlungen im Zusammenhang mit der Anschaffung von Wohneigentum („interest paid on acquisition indebtedness“) und Hypothekenbestellungen („home equity loan“)**
  Vor 2018 waren Zinszahlungen im Zusammenhang mit der Anschaffung von Wohneigentum und einem zusätzlichen Wohnobjekt bis zu einem Höchstbetrag von 1 Mio. USD an Anschaffungskosten steuerlich berücksichtigungsfähig. Zinszahlungen im Zusammenhang mit einer Hypothekenbestellung waren bis zu einem Höchstbetrag der Hypothek von 100.000 USD abzugsfähig. Nach der zum 1.1.2018 erfolgten Neuregelung wurde der Höchstbetrag für Anschaffungskosten von Wohneigentum auf 750.000 USD begrenzt und die Abzugsfähigkeit von Zinszahlungen im Zusammenhang mit Hypthekenbestellungen abgeschafft.
- Abgeschafft wurde die steuerliche Abzugsfähigkeit für ausländische Grundsteuern im Zusammenhang mit Wohneigentum im Ausland.

4. Erhöhung der Steuergutschrift für Kinder („child tax credit“)

Nach den bis 2018 geltenden Regelungen gab es eine Steuergutschrift für Kinder in Höhe von 1.000 USD pro Kind bis zu einem Alter von 17 Jahren. Diese Steuergutschrift verringerte sich schrittweise ab einem modifizierten Einkommen („adjusted gross income“, AGI) von 110.000 USD bei Zusammenveranlagung und 75.000 USD in allen anderen Fällen. Die Steuergutschrift für Kinder ist durch den TCJA auf 2.000 USD pro Kind bis zu einem Alter von 17 Jahren erhöht worden, daneben ist eine weitere Gutschrift in Höhe von 500 USD für solche Familienangehörige eingeführt worden, die nicht für eine Gutschrift für Kinder in Betracht kommen. Die Steuergutschrift für Kinder kann bis zu einem Betrag i. H. v. 1.400 USD auch zu einer Steuererstattung führen. Um die Gutschrift für Kinder in Anspruch nehmen zu können, muss das betreffende Kind eine Sozialversicherungsnummer besitzen. Ist dies nicht der Fall (so z. B. bei Kindern von in die USA entsandten Arbeitnehmern), kann jedoch der sonstige Gutschriftsbetrag i. H. v.

500 USD in Anspruch genommen werden (dieser kann jedoch nicht zu einer Erstattung führen).

5. Abschaffung der steuerlichen Abzugsfähigkeit von Umzugskosten

Vor dem TCJA konnten bestimmte, beruflich veranlasste Umzugskosten steuerlich geltend gemacht werden. Ebenso mussten Umzugskosten, die von dem Arbeitgeber erstattet oder übernommen wurden, nicht als Arbeitslohn versteuert werden. Durch den TCJA wurden diese Regelungen abgeschafft, d. h. beruflich veranlasste Umzugskosten können nicht länger geltend gemacht werden und die Erstattung bzw. die Übernahme von Umzugskosten durch den Arbeitgeber führt nun zu steuerpflichtigem Arbeitslohn.

6. Einführung einer Verlustabzugsbeschränkung für Einzelpersonen

Nach den bis 2018 geltenden Regelungen bestand für Einzelpersonen eine Beschränkung zur Nutzung von Verlusten lediglich für Verluste aus passiven Tätigkeiten („passive loss rules") und für Verluste im Zusammenhang mit landwirtschaftlichen Tätigkeiten („excess farm loss rules"). Durch den TCJA wurden erstmals allgemeine Beschränkungen eingeführt, die Neuregelungen waren auch hier generell auf den Zeitraum 1.1.2018 bis 31.12.2025 beschränkt. Nach der durch den TCJA neu eingeführten Verlustabzugsbeschränkung können sog. excess business losses im Jahr der Entstehung nicht abgezogen werden und werden vorgetragen. Als excess business loss gilt dabei ein Gesamtverlust aus gewerblicher Tätigkeit (nach der Verrechnung von Gewinnen und Verlusten aus verschiedenen gewerbliche Tätigkeiten), soweit er einen Betrag von 250.000 USD im Fall einer Einzelveranlagung bzw. 500.000 USD bei einer Zusammenveranlagung überschreitet. Der übersteigende Betrag unterfällt den allgemeinen Regelungen der IRC Sec. 172 für Verlustvorträge. Bei gewerblichen Verlusten aus passthrough-Gesellschaften wird diese Regelung auf Ebene der Anteilseigner angewendet. Die vor 2018 bestehenden Regelungen für „excess farm loss rules" wurden abgeschafft, die „passive loss rules" hingegen finden weiter Anwendung und sind vorrangig zu den beschriebenen allgemeinen Verlustbeschränkungsregelungen anzuwenden.

Sofern es zu einem Verlustvortrag kommt, kann der vorgetragene Verlust im folgenden Jahr bis zur Höhe von 80 % des zu versteuernden Einkommens abgezogen werden.

BEISPIEL H.5: ▶ M, der alleine zur Einkommensteuer veranlagt wird, erzielt 2018 Verluste aus gewerblicher Tätigkeit i. H. v. 500.000 USD. Daneben erzielt er Kapitaleinkünfte i. H. v. 500.000 USD, die nicht im Zusammenhang mit seinen gewerblichen Einkünften stehen. Nach der Neuregelung zum Verlustabzug kann M in 2025 den Verlust aus gewerblicher Tätigkeit lediglich i. H. v. 250.000 USD geltend machen. Die verbleibenden 250.000 USD qualifizieren als sog. excess business loss und können vorgetragen werden. In 2025 kann er den Verlust aus gewerblicher Tätigkeit i. H. v. 250.000 USD mit den Kapitaleinkünften i. H. v. 500.000 USD verrechnen und erzielt somit ein „adjusted gross income" (AGI) i. H. v. 250.000 USD. Hätte sich der

Sachverhalt so in 2017 zugetragen, hätte M den vollen Betrag des Verlusts aus gewerblicher Tätigkeit i. H. v. 500.000 USD gegen die Kapitaleinkünfte verrechnen können und ein AGI von null erzielt.

Im Fall einer Zusammenveranlagung finden die oben beschriebenen Regelungen und Beschränkungen auf Ebene der zusammenveranlagten Eheleute Anwendung, d. h. Verluste aus gewerblicher Tätigkeit eines Ehepartners können unbeschränkt mit Gewinnen aus gewerblicher Tätigkeit des anderen Ehepartners verrechnet werden und nur ein überschießender Verlust wird dann vorgetragen (nach Berücksichtigung des erhöhten Freibetrages von 500.000 USD).

IV. Änderungen für Arbeitgeber

1. Einschränkung der Abzugsfähigkeit von Bewirtungs- und Unterhaltungsaufwendungen

Bis zum Jahr 2018 konnten bis zu 50 % von bestimmten Bewirtungs- und Unterhaltungsaufwendungen durch den Arbeitgeber steuerlich geltend gemacht werden. Geringwertige Sachzuwendungen („de minimis fringe benefits") wie z. B. der Ersatz von Beförderungsaufwendungen für den Arbeitsweg sowie die Abgabe von Speisen und Getränken durch eine Kantine auf dem Betriebsgelände konnten vollumfänglich steuerlich geltend gemacht werden. Durch die Neuregelung ab 2018 wurde die Abzugsfähigkeit für Bewirtungskosten und Unterhaltungsaufwendungen abgeschafft, dies gilt ebenso für den Ersatz für Aufwendungen für den Arbeitsweg. Kosten für die Abgabe von Speisen und Getränken in einer betriebseigenen Kantine können nur noch zu 50 % geltend gemacht werden (damit besteht ein Gleichlauf mit Verpflegungskosten während einer Dienstreise, die durch den Arbeitgeber ebenfalls nur zu 50 % steuerlich geltend gemacht werden können).

2. Steuergutschrift für den Arbeitgeber für bezahlten Familien- und Krankheitsurlaub („paid family and medical leave credit")

Durch den TCJA wurde erstmals eine steuerliche Förderung für vom Arbeitgeber bezahlten Familien- und Krankheitsurlaub eingeführt. Die steuerliche Förderung wird durch eine Steuergutschrift erreicht („tax credit") und beträgt zwischen 12,5 % und 25 % der Lohnzahlung (IRC Sec. 45S). Voraussetzung ist, dass es sich um einen berechtigten Arbeitnehmer i. S. d. Gesetzes handelt und die Lohnzahlung mindestens 50 % des Normallohns beträgt. Die Förderung wird für einen Zeitraum von max. 12 Wochen gewährt. Beträge, die durch eine staatliche Stelle auf Bundesstaatenebene oder lokaler Ebene gezahlt werden, werden dabei nicht einbezogen. Diese Neuerung des TCJA galt lediglich für die Jahre 2018 und 2019[1].

3. Abschaffung von diversen steuerlichen Vergünstigungen für Aufwendungsersatz an Arbeitnehmer

Durch den TCJA wurden die steuerlichen Vergünstigungen für diverse Aufwendungsersatzzahlungen an Arbeitnehmer eingeschränkt bzw. abgeschafft. So entfällt z. B. der vor 2018 mögliche steuerfreie Aufwendungsersatz für Fahrten zwischen Wohnung und Arbeitsstätte mit dem Fahrrad (bis zu 20 USD/Monat). Die Voraussetzungen für die Steuerfreiheit von Belobigungsprämien („employee achievement award“) und ähnlichen Zahlungen an Arbeitnehmer wurden deutlich erschwert.

4. Begrenzung der steuerlichen Abzugsfähigkeit für übermäßige Gehaltszahlungen („excessive employee remuneration“)

Nach den bis 2018 bestehenden Regelungen der IRC Sec. 162(m) waren Gehaltszahlungen, die einen Betrag von 1 Mio. USD überstiegen und an sog. covered employees gezahlt wurden, für steuerliche Zwecke nicht abzugsfähig. Diese Beschränkung galt lediglich für Gesellschaften, die von bestimmten SEC Vorschriften erfasst wurden (Sec. 12 of the „Exchange Act“). Eine Ausnahme galt für erfolgsabhängige Gehaltsbestandteile, solche Gehaltsbestandteile waren weiterhin voll abzugsfähig. Durch die Neuregelung kam es zu einer Ausweitung des betroffenen Arbeitnehmerkreises, die Definition der „covered employees“ ist ausgeweitet worden. Hierunter fallen nun der CFO, der CEO und die drei am höchsten bezahlten officers der Gesellschaft (basierend auf den gegenüber der SEC gemachten Angaben). Die Qualifikation als „covered employee“ zu einem Zeitpunkt während des Jahres ist ausreichend, es ist nicht erforderlich, dass die Qualifikation auch am Ende des Jahres noch gegeben ist. Auch der Kreis der betroffenen Unternehmen wurde ausgeweitet, hier erfolgte eine Bezugnahme auf alle Gesellschaften, die nach Sec. 15d des Exchange Acts bei der SEC zur Einreichung von Berichten verpflichtet sind. Die Ausnahme für die erfolgsabhängigen Gehaltsbestandteile wurde abgeschafft. Zudem wurde eine Bestimmung eingeführt, nach der ein Arbeitnehmer, der nach dem 31.12.2016 als „covered employee“ anzusehen ist, auch für die Zukunft als solcher qualifiziert, dies gilt selbst noch nach seinem Ableben („once covered employee, always covered employee“).

1 Die Regelung wurde jedoch durch den Consolidated Appropriations Act of 2021 bis Ende 2025 verlaengert.

5. Aufschub des Besteuerungszeitpunkts für bestimmte Mitarbeiterbeteiligungsprogramme

Nach den bis 2018 geltenden Regelungen hatte ein Arbeitnehmer, der aufgrund der Teilnahme an einem Mitarbeiterbeteiligungsprogramm sog. nonstatutory stock options oder restricted stock units (RSU) erhielt, diese in dem Moment als Arbeitseinkommen zu behandeln, in dem die entsprechenden Aktien auf ihn übergingen. Unter bestimmten Voraussetzungen kann nun dieser Besteuerungszeitpunkt bis zu fünf Jahre nach hinten verschoben werden. Sofern für die insoweit aufgeschobene Besteuerung optiert wird, ermittelt sich das Arbeitseinkommen jedoch weiterhin auf Grundlage des FMV der Aktien zu dem Zeitpunkt, an dem die Aktien auf den Arbeitnehmer übertragen werden, abzüglich von Zahlungen, die von dem Arbeitnehmer an den Arbeitgeber geleistet werden. Eine nach diesem Zeitpunkt erfolgende Wertsteigerung der Aktien ist bei Realisierung als Veräußerungsgewinn („capital gain“) anzusehen und hat keinen Einfluss auf die Besteuerung als Arbeitseinkommen. Das Wahlrecht für eine aufgeschobene Besteuerung muss innerhalb von 30 Tagen nach Übertragung der Aktien ausgeübt werden.

6. Einführung einer Verbrauchssteuer („excise tax“) für übermäßige Gehaltszahlungen („excessive employee remuneration“) bei steuerbefreiten Organisationen und Unternehmen

Um eine steuerliche Gleichbehandlung von übermäßigen Gehaltszahlungen bei steuerpflichtigen und steuerbefreiten Unternehmen und Organisationen herzustellen (siehe oben), wurde für steuerbefreite Unternehmen eine 21 %ige Verbrauchssteuer (sog. excise tax) für übermäßige Gehalts- und Abfindungszahlungen von „covered employees“ eingeführt. Die Grenze liegt für Gehaltszahlungen bei 1 Mio. USD, für Abfindungszahlungen wird auf das Dreifache des durchschnittlichen Verdiensts des jeweiligen Mitarbeiters abgestellt. Durch die Einführung der 21 %igen excise tax wurde ein Gleichlauf mit der für nicht steuerbefreite Unternehmen geltenden allgemeinen Körperschaftsteuerbelastung hergestellt.

V. Sonstiges

- **Abschaffung der Strafzahlung für Einzelpersonen, die nicht krankenversichert sind (sog. individual mandate)**
  Nach den vor 2018 geltenden Regelungen des unter Präsident Obama eingeführten „Affordable Care Act“ bestand für Einzelpersonen die Verpflichtung, eine Basis-Krankenversicherung abzuschließen. Anderenfalls wurde eine excise tax als Strafzahlung fällig (sog. individual mandate). Der TCJA hat die bislang bestehende excise tax als

Folge des Nichtabschlusses einer Krankenversicherung mit Wirkung ab dem 31.12.2018 abgeschafft. Die Abschaffung der Strafzahlung für Einzelpersonen ändert jedoch nichts an der Verpflichtung für Arbeitgeber, eine Basis-Krankenversicherung für mindestens 95 % der Vollzeitmitarbeiter anzubieten.

- **Verlängerung der Mindesthaltedauer für die steuerliche Begünstigung von sog. carried interest**
  Vor 2018 qualifizierte der Veräußerungsgewinn bei einer Beteiligung von Investmentfondmanagern an den Investments des Fonds (sog. carried interest) bereits bei einer Mindesthaltedauer von einem Jahr als steuerlich begünstigter sog. long-term capital gain. Nach der Neuregelung wurde für Beteiligungen im Real Estate- und Investment-Bereich eine dreijährige Mindesthaltedauer eingeführt, um die Behandlung als „long-term capital gain" zu erreichen.
- **Änderungen bei Altersvorsorgeplänen („retirement plans")**
  Unter bestimmten Voraussetzungen war es möglich, dass Steuerpflichtige bereits vor Erreichen des Renteneintrittsalters Zahlungen aus dem jeweiligen Altersvorsorgeplan als Darlehen (sog. plan loans oder 401(k) loan) erhalten, ohne dass die steuerliche Förderung des Altersvorsorgeplans berührt worden ist. Ein solcher „plan loan" musste jedoch bei einer Beendigung des Arbeitsverhältnisses innerhalb von 60 Tagen zurückgezahlt oder in einen anderen steuerbegünstigten Altersvorsorgeplan eingezahlt werden, um steuerliche Nachteile zu vermeiden. Die bislang bestehende 60-Tages Frist wurde durch den TCJA dahingehend abgeändert, dass eine Rückzahlung bzw. Einzahlung in einen anderen steuerbegünstigten Altersvorsorgeplan bis zum Abgabedatum der Steuererklärung für das betreffende Jahr (inkl. verlängerter Abgabefristen) erfolgen muss. Der steuerlich unschädliche Transfer eingezahlter Beiträge zwischen verschiedenen Formen von Altersvorsorgeplänen (insbesondere sog. Roth IRA's) wurde erschwert bzw. abgeschafft.

H.II. Der Inflation Reduction Act aus dem Jahr 2022

Der Inflation Reduction Act (IRA)[1] wurde von Präsident Biden am 16.8.2022 unterzeichnet, nachdem der US-Senat dem Gesetz am 7.8. und nachfolgend auch das Repräsentantenhaus am 12.8. dem Gesetz zugestimmt hatten. Die Abstimmungsergebnisse sowohl im Senat als auch im Repräsentantenhaus über den IRA spiegelten das damalige Kräfteverhältnis der Demokraten und Republikaner wieder: im Senat wurde die Stimmenmehrheit lediglich durch die entscheidende Stimme der damaligen Vizepräsidentin Kamala Harris erzielt, nachdem den Stimmen der 50 demokratischen Senatoren die 50 Stimmen der republikanischen Senatoren gegenüberstanden. Im Repräsentantenhaus stimmten alle 220 demokratischen Abgeordneten für das Gesetzespaket während die 207 republikanischen Abgeordneten ihre Zustimmung verweigerten. Der erfolgreichen Verabschiedung des IRA vorangegangen war ein monatelanges, parteiinternes Gerangel der Demokraten um den Inhalt eines Steuer-und Klimapakets. Ausgangspunkt war dabei der am 19.11.2021 durch das Repräsentantenhaus verabschiedete „Build-Back-Better Act“[2], der neben einer umfangreichen Steuerreform auch ein umfassendes Klimapaket und Maßnahmen zur Ausweitung und Verbesserung des Sozialsystems vorsah. Aufgrund von parteiinternen Unstimmigkeiten fand der Build-Back-Better Act im Senat jedoch keine Mehrheit, so dass lediglich der gegenüber den ursprünglichen Plänen der Demokraten deutlich reduzierte IRA verabschiedet werden konnte. Die ursprünglichen Vorhaben der Regierung Biden einer Erhöhung des allgemeinen Körperschaftsteuersatzes auf 28 % (bereits nicht mehr im Build-Back-Better Act enthalten), einer Anpassung des GILTI Regimes an die Vorgaben für eine „qualified income inclusion rule“ auf Grundlage der zweiten Säule des OECD Projekts , die Einführung einer zusätzlichen Zinsabzugsbeschränkung basierend auf einer gruppenweiten Fremdfinanzierungsquote, der Abschaffung des BEAT Regimes und Einführung des sog. SHIELD Regimes sowie die Abschaffung des FDII Regimes konnten damit nicht umgesetzt werden. Auch die ursprünglich für besserverdienende Einzelpersonen geplanten Steuererhöhungen wurden nicht realisiert.

1. Einführung einer 15%igen Mindeststeuer für große Kapitalgesellschaften

Die 15%ige Mindesteuer („Corporate Alternative Minimum Tax, corporate AMT“) gilt für Steuerjahre, die nach 31.12.2022 beginnen und findet auf alle US-ansässigen Unternehmen Anwendung, die betrachtet auf einen Dreijahreszeitraum ein durchschnitt-

1 Der offizielle Titel des Gesetzes lautet „An Act to provide for reconciliation pursuant to title II of S. Con. Res. 14“, https://www.congress.gov/bill/117th-congress/house-bill/5376.

2 https://rules.house.gov/sites/democrats.rules.house.gov/files/BILLS-117HR5376RH-RCP117-18.pdf.

liches „adjusted financial statement income (AFSI)" von mehr als USD 1 Mrd. erwirtschaften. S-Corporations, Immobilienfonds und sog. regulierte Investmentunternehmen sind von der Anwendung der corporate AMT befreit. Für US-Unternehmen mit ausländischen Muttergesellschaften findet die corporate AMT dann Anwendung, wenn das AFSI der gesamten Gruppe mehr als USD 1 Mrd. und das von den US-Gesellschaften erzielte AFSI mindestens USD 100 Mio. beträgt. Die Bemessungsgrundlage der Mindeststeuer ist das bereits genannte AFSI, d. h. das auf Grundlage des (modifizierten) US-GAAP Abschlusses ermittelten Einkommen und nicht auf Grundlage von steuerlichen Vorschriften ermittelte Einkommen. Dies ist wohl der bedeutendste Unterschied zu der bereits bis zum Jahr 2017 existierenden Mindestbesteuerung für Körperschaften, die auf Grundlage von speziellen steuerlichen Vorschriften ermittelt wurde[1]. Die Mindestbesteuerung greift nur ein, soweit die „tentative minimum tax, TMT" die Summe aus regulärer Steuerschuld und BEAT übersteigt. Die TMT ermittelt sich dabei aus dem AFSI abzüglich von Verlustvorträgen (jedoch beschränkt auf Verlustvorträge, die nach dem 31.12.2019 entstanden sind und beschränkt auf 80 % des AFSI) multipliziert mit dem 15 %igen Mindeststeuersatz. Ausländische Steuern können mit gewissen Einschränkungen angerechnet werden, die Steueranrechnung von ausländischen Tochtergesellschaften ist in jedem Fall auf den 15 %igen AMT Tarif beschränkt (mit einer Vortragsmöglichkeit für den ungenutzten Teil des Anrechnungsguthabens über die nächsten 5 Jahre). Für den Fall, dass es zur Festsetzung der corporate AMT kommt, kann die corporate AMT in den Folgejahren als tax credit auf die reguläre Steuerschuld angerechnet werden. Durch die Anrechnung darf es in dem betreffenden Folgejahr jedoch nicht zu einer geringeren Steuerschuld als der corporate AMT für das Folgejahr kommen. Treasury und IRS haben weitreichende Befugnisse zum Erlass von Verwaltungsvorschriften zur näheren Konkretisierung der Anwendung der corporate AMT erhalten.

2. Einführung einer 1%igen excise tax auf den Erwerb eigener Anteile

Der Erwerb eigener Anteile ist für börsennotierte Unternehmen in den USA ein beliebtes Mittel, um Kurspflege zu betreiben, den Anteilseignern steuereffektiv überschüssige Liquidität zukommen zu lassen oder das Bilanzbild zu verbessern. Der Vorschlag einer excise tax auf den Erwerb eigener Anteile war in fast identischer Form bereits im Build-Back-Better Act enthalten.

Die 1 %ige excise tax des IRA ist in IRC Sec. 4501 geregelt und findet für Erwerbe nach dem 31.12.2022 Anwendung. Von der excise tax betroffen sind generell alle börsenno-

1 Die bis zum 31.12.2017 bestehende corporate AMT wurde durch den Tax Cuts and Jobs Act ab 2018 ersatzlos abgeschafft.

tierten US-ansässige Unternehmen. Welche Art von Anteilen der Rückkauf betrifft ist nicht von Relevanz, so findet die Vorschrift auch auf den Rückkauf von nicht börsengehandelten Anteilen von ansonsten börsennotierten Unternehmen Anwendung. Die Vorschrift findet auch Anwendung, wenn der Aktienrückkauf nicht durch das börsennotierte Unternehmen selbst, sondern durch eine Tochtergesellschaft (sog. „specified affiliate") stattfindet. Als specified affiliate gilt dabei jede Körperschaft oder Personengesellschaft, deren Anteile zu mehr als 50 % entweder direkt oder indirekt durch die börsennotierte Muttergesellschaft gehalten werden. Sofern die Gesellschaft, die die Anteile an der börsennotierten Gesellschaft erwirbt, selbst ein (Mehrheits-)Anteilseigner an der börsennotierten Gesellschaft ist, findet die Vorschrift nach dem Wortlaut der Bestimmung keine Anwendung. Die excise tax findet auch für den Fall Anwendung, dass eine US Tochtergesellschaft Anteile eines Mutterunternehmens erwirbt, das im Ausland börsennotiert ist; auch hier ist die bereits oben genannte 50 % Grenze zu berücksichtigen. Die Regelung findet ebenfalls Anwendung auf Gesellschaften, die an einer sog. „inversion transaction" beteiligt waren, d. h. eine Transaktion, die eine Gruppe mit einer US Muttergesellschaft in eine Gruppe mit einer ausländischen Muttergesellschaft umgewandelt hat.

Der Begriff des Aktienrückkaufs (redemption) wird definiert als der Erwerb eigener Anteile von einem Anteilseigner gegen eine Leistung des Unternehmens wie z. B. eine Geldzahlung. Damit können auch sog. „leveraged buy-out" Transaktionen oder sog. Sec. 304 Transaktionen eine Besteuerung auslösen. Sofern die Gegenleistung wiederum in der Ausgabe von Anteilen besteht oder in einer Option für den zukünftigen Erwerb von Anteilen, ist die Definition des Erwerbs eigener Anteile nicht erfüllt. Von der Besteuerung ausgenommen sind z. B. bestimmte Umstrukturierungen, die für Körperschaftsteuerzwecke steuerneutral durchgeführt werden können, wenn die Anteile für Zwecke eines Altersvorsorgeplans, eines Mitarbeiterbeteiligungsprogramms oder eines vergleichbaren Plans erworben werden, Aktienrückkäufe bei denen der Nettowert der innerhalb eines Jahres erworbenen Anteile den Betrag von 1 Mio. USD nicht übersteigt, soweit der Erwerb der eigenen Anteile für US-Steuerzwecke als Dividende charakterisiert wird oder wenn es sich um die Erwerbe einer RIC (regulated investment company) oder eines REIT (real estate investment trust) handelt.

Die excise tax wird basierend auf dem Marktwert der zurückgekauften Anteile erhoben, wobei der Nettowert der innerhalb eines Steuerjahres erworbenen Anteile zugrundegelegt wird, d. h. soweit die Gesellschaft eigene Anteile ausgibt, vermindert sich die Bemessungsgrundlage für die excise tax wieder. Berücksichtigt werden dabei auch die Ausgabe eigener Anteile an Arbeitnehmer des börsennotierten Unternehmens und anderer Gruppenunternehmen. Die excise tax auf den Erwerb eigener Anteile ist für US-körperschaftsteuerliche Zwecke als nichtabzugsfähige Betriebsausgabe anzusehen.

3. Förderung des Klimaschutzes und von erneuerbaren Energien

Das Herzstück des IRA und einer der Schwerpunkte der agenda der Regierung Biden waren der Klimaschutz und die Förderung von erneuerbaren Energien. Die meisten Fördervorschriften haben ihren Ursprung im Build-Back-Better Act und sind in modifizierter Form in den IRA übernommen worden. Die Förderschwerpunkte sind auf vier Bereiche konzentriert: Herstellung und Produktion, Transport und Treibstoff, Wasserstoff und Kohlenstoff Abscheidung sowie Erneuerbare Energien.

TAB H.II.1: Übersicht über die wichtigsten Arten der durch den IRA neu eingeführten bzw. erweiterten tax credits zur Förderung des Klimaschutzes

Bereich	**Vorschrift**	**Tax Credit**	**Neu/ bestehend**
Herstellung/Produktion	IRC Sec. 48C	Advanced Energy Project	Neuauflage
Herstellung/Produktion	IRC Sec. 45X	Advanced Manufacturing Production	Neu
Transport/Treibstoff	IRC Sec. 45W	Qualified Commercial Clean Vehicles	Neu
Transport/Treibstoff	IRC Sec. 30C	Alternative Refueling Property	Bestehend
Transport/Treibstoff	IRC Sec. 40A, 6426, 40(b), 45Z, 40B	Renewable Fuels Credits	Neu und bestehend
Wasserstoff/Kohlenstoff Abscheidung	IRC Sec. 45V	Clean Hydrogen	Neu
Wasserstoff/Kohlenstoff Abscheidung	IRC Sec. 45Q	Carbon Capture Sequestration	Bestehend
Erneuerbare Energien	IRC Sec. 45	Production Tax Credit (PTC)	Bestehend
Erneuerbare Energien	IRC Sec. 48	Investment Tax Credit (ITC)	Bestehend
Erneuerbare Energien	IRC Sec. 45Y	Clean Electricity Production Credit	Neu
Erneuerbare Energien	IRC Sec. 48E	Clean Electricity Investment Tax Credit	Neu

Die Voraussetzungen und der Umfang jeder einzelnen steuerlichen Förderung und jeder Art von tax credits sind komplex und jeweils gesondert zu analysieren. Es gibt jedoch für die Anwendung und Berechnung der verschiedenen Förderungen gemeinsame Themen, die im folgenden dargestellt werden sollen. Es ist dabei wichtig zu verstehen, dass die Komplexität der Anforderungen und die mit einer Geltendmachung der Förderungen verbundenen Dokumentationserfordernisse generell außerordentlich hoch sind und die Mitwirkung von Beratern und Spezialisten zwingend erforderlich machen.

a) Erstattung von tax credits („direct pay“)

Die meisten der durch den IRA eingeführten bzw. erweiterten tax credits sind mit einem sog. „direct pay“ Wahlrecht versehen[1]. Das „direct pay“ Wahlrecht führt im Endeffekt dazu, dass der betreffende Steuerpflichtige anstelle der Anrechnung der tax credits auf die Steuerschuld eine Erstattung verlangen kann. Im Vergleich zu den im Build-Back-Better Act vorgesehenen „direct pay“ Regelungen, sind die nun im IRA enthaltenen Bestimmungen deutlich restriktiver ausgestaltet. Für die meisten tax credits kommt eine „direct pay“ Option nur für bestimmte Steuerpflichtige zur Anwendung[2]; lediglich für die tax credits auf Grundlage von IRC Sec. 45V (clean hydrogen), IRC Sec. 45Q (carbon capture) and IRC Sec. 45X (advance manufacturing) ist eine solche Einschränkung nicht vorgesehen. Für diese Arten von tax credits ist die „direct pay“ Möglichkeit jedoch lediglich für die ersten fünf Jahre der Inanspruchnahme vorgesehen. Bei S-Corporations und Personengesellschaften ist das Wahlrecht von der S-Corporation bzw. der Personengesellschaft auszuüben und nicht von den Gesellschaftern.

b) Veräußerung der tax credits

Für die meisten tax credits im Bereich der erneuerbaren Energien hat der IRA die Möglichkeit eingeführt, die tax credits an eine außenstehende Person zu veräußern. Eine solche Veräußerung muss gegen eine Geldzahlung erfolgen, die Veräußerung führt weder auf Seiten des Veräußerers zu steuerpflichtigen Einnahmen noch auf Seiten des Erwerbenden zu abziehbaren Betriebsausgaben. Eine Veräußerung kann jährlich für die jeweils auf das entsprechende Steuerjahr entfallenden tax credits vorgenommen werden, die tax credits können jedoch nur einmal veräußert werden (d. h. der Erwerbende kann die tax credits nicht weiter veräußern). Bei einer Veräußerung gilt der Erwerber als der anspruchsberechtigte Steuerpflichtige für Zwecke der Geltendmachung der tax credits. Im Fall einer Personengesellschaft hat die Personengesellschaft selbst und nicht die Gesellschafter die Möglichkeit die enstprechenden tax credits zu veräußern. Sowohl

1 IRC Sec. 6417

2 Dies sind zumeist steuerbefreite Gesellschaften und in staatlichem Besitz befindliche Unternehmen.

die oben dargestellte Möglichkeit des direct-pay als auch die Möglichkeit tax credits an einen fremden Dritten zu veräußern sind in den USA nicht gänzlich neu. Beide Möglichkeiten wurden bereits vor dem IRA zur Finanzierung von Projekten durch Investoren im Bereich der erneuerbaren Energien genutzt und sollen dazu dienen solche Projekte auch für Private Equity Investoren und Pensionsfonds sowie andere steuerbefreite Investoren attraktiv zu machen. Eine ähnliche Vorgehensweise hat es bereits im Jahr 2009 gegeben[1], damals ist es gelungen eine große Anzahl von Private Equity Investoren zur Finanzierung solcher Projekte zu gewinnen.

c) Mehrstufiger Aufbau zur Bestimmung der Höhe der tax credits

Die vor dem Inkrafttreten des IRA bestehende Berechnung zur Höhe der tax credits im Bereich der erneuerbaren Energien ist durch ein mehrstufiges System ersetzt worden: um für den Grundbetrag zu qualifizieren müssen lediglich die allgemeinen Voraussetzungen des jeweiligen tax credits vorliegen, d. h. es muss sich bei dem Projekt oder der Tätigkeit um ein gefördertes Projekt im Sinne der allgemeinen Voraussetzungen handeln. Sofern diese erfüllt sind, kann der Grundbetrag i. H. v. 20 % der maximalen Förderung in Anspruch genommen werden. Um die volle Förderung zu erhalten (sog. „bonus credit amount") müssen zusätzliche Anforderungen erfüllt werden was die Zahlung eines ortsüblichen Mindestlohns und eine Mindestanzahl von Ausbildungsplätzen bzw. Auszubildenden angeht, sog. „prevailing wage and apprenticeship requirements". Beschäftigte (Arbeiter und Mechaniker), die entweder von dem Steuerpflichtigen selbst oder von Subunternehmern beschäftigt werden, müssen mindestens auf Grundlage der ortsüblichen Vergütung für vergleichbare Tätigkeiten bezahlt werden, um in den Genuß der erhöhten tax credits zu kommen. Die ortsübliche Vergütung muss dabei sowohl bis zur Fertigstellung des Projekts als auch während nachfolgender Reparatur und Garantiearbeiten gezahlt werden. Um die Anforderungen an Ausbildungsplätze bzw. Auszubildende zu erfüllen muss eine Mindestprozentzahl gemessen an den insgesamt bei dem Projekt anfallenden Arbeitsstunden erfüllt werden, dies sind je nachdem wann das entsprechende Projekt beginnt, zwischen 10 % und 15 % aller Arbeitsstunden. Ähnliche Anforderungen existieren auch für Subunternehmer. Sofern die Anforderungen für Ausbildungsplätze bzw. Auszubildende nicht erfüllt werden ist dies als unschädlich anzusehen, wenn eine entsprechende Ablöse an den IRS gezahlt wird[2]. Die „prevailing wage and apprenticeship requirements" finden keine Anwendung, wenn mit einem Projekt vor Ablauf einer 60 Tage Frist nachdem der IRS Verwaltungsanweisungen erlassen hat, begonnen wird. Die Voraussetzungen um die Anforderungen an diese Voraus-

1 Der sog. "Section 1603" Zuschuß im American Recovery and Reinvestment Act of 2009.

2 Diese "Ablöse" beträgt USD 50 pro fehlender Arbeitsstunde, die erforderlich ist, um die Mindestzahl zu erreichen.

setzungen zu erfüllen können im Enzelfall komplex sein und erfordern (insbesondere bei größeren Projekten) eine detaillierte Projektsteuerung um die erforderlichen Dokumentationspflichten zu erfüllen.

Neben den dargestellten Anforderungen im zweistufigen Aufbau der tax credits gibt es für eine Reihe weiterer tax credits[1] im IRA noch die Möglichkeit eine zusätzlichen 10%ige Förderung zu erreichen, wenn bestimmte Sonderanforderungen erfüllt sind. Eine Möglichkeit diese Sonderanforderungen zu erfüllen, besteht darin, dass für Förderprojekte ein Mindestprozentsatz[2] an in den USA hergestellten Materialien (z. B. Eisen oder Stahl) verwendet wird, sog. „domestic content requirement". Eine Ausnahme von diesem Erfordernis besteht nur dann, wenn die Verwendung von in den USA hergestellten Materialien zu einer Kostensteigerung von mehr als 25% führen würde, oder wenn die benötigten Materialien nicht in ausreichender Quantität oder Qualität in den USA hergestellt werden. Eine weitere Möglichkeit um in den Genuss der 10%igen Erhöhung zu kommen besteht dann, wenn die Projekte zur Schaffung von erneuerbaren Energien in einer sog. „energy community" angesiedelt sind, d. h. einer Region, in der aktuell vorwiegend fossile Energieindustrie angesiedelt ist und die eine über dem nationalen Durchschnitt liegende Arbeitsosenquote aufweist. Regionen, die von der Schließung einer Kohlegrube oder eines kohlebetriebenen Kraftwerkes im Zeitraum nach 1999 betroffen gewesen sind, gelten ebenfalls als „energy community". Sofern ein Projekt mehrere der vorgenannten Bedingungen erfüllt, kommt auch eine mehrfache Inanspruchnahme der 10%igen Erhöhung in Betracht, d. h. wenn ein Förderprojekt sowohl die Voraussetzungen des „domestic content requirement" erfüllt als auch in einer „energy community" angesiedelt ist, kommt eine zusätzliche 20%ige Förderung in Betracht.[3]

4. Sonstige Regelungen des IRA

Neben den dargestellten Regelungen enthält der IRA eine USD 80 Mrd. schwere Finanzspritze für die US-amerikanische Finanzverwaltung IRS, um diese mit den notwendigen Mitteln für zukünftige Aufgaben auszustatten und um insbesondere die IT-Infrastruktur zu modernisieren und zusätzliche Mitarbeiter einzustellen.[4] Als nichtsteuerliche Maßnahme ist das Gesundheitspaket zu nennen, das vor allem eine Senkung der Arzneimittelkosten für Zwecke der gesetzlichen Krankenversicherung (Medicare) bezweckt.

1 So z. B. die tax credits nach IRC Sec. 45 (production tax credit), IRC Sec. 48 (investment tax credit), IRC Sec. 45Y (clean electricity production tax credit) und IRC Sec. 48E (clean electricity investment credit)

2 Für tax credits i. S. v. IRC Sec. 45 und 48 z.Bsp. besteht ein Mindestprozentsatz von 40 %, für offshore Windanlagen beträgt der Mindestprozentsatz 20 %.

3 Für den 30 %igen investment tax credit kann dies somit eine Erhöhung auf bis zu 50% bedeuten.

4 Von den ursprünglich USD 80 Mrd. an Einmalfinanzierung Ist in den Folgejahren auf Druck der Republiakner jedoch bereits ein Großteil wieder zurückgenommen worden und mit dem Amtsantritt von Präsident Trump Anfang 2025 alle verbleibenden Mittel aus dem IRA gestrichen worden.

H.III. Der One Big Beautiful Bill Act aus dem Jahr 2025

Am 4.7.2025 ist mit der Unterschrift von Präsident Trump der „One Big Beautiful Bill Act"[1] (im Folgenden als OB3 bezeichnet) in Kraft getreten. Das Gesetzgebungsvorhaben der Regierung Trump wurde in Rekordzeit vom Kongress verabschiedet, ein aufgrund der nur hauchdünnen Mehrheitsverhältnisse der republikanischen Fraktion in beiden Häusern des Kongresses ein für viele Beobachter überraschendes Ergebnis. Mit der erfolgreichen Verabschiedung konnte Präsident Trump einen wichtigen Meilenstein seines innenpolitischen Programms umsetzen, neben den steuerlichen Reformen enthält das Gesetzespaket wesentliche Änderungen in den Bereichen Verteidigung und Grenzsicherung, Förderung der heimischen Energieversorgung, dem Gesundheitssystem und eine Anhebung der US-Schuldenobergrenze. Aus steuerlicher Sicht besteht der wesentliche Inhalt des OB3 in einer Verlängerung der auslaufenden Steuervergünstigungen des TCJA aus dem Jahr 2017 sowie weiterer Steuererleichterungen sowohl für Einzelpersonen als auch Unternehmen. Finanziert wird das Gesetzespaket vor allem durch Kürzungen im Bereich von Gesundheits- und Sozialhilfeprogrammen wie z. B. Medicaid und dem Supplemental Nutrition Assistance Program (SNAP), den sog. Lebensmittelmarken.

Schätzungen des parteiunabhängigen Congressional Budget Office (CBO) gehen davon aus, dass das Gesamtpaket des OB3 unter Berücksichtigung aller zusätzlichen Ausgaben und Einsparmaßnahmen basierend auf einer sog. „current policy baseline", d. h. ohne die Berücksichtigung der Verlängerung von auslaufenden Steuervergünstigungen über einen 10-Jahreszeitraum zu einer Verringerung des Haushaltsdefizits von USD 400 Mrd. führen wird. Basierend auf einer „current law baseline", d. h. unter Berücksichtigung der Verlängerung der auslaufenden Steuervergünstigungen wird dagegen geschätzt, dass sich das US-Haushaltsdefizit über einen 10-Jahreszeitraum um ca. USD 3,4 Billionen erhöhen wird. Das Weiße Haus und die republikanische Fraktion im Kongress erwarten eine deutliche Erhöhung des Wirtschaftswachstums als Resultat des OB3 sowie zusätzliche Einnahmen aus den Einfuhrzöllen und anderen Maßnahmen der Regierung Trump. Welchen Effekt genau die verschiedenen Maßnahmen der Regierung Trump auf die Entwicklung des Haushaltsdefizits der USA in den kommenden Jahren haben wird, bleibt abzuwarten.

Das Gesetz wurde am 3.7.2025 im Repräsentantenhaus verabschiedet, nachdem es kurz zuvor am 1.7.2025 den Senat passiert hatte. Wie erwartet waren die Abstimmun-

1 "An Act to provide for reconciliation pursuant to title II of H. Con. Res. 14.", https://www.congress.gov/bill/119th-congress/house-bill/1/text

gen in beiden Kammern stark parteipolitisch geprägt. Die Demokraten im Repräsentantenhaus und im Senat lehnten das Gesetz geschlossen ab, trotz einiger weniger Abweichler konnten die Republikaner genügend Stimmen aus den eigenen Reihen sammeln, um die erfolgreiche Verabschiedung des Gesetzespakets durchzubringen.

Das Gesetzgebungsverfahren für den OB3 begann zunächst im Repräsentantenhaus (die Zustimmung erfolgte am 22.5.2025 mit 215:214 Stimmen), bevor anschliessend der Senat nach wesentlichen Änderungen seine Zustimmung gab (Zustimmung am 1.7.2025 mit 51:50 Stimmen, die Stimme von Vizepräsident JD Vance gab den Ausschlag). Abschliessend stimmte das Repräsentantenhaus den Änderungen des Senats erneut zu (die Zustimmung erfolgte am 3.7. mit 218:214 Stimmen). Der erfolgreiche Abschluss des Gesetzgebungsverfahrens ist vor allem darauf zurückzuführen, dass die Republikaner aufgrund der Mehrheit in beiden Häusern des Kongresses auf die sog. „budget reconciliation" Vorschriften zurückgreifen konnten. Auf Grundlage dieses Verfahrens ist es möglich, bestimmte Gesetze mit einfacher Mehrheit im Senat zu verabschieden und so die übliche 3/5 Mehrheit (60 Stimmen) zu umgehen, die zur Vermeidung des „filibuster" Verfahrens nötig ist. Das Gesetzgebungsverfahren konnte damit trotz der nur äusserst geringen Mehrheit der Republikaner sowohl im Senat (53:47 Sitze) als auch im Repräsentantenhaus (220:212 Sitze) verabschiedet werden.

1. Änderungen im Bereich der Besteuerung von natürlichen Personen

Kernstück der Regelungen für natürliche Personen im OB3 ist die Verlängerung von in 2025 auslaufenden bzw. sogar bereits ausgelaufenen Bestimmungen des TCJA von 2017. Viele der Steuervergünstigungen des TCJA für natürliche Personen waren zeitlich befristet und wären ohne ein Tätigwerden des Gesetzgebers mit Ablauf des Jahres 2025 ausgelaufen, was de facto zu Steuererhöhungen geführt hätte. Die meisten dieser auslaufenden Steuervergünstigungen werden durch den OB3 unbefristet verlängert. Daneben enthält der OB3 die Umsetzung zahlreicher Wahlkampfversprechen von Präsident Trump im Bereich der Einkommensteuer.

Einkommensteuersätze

Durch den TCJA wurden die Einkommensteuersätze für Einzelpersonen, Nachlässe und Trusts abgesenkt, darunter auch die Absenkung des Spitzensteuersatzes von 39,6 % auf 37 %. Die Anwendung der reduzierten Steuersätze war jedoch lediglich bis zum Ende des Jahres 2025 gültig, danach sollten wieder die vor 2018 geltenden Steuersätze Anwendung finden. Durch den OB3 werden die reduzierten Steuersätze ohne zeitliche Befristung weitergeführt. Die Einkommensgrenzen für die Anwendung der verschiedenen Steuerklassen (tax brackets) werden jährlich an die Inflation angepasst, für die Berechnung der Steuerklassen mit einem Steuersatz von 10 %, 12 % und 22 % wird dabei eine andere Anpassungsformel verwendet als für die höheren Steuerklassen.

Erhöhung des Grundfreibetrages/des pauschalen Steuerabzugs (standard deduction)

Die durch den TCJA eingeführte deutliche Erhöhung des Pauschalabzugs (standard deduction) für natürliche Personen sollte ursprünglich zum Ende des Jahres 2025 auslaufen. Durch den OB3 wird der erhöhte Pauschalabzug endgültig beibehalten und für das Jahr 2025 wie folgt festgelegt:

- 15.750 USD bei Einzelveranlagung und getrennter Veranlagung,
- 31.500 USD bei Zusammenveranlagung,
- 23.625 USD für Haushaltsvorstände.

Alternative Minimum Tax

Durch den OB3 werden die erhöhten Freibeträge für die Anwendung der Alternative Minimum Tax, die durch den TCJA zeitlich befristet bis zum Ende des Jahres 2025 eingeführt worden sind, ohne zeitliche Befristung weitergeführt. Die sog. „phaseout exemption thresholds“ bei Einzelveranlagung und Zusammenveranlagung werden ab dem Jahr 2026 auf 500.000 USD bzw. 1.000.000 herabgesetzt und die phaseout percentage wird von 25 % auf 50 % erhöht. Diese Änderungen werden ohne eine zeitliche Befristung eingeführt.

Einzeln nachgewiesene Steuerabzüge (itemized deductions)

Bei den sog. itemized deductions werden die auslaufenden Regelungen des TCJA entweder unverändert oder mit leichten Änderungen übernommen. Am kontroversesten diskutiert waren dabei sicherlich die Änderungen im Zusammenhang mit der Abzugsfähigkeit der Einkommensteuern der Bundesstaaten und Gemeinden für Zwecke der Bundeseinkommensteuer (sog. SALT-cap deduction).

- Beschränkung der Abzugsfähigkeit von Einkommensteuern der Bundesstaaten und Gemeinden (SALT-cap)
- Durch den TCJA wurde eine Abzugsbeschränkung i. H. v. USD 10.000 für lokale Steuern eingeführt, die insbesondere die Bewohner von Staaten mit hohen Steuersätzen (u. a. Kalifornien, New Jersey, New York) getroffen hatte. Nach zähem Ringen und langen Diskussionen enthält das endgültige Gesetz eine Regelung, wonach der SALT-cap für die Jahre 2025 bis 2029 auf USD 40.000 erhöht wird und sich dieser Höchstbetrag ab einem zu versteuernden Einkommen von USD 500.000 vermindert. Ohne eine Neuregelung wäre die Abzugsbeschränkung des TCJA zum Ende des Jahres

2025 ausgelaufen und lokale Steuern wären wie in dem Zeitraum vor 2018 unbeschränkt abzugsfähig geworden. Der OB3 enthält keinerlei Beschränkungen von sog. PTET Strukturen (Pass-through entity taxes), hierbei handelt es sich um Gestaltungen, die von zahlreichen Bundesstaaten zur Umgehung der SALT-Abzugsbeschränkungen eingeführt worden sind.

- Beschränkung der Abzugsfähigkeit von Zinszahlungen für Wohneigentum
- Die durch den TCJA eingeführte Beschränkung des Zinsabzugs für die Anschaffung von Wohneigentum auf Anschaffungskosten i. H. v. 750.000 USD wird ohne zeitliche Befristung beibehalten. Wieder eingeführt wird dagegen die Abzugsfähigkeit von Aufwendungen im Zusammenhang mit sog. mortgage insurance premiums (verpflichtende Versicherung im Zusammenhang mit einem Darlehen der Federal Housing Administration).
- Endgültige Abschaffung der Abzugsfähigkeit von sonstigen Aufwendungen (Miscellaneous Itemized Deductions)
- Die durch den TCJA zeitlich befristete Abschaffung der Abzugsfähigkeit von sonstigen Aufwendungen (soweit diese einen Betrag i. H. v. 2 % des AGI übersteigen) wird endgültig in den IRC übernommen.
- Abzugsfähigkeit von Aufwendungen von Lehrern und ähnlichen Berufen (Educator Expense Deduction)
- Die sog. educator expense deduction ist ein Steuerabzug i. H. v. 300 USD für Beschäftigte bestimmter Bildungsberufe. Der OB3 erweitert den Kreis der berechtigten Personen und die begünstigten Aufwendungen.

Neben den genannten Regelungen enthält der OB3 noch Regelungen zu itemized deductions im Zusammenhang mit Verlusten bei Katastrophenereignissen und Umzugskosten. Daneben wird eine Höchstbetragsberechung für die Geltendmachung von itemized deductions eingeführt.

Freibetrag für Senioren (senior exemption)

Durch den OB3 wird ein Freibetrag i. H. v. 6.000 USD für Steuerpflichtige, die vor dem Ablauf des Kalenderjahres das 65. Lebensjahr vollendet und eine Sozialversicherungsnummer haben, eingeführt. Der Abzug wird zeitlich befristet für die Jahre 2025 bis 2028 eingeführt und verringert sich schrittweise, wenn das Einkommen (modified adjusted gross income) einen Betrag i. H. v. 75.000 USD bei Einzelveranlagung und 150.000 USD bei Zusammenveranlagung überschreitet. Ursprünglich hatte Präsident Trump im Wahlkampf die steuerliche Freistellung von Leistungen aus der Sozialversicherung versprochen, dieses Versprechen hatte sich allerdings nicht als umsetzbar erweisen. Als Minimallösung wurde daher die befristete Einführung eines Freibetrages für Steuerpflichtige ab 65 Jahre umgesetzt.

Steuerbefreiung für Trinkgelder und Überstundenvergütungen

Eines der zentralen Wahlkampfversprechen von Präsident Trump ist die Steuerbefreiung für Trinkgelder und Überstundenvergütungen gewesen. Durch den OB3 wird für beides eine der Höhe nach begrenzte Steuerbefreiung für den Zeitraum der Jahre 2025 bis 2028 eingeführt: für Trinkgelder wird die jährliche Befreiung auf einen Betrag i. H. v. 25.000 USD begrenzt, für Überstundenvergütungen auf einen Betrag i. H. v. 12.500 USD. Ab einem modified adjustet gross income (MAGI) i. H. v. 150.000 USD (Einzelveranlagung) bzw. 300.000 USD (Zusammenveranlagung) läuft die Steuerbefreiung schrittweise aus. Zur Umsetzung der Vorschriften werden nähere Verwaltungsanweisungen des IRS erwartet. Um die Steuerbefreiung geltend machen zu können ist die Angabe einer Sozialversicherungsnummer notwendig, zudem sind zahlreiche weitere reporting Pflichten zu erfüllen. Im August 2025 hat der IRS überarbeitete forms W-2 und W-4 veröffentlicht um den Neuregelungen Rechnung zu tragen und die Änderung von weiteren Formularen angekündigt.

Zinsabzug für die Finanzierung der Anschaffung eines PKW

Mit der zeitlich befristeten Einführung eines Zinabzugs für die Finanzierung eines PKW Kaufs erfüllt Präsident Trump ein weiteres Wahlkampfversprechen. Durch den OB3 wird für die Jahre von 2025 bis 2028 für Darlehen zur Anschaffung eines neuen PKW im Privatvermögen ein Zinsabzug von max. 10.000 USD pro Jahr ermöglicht. Das Darlehen muss dabei durch ein erstrangiges Pfandrecht an dem PKW gesichert sein. Bei dem angeschafften PKW muss es sich um ein Fahrzeug für den privaten Gebrauch mit (a) mindestens zwei Rädern handeln, (b) dessen Endmontage in den USA erfolgt ist und (c) bei dem der Steuerzahler/Kreditnehmer nicht mit dem Kreditgeber verwandt ist. Der Zinsabzug verringert sich schrittweise, sobald das MAGI 100.000 USD (Einzelveranlagung) bzw. 200.000 USD (Zusammenveranlagung) übersteigt.

Abzug von Verlusten aus Schadensereignissen (casualty loss deduction)

Nach den Regelungen des TCJA konnten private Vermögensverluste (casualty losses) nur noch dann geltend gemacht werden, wenn das Schadensereignis auf einer durch den Präsidenten erklärten Katastrophe beruhte. Die Einschränkung der Geltendmachung solcher Vermögensverluste war ursprünglich auf den Zeitraum der Jahre 2018 bis 2025 beschränkt. Während dieses Zeitraums gab es für Steuerpflichtige, die von einer Naturkatastrophe o. ä. (Tornado, Überflutung, Hausbrand, etc.) betroffen waren, der nicht explizit von dem Präsidenten als eine solche erklärt worden ist, keine steuerliche Abzugsmöglichkeit mehr. Persönliche Diebstahlsschäden, wie z. B. Computerbetrug oder gestohlener Schmuck, waren auf Grundlage der Regelungen des TCJA ebenfalls nicht länger abzugsfähig. Durch den OB3 führt ein sog. „casualty loss" weiterhin nur dann zu einem steuerlichen Abzug, wenn er auf eine vom Präsidenten oder Bundesstaat erklärte Katastrophe („qualified disaster") zurückzuführen ist. Die Regelung wurde dahingehend erweitert, um auch von Bundesstaaten erklärte Katastrophen einzubeziehen. Als Folge der Erweiterung werden eine grössere Anzahl von Steuerpflichtigen einen Abzug geltend machen können, da zukünftig der Gouverneur jedes Bundesstaates befugt ist, eine solche Katastrophe auszurufen. Die Erweiterung auf von Bundesstaaten erklärte Katastrophen gilt ab dem Jahr 2026. Sonstige private Vermögensverluste wie z. B. Schäden durch Diebstahl oder Einbruch führen damit endgültig nicht zu steuerlichem Aufwand. Die Einstufung als „qualified disaster" ermöglicht es betroffenen Steuerpflichtigen private Vermögensverluste zusatzlich zur allgemeinen standard deduction zum Abzug zu bringen, ohne dass die allgemeine Höchstbetragsgrenze i. H. v. 10 % des AGI zur Anwendung kommt.

Spendenabzug (charitable deduction)

Für Geldspenden an wohltätige Organisationen von Steuerpflichtigen, die den Standardabzug in Anspruch nehmen (standard deduction) bestand bislang keine Möglichkeit solche Spenden von der Steuer abzusetzen. Lediglich in den Jahres 2020 und 2021 bestand auf Grundlage des CARES Act eine beschränkte Abzugsmöglichkeit i. H. v. 300 USD (Einzelveranlagung) bzw. 600 USD (Zusammenveranlagung). Durch den OB3 wird ab dem Jahr 2026 eine den Regelungen des CARES Act vergleichbare Vorgehensweise eingeführt, die Höchstbeträge betragen 1.000 USD (Einzelveranlagung) bzw. 2.000 USD (Zusammenveranlagung). Der Abzug für solche Zahlungen erfolgt bei der Berechnung des steuerpflichtigen Einkommens (taxable income), d. h. erst nach der Berechnung des AGI. Die Höchstbeträge werden nicht indexiert, die Neuregelung wird zeitlich unbefristet eingeführt. Für Steuerpflichtige, die itemized deductions in Anspruch nehmen, wird ein Spendenabzug nur insoweit zugelassen, als der Spendenbetrag 0,5 % des AGI übersteigt (sog. „0.5 % floor on deduction"). Beispiel: ein Ehepaar mit einem AGI i. H. v. 300.000 USD kann lediglich Spenden, die einen Betrag i. H. v. 1.500 USD übersteigen, geltend machen. Gleichzeitig wird die bestehende Höchstbetragsbeschränkung für Geldspenden an bestimmte gemeinnützige Organisationen von 60 % des AGI unbefristet weitergeführt, durch die auslaufenden Regelungen des TCJA wäre dieser Prozentsatz ansonsten ab 2026 auf 50 % abgesunken. Für Steuerpflichtige, die eine itemized deduction vornehmen und die sich in der höchsten Steuerklasse mit 37 % befinden, wird ein Steuerabzug für Spenden nur noch mit 35 % vorgenommen. Um die Stimme der republikanischen Abgeordneten Lisa Murkowski aus Alaska bei der entscheidenden

Abstimmung im Senat zu gewinnen, wurde zudem der Höchstbetrag für bestimmte Spenden an die Alaska Eskimo Whaling Commission von bislang 10.000 USD auf 50.000 USD heraufgesetzt.

Steuergutschrift für Kinder (child tax credit)

Die Steuergutschrift für Kinder wird für den Zeitraum ab dem Jahr 2025 auf 2.200 USD pro Kind ohne zeitliche Beschränkung angehoben, der Betrag wird jährlich an die Inflationsrate angepasst. Der Teil des child tax credits, der erstattungsfähig ist wird ab 2025 auf einen Betrag von 1.700 USD angehoben und ebenfalls jährlich an die Inflation angepasst. Eine zusätzliche Steuergutschrift in Höhe von 500 USD für unterhaltsbedürftige Familienangehörige, die nicht für eine Gutschrift für Kinder in Betracht kommen, wird ebenfalls durch den OB3 unbefristet weitergeführt (ursprünglich ab dem Jahr 2026 entfallend). Für beide Steuergutschriften verringert sich die Höhe des tax credits ab einem Höchstbetrag des AGI von 200.000 USD (Einzelveranlagung) bzw. 400.000 USD (Zusammenveranlagung) schrittweise, diese Höchstbeträge werden ebenfalls unbefristet eingeführt. Zur Geltendmachung der child tax credits muss das betreffende Kind und mindestens einer der in Anspruch nehmenden Steuerpflichtigen eine Sozialversicherungsnummer besitzen die zur Arbeitsaufnahme berechtigt.

Steuergutschrift für Adoptionskosten (adoption credit)

Der bislang bestehende adoption credit wird durch den OB3 ab dem Jahr 2025 bis zu einem Höchstbetrag von 5.000 USD als erstattungsfähig ausgestaltet und wird dann jährlich an die Inflationsrate angepasst. Der erstattungsfähige Teil des adoption credits kann nicht vorgetragen werden. Die Höhe des adoption credits richtet sich nach den durch die Adoption verursachten Kosten.

Steuergutschrift für Betreuungskosten (child and dependent care credit)

Durch den OB3 wird der bislang geltende maximale Prozentsatz für die Förderung von begünstigten Aufwendungen für Betreuungskosten ab 2026 von 35 % auf 50 % heraufgesetzt. Die Einkommenshöchstgrenzen, bei deren Überschreiten eine schrittweise Verringerung des Prozentsatzes stattfindet, werden durch den OB3 mit Wirkung ebenfalls ab 2026 heraufgesetzt.

Steuergutschrift für Studien- und Bildungskosten (Lifetime Learning and American Opportunity Tax Credit)

Zur Geltendmachung des sog. Lifetime Learning and American Opportunity Tax Credits wird ab dem Jahr 2026 die Angabe einer Sozialversicherungsnummer (SSN) gefordert, die bloße Angabe einer Steuernummer (TIN) ist nicht länger ausreichend.

Steuerbefreiung für die Erstattung von Betreuungskosten (Dependent care assistance benefits)

Die steuerfreie Erstattung von Betreuungskosten für Familienangehörige durch den Arbeitgeber wird von 5.000 USD auf 7.500 USD mit Wirkung ab dem Jahr 2026 erhöht.

Steuerbefreiung für die Kostenerstattung der Rückzahlung eines Studiendarlehens

Die in 2025 auslaufende Steuerbefreiung für die Kostenerstattung zur Rückzahlung eines Studiendarlehens durch den Arbeitgeber von bis zu 5.250 USD pro Jahr wird unbefristet verlängert, der Höchstbetrag wird ab 2027 jährlich an die Inflation angepasst.

Begrenzung von Verlusten aus Spiel- und Wettaktivitäten (wagering losses)

Nach den Regelungen des TCJA können Verluste aus Spiel- und Wettaktivitäten nur in Höhe der Gewinne aus solchen Aktivitäten verrechnet werden, übersteigende Verluste können dagegen nicht abgezogen werden. Nach der Neuregelung des OB3 können Verluste lediglich noch bis zu einer Höhe von 90 % mit Gewinnen aus Spiel- und Wettaktivitäten verrechnet werden. Dies bedeutet, dass bei einem Steuerpflichtigen mit Wettgewinnen und Wetttverlusten in derselben Höhe (z. B. jeweils 10.000 USD) nur 90 % der Verluste geltend gemacht werden können (damit in dem Beispiel 9.000 USD), so dass ein steuerpflichtiger Gewinn (Beispiel: 1.000 USD) verbleibt. Die Neuregelung soll ab dem jahr 2026 gelten. Die Verlustnutzungsbeschränkung hat bereits kurz nach der Verabschiedung des OB3 für parteiinterne Kritik bei den Republikanern gesorgt und soll nach den Vorstellungen eines großen Teils der Partei so rasch wie möglich wieder abgeschafft werden

Einführung von steuerbegünstigten sog. Trump accounts

Durch den OB3 werden sog. Trump acoounts eingeführt. Es handelt sich dabei um steuerbegünstigte Investitionskonten, die mit bis zu 5.000 USD pro Jahr aufgestockt werden. Investiert werden darf das Geld in dem Trump account lediglich in bestimmte amerikanische Indizes. Auszahlungen aus dem Trump account sollen die berechtiggten

Kinder erst ab dem 18. Lebensjahr erhalten. Berechtigte Kontoinhaber sollen bei Geburt ein Startkapital i. H. v. 1.000 USD vom amerikanischen Staat erhalten, diese Begünstigung ist jedoch auf den Zeitraum der Jahre 2025 bis 2028 beschränkt. Wertsteigerungen des Trump accounts werden erst bei einer Auszahlung der Mittel an den Kontoinhaber besteuert. Im Vergleich zu anderen sog. Saving Accounts bieten die Trump Accounts lediglich geringe Vorteile bei gleichzeitig hoher Komplexität.

Verbesserte Förderung für Investitionen in qualifizierte Kleinunternehmen (sog. qualified small business stock)

Für Beteiligungen an Gesellschaften, die sich in einem frühen Entwicklungsstadium befinden, können unter bestimmten Voraussetzungen bei einer späteren Veräusserung solcher Beteiligungen Steuerbefreiungen für einen dabei entstehenden Veräusserungsgewinn geltend gemacht werden (IRC Sec. 1020, sog. qualified small business stock, QSBS). Durch den OB3 werden die Voraussetzungen zur Geltendmachung der Steuerbefreiung herabgesetzt:

- Die Haltedauer für Beteiligungen an qualified small bsuinesses wird von fünf auf drei Jahre verkürzt, und es wird eine gestaffelte Steuerbefreiung eingeführt: bei einer Haltedauer zwischen 3 und 4 Jahren greift eine 50%ige Steuerbefreiung, bei einer Haltedauer zwischen 4 und 5 Jahren greift eine 75%ige Steuerbefreiung und ab einer Haltedauer von 5 Jahren greift eine vollständige Steuerbefreiung ein.
- Erhöhung des Höchstbetrags für die Steuerbefreiung von 10 Mio. USD auf 15 Mio. USD (sog. per-issuer limitation).
- Anhebung der Schwellenwerte für den „Gross Asset Threshold" um als qualified small business zu qualifizieren: Die Obergrenze für das Gesamtbruttovermögen einer Gesellschaft wird von 50 Mio. USD auf 75 Mio. USD angehoben.
- Die Definition der aktiven Geschäftstätigkeit einer Gesellschaft wird auf R&D Aktivitäten im Ausland ausgeweitet.

Verrechnungsbeschränkung für gewerbliche Verluste von natürlichen Personen (excess business loss limitation)

Für natürliche Personen besteht seit dem Jahr 2021 eine Verlustverrechnungsbeschränkung dergestalt, dass Verluste aus gewerblicher Tätigkeit nur bis zu einem gewissen Höchstbetrag mit nicht-gewerblichem Einkommen verrechnet werden können, ein übersteigender Betrag wird vorgetragen. Die ursprünglich bis zum Jahr 2029 zeitlich befristete Anwendung der „excess business limitation (EBL)" Regelungen wird aufgehoben worden und durch den OB3 unbefristet weitergeführt.

Vergünstigung für sog. pass-through Gesellschaften

Die durch den TCJA eingeführten Vergünstigungen für sog. pass-through Gesellschaften der IRC Sec. 199A (Qualified business income deduction) waren bis zum Ende des Jahres 2025 befristet. Die Vergünstigung besteht dabei in einem 20%igen Abzug, den die Gesellschafter einer transparenten Gesellschaft für das Einkommen der Gesellschaft bei der Versteuerung auf ihrer Ebene beanspruchen können. Die Voraussetzungen sind im Einzelnen recht komplex, der OB3 behält den 20%igen Abzug unbefristet bei, daneben werden kleinere Anpasssungen bei den Voraussetzungen zur Inanspruchnahme der Vergünstigung gemacht.

2. Änderungen im Bereich des Unternehmenssteuerrechts

Abzugsfähigkeit von Forschungs-und Entwicklungskosten (R&D Expenses)

Die Regelungen des TCJA sahen die Sofortabzugsfähigkeit von R&D Kosten lediglich bis zum Ende des Jahres 2021 vor, für R&D Kosten, die ab dem Jahr 2022 verursacht sind, besteht ein 5-jähriger Abschreibungszeitraum bzw. 15 Jahre für ausländische R&D Kosten. Durch die Einführung einer neuen IRC Sec. 174A wird für R&D Aufwendungen, die ab 2025 entstehen, ein Wahlrecht zur Sofortabschreibung oder einer Abschreibung über mindestens 60 Monate eingeführt. Für kleinere Unternehmen, sog. „small business taxpayers", wird die Sofortabschreibung rückwirkend ab dem Jahr 2022 wieder eingeführt. R&D Aufwendungen, die nach dem 31.12.2021 entstanden und kapitalisiert worden sind, können für alle Steuerpflichtige optional über einen 1- Jahres- bzw. 2-Jahreszeitraum nach dem 31.12.2024 abgeschrieben werden (sog. „accounting method change"). Für ausländische R&D Aufwendungen verbleibt es bei einem 15-jährigen Abschreibungszeitraum. Die Sofortabschreibung von R&D Aufwendungen ist nicht länger zeitlich befristet.

Sofortabschreibung von bestimmten Wirtschaftsgütern (bonus depreciation)

Durch den TCJA wurde eine Sofortabschreibung für bestimmte Wirtschaftsgüter befristet bis zum Jahr 2022 eingeführt. Ab dem Jahr 2023 wurde die 100%ige sog. bonus depreciation über einen Zeitraum von fünf Jahren um jährlich 20 % vermindert, so dass z. B. unter den Regelungen des TCJA für das Jahr 2025 eine bonus depreciation von lediglich noch 40 % besteht. Die Regelungen des OB3 sehen eine unbefristete Wiedereinführung der 100%igen Sofortabschreibung für begünstigte, nach dem 19.1.2025 angeschaffte Wirtschaftsgüter vor. Zusätzlich wird eine Sofortabschreibung für neu errichtete Produktionsanlagen ("Qualified Production Property", QPP) in den USA eingeführt (die Förderung ist jedoch beschränkt auf den Zeitraum bis 2029). Die Einführung dieser Vorschrift ist an die Stelle eines früheren Vorschlags von Präsident Trump für die Einführung eines reduzierten 15%igen Steuersatzes für Einkünfte aus Herstellungs- bzw. Produktionsaktivitäten in den USA getreten.

Verbesserungen bei der Zinsabzugsfähigkeit

Durch den TCJA wurde in IRC Sec. 163j eine 30%ige Zinsabzugsbeschränkung für steuerliche Zwecke eingeführt. Die 30 % Beschränkung war dabei für die Jahre 2018 bis 2021 auf Grundlage des EBITDA einer Gesellschaft und ab dem Jahr 2022 auf Grundlage des EBIT einer Gesellschaft zu bestimmen. Durch den OB3 wird die 30%ige Zinsabzugsbeschränkung ab dem Jahr 2025 ohne eine zeitliche Beschränkung auf Grundlage des EBITDA bestimmt. Die zugrundeliegende Definition des EBITDA wird leicht abgeändert, u. a. mit der Folge, dass Einkommen ausländischer Tochtergesellschaften, das auf Ebene einer US Muttergesellschaft der Besteuerung im Rahmen des Subpart-F bzw. GILTI Regimes unterliegt, nicht weiter zu einer Erhöhung des maßgeblichen EBITDA führt.

Änderungen des GILTI Regimes

Nach den Neuregelungen des OB3 wird der GILTI-Abzugsbetrag von 50 % ab dem Jahr 2026 ohne zeitliche Befristung auf 40 % abgesenkt (die Regelungen des TCJA sahen ab dem Jahr 2026 eine Verminderung auf 37,5 % vor). Gleichzeitig wird die 80%ige Anrechnung von ausländischen Steuern auf 90 % erhöht, der sog. „haircut" vermindert sich damit von 20 % auf 10 %. Dies führt in der Gesamtschau dazu, dass sich der für Zwecke des GILTI Regimes anwendbare Steuersatz von 10,5 % auf 12,6 % erhöht und es damit unter Berücksichtigung der Anrechnungsbeschränkung von ausländischen Steuern erst ab einer Vorbelastung mit ausländischen Steuern von 14 % ((100 %-40 % Abzug) /90 %) zu keiner weiteren US Besteuerung kommt. Eine weitere Änderung betrifft die Abschaffung des sog. QBAI (Qualified Business Asset investment), d. h. die Steuerbefreiung einer 10%igen Routinerendite („net deemed tangible income return", NDITR) sowohl für GILTI als auch für FDII Zwecke. Die Steuerbefreiung für die Routinerendite war schon länger in der Diskussion, bereits der (letztendlich nicht erfolgreiche) Build-Back-Better Act unter der Regierung Biden sah eine Verringerung der Befreiung für eine Routinerendite von 10 % auf 5 % vor. Die Abschaffung der QBAI Befreiung für Zwecke des GILTI Regimes führt dazu, dass sich die USA vollumfänglich von den Resten eines Territorialsystems verabschieden und zu einem System der weltweiten Einkommensbesteuerung auf Basis eines reduzierten Steuersatzes übergehen. (bzw. zurückkehren). Durch die Abschaffung der Steuerbefreiung für die Routinerendite wird das GILTI Regime konsequenterweise umbenannt und wird in Zukunft im US-Steuerrecht als „Net

CFC Tested Income" (NCTI) bezeichnet. Dies ist nur folgerichtig, da nun auch der letzte Bezug auf eine durch immaterielle Wirtschaftsgüter (intangible assets) fiktiv erzielte Rendite beseitigt worden ist und für die Bezeichnung als „Global Intangible Low Taxed Income" kein Raum mehr verbleibt. Weiterhin ist es im Rahmen des GILTI Regimes zu einer deutlichen Abmilderung der Vorschriften zur sog. expense allocation zu nennen. Die Zuordnung von Aufwendungen auf Ebene der US-Gesellschaft zu GILTI Einkommen für Zwecke der Anrechnungsbeschränkung von ausländischen Steuern hat seit der Einführung des GILTI Regimes vielfach zu weitreichenden Konsequenzen geführt und dazu, dass die eigentliche US-steuerliche Belastung von ausländischem Einkommen im Rahmen von GILTI deutlich über der vom TCJA Gesetzgeber angestrebten Belastung gelegen hat. Nach den Regelungen des OB3 sollen für die Zwecke der GILTI Anrechnungsbeschränkung lediglich bestimmte Steuern sowie direkt zuzurechnende Aufwendungen zu berücksichtigen sein, nicht länger dagegen Zinsaufwand oder R&D Aufwendungen, die beiden Positionen, die in der Vergangenheit die grössten Auswirkungen hatten.

Änderungen des FDII Regimes

Die Neuregelung durch den OB3 sieht ab 2026 einen Steuerabzug i. H. v. 33,34 % anstelle der bislang geltenden 37,5 % vor, allerdings wird sich der Abzug damit nicht, wie im TCJA ab 2026 vorgesehen, auf 21,875 % vermindern. Wie im NCTI Regime führt die Anwendung des Steuerabzugs damit zu einer effektiven Steuerbelastung im Rahmen des FDII Regimes i. H. v. ca. 14 % (21 % x (100-33,34)). Ebenso wie im NCTI Regime wird das Konzept der Routinerendite auf Grundlage des QBAI („deemed tangible income return", DTIR) abgeschafft. Als Folge daraus wird das begünstigte Einkommen in Zukunft auf Basis des „foreign derived deduction eligible income" (FDDEI) ermittelt, dass dann mit dem entsprechenden FDII Satz (in Zukunft 33,34 %) multipliziert wird. Dies ist insbesondere für solche US-Steuerpflichtige von Vorteil, die in den USA kapitalintensive Unternehmen betreiben. Die Begriffe des „deemed intangible income" (DII) und „foreign derived intangible income" (FDII) werden abgeschafft, wobei anstelle von FDII in Zukunft der Begriff des „foreign derived deduction eligible income" (FDDEI) verwendet wird. Im Gleichlauf mit den Vorschriften des NCTI Regimes werden auch im Rahmen des FDII Regimes die „expense allocation" Regelungen angepasst, so dass lediglich direkt zurechenbare Aufwendungen bei der Ermittlung des DEI zu berücksichtigen sind. Weiterhin werden bei der Ermittlung des DEI Einkünfte aus der Veräusserung von intangible property an ausländische Erwerber (incl. nahestehende Personen) ausgenommen, damit soll verhindert werden, dass der Transfer von IP aus den USA heraus steuerlich privilegiert wird. Die Abschaffung des QBAI Konzepts für Zwecke des FDDEI Regimes führt zu einer Ausgestaltung des FDDEI Regimes als reine Exportsubvention. Insgesamt ist das FDDEI Regime als einer der großen Gewinner der Steuerreform des OB3 anzusehen, die steuerliche Förderung von Produktionsaktivitäten in den USA für Exportzwecke ist einer der policy Schwerpunkte der Regierung Trump. Mit den Neuregelungen des FDDEI Regimes sollen Unternehmen noch stärker als in der Vergangenheit dazu angehalten werden im Ausland befindliches IP zurück in die USA zu verlagern.

Änderungen des BEAT Regimes

Ab 2026 sollte sich auf Grundlage der TCJA Regelungen der für BEAT (Base Erosion and Antiabuse Tax) Zwecke anwendbare 10%ige Steuersatz auf 12,5 % erhöhen, zudem sollte ab 2026 die bevorzugte Behandlung von R&D tax credits und anderer tax credits bei der BEAT Berechnung wegfallen. Nach den Neuregelungen des OB3 wird der anwendbare BEAT Steuersatz ab dem Jahr 2026 zeitlich unbefristet auf 10,5 % erhöht, die bevorzugte Behandlung des R&D tax credits sowie anderer tax credits wird wie bisher beibehalten. Eine noch im Senat diskutierte Erhöhung des BEAT Steuersatzes auf 14 % sowie die Einführung einer sog. „high-tax exception“, d. h. eine Ausnahme für Zahlungen, die auf Empfängerseite einer ausreichend hohen Steuerbelastung unterliegen, sind in der finalen Fassung des OB3 nicht länger enthalten.

Vergeltungssteuer nach IRC Sec. 899

Die ursprüngliche, vom Repräsentantenhaus am 22.5.2025 beschlossene Version des OB3 enthielt die neue Vorschrift der IRC Sec. 899 als Antwort der USA auf „unfaire“ Steuern ausländischer Staaten, die sich gegen US-Unternehmen richten. Im Fokus standen dabei die Anwendung der Undertaxed Profits Rule (UTPR) im Rahmen von Pillar Two sowie die Anwendung von Digital Services Taxes (DST's), Diverted Profits Taxes (DPT's) und sonstigen „diskriminierenden und extraterritorialen Steuern“ durch ausländische Staaten. Nach den ursprünglichen Plänen des Repräsentantenhauses sollte für Investoren aus Staaten, die eine solche Steuer anwenden, ab dem 1.1.2026 ein um jährlich 5 % erhöhter Steuersatz auf bestimmtes US-Einkommen Anwendung finden, die Erhöhung des US-Steuersatzes war dabei auf 20 % über dem regulär anwendbaren US-Steuersatz beschränkt. Die Regelung hätte bestehende Doppelbesteuerungsabkommen zum Teil überschrieben. Zusätzlich beinhaltete der Gesetzesvorschlag Pläne zur Einführung einer sog. „Super-BEAT Regelung“, bei der eine signifikant verschärfte BEAT Regelung für Zahlungen von US-Unternehmen, die von Gesellschaftern aus Staaten mit einem „unfairen“ Besteuerungssystem beherrscht werden, Anwendung finden sollte (u. a. keine Anwendung der USD 500 Mio. Umsatzbeschränkung oder der 3%igen Freigrenze sowie eine Erhöhung des BEAT-Steuersatzes auf 12,5 %). Der Gesetzesvorschlag folgt dabei der Leilinie von Präsident Trump, der bereits am Anfang seiner Amtszeit in zwei sog. „executive order“ die Haltung der neuen US Regierung gegenüber der globalen Mindeststeuer der OECD deutlich gemacht hat. Die vom Repräsentantenhaus verabschiedete Version der IRC Sec. 899 wurde vom Senat Finance Committee in der am 16.6.2025 veröffentlichten Version des OB3 mit einigen Modifikationen übernommen, am wesentlichsten war dabei, dass ein Inkrafttreten der Regelung erst ab dem 1.1.2027 vorgesehen war. Am 28.6.2025 und damit kurz vor der Abstimmung im Senat über das Gesetzespaket des OB3 haben die USA und die restlichen die G7 Staaten eine gemeinsame Erklärung veröffentlicht[1], nach der die globalen Mindeststeuerregelungen von Pillar Two und die Regelungen des US-Steuerrechts künftig nebeneinander existieren sollen (side-by-side agreement). Nach der gemeinsamen G7 Erklärung wurde die Einführung der Vergeltungssteuer in der geplanten IRC Sec. 899 durch den Kongress gestoppt, in der dann vom Senat am 1.7.2025 verabschiedeten Version des OB3 war die IRC Sec. 899 bereits nicht länger enthalten.

Unbefristete Verlängerung der sog. „look-through" Regelung der IRC Sec. 954(c)(6)

Bei der Vorschrift der IRC Sec. 954(c)(6) handelt es sich um eine Ausnahmevorschrift von den Subpart-F Regelungen des US-Steuerrechts. Diese in der Praxis äußerst relevante Vorschrift war seit dem Inkrafttreten im Jahr 2005 als eine zeitlich befristete Vorschrift ausgestaltet und in der Folgezeit mehrfach verlängert worden. Die Vorschrift besagt, dass die Zahlung von Dividenden, Zinsen, Mieten und Lizenzgebühren zwischen zwei ausländischen, als CFC behandelte Gruppengesellschaften, nicht als Subpart-F Einkommen behandelt wird (sog. „foreign personal holding company income"), sofern sie aus aktiven Einkünften des Schuldners finanziert werden. Die Vorschrift wird durch den OB3 unbefristet verlängert.

Änderung der zeitlichen Zurechnungsvorschriften von Subpart-F Einkommen (pro-rata share rules)

Unter den bestehenden Subpart-F Regelungen erfolgt eine zeitanteilige Zurechnung von Einkommen aus ausländischen Tochtergesellschaften (darunter auch Einkommen aus dem GILTI Regime) lediglich dann, wenn der US Anteilseigner die Anteile an der ausländischen Gesellschaft an dem letzten Tag des Jahres, in dem die ausländische Gesellschaft als Controlled Foreign Corporation (CFC) behandelt wird, hält (sog. „last day rule"). Diese Regelung wird ab dem Jahr 2026 abgeschafft, eine zeitanteilige Zurechnung erfolgt damit auch dann, wenn der US-Anteilseigner die Anteile an der ausländischen CFC Gesellschaft nicht (mehr) am letzten Tag des Jahres hält.

1 https://www.canada.ca/en/department-finance/news/2025/06/g7-statement-on-global-minimum-taxes.html

Änderung der sachlichen Zurechnungsvorschriften von Subpart-F Einkommen (downward attribution rules)

Der TCJA aus dem Jahr 2017 hat die bis dahin bestehende Beschränkung von Zurechnungsvorschriften zur Bestimmung der Anwendbarkeit der Subpart-F Regelungen aufgehoben. Als Folge dieser Ausweitung der Zurechnungsvorschriften haben sich nicht gewollte Ergebnisse eingestellt und es ist zu einer in vielen Fällen nicht gerechtfertigten Anwendung der Subpart-F Regelungen gekommen. Dies betraf vor allem Fälle, in denen US-Tochtergesellschaften von ausländischen Muttergesellschaften bzw. in ausländischen Konzernstrukturen für Subpart-F Zwecke Beteiligungen an Schwestergesellschaften zugerechnet wurden. Die Neuregelung begrenzt ab dem Jahr 2026 die Zurechnung des Einkommens von durch ausländische Muttergesellschaften gehaltenen Tochtergesellschaften an US Gesellschaften für die Anwendung der Subpart-F Vorschriften.

3. Änderungen im Bereich der steuerlichen Förderung von erneuerbaren Energien (green energy tax credits)

Das Herzstück des Inflation Reduction Act aus dem Jahr 2022 und einer der Schwerpunkte der Agenda der Regierung Biden waren der Klimaschutz und die Förderung von erneuerbaren Energien. Die Regelungen des IRA und die darin enthaltene Investitionsförderung für saubere Energien standen von Anfang an im Fokus der Kritik der Republikaner, die bereits während des Wahlkampfs eine Rücknahme der steuerlichen Investitionsförderung angekündigt hatten. Durch den OB3 kommt es zwar nicht zu einer umfassenden Abschaffung der steuerlichen Förderung, dafür aber zu weitreichenden Änderungen und Beendigungen von Fördermaßnahmen sowie zu einem in vielen Fällen vorgezogenen Auslaufen der Förderung.

Verschärfung der steuerlichen Fördervoraussetzungen

Neben der vollumfänglichen Abschaffung einzelner tax credits im Zusammenhang mit erneuerbaren Energien werden durch den OB3 deutlich verschärfte Fördervoraussetzungen eingeführt. Diese Vorgehensweise war ein Kompromiss zwischen den verschiedenen Strömungen innerhalb der republikanischen Partei; auf der einen Seite standen vor allem Abgeordnete aus solchen Bundesstaaten, die stark durch die steuerlich geförderten Projekte (vor allem Wind- und Sonnenenergie) profitierten während auf der anderen Seite solche Abgeordneten standen, die eine völlige Abschaffung der tax credits des IRA forderten. Ohne auf die Vielzahl von tax credits und deren Voraussetzungen im Einzelnen einzugehen, handelt es sich dabei vor allem um die folgenden Maßnahmen:

- Verkürzung des Förderzeitraums für die meisten „renewable energy tax credits" („accelerated repeal schedules")

- Fristverkürzungen für bestimmte förderfähige Vorhaben (Zeitraum Baubeginn bis Inbetriebnahme)
- Verschärfung von sog. „domestic content requirements“ und den „FEOC” Anforderungen (siehe nachfolgend)
- Abschaffung der Förderung von E-Autos und der energetischen Sanierung von Wohngebäuden

Positiv ist dagegen zu vermerken, dass der OB3 die Übertragbarkeit von Steuergutschriften beibehält, eine neue Bonusgutschrift für bestimmte Kernkraftwerke beinhaltet, die Förderung für Brennstoffzellen erneuert und die tax credits für die Produktion sauberer Brennstoffe nach IRC Sec. 45Z (clean fuel production credit) ausweitet.

- Verschärfung der sog. „Foreign Entity of Concern“ (FEOC) Vorschriften
- Der OB3 verbietet insbesondere bestimmten ausländischen Unternehmen (sog. FEOC‘s) sowie inländischen Unternehmen, die mit FEOC‘s verbunden sind oder anderweitig Transaktionen mit ihnen durchführen, die Inanspruchnahme von bestimmten tax credits. Die FEOC Voraussetzungen sind für die folgenden tax credits von Bedeutung: Clean Energy Production Credit (IRC Sec. 45Y),
- Clean Electricity Investment Credit (IRC Sec. 48E), Zero-Emission Nuclear Power Production Credit (IRC Sec. 45U), Advanced Manufacturing Production Credit (IRC Sec. 45X), Credit for Carbon Oxide Sequestration (IRC Sec. 45Q) und der Clean Fuel Production Credit (IRC Sec. 45Z). Eine FEOC ist eine Organisation oder ein Unternehmen, das sich im Eigentum oder unter der Kontrolle einer bestimmten ausländischen Regierung oder eines ausländischen Staates befindet (sog. covered nations). Zu den betroffenen Staaten auf der aktuellen List der „covered nations“ gehören China, Iran, Russland und Nordkorea. Dabei gibt es zwei Arten von verbotenen ausländischen Einheiten (Prohibited Foreign Entities, PFE) auf Grundlage der FEOC-Beschränkungen: Specified Foreign Entities (SFE‘s) und Foreign-Influenced Entities (FIE‘s). Zu den SFE‘s zählen ausländisch kontrollierte Unternehmen, d. h. solche Unternehmen die in einem der genannten Staaten ansässig oder eingetragen sind. Die Einordnung als SFE erfolgt hauptsächlich auf Grundlage des National Defense Authorization Act aus dem Jahr 2021, der ebenso eine Liste von SFE’s enthält wie auch weitere Gesetze des Kongresses und Richtlinien von Bundesbehörden. Die Feststellung darüber, ob ein Unternehmen als FIE qualifiziert (und damit als PFE) ist durch weitere Indikatoren im Einzelfall festzustellen, so z. B. darüber, wer effektiv die Befugnis zur Ernennung des Managements hat bzw. die Anteilseigner kontrolliert oder auch wer als ein wesentlicher Gläubiger der Gesellschaft anzusehen ist. Bis zum Ende des Jahres 2026 sollen weitere Verwaltungsanweisungen zu der Qualifikation von Unternehmen als SFE veröffentlicht werden.
- Material Assistance Vorschriften

- Zusätzlich zu den genannten Beschränkungen ergeben sich auch dann Beschränkungen, wenn sog. „material assistance" Leistungen von PFE's geleistet werden. Dazu gehören die Beschaffung von Komponenten oder Bestandteilen, Lizenzvereinbarungen und sonstige Zahlungen (bei Überschreiten von gewissen Grössenordnungen) an PFE's. Insbesondere das Zahlungsverbot an PFE's kann in der Praxis zu erheblichen Auswirkungen bei Geschäftsbeziehungen mit PFE's führen, da auch Zahlungen wie z. B. für Zinsen, Dividenden, Mieten oder Lizenzgebühren an PFE's unter die sanktionierten Handlungen fallen können. Für die Frage, ob der Bezug von Komponenten oder Bestandteilen gegen die „material assistance" Vorschriften verstösst muss der Anteil solcher Komponenten oder Bestandteile an den Gesamtkosten ermittelt werden (sog. "Material Assistance Cost Ratios"). Bei Überschreiten bestimmter Prozentsätze (abhängig von dem jeweiligen tax credit) kommt eine Förderung nicht in Betracht. Die compliance mit den Anforderungen der material assistance Vorschriften kann dabei mit einem erheblichen Aufwand verbunden sein.

Vorzeitiges Auslaufen bestimmter IRA tax credits durch den OB3

Durch den OB3 werden zahlreiche tax credits des IRA abgeschafft bzw. diese laufen vorzeitig aus. Dabei handelt es sich um die folgenden tax credits:

- Previously Owned Clean Vehicle Credit (IRC Sec. 25E): Auslaufen zum 30.9.2025
- Clean Vehicle Credit (IRC Sec. 30D): Auslaufen zum 30.9.2025
- Credit for Qualified Commercial Clean Vehicles (IRC Sec. 45W): Auslaufen zum 30.9.2025
- Alternative Fuel Vehicle Refueling Property Credit (IRC Sec. 30C): Auslaufen zum 30.6.2026
- Energy Efficient Home Improvement Credit (IRC Sec. 25C): Auslaufen zum 31.12.2025
- Residential Clean Energy Credit (IRC Sec. 25D): Auslaufen zum 31.12.2025
- New Energy Efficient Home Credit (IRC Sec. 45L): Auslaufen zum 30.6.2026
- Energy Efficient Commercial Buildings Deduction (IRC Sec. 179D): Auslaufen zum 30.6.2026

Verschärfte Restriktionen für die steuerliche Förderung von Wind- und Solarenergie

Für die steuerliche Förderung von Projekten im Bereich der Wind- und Solarenergie werden deutlich verschärfte Fördervoraussetzungen eingeführt. Im Speziellen handelt es sich dabei um die tax credits der IRC Sec. 45Y (Clean Electricity Production Tax Credit) und der IRC Sec. 48E (Clean Electricity Investment Tax Credit). Zur Inanspruchnahme der beiden tax credits ist für Projekte, deren Baubeginn nach dem 04. Juli 2025 liegt, eine Inbetriebnahme bis zum 31.12.2027 erforderlich. Bereits kurz nach der Unterzeichnung des OB3 am 4.7.2025 hat Präsident Trump am 7. Juli 2025 eine executive order mit dem Titel „„Beendigung von marktverzerrenden Subventionen für unzuverlässige, ausländisch kontrollierte Energiequellen“ erlassen, in der er die Beendigung der Förderung mit der Abkehr von „teuren und unzuverlässigen“ Energiequellen zulasten der amerikanischen Steuerzahler, dem Schutz der Ästhetik der Landschaft sowie der Beendigung der Abhängigkeit der von „ausländischen Gegnern“ kontrollierten Lieferketten begründet. Das Ziel der Förderungseinstellung wird mit der Beendigung von „Marktverzerrungen und Marktkosten“ durch die bisherige Energiepolitik sowie der von „ausländischen Gegnern“ aufgebauten Lieferketten dargestellt. Zu diesem Zweck wird in der executive order eine 45-tägige Frist zur Ausarbeitung von Umsetzungsregelungen zur Beendigung der Förderung durch tax credits der IRC Sec. 45Y und IRC Sec. 48E sowie eine generelle Überprüfung aller bislang in diesem Zusammenhang ergangenen Regelungen angeordnet. Am 15.8.2025 hat der IRS in der Notice 2025-42 verschärfte Voraussetzungen zur Erfüllung des Merkmals des Baubeginns für die beiden tax credits veröffentlicht.

Verlängerter Abschreibungszeitraum für Wind- und Solaranlagen

Der bislang geltende 5-jährige Abschreibungszeitraum für Wind-und Solaranlage basierend auf den MACRS (modified accelerated cost recovery system) Vorschriften wird für nach dem 31.12.2024 errichtete Anlagen abgeschafft.

4. Sonstige Regelungen im OB3

Verlängerung und Neugestaltung der steuerlichen Förderung von sog. Qualified Opportunity Zones (QOZ’s)

Durch den TCJA wurden 2017 sogenante „Qualified Opportunity Zones (QOZ)“ geschaffen um Investitionen in einkommensschwachen Gebieten und Gemeinden für die Immobilienentwicklung sowie die Ansiedlung und Expansion von Unternehmen zu fördern. Ziel ist die Armutsbekämpfung und die Schaffung von Arbeitsplätzen in den QOZ‘s. Die einzelnen QOZ‘s wurden daraufhin in 2018 von den einzelnen Bundesstaaten benannt und dann von dem US Finanzministerium zugelassen (Notice 2018-48 und 2019-42). Berücksichtigt sind dabei auch bestimmte Bezirke, die an einkommensschwache Gemeinden angrenzen (für Puerto Rico gilt eine Sonderregelung). Die Qualifikaiton als QOZ ist bis zum Ende des Jahres 2028 befristet. Investitionen in einer QOZ werden steuerlich nach den TCJA Regelungen wie folgt gefördert:

- Aufgeschobene Gewinnbesteuerung: Investoren in einem Qualified Opportunity Fund (QOF) können eine Gewinnbesteuerung grundsätzlich bis zum 31.12.2026 aufschieben (es sei denn, es tritt ein schädliches Ereignis ein).
- Verminderte Gewinnbesteuerung: Bei einer Beteiligungsdauer von mindestens fünf Jahren vor dem 31.12.2026 reduziert sich der Gewinn für die aufgeschobene Besteuerung um 10 %. Bei einer Haltedauer von mindestens sieben Jahren verringert sich der steuerliche Gewinn um weitere 5 %.
- Steuerfreier Gewinn: Hält der Anleger seine QOF-Beteiligung mindestens zehn Jahre lang, kann er beim Verkauf oder Tausch der QOF-Beteiligung die steuerliche Bemessungsgrundlage der Beteiligung auf den FMV (zum Zeitpunkt des Verkaufs) erhöhen und damit eine völlige Steuerfreiheit erreichen. Ein Verkauf der Beteiligung muss jedoch spätestens zum 31.12.2047 erfolgen.

Durch den OB3 wird zusätzlich zu dem bestehenden QOZ Programm ein neues QOZ Programm mit Wirkung ab dem Jahr 2027 aufgelegt. Dabei werden die Kriterien für die Bestimmung als QOZ neu definiert und alle 10 Jahre neu gefasst. Die neue Definition für QOZ's soll vor allem für Investitionen im ländlichen Raum sorgen (Erweiterung der Förderung für sog. „rural QOZ's").

Nach den OB3 Regelungen werden Investitionen in den neugeschaffenen QOZ's wie folgt gefördert:

- Aufgeschobene Gewinnbesteuerung: Investoren in einem Qualified Opportunity Fund (QOF) können eine Gewinnbesteuerung für fünf Jahre ab dem Investitionszeitpunkt aufschieben (es sei denn, es tritt ein schädliches Ereignis ein).
- Verminderte Gewinnbesteuerung: Bei einer Beteiligungsdauer von mindestens fünf Jahren reduziert sich der Gewinn für die aufgeschobene Besteuerung um 10 %. Bei einer Investition in einen sog. rural QOZ reduziert sich der Gewinn für die aufgeschobene Besteuerung um 30 %.
- Steuerfreier Gewinn: Hält der Anleger seine QOF-Beteiligung mindestens zehn Jahre aber weniger als 30 Jahre kann er beim Verkauf oder Tausch der QOF-Beteiligung die steuerliche Bemessungsgrundlage der Beteiligung auf den FMV (zum Zeitpunkt des Verkaufs) erhöhen und damit eine völlige Steuerfreiheit erreichen. Hält der Anleger seine QOF-Beteiligung 30 Jahre oder länger kann er 30 Jahre nach dem Erwerb den FMV zu diesem Zeitpunkt ansetzen und damit lediglich einer Besteuerung für nach diesem Zeitpunkt erzielten Gewinne bzw. Wertsteigerungen erreichen.

Der OB3 enthält detaillierte Nachweis- und Dokumentationspflichten zur Geltendmachung der QOZ Förderung.

Steuer auf bestimmte Auslandsüberweisungen (remittance tax der IRC Sec. 4475)

Eine zunächst geplante 3,5 %ige excise tax auf Auslandsüberweisungen von Nicht-US Staatsbürgern ist in der finalen Fassung des OB3 als eine 1 %ige excise tax mit einem deutlich verkleinerten Anwendungsbereich enthalten. Als Folge daraus fallen Auslandsüberweisungen, die über ein reguläres US-Bankkonto abgewickelt werden, nicht länger in den Anwendungsbereich der excise tax. Während des Gesetzgebungsverfahrens hatte es Befürchtungen gegeben, dass generell Auslandsüberweisungen von allen Nicht-US Staatsbürgern (und damit z. B. auch von in die USA entsandten ausländischen Unternehmensmitarbeitern oder Besitzern einer Greencard) einer solchen Besteuerung unterliegen würden. Diese Befürchtungen haben sich in der finalen Gesetzesfassung nicht bestätigt.

Erhöhung des Freibetrages für erbschaft- und schenkungssteuerliche Zwecke

Ab dem Jahr 2026 wird der Freibetrag für erbschaft- und schenkungssteuerliche Zwecke sowie für Zwecke der sog. „generation skipping transfer tax" zeitlich unbefristet auf 15 Mio. USD erhöht. Dieser Betrag wird dann ab dem Jahr 2027 jährlich an die Inflationsrate angepasst. Die Regelungen des TCJA haben einen jährlich indexierten Freibetrag von ursprünglich 10 Mio. USD vorgesehen (für 2025 beträgt der angepasste Freibetrag ca. 14 Mio. USD), dieser Freibetrag wäre jedoch mit dem Ende des Jahres 2026 ausgelaufen und hätte dann wieder wie in den Jahren vor 2018 5 Mio. USD betragen (mit inflationsbedingter Anpassung ca. 7 Mio. USD).

Höchstbetragsberechnung für die Abzugsfähigkeit von Gehaltszahlungen an bestimmte Angestellte von börsennotierten Gesellschaften

Gehaltszahlungen an bestimmte Mitarbeiter von börsennotierten Unternehmen, die einen Betrag von 1 Mio. USD überschreiten, können in Höhe des übersteigenden Betrags steuerlich nicht als Betriebsausgaben abgezogen werden. Zur Bestimmung der Gehaltsobergrenze bei Gehaltszahlungen von mehreren Gesellschaften derselben Unternehmensgruppe werden strengere Regeln zur Zusammenrechnung solcher Zahlungen ab dem Jahr 2026 eingeführt.

Verlängerung des New Market Tax Credits

Die Regelungen des TCJA sahen ein Auslaufen des New Market Tax Credits (NMTC) zum 31.12.2025 vor. Der NMTC ist ein nicht erstattungsfähiger tax credit, der als Investitionsanreiz für bestimmte Gebiete mit einer niedrigen Einkommensstruktur dient. Der NMTC wird durch den OB3 zeitlich unbefristet verlängert.

Erhöhtes Fördervolumen und Flexibilisierung des Low-Income Housing Tax Credits

Das Fördervolumen für den low-income housing tax credit, der zur Förderung von privaten Investitionen in den sozialen Wohnungsbau dient, wird ab dem Jahr 2026 erhöht, zudem werden die Regelungen zur Finanzierung von Förderprojekten gelockert (sog. „tax-exempt bond financing threshold").

Erhöhung bzw. Befreiung von der excise tax auf das Investment Einkommen von Universitäten und privaten Hochschulen

Die bislang geltende 1,4 %ige excise tax auf das Investment Einkommen von Universitäten und privaten Hochschulen wird basierend auf dem sog. „student adjusted endowment" um zwei zusätzliche Steuersätze i. H. v. 4 % und 8 % erweitert. Der „student adjusted endowment" Betrag berechnet sich dabei auf Grundlage des Investments pro eingeschriebenem Vollzeitstudent. Bei einem Betrag von unter 500.000 USD wird keine excise tax erhoben, bei einem Betrag zwischen 500.000 USD und 750.000 USD bleibt die excise tax bei 1,4 %. Bei einem Betrag von über 750.000 bis 2 Mio. USD beträgt die excise tax 4 %, bei einem Betrag von über 2 Mio. USD 8 %. Universitäten und private Hochschulen mit weniger als 3.000 zahlenden Studenten sind von dem Anwendungsbereich der excise tax ausgeschlossen.

Steuerbefreiung für den Verkauf von bestimmten Handfeuerwaffen

Durch den OB3 erfolgt eine Befreiung des Verkaufs bzw. der Herstellung von bestimmten Handfeuerwaffen und Zubehör wie z. B. von Schalldämpfern von der allgemeinen transfer tax/manufacturing tax i. H. v. 200 USD bzw. 5 USD.

5. Im Verlauf des Gesetzgebungsverfahren des OB3 diskutierte, aber schlussendlich nicht umgesetzte Regelungen

Im Verlauf des Gesetzgebungsverfahrens zum OB3 sind zahlreiche Vorschläge zu Neuregelungen diskutiert worden, die es dann nicht in die finale Version des Gesetzes geschafft haben. Zu den wesentlichsten Vorschlägen gehörten dabei die Folgenden:

- Erhöhung des 37%igen Spitzensteuersatzes für natürliche Personen
- Änderung der Regelungen zur Besteuerung des sog. carried interest

- Beschränkung der Abzugsfähigkeit von Steuern der Bundesstaaten und Gemeinden für Zwecke der Bundeseinkommensteuer (SALT-cap) für Unternehmen
- Einschränkung der Nutzung von PTET-Strukturen (Pass-through entity tax) zur Umgehung der SALT-cap Regelungen für natürliche Personen
- Erhöhung der 1%igen excise tax auf den Rückkauf eigener Anteile
- Abgesenkter Körperschaftsteuersatz für Produktionsaktivitäten in den USA
- „Revenge tax" der IRC Sec. 899
- Änderungen der excise tax für private Stiftungen
- Beschränkung der Abschreibung für erworbenes IP für Eigentümer von Sportmannschaften (professional sports teams)
- Verlängerung des sog. „Work Opportunity" tax credits über das Jahr 2025 hinaus
- Verlängerung des sog. „enhanced ACA premium assistance tax credits" über das Jahr 2025 hinaus

I. DBA Deutschland-USA

I. Allgemeines

Die USA haben mit derzeit 65 Staaten DBA auf dem Gebiet der Steuern vom Einkommen und Ertrag abgeschlossen. Zudem gibt es DBA mit Russland und Belarus, die derzeit aber ausgesetzt sind.

Eine Liste der aktuellen DBA, die jeweiligen Abkommenstexte, Protokolle und Erläuterungen der IRS (*technical explanations*) können auf der Internetseite der US-Steuerbehörde unter

https://www.irs.gov/businesses/international-businesses/united-states-income-tax-treaties-a-to-z

in englischer Sprache abgerufen werden.

Die Inanspruchnahme von Vergünstigungen eines DBA (z. B. Reduzierung eines Quellensteuersatzes) erfordert in den USA grundsätzlich nicht die vorherige Beantragung einer Freistellungsbescheinigung, wie dies z. B. § 50d EStG in Deutschland vorschreibt.

Es ist jedoch Dokumentation vorzuhalten, aus der sich die Berechtigung zur Inanspruchnahme einer Abkommensvergünstigung ergibt. So ist z. B. bei Inanspruchnahme eines niedrigeren Quellensteuersatzes für einen ausländischen Zahlungsempfänger Form W-8BEN (für Empfänger, bei denen es sich um natürliche Personen handelt) bzw. Form W-8BEN-E (für Empfänger, bei denen es sich um Gesellschaften handelt) vorzuhalten.

Zudem ist in vielen Fällen die Inanspruchnahme des Abkommensvorteils im Rahmen der Jahressteuererklärung bzw. als separate Erklärung auf Form 8833 offen zu legen.[1]

Sofern aus deutscher Sicht ein Abkommensvorteil aus dem DBA zwischen Deutschland und den USA in Anspruch genommen wird, z. B. im Rahmen der Beantragung einer Freistellungsbescheinigung nach § 50d EStG, ist die Berechtigung der Inanspruchnahme regelmäßig durch eine von der IRS ausgestellte Ansässigkeitsbescheinigung nachzuweisen. Die entsprechende Ansässigkeitsbescheinigung (Form 6166) kann mit Form 8802 beantragt werden. Es fällt eine Gebühr von 85 USD an.

Weitergehende Informationen sowie der Vordruck können unter

https://www.irs.gov/individuals/international-taxpayers/form-8802-application-for-united-states-residency-certification-additional-certification-requests

in englischer Sprache abgerufen werden.

1 Vgl. D.VIII „Beschränkt Steuerpflichtige".

II. Überblick DBA Deutschland-USA

Das aktuelle DBA zwischen Deutschland und den USA (DBA USA) wurde ursprünglich 1989 abgeschlossen und durch das Änderungsprotokoll in 2006 in Teilbereichen geändert.[1] Das Änderungsprotokoll ist am 28.12.2008 in Kraft getreten[2] und findet grundsätzlich ab dem 1.1.2008 Anwendung (für Abzugsteuern bereits ab dem 1.1.2007).

Das DBA USA enthält im Vergleich zu anderen DBA und insbesondere zum OECD-Musterabkommen einige Sonderregelungen. In der Praxis wesentliche Sonderregelungen sollen im Folgenden kurz erläutert werden.

Hierunter fallen:

- Art. 1 Abs. 4 und 5 DBA USA – *Saving Clause* für US-Bürger und US-Ansässige
- Art. 1 Abs. 7 DBA USA – Sonderregelung für Einkünfte, die über hybride Gesellschaften erzielt werden
- Art. 4 Abs. 3 DBA USA – Sonderregelung für doppelt ansässige Gesellschaften
- Art. 10 DBA USA – Besteuerung von Dividenden
- Art. 23 DBA USA – Vermeidung der Doppelbesteuerung
- Art. 25 DBA USA – Verständigungsverfahren
- Art. 28 DBA USA – Schranken für die Abkommensvergünstigungen

III. Art. 1 Abs. 4 und 5 DBA USA – Saving Clause für US-Bürger und US-Ansässige

Art. 1 Abs. 4 DBA USA enthält eine Besonderheit der US-Abkommenspolitik, die sogenannte *„saving clause"*. Diese Klausel wirkt lediglich einseitig zugunsten der USA, eine vergleichbare Klausel zugunsten Deutschlands ist im DBA nicht enthalten. Auch hat Deutschland kein anderes DBA mit einer vergleichbaren Klausel abgeschlossen.

Grundgedanke der Regelung ist, dass ein DBA lediglich die Besteuerung von nicht in den USA ansässigen Ausländern einschränken darf, nicht jedoch (zu den Ausnahmen siehe unten) die Besteuerung ansässiger Ausländer und US-Staatsbürger. Der Begriff „Staatsbürger" beinhaltet in diesem Sinne auch alle juristischen Personen, Personenvereinigungen und Personengesellschaften, die nach dem Recht der USA bzw. der Bundesstaaten gegründet worden sind (Art. 3 Abs. 1 Buchst. h Doppelbuchst. aa DBA USA).

Hierbei ist es wichtig zu wissen, dass der unbeschränkten persönlichen US-Steuerpflicht

1 BGBl 2006 II S. 1184.

2 BGBl 2008 II S. 117.

- in den USA ansässige Ausländer („*resident aliens*");
- US-Staatsbürger unabhängig von deren Ansässigkeit („*citizens*"); und
- nach dem Recht der USA gegründete Körperschaften (unabhängig vom Ort der Geschäftsleitung)

unterliegen.[1] Die unbeschränkte persönliche Steuerpflicht umfasst ferner das gesamte Welteinkommen des Steuerpflichtigen.

Gemäß Art. 1 Abs. 4 DBA USA dürfen die USA die oben genannten Personengruppen so besteuern, als wenn es das DBA USA nicht gäbe. Abs. 4 Buchst. b erweitert den Anwendungsbereich auf ehemalige Staatsbürger und langfristige Aufenthaltsberechtigte für einen Zeitraum von zehn Jahren nach Beendigung der US-Staatsbürgerschaft oder langfristigen Aufenthaltsberechtigung. Gemäß Protokoll Nr. 1 zum DBA USA gilt eine natürliche Person als „langfristig Aufenthaltsberechtigter", die in mindestens acht der letzten 15 Jahre in den USA aufenthaltsberechtigt war. Die Regelung ist vor dem Hintergrund der Sec. 877 IRC zu betrachten, wonach die USA „Auswanderer" bei Überschreiten bestimmter Einkommens- oder Vermögensgrenzen über einen Zeitraum von zehn Jahren weiterhin besteuern. Art. 1 Abs. 4 Buchst. b DBA USA sichert dieses Besteuerungsrecht ab.

Art. 1 Abs. 5 DBA USA schränkt Abs. 4 jedoch wieder in Abhängigkeit von der jeweiligen Person (*resident alien* oder *citizen*) für bestimmte Vorschriften ein.

Zudem unterliegen *residents aliens* nur dann dem Art. 1 Abs. 4 DBA USA, wenn diese nach Art. 4 DBA USA als in den USA ansässig gelten. Dies bedeutet, dass Personen, welche nicht US-Staatsbürger sind und sowohl in Deutschland als auch den USA einen Wohnsitz haben, nur dann der *saving clause* unterliegen, wenn diese nach der *tie-breaker-rule* des Art. 4 Abs. 2 DBA USA als in den USA ansässig gelten.[2] Entsprechendes gilt gemäß Protokoll Nr. 1 zum DBA USA bei der Ermittlung der acht Jahre für langfristig Aufenthaltsberechtigte, d. h. Zeiträume, in denen die natürliche Person nach einem DBA unter Berücksichtigung der *tie-breaker-rule* in einem anderen Land ansässig war, werden bei der Ermittlung der acht Jahre nicht erfasst.

Doppelt ansässige Körperschaften (z. B. Gründung in den USA, Geschäftsleitung in Deutschland) gelten im Regelfall ohnehin als in keinem der beiden Staaten ansässig (Art. 4 Abs. 3 DBA USA), so dass diesen Gesellschaften ohnehin kein Abkommensschutz gewährt wird.

---

1 Vgl. Kapitel D.I. „Subjektive Steuerpflicht" und E.II. „Subjektive Steuerpflicht und *check-the-box-election*".

2 *Treasury Explanations* zu Art. 1 Abs. 4 DBA USA.

Art. 1 Abs. 5 DBA USA schließt die Anwendung von Abs. 4 in Abhängigkeit von der Personengruppe (*citizens und langfristig Aufenthaltsberechtigte* oder *übrige Personen*) aus. Hiernach finden trotz Abs. 4 folgende Regelungen Anwendung.

Vorschrift	Inhalt	Anwendung für übrige Personen	Anwendung für citizens und langfristig Aufenthaltsberechtigte)
Art. 9 Abs. 2	Verrechnungspreiskorrekturen zwischen verbundenen Unternehmen	x	x
Art. 13 Abs. 6	*Step-up* bei Wegzug	x	x
Art. 18 Abs. 3, 4 und 5	Unterhaltszahlungen, Leistungen aus der Sozialversicherung und Renten	x	x
Art. 18a Abs. 1 und 5	Altersvorsorgepläne	x	x
Art. 18a Abs. 2	Abzüge vom steuerpflichtigen Einkommen bei Einkünften aus Altersvorsorgeplänen	x	
Art. 19 Abs. 1 Buchst. b	Gehälter, Löhne aus Tätigkeiten im öffentlichen Dienst, falls die Person im anderen Staat ansässig ist	x	
Art. 19 Abs. 3	Steuerbefreiung für Renten als Ausgleich für Schäden aus Kriegshandlungen oder politischer Verfolgung	x	x
Art. 20	Gastprofessoren, -lehrer, Studenten und Auszubildende	x	
Art. 23	Vermeidung der Doppelbesteuerung	x	x
Art. 24	Gleichbehandlung	x	x
Art. 25	Verständigungsverfahren	x	x
Art. 30	Diplomaten	x	

Praktische Relevanz hat Art. 1 Abs. 4 DBA USA damit insbesondere[1] für

- US-Staatsbürger, die nicht in den USA ansässig sind: Diese werden weiterhin – mit den in Abs. 5 genannten Ausnahmen – so besteuert, als wenn es das DBA nicht geben würde. Wesentliche Erleichterungen können sich jedoch aus dem weiterhin anwendbaren Art. 23 (Vermeidung der Doppelbesteuerung, insbesondere Art. 23 Abs. 5 DBA USA für in Deutschland ansässige US-Staatsbürger) ergeben, da die Anrechnung deutscher Steuern unter Art. 23 DBA USA großzügiger sein kann, als die Anrechnung deutscher Steuern unter nationalem US-Recht.
- Einkünfte, bei denen das DBA USA grundsätzlich das ausschließliche Besteuerungsrecht dem Quellenstaat zuordnet und die nicht gemäß Art. 1 Abs. 5 DBA USA von der *savings clause* ausgenommen sind.
  Diese sind z. B.
  - Art. 8 DBA USA (Seeschifffahrt und Luftfahrt)
  - Art. 13 Abs. 4 DBA USA (Veräußerung von Seeschiffen, Flugzeugen und Containern)
  - Art. 19 Abs. 1 Buchst. a DBA USA (Gehälter, Löhne aus Tätigkeiten im öffentlichen Dienst)
  - Art. 19 Abs. 2 DBA USA (Renten aus Tätigkeiten im öffentlichen Dienst)

IV. Art. 1 Abs. 7 DBA USA – Sonderregelung für Einkünfte, die über hybride Gesellschaften erzielt werden

Art. 1 Abs. 7 DBA USA enthält eine Sonderregelung für den Fall, dass Einkünfte über Gesellschaften erzielt werden, die von den Vertragsstaaten unterschiedlich behandelt werden (hybride Gesellschaften). Diese Regelung versucht damit Besteuerungskonflikte (Doppelbesteuerungen sowie doppelte Nicht-Besteuerungen) zu lösen, welche sich ansonsten durch die Einschaltung von hybriden Gesellschaften ergeben würden.

Diese Regelung ist insbesondere relevant im Zusammenhang mit Quellensteuerentlastungen (z. B. KapESt auf Dividenden).

Folgende Beispiele sollen die Anwendungssystematik darstellen.[2]

BEISPIEL I.1: Eine deutsche GmbH tätigt eine Gewinnausschüttung an eine *US-LLC*. Gesellschafter der *US-LLC* ist eine in den USA ansässige natürliche Person und eine in Brasilien ansässige natürliche Person. Die *US-LLC* qualifiziert nach dem Typenvergleich[3] für deutsche steuerliche Zwecke als intransparente Kapitalgesellschaft. Für US-steuerliche Zwecke qualifiziert die *US-*

1 Vgl. Prokisch in Vogel/Lehner DBA Art. 1 Rz. 86e.

2 Vgl. Linn in Wassermeyer, DBA, Art. 1 USA, Rz. 70 mit weiteren Beispielen.

3 BMF, Schreiben v. 19.3.2004, BStBl 2004 I S. 411.

LLC nach der *check-the-box-election* als transparente Gesellschaft. Die deutsche GmbH wird aus US-Sicht ebenfalls als intransparente Kapitalgesellschaft behandelt.

Lösung:

Bei der *US-LLC* handelt es sich um eine hybride Gesellschaft, da diese aus deutscher und US-steuerlicher Sicht unterschiedlich behandelt wird. Nach deutscher Auslegung ist Nutzungsberechtigte der Dividende die *US-LLC*, da diese aus deutscher steuerlicher Sicht intransparent ist. Die *US-LLC* ist jedoch keine ansässige Person im Sinne des Art. 4 DBA USA, da diese in den USA steuerlich transparent behandelt wird und damit nicht aufgrund des Ortes ihrer Geschäftsleitung, Gründung oder eines ähnlichen Merkmales steuerpflichtig ist. Der US-LLC stehen damit grundsätzlich keine Abkommensvergünstigungen zu.

Aufgrund Art. 1 Abs. 7 DBA USA gelten die Dividendeneinkünfte jedoch als von einer in den USA ansässigen Person erzielt, soweit diese auf den in den USA ansässigen Gesellschafter entfallen. Insofern kommt – soweit die weiteren Voraussetzungen des Art. 10 und 28 DBA USA erfüllt sind – eine Reduzierung der KapESt in Betracht, soweit diese mittelbar auf den in den USA ansässigen Gesellschafter entfällt (zur Höhe des anzuwendenden Quellensteuersatzes vgl. die weiteren Beispiele unten). In Bezug auf den in Brasilien ansässigen Gesellschafter ist eine Quellensteuerreduzierung nach dem DBA USA nicht möglich.

BEISPIEL I.2: Eine deutsche GmbH tätigt eine Gewinnausschüttung an eine niederländische CV. Gesellschafter der CV ist eine US-Inc. Die niederländische CV wird aus deutscher und niederländischer Sicht als transparent und aus US-Sicht als intransparent behandelt. Die US-Inc. und die deutsche GmbH sind aus deutscher, niederländischer und US-Sicht intransparente Kapitalgesellschaften.

Lösung:

Bei der CV handelt es sich um eine hybride Gesellschaft, da diese in den betroffenen Staaten für steuerliche Zwecke unterschiedlich behandelt wird. Nach nationaler deutscher Auslegung ist Nutzungsberechtigter der Dividende die US-Inc., da die CV aus deutscher Sicht als transparente Personengesellschaft qualifiziert. Auch ist die US-Inc. eine ansässige Person im Sinne des Art. 4 DBA USA, da diese dort steuerlich als intransparent behandelt wird und aufgrund des Ortes ihrer Gründung dort steuerpflichtig ist. Der US-Inc. ständen damit grundsätzlich die Vergünstigungen des DBA zwischen Deutschland und den USA und damit insbesondere ein günstigerer Quellensteuersatz zu.

Da diese über eine hybride Gesellschaft erzielten Einkünfte jedoch aufgrund der Intransparenz der CV aus US-steuerlicher Sicht nicht einer in den USA ansässigen Person zugerechnet werden, ist eine Quellensteuerreduzierung nach Art. 10/28 DBA USA nicht möglich.[1]

Durch Art. 1 Abs. 7 DBA USA wird damit eine ansonsten eintretende doppelte Nicht-Besteuerung (Reduzierung der Kapitalertragsteuer in Deutschland und grundsätzlich keine Besteuerung in den Niederlanden oder den USA) vermieden.

BEISPIEL I.3: Die US-Inc. zahlt eine Lizenz für die Nutzung eines Patentes in den USA an eine deutsche Personengesellschaft. Gesellschafter der Personengesellschaft ist die natürliche Per-

1 Vgl. auch Weggenmann/Nehls in Vogel/Lehner DBA, Art. 1 Rz. 64, Linn in Wassermeyer, DBA, Art. 1 USA, Rz. 75. Zum Fall einer zwischengeschalteten hybriden Drittstaatengesellschaft, welche aus Sicht des Quellenstaates als intransparent und aus Sicht des Gesellschafterstaates als transparent behandelt wird vgl. Jacob/Klein in IStR 2014, 121 [127].

son A (Wohnsitz in Deutschland) und die natürliche Person B (ansässig in einem Nicht-DBA-Staat). Die Personengesellschaft wird aus US-Sicht als intransparent behandelt.

Lösung:

Bei der deutschen Personengesellschaft handelt es sich um eine hybride Gesellschaft, da diese in den USA und Deutschland steuerlich unterschiedlich behandelt wird. Die Personengesellschaft ist keine ansässige Person im Sinne des Art. 4 DBA USA, da diese aus deutscher steuerlicher Sicht transparent behandelt wird. Die USA rechnen die Lizenz grundsätzlich der deutschen Personengesellschaft zu, da diese für US-steuerliche Zwecke als intransparent behandelt wird. Aufgrund Art. 1 Abs. 7 DBA USA ist eine Quellensteuerreduzierung gem. Art. 11 / 28 DBA USA jedoch für den Teil der Lizenz zu gewähren, der auf A entfällt („soweit").

Nicht erforderlich ist, dass der Ansässigkeitsstaat die Einkünfte auch tatsächlich besteuert. Art. 1 Abs. 7 DBA USA ist damit keine *subject-to-tax*-Klausel.

Art. 1 Abs. 7 DBA USA regelt damit zunächst, ob die betreffenden Einkünfte als Einkünfte einer ansässigen Person gelten.

Umstritten war dagegen, ob Art. 1 Abs. 7 DBA USA aus deutscher Sicht zugleich regelt, welcher konkreten Person die Einkünfte zuzurechnen sind. Dies betrifft insbesondere die Frage, ob Art. 1 Abs. 7 DBA USA zugleich auch die Person des „Nutzungsberechtigen" (z. B. Nutzungsberechtiger im Sinne von Art. 10 Abs. 2 DBA USA, Art. 11 Abs. 1 DBA USA und Art. 12 Abs. 1 DBA USA) determiniert oder ob sich dies weiterhin nach nationaler Auslegung des jeweiligen Quellenstaates der Einkünfte bestimmt.

BEISPIEL I.4: Die deutsche GmbH tätigt eine Gewinnausschüttung an eine *S-Corporation*. Gesellschafter der *S-Corporation* sind ausschließlich in den USA ansässige natürliche Personen. Die *S-Corporation* wird aus US-Sicht als transparent und aus deutscher Sicht als intransparent behandelt.

Lösung:

Bei der *S-Corporation* handelt es sich um eine hybride Gesellschaft, da diese aus US-Sicht transparent und aus deutscher Sicht intransparent behandelt wird. Aufgrund Art. 1 Abs. 7 DBA USA gelten diese Einkünfte aber als durch eine US-ansässige Person erzielt.

Fraglich war insofern jedoch, ob diese Fiktion auch für die Anwendung der Verteilungsnorm (Art. 10 DBA USA) gilt, d. h. ob – entsprechend der deutschen nationalen Auslegung – weiterhin die *S-Corporation* aufgrund ihrer Intransparenz als Nutzungsberechtigter anzusehen ist oder ob aufgrund Art. 1 Abs. 7 DBA USA die dahinter stehenden natürlichen Personen als Nutzungsberechtigte anzusehen sind.

Diese Frage hat insbesondere deshalb Relevanz, weil für natürliche Personen als Nutzungsberechtigte grundsätzlich ein Quellensteuersatz von 15 % (Art. 10 Abs. 2 Buchst. b DBA USA) vorgesehen ist, wohingegen Gesellschaften als Nutzungsberechtige grundsätzlich ein Quellensteuersatz von 5 % (Art. 10 Abs. 2 Buchst. a DBA USA) bzw. unter bestimmten weiteren Voraussetzungen sogar 0 % (Art. 10 Abs. 3 DBA USA) in Anspruch nehmen können.

Diese Frage hat der BFH[1] dahingehend entschieden, dass die Bestimmung des Nutzungsberechtigen weiterhin nach Maßgabe des Quellenstaates (in diesem Beispiel also Deutschland) zu erfolgen hat. In diesem Beispiel ist damit für Zwecke des Art. 10 DBA USA aus deutscher Sicht weiterhin die *S-Corporation* Bezieherin der Dividendeneinkünfte, so dass die weiteren Voraussetzungen des Art. 10 und 28 DBA USA auf dieser Ebene zu prüfen sind. Mithin steht der *S-Corporation* damit grundsätzlich der günstigere Quellensteuersatz von 5 % (Art. 10 Abs. 2 Buchst. a DBA USA) zu. Die Voraussetzungen des Art. 28 DBA USA sind dabei auf Ebene der *S-Corporation* zu prüfen.

Je nach Sachverhalt kann diese Auslegung zu günstigeren oder ungünstigeren Steuerfolgen führen.

BEISPIEL I.5: Die deutsche GmbH tätigt eine Gewinnausschüttung an eine *US-LLC*. Gesellschafter der *US-LLC* ist eine in den USA ansässige natürliche Person. Die *US-LLC* wird aus US-Sicht als intransparent und aus deutscher Sicht als transparent behandelt.

Lösung:

Bei der *US-LLC* handelt es sich um eine hybride Gesellschaft, da diese aus US-Sicht intransparent und aus deutscher Sicht transparent behandelt wird. Aufgrund Art. 1 Abs. 7 DBA USA gelten diese Einkünfte als durch eine US-ansässige Person erzielt. Nutzungsberechtigter der Dividende ist – entsprechend der deutschen nationalen Auslegung – weiterhin die hinter der *US-LLC* stehende natürliche Person, da die US-LLC aus deutscher steuerlicher Sicht transparent ist. Damit ist lediglich eine Quellensteuerreduktion auf den ungünstigeren Satz von 15 % (Art. 10 Abs. 2 Buchst. b DBA USA in Verbindung mit Art. 28 Abs. 2 Buchst. a DBA USA) möglich.

Fraglich ist weiterhin, ob der mittlerweile eingeführte § 50d Abs. 11a EStG (vormals § 50d Abs. 1 Satz 11 EStG) die im Urteilsfall gefundene Lösung überlagert. Gemäß § 50d Abs. 11a EStG steht der Anspruch auf völlige oder teilweise Quellensteuererstattung unter einem DBA nur der Person zu, der die entsprechenden Einkünfte nach dem Steuerrecht des anderen Staates zugerechnet werden.

Die Reichweite dieser Neuregelung ist strittig. Grundsätzlich werden folgende Auffassungen vertreten[2]:

i. Bei der Neuregelung handelt es sich um eine reine Verfahrensvorschrift, d. h. diese Vorschrift regelt lediglich, welche Person den Erstattungsantrag zu stellen hat. Materiell-rechtlich, d. h. für die Frage der Quellensteuererstattung dem Grunde und der Höhe nach, hat diese Vorschrift dagegen keine Auswirkung.

ii. Bei der Neuregelung handelt es sich um eine materiell-rechtliche Vorschrift, d. h. diese Vorschrift regelt über die verfahrensrechtlichen Aspekte hinaus, dass bei der Prüfung der Quellensteuererstattung dem Grunde und der Höhe nach auf die Merk-

1 BFH, Urteil v. 26.6.2013 - I R 48/12, IStR 2013, 881.

2 Vgl. hierzu Jacob/Klein in IStR 2014, 121 [129], Loose/Oskamp in IStR 2017, 735, Kahlenberg in IStR 2016, 834.

male der Person abzustellen ist, der die Einkünfte nach dem Steuerrecht des anderen Staates zugerechnet werden.

iii. Unabhängig von den Überlegungen zu i. und ii. ist § 50d Abs. 11a EStG zumindest im Verhältnis zu den USA nicht anwendbar, da Art. 1 Abs. 7 DBA USA als *lex specialis* anzusehen ist.[1]

Für das oben dargestellte Beispiel I.4 bedeuten die verschiedenen Interpretationen Folgendes:

Lösung entsprechend der Interpretation unter i.

Materiell-rechtlich ergibt sich die gleiche Lösung wie bisher, d. h. es ist grundsätzlich eine Quellensteuerreduktion auf 5 % (Art. 10 Abs. 2 Buchst. a DBA USA) möglich. Abweichend von der bisherigen Lösung ist ein Antrag auf Erstattung, in dem die Quellensteuerreduktion auf 5 % geltend gemacht wird, wegen § 50d Abs. 11a EStG jedoch nicht von der *S-Corporation* (Nutzungsberechtigter nach bisherigem deutschen Verständnis), sondern von den Gesellschaftern der *S-Corporation* (Personen, denen die Einkünfte nach dem Steuerrecht des anderen Staates zuzurechnen sind) zu stellen.

Lösung entsprechend der Interpretation unter ii.

Materiell-rechtlich ergibt sich eine andere Lösung. Die Voraussetzungen zur Quellensteuerreduktion sind wegen § 50d Abs. 11a EStG nunmehr auf Ebene der Gesellschafter der *S-Corporation* zu prüfen. Im Ergebnis ergibt sich damit im Erstattungswege lediglich eine Quellensteuerreduktion auf 15 % entsprechend Art. 10 Abs. 2 Buchst. b DBA USA, da es sich bei den Gesellschaftern der *S-Corporation* um natürliche Personen handelt.

Lösung entsprechend der Interpretation unter iii.

Materiell-rechtlich und verfahrensrechtlich ergibt sich die gleiche Lösung wie bisher, d. h. eine Quellensteuerreduktion auf 5 %, die durch die *S-Corporation* als Nutzungsberechtigte geltend zu machen ist. § 50d Abs. 11a EStG tritt hinter Art. 1 Abs. 7 DBA USA in der Anwendung zurück.

Die Finanzverwaltung vertritt die Auffassung ii) und wendet diese Vorschrift damit teilweise zu Lasten des Steuerpflichtigen an. Aus Vereinfachungsgründen akzeptiert das BZSt allerdings eine Antragstellung durch die *S-Corporation* (transparenter Rechtsträger), wenn dadurch eine Bündelung von Anträgen durch dahinterstehende Personen erfolgt.[2]

1 Vgl. hierzu Baltes, IStR 2024, 937.

2 Linn in Wassermeyer, DBA, Art. 1 USA, Rz. 65.

Das FG Köln hat in seinem Urteil vom 16.11.2022[1] die Auffassung i) vertreten und wendet die Vorschrift rein verfahrensrechtlich an. Ein nach dem DBA (auf Ebene der *S-Corporation*) in seiner Höhe nach entstandene Erstattungsanspruch wird lediglich den Gesellschaftern der *S-Corporation* zugewiesen. Zu dem Urteil ist das Revisionsverfahren beim BFH unter dem Az. I R 13/23 anhängig.

V. Art. 4 Abs. 3 DBA USA – Sonderregelung für doppelt ansässige Gesellschaften

Art. 4 Abs. 3 DBA USA enthält eine Sonderregelung für doppelt ansässige Gesellschaften. Diese Regelung findet keine Anwendung für natürliche Personen.

Doppelt ansässig ist eine Gesellschaft, sofern diese gem. Art. 4 Abs. 1 DBA USA nach dem jeweiligen nationalen Recht aufgrund des Ortes der Geschäftsleitung, des Ortes der Gründung oder eines ähnlichen Merkmals sowohl in den USA als auch in Deutschland ansässig und damit in beiden Ländern unbeschränkt steuerpflichtig ist.

Der unbeschränkten US-Steuerpflicht unterliegen Körperschaften, die nach dem Recht der USA bzw. der Bundesstaaten einschließlich des *District of Columbia* gegründet wurden. Der Ort der Geschäftsführung bzw. der Verwaltungssitz sind dagegen keine Anknüpfungspunkte für eine unbeschränkte US-Steuerpflicht.[2]

Der unbeschränkten deutschen Steuerpflicht unterliegen insbesondere Kapitalgesellschaften, die ihren Sitz oder ihren Ort der Geschäftsleitung in Deutschland haben (§ 1 Abs. 1 Nr. 1 KStG).

Eine nur beschränkte Steuerpflicht (z. B. einer US-Körperschaft im Rahmen des § 49 EStG oder einer deutschen Kapitalgesellschaft mit einem *trade or business* in den USA oder FDAP-Einkommen aus den USA) reicht nicht aus, um eine doppelte Ansässigkeit zu begründen.

Zu beachten ist, dass Art. 4 Abs. 3 DBA USA insoweit lediglich auf Abs. 1 verweist, d. h. dass für Kapitelgesellschaften die sogenannte *tie-breaker-rule* des Abs. 2, wonach im Falle doppelter Ansässigkeit nach Abs. 1 die Ansässigkeit für Zwecke der Anwendung des DBA USA nach den immer enger werden Voraussetzungen der Buchst. a - c bzw. – wenn eine Person die Voraussetzungen dieser Buchstaben weiterhin für beide Staaten erfüllt – im Verständigungswege nach Buchst. d bestimmt wird, keine Anwendung findet.

1 FG Köln, Urteil v. 16.11.2022 – 2 K 750/19, EFG 2023, 658; Rev. eingelegt, Az BFH: I R 13/23.

2 Vgl. Kapitel E.II. „Subjektive Steuerpflicht und *check-the-box-election*“.

Ist eine Gesellschaft damit in beiden Staaten im Sinne von Art. 4 Abs. 1 DBA USA unbeschränkt steuerpflichtig, gilt diese gemäß Abs. 3 damit als in keinem der beiden Staaten ansässig. Sowohl Deutschland als auch die USA können diese Gesellschaft damit weiterhin und ungeachtet des DBA der unbeschränkten Steuerpflicht unterwerfen. Etwaige Doppelbesteuerungen können damit nur nach Maßgabe des jeweiligen nationalen Rechts vermieden werden.[1]

BEISPIEL I.6: Die A-Inc. wurde nach dem Recht der USA (bzw. eines ihrer Bundesstaaten) gegründet. Der tatsächliche Ort der Geschäftsleitung befindet sich in Deutschland.

Lösung:

Die A-Inc. ist in den USA aufgrund der Gründung nach dem Recht der USA (bzw. eines ihrer Bundesstaaten) dort unbeschränkt steuerpflichtig. Der Ort der Geschäftsleitung spielt dabei keine Rolle. Die A-Inc. ist ebenfalls in Deutschland aufgrund des Ortes der Geschäftsleitung unbeschränkt steuerpflichtig. Die Gesellschaft ist damit gem. Art. 4 Abs. 1 DBA USA grundsätzlich in beiden Staaten ansässig. Art. 4 Abs. 3 DBA USA versagt jedoch die Ansässigkeit für Zwecke des DBA, so dass diese Gesellschaft keinerlei Abkommensvorteile in Anspruch nehmen kann.

BEISPIEL I.7: Die A-GmbH ist nach deutschem Recht gegründet, der Sitz der Gesellschaft befindet sich in Deutschland. Der tatsächliche Ort der Geschäftsleitung befindet sich in den USA.

Lösung:

Die A-GmbH ist aufgrund des Sitzes in Deutschland unbeschränkt steuerpflichtig. In den USA unterliegt sie nicht der unbeschränkten Steuerpflicht, da der Ort der Geschäftsleitung kein Merkmal für die unbeschränkte US-Steuerpflicht ist und die A-GmbH nicht nach dem Recht der USA (bzw. eines ihrer Bundesstaaten) gegründet wurde. Die A-GmbH ist damit gemäß Art. 4 Abs. 1 DBA USA lediglich in Deutschland ansässig. Art. 4 Abs. 3 DBA USA greift damit für diese Gesellschaft nicht, so dass diese Gesellschaft Abkommensvorteile grundsätzlich in Anspruch nehmen kann.

Im Beispiel I.6 ist eine Lösung im Rahmen des in Art. 4 Abs. 3 DBA USA angesprochenen Konsultationsverfahrens zwar theoretisch denkbar, jedoch praktisch nicht erreichbar, da (i) die Staaten nicht zu einer Einigung verpflichtet sind („bemühen") und (ii) der jeweilige Staat den Merkmalen zur unbeschränkten Steuerpflicht des jeweiligen anderen Staates Vorrang vor den eigenen grundlegenden Merkmalen einräumen müsste. Im oben genannten Beispiel I.6 müsste Deutschland zum Beispiel zugestehen, dass für Zwecke der Bestimmung der Ansässigkeit dem Gründungsstatut der A-Inc. Vorrang vor dem Ort der Geschäftsleitung einzuräumen ist bzw. umgekehrt müssten die USA dem Ort der Geschäftsleitung der A-Inc. Vorrang vor dem Gründungsstatut einräumen.

Ein Verständigungsverfahren nach Art. 25 DBA USA ist in einem solchen Fall ebenfalls ausgeschlossen.[2] Eine doppelte Ansässigkeit sollte damit auf jedem Fall vermieden werden.

1 Vgl. Linn in Wassermeyer, DBA, Art. 4 USA, Rz. 57.

2 Protokoll Nr. 22 Satz 1, BGBl 2008 II 648.

VI. Art. 10 DBA USA – Besteuerung von Dividenden

Die USA erheben auf Dividenden ansässiger Körperschaften grundsätzlich eine Quellensteuer von 30 %.[1] Ebenfalls erheben die USA auf (ggf. fiktive) Entnahmen aus US-Betriebsstätten ausländischer Körperschaften die sogenannte *Branch Profits Tax* in Höhe von ebenfalls 30 % des sogenannten ausschüttungsgleichen Betrages (*dividend equivalent amount*) der Betriebsstätte. Die *Branch Profits Tax* soll eine der Quellensteuer auf Dividenden vergleichbare „Ausschüttungsbelastung" auf Entnahmen herstellen.[2]

Bei Vorliegen der Voraussetzungen wird sowohl die Quellensteuer auf Dividenden (Abs. 2 - 4) als auch die *Branch Profits Tax* (Abs. 9 und 10) auf 15 %, 5 % oder 0 % (Dividenden) bzw. 5 % oder 0 % (*Branch Profits Tax*) reduziert. Sonderregelungen gibt es für *RICs*, *REITs* sowie deutsche Investmentvermögen im Sinne des Abs. 4 und für Pensionsfonds (Abs. 3 Buchst. b und Abs. 11); hierauf wird im Folgenden nicht eingegangen.

Der Begriff der Dividende wird in Abs. 5 im Wesentlichen mit Verweis auf das nationale Recht des Vertragsstaates, in dem die die Dividende zahlende Gesellschaft ansässig ist, definiert („... aus sonstigen Rechten stammende andere Einkünfte, die nach dem Recht des Vertragsstaats, in dem die ausschüttende Gesellschaft ansässig ist, den Einkünften aus Aktien steuerlich gleichgestellt sind."). Diese Definition bindet im Rahmen der Anwendung des Art. 10 DBA USA lediglich den Quellenstaat, nicht jedoch den Ansässigkeitsstaats des Empfängers der Dividende.[3] Dies ergibt sich bereits daraus, dass Art. 10 DBA USA lediglich das (Quellen-)Besteuerungsrecht des Ansässigkeitsstaates der die Dividenden zahlenden Gesellschaft einschränkt, nicht jedoch das Besteuerungsrecht des Ansässigkeitsstaates des Empfängers der Dividende (Art. 10 Abs. 1 DBA USA). Art. 10 Abs. 5 DBA USA ist damit keine Regelung, deren Zweck die Lösung von Qualifikationskonflikten ist, die sich ergeben können, wenn die jeweiligen Staaten eine Zahlung unterschiedlich qualifizieren. Ebenfalls umfasst vom Dividendenbegriff sind unter anderem Einkünfte aus einer stillen Gesellschaft und aus partiarischem Darlehen. Dies betrifft allerdings nur Fälle, in denen die auszahlende Person in Deutschland ansässig ist. Im Falle der US-Ansässigkeit der auszahlenden Person greift die Vorschrift nicht.

Ausgeschlossen von einer Quellensteuerreduzierung bzw. -befreiung sind generell gemäß Art. 10 Abs. 6 DBA USA solche erfolgsabhängigen Vergütungen, für die im Ansässigkeitsstaat der auszahlenden Person ein Abzug geltend gemacht wird. Diese Regelung erfasst damit Vergütungen auf hybride Finanzierungsinstrumente, die die zuvor genannten Kriterien (Abzugsfähigkeit im Quellenstaat und Erfolgsabhängigkeit) erfül-

1 Vgl. Kapitel D.VIII. „Beschränkt Steuerpflichtige".
2 Vgl. Kapitel E.X „Beschränkt Steuerpflichtige".
3 Vgl. Linn in Wassermeyer, Doppelbesteuerung, Art. 10 USA, Rz. 73.

len, auf die weitere rechtliche Ausgestaltung (z. B. als gesellschaftsrechtliche Beteiligung oder als Darlehen) kommt es nicht an.

In den USA fallen hierunter insbesondere sogenannte *contingent interests*, d. h. Zinsaufwendungen, die vom Gewinn, Umsatz oder einer sonstigen erfolgsabhängigen Größe des Schuldners abhängig sind (Sec. 871(h)(4) IRC). Diese Zinsen zählen in den USA grundsätzlich nicht zu den von der 30%igen Quellensteuer befreiten *portfolio interest*. Da Art. 10 Abs. 6 DBA USA für solche Vergütungen die Quellensteuervergünstigungen des Art. 10 Abs. 2 und 3 DBA USA und ebenfalls die des Art. 11 DBA USA (Art. 10 Abs. 6 DBA USA geht insofern Art. 11 DBA USA vor) verwehrt, bleibt es damit grundsätzlich bei der 30%igen US-Quellenbesteuerung.

Die Regelung gilt ebenfalls für solche Zahlungen einer in Deutschland ansässigen Person.

Art. 10 Abs. 7 DBA USA enthält den auch in anderen Abkommen enthaltenen typischen Betriebsstättenvorbehalt, vgl. Art. 10 Abs. 4 OECD-MA.

Art. 10 Abs. 8 DBA USA enthält den üblichen Vorbehalt für die Dividendenbesteuerung von Gewinnen einer in einem Vertragsstaat ansässigen Gesellschaft, die im anderen Vertragsstaat erwirtschaftet worden sind. Eine Besonderheit besteht jedoch in Bezug auf die sogenannte *Branch Profits Tax*.[1]

Wie zuvor erwähnt, sieht das DBA USA Quellensteuersätze von 15 %, 5 % oder 0 % für Dividenden vor.

Für Schachteldividenden gilt grundsätzlich der 5%ige Quellenbesteuersatz (Art. 10 Abs. 2 Buchst. a DBA USA). Voraussetzung hierfür ist im Wesentlichen, dass

- die Empfängerin der Dividenden eine Gesellschaft ist;
- diese Nutzungsberechtigte („*beneficial owner*") der Dividende ist;
- diese zumindest 10 % der stimmberechtigten Anteile der ausschüttenden Gesellschaft gehören und
- die Beteiligung unmittelbar gehalten wird.

Eine Mindesthaltedauer ist nicht vorgesehen. Der Begriff der Gesellschaft wird für Abkommenszwecke entsprechend dem OECD-MA im Art. 3 Abs. 1 Buchst. e DBA USA definiert und umfasst juristische Personen oder Rechtsträger, die für die Besteuerung wie juristische Personen behandelt werden. Der Begriff des Nutzungsberechtigen ist im DBA USA nicht definiert, so dass dieser nach nationalem Recht auszulegen ist (Art. 3 Abs. 2 DBA USA). Aus US-Sicht ist hierunter grundsätzlich die Person zu verstehen, der die Dividendeneinkünfte nach dem Steuerrecht der USA zuzurechnen sind.[2] Werden da-

1 Siehe weitere Erläuterungen unten.

2 *Treasury Explanation* zu Art. 10 Abs. 2.

mit z. B. Dividenden einer US-Gesellschaft an eine aus US-Sicht steuerlich transparente Gesellschaft gezahlt, ist grundsätzlich der (aus US-Sicht intransparent besteuerte) Gesellschafter als Nutzungsberechtigter anzusehen. Wird eine Dividende über eine hybride Gesellschaft bezogen, d. h. eine Gesellschaft, die aus Sicht des Quellenstaates und aus Sicht des Ansässigkeitsstaates steuerlich unterschiedlich behandelt wird, ist Art. 1 Abs. 7 DBA USA zu beachten.

Der Begriff „unmittelbar" ist mangels Definition im DBA USA nach dem jeweiligen nationalem Recht auszulegen (Art. 3 Abs. 2 DBA USA). Dieser wirft insbesondere dann Fragen auf, wenn die Dividende über eine zwischengeschaltete, transparent besteuerte Personengesellschaft bezogen wird.

Aus US-Sicht wird eine unmittelbare Beteiligung auch beim Halten über ein steuerlich transparentes Rechtsgebilde (z. B. eine transparent besteuerte Personengesellschaft) bejaht. Die Mindestbeteiligungshöhe von 10 % ist dabei allerdings auf Ebene jedes Gesellschafters zu prüfen.[1]

BEISPIEL I.8: Die A-GmbH, B-GmbH und die natürliche Person C sind in Deutschland unbeschränkt steuerpflichtig und zu 5 % (A-GmbH), 15 % (B-GmbH) und zu 80 % an der ABC KG beteiligt. Die ABC KG hält wiederum sämtliche Anteile an der in den USA ansässigen D-Corp, die eine Dividendenausschüttung an die ABC KG tätigt. Die jeweiligen Gesellschaften werden in Deutschland und den USA steuerlich gleich behandelt (d. h. keine hybriden Gesellschaften im Sinne von Art. 1 Abs. 7 DBA USA).

Lösung:

Die USA bejahen eine direkte Beteiligung der A-GmbH, B-GmbH und von C an der D-Corp. trotz Zwischenschaltung der ABC KG. Die A-GmbH ist jedoch durchgerechnet nur zu 5 % an der D-Corp. beteiligt, so dass ihr lediglich der 15%ige Quellensteuersatz des Abs. 2 Buchst. b zusteht. Soweit die Dividende durchgerechnet auf die B-GmbH entfällt, ist dagegen eine Anwendung des 5%igen Steuersatzes gem. Abs. 2 Buchst. a möglich. C ist zwar zu mehr als 10 % beteiligt, jedoch ist diese keine „Gesellschaft", so dass ihr ebenfalls lediglich der 15%ige Quellensteuersatz zusteht.

Aus deutscher Sicht wird nach der Rechtsprechung des BFH eine direkte Beteiligung bei Halten der Beteiligung über eine Personengesellschaft grundsätzlich verneint.[2] Im oben genannten spiegelbildlichen Fall würde damit Art. 10 Abs. 2 Buchst. a DBA USA aufgrund mangelnder Unmittelbarkeit des Haltens der Beteiligung grundsätzlich keine Anwendung finden. Ein unmittelbares Halten sollte dagegen unseres Erachtens aus deutscher Sicht bejaht werden, wenn die Anteile über einen Rechtsträger gehalten werden, der aus deutscher Sicht nach dem Rechtstypenvergleich als transparent anzusehen ist und nur einen Gesellschafter hat (z. B. eine nach dem Rechtstypenvergleich transparen-

1 *Treasury Explanation* zu Art. 10 Abs. 2.

2 BFH v. 8.5.1985 - I R 108/81, BStBl 1985 II S. 523; BFH v. 15.6.1988 - II R 224/84; BStBl 1988 II S. 761.

te *single-member-LLC*), da ein solcher Rechtsträger aus deutscher Sicht – ähnlich einer Treuhand-KG – als nicht existent angesehen wird.[1]

Weitere Voraussetzung für die Reduzierung der Quellensteuer ist, dass die Dividendenempfängerin zumindest einen der Tests des Art. 28 DBA USA „Schranken für die Abkommensvergünstigungen" erfüllt und damit als „berechtigte Person" gilt.[2]

Darüber hinaus sieht Art. 10 Abs. 3 DBA USA bei Erfüllung bestimmter weiterer, engerer Voraussetzungen sogar einen Quellensteuersatz von 0 % vor. Voraussetzung hierfür ist im Wesentlichen, dass

- die Empfängerin der Dividenden eine Gesellschaft ist;
- diese Nutzungsberechtigte („*beneficial owner*") der Dividende ist;
- diese zumindest 80 % der stimmberechtigten Anteile der ausschüttenden Gesellschaft gehören und eine solche Beteiligung seit mindestens einem Jahr besteht;
- die Beteiligung unmittelbar gehalten wird und
- diese bestimmte Tests des Art. 28 DBA USA bzw. eine Kombination bestimmter Tests des Art. 28 DBA USA erfüllt.[3]

Ein Quellensteuersatz kommt damit grundsätzlich lediglich in folgenden Fällen in Betracht:

i. Die Dividendenempfängerin ist eine börsennotierte Gesellschaft bzw. deren Tochtergesellschaft (Art. 10 Abs. 3 Buchst. a Doppelbuchst. aa in Verbindung mit Art. 28 Abs. 2 Buchst. c DBA USA).

ii. Bei der Dividendenempfängerin
   - handelt es sich um eine Gesellschaft, die mehrheitlich von im selben Staat ansässigen natürlichen Personen und/oder börsennotierten Gesellschaften gehalten wird[4]; (Art. 10 Abs. 3 Buchst. a Doppelbuchst. bb in Verbindung mit Art. 28 Abs. 2 Buchst. f Doppelbuchst. aa DBA USA)
   - wird die steuerliche Bemessungsgrundlage nicht durch übermäßige *base-erosion-payments* (z. B. Zinsen) ausgehöhlt (Art. 10 Abs. 3 Buchst. a Doppelbuchst. bb in Verbindung mit Art. 28 Abs. 2 Buchst. f Doppelbuchst. bb DBA USA); und
   - wird die Dividende im Zusammenhang mit einer eigenen aktiven gewerblichen Tätigkeit erzielt (Art. 10 Abs. 3 Buchst. a Doppelbuchst. bb DBA USA in Verbindung mit Art. 28 Abs. 4 DBA USA).

1 Linn in Wassermeyer, Doppelbesteuerung, Art. 10 USA, Rz. 44.

2 Siehe weitere Erläuterungen unten.

3 Vgl. ebenso die weiteren Erläuterungen unter „Artikel 28 DBA USA – Schranken für die Abkommensvergünstigungen".

4 Daneben kommen noch die weiteren im Art. 28 Abs. 2 Buchst. a–e DBA USA genannten Personen in Betracht.

Erforderlich ist insoweit, dass sämtliche dieser drei Tests erfüllt werden. Wird auch nur einer dieser drei Tests nicht erfüllt, kommt eine 0%ige Quellensteuer nach Art. 10 Abs. 3 Buchst. a Doppelbuchst. bb DBA USA nicht in Betracht.

iii. Bei der Dividendenempfängerin
   - handelt es sich um eine Person, deren Anteile zu mindestens 95 % von höchstens sieben sogenannten „gleichberechtigten Begünstigten" (z. B. in anderen EU/EWR-Staaten sowie in anderen Staaten des Nordamerikanischen Freihandelsabkommens ansässige börsennotierte Gesellschaften, die bei unterstelltem direktem Bezug der Dividende ebenfalls einen 0%igen Quellensteuersatz in Anspruch nehmen könnten) gehalten werden (Art. 10 Abs. 3 Buchst. a Doppelbuchst. cc in Verbindung mit Art. 28 Abs. 3 Buchst. a DBA USA); und
   - wird die steuerliche Bemessungsgrundlage nicht durch übermäßige *base-erosion-payments* (z. B. Zinsen) ausgehöhlt (Art. 10 Abs. 3 Buchst. a Doppelbuchst. cc in Verbindung mit Art. 28 Abs. 3 Buchst. b DBA USA).

   Auch hier ist die Erfüllung beider Tests erforderlich, um den 0%igen Quellensteuersatz in Anspruch nehmen zu können.

iv. Der Dividendenempfängerin wurde eine Bescheinigung nach Art. 28 Abs. 7 DBA USA ausgestellt.

Sind die Voraussetzungen des Art. 10 Abs. 3 und des Abs. 2 Buchst. a DBA USA nicht erfüllt, z. B. weil es sich beim Empfänger nicht um eine Gesellschaft, sondern um eine natürliche Person handelt oder weil die 10 %-Beteiligungsgrenze nicht erreicht wird, greift gem. Art. 10 Abs. 2 Buchst. b DBA USA ein Quellensteuersatz von 15 % (Portfolio-Dividenden). Auch für die Inanspruchnahme des 15%igen Quellensteuersatzes ist es Voraussetzung, dass die Dividendenempfängerin zumindest einen der Tests des Art. 28 DBA USA „Schranken für die Abkommensvergünstigungen" erfüllt und damit als „berechtigte Person" gilt.

Eine Sonderregelung in Bezug auf die in den USA anfallende sogenannte *Branch Profits Tax* enthält Art. 10 Abs. 9 und 10 DBA USA. Hintergrund der Regelung ist, dass die USA auf (ggf. fiktive) Entnahmen ausländischer Kapitalgesellschaften aus einer US-Betriebsstätte eine Quellensteuer in Höhe von 30 % erheben und damit im Fall der Investition in eine US-Betriebsstätte eine ähnliche „Ausschüttungsbelastung" wie im Fall der Investition in eine US-Kapitalgesellschaft herstellen.[1]

Zu beachten ist, dass die *Branch Profits Tax* bereits nach nationalem Recht der USA (Sec. 884 IRC) lediglich für US-Betriebsstättengewinne ausländischer Kapitalgesellschaften gilt.

1 Vgl. weitere Erläuterungen zur *Branch Profits Tax* in Kapitel E.X. „Beschränkt Steuerpflichtige".

BEISPIEL I.9: Die steuerlich in Deutschland ansässige natürliche Person D hält sämtliche Anteile an der ebenfalls steuerlich in Deutschland ansässigen D-GmbH. Die D-GmbH verfügt wiederum über eine US-Betriebsstätte (entweder direkt oder z. B. über eine aus US-Sicht steuerlich als transparent besteuerte LLC). Für US-Steuerzwecke hat die D-GmbH nach den *check-the-box*-Regelungen zur transparenten Besteuerung optiert.

Lösung:

Auf (ggf. fiktive) Entnahmen aus der US-Betriebsstätte fällt keine *Branch Profits Tax* nach Sec. 884 IRC an, da es sich aus US-steuerlicher Sicht nicht um die Betriebsstätte einer ausländischen Kapitalgesellschaft handelt.

BEISPIEL I.10: Die steuerlich in Deutschland ansässigen natürlichen Personen A und B halten sämtliche Anteile an der A&B KG, welche nicht gemäß § 1a KStG zur Körperschaftsteuer optiert hat. Die A&B KG verfügt wiederum über eine US-Betriebsstätte (entweder direkt oder z. B. über eine aus US-Sicht steuerlich als transparent besteuerte LLC). Für US-Steuerzwecke hat die A&B KG nach den *check-the-box*-Regelungen zur intransparenten Besteuerung (d. h. Behandlung als Kapitalgesellschaft) optiert.

Lösung:

Auf (ggf. fiktive) Entnahmen aus der US-Betriebsstätte fällt gemäß Sec. 884 IRC *Branch Profits Tax* an, da es sich aus US-Sicht um eine Betriebsstätte einer Kapitalgesellschaft handelt. Die *Branch Profits Tax* kann jedoch gemäß Art. 10 Abs. 10 Satz 1 DBA USA auf grundsätzlich 5 % bzw. unter den weiteren alternativen Voraussetzungen des Art. 10 Abs. 10 Satz 2 Buchst. a) – d) DBA USA auf 0% reduziert werden.

Da Deutschland keine entsprechende Quellensteuer auf Entnahmen aus Betriebsstätten erhebt, spielt diese Regelung im – aus deutscher Sicht – Inbound-Fall keine Rolle.

Für die *Branch Profits Tax* gilt gem. Art. 10 Abs. 10 Satz 1 DBA USA ein Höchststeuersatz von 5 %. Unter den Voraussetzungen, wie sie auch für die Inanspruchnahme des 0%igen Quellensteuersatzes für Dividenden gelten, ist eine Reduzierung der *Branch Profits Tax* auf 0 % möglich.

Die Inanspruchnahme eines ermäßigten Steuersatzes auf Basis eines Doppelbesteuerungsabkommens erfordert im Gegensatz zum deutschen Recht nicht die Beantragung einer Quellensteuer-Freistellungsbescheinigung bei der nationalen Steuerbehörde. Der Abzugsverpflichtete hat jedoch die Dokumentation vorzuhalten (insbesondere Form W-8BEN für Empfänger, bei denen es sich um natürliche Personen handelt bzw. Form W-8BEN-E für Empfänger, bei denen es sich um Gesellschaften handelt), woraus sich die Berechtigung zur Inanspruchnahme des ermäßigten Steuersatzes ergibt.[1] Zudem ist in bestimmten Fällen die Inanspruchnahme des Abkommensvorteils auf Form 8833 offen zu legen.

1 US Treasury Regulations § 1.1441-1.

VII. Art. 23 DBA USA – Vermeidung der Doppelbesteuerung

Art. 23 Abs. 1 und 2 DBA USA regeln die Vermeidung der Doppelbesteuerung für in den USA ansässige Personen. Vorgesehen ist lediglich die Anrechnungsmethode, deren konkrete Anwendung sich grundsätzlich nach dem Recht der USA bestimmt (Sec. 901 – 908 IRC). Die Freistellungsmethode kommt damit für in den USA ansässige Personen lediglich zur Anwendung, soweit ausnahmsweise bereits Art. 6 - 21 DBA USA das alleinige Besteuerungsrecht dem Quellenstaat der Einkünfte (Deutschland) zuordnet.

In Abs. 1 Buchst. b wird zudem im Fall von bestimmten Dividendenausschüttungen an US-Gesellschaften eine indirekte Steueranrechnung für die durch eine deutsche Gesellschaft auf ihre Gewinne gezahlte deutsche Steuer gewährt. Hierdurch wurde die dem klassischen US-Steuersystem[1] ohnehin (zumindest bis vor Einführung der *dividends-received-deduction*[2] und der Abschaffung von Sec. 902 IRC) innewohnende Anrechnung ausländischer Ertragsteuern ausländischer Tochtergesellschaften bestätigt.

Abs. 2 bestimmt für Zwecke der US-Anrechnung, dass die Einkünfte, die nach dem DBA USA in Deutschland besteuert werden können, als Einkünfte aus deutschen Quellen gelten. Die nationalen *sourcing rules* der Sec. 861 ff. IRC werden damit in den Fällen überschrieben, in denen ansonsten aufgrund einer anderweitigen Quellendefinition keine Anrechnung möglich wäre (z. B. weil die Einkünfte nach nationalem US-Recht als Einkünfte aus US-Quellen (Sec. 861 IRC) gelten).

Abs. 5 enthält insbesondere Sonderregelungen im Fall der Anwendung der sogenannten *saving clause* für US-Staatsbürger, die in Deutschland ansässig sind.[3]

Ist Deutschland der Ansässigkeitsstaat, wird die Doppelbesteuerung – wie auch in anderen Doppelbesteuerungsabkommen – je nach Art der Einkünfte durch Freistellung (Art. 23 Abs. 3 Buchst. a DBA USA) unter Progressionsvorbehalt bzw. durch Anrechnung (Art. 23 Abs. 3 Buchst. b DBA USA) vermieden. Es wird nur die US-Steuer angerechnet, die in Übereinstimmung mit dem Abkommen angefallen ist. Art. 23 Abs. 3 Buchst. b DBA USA enthält ebenfalls eine Regelung, wonach Dividenden aus US-Schachtelbeteiligungen in bestimmten Fällen freizustellen sind. DBA-Schachtelfreistellungen und nationale Freistellungen (z. B. § 8b KStG, § 9 Nr. 7 GewStG) stehen selbstständig nebeneinander.[4] Soweit jedoch § 8b Abs. 1 KStG ohnehin eine Freistellung solcher Dividenden

1 Die Körperschaft selbst unterliegt der Steuer und die ausgeschütteten Gewinne der Körperschaft werden nochmals und unabhängig von der auf der Ebene der Körperschaft anfallenden Steuer bei ihren Anteilseignern erfasst – vgl. Kapitel E.VII.13 „Ausschüttungen, Dividenden und Aktienrückkäufe" und zur Anrechnung nach nationalen Regelungen Kapitel E.IX. „Internationales Steuerrecht".

2 Sec. 243 IRC.

3 Vgl. *Treasury Explanations* zu Art. 23 Abs. 5 mit Anwendungsbeispielen.

4 BFH vom 22. September 2016 I R 29/ 15.

vorsieht, geht die entsprechende Regelung im Art. 23 Abs. 3 Buchst. b DBA USA zumindest für die Körperschaftsteuer DBA USA. Gewerblich kann die DBA-Schachtelfreistellung dagegen relevant werden, wenn die Beteiligung mindestens 10 %, aber weniger als 15 % beträgt. Auf Basis der BFH-Rechtsprechung ist jedoch davon auszugehen, dass § 8b Abs. 5 KStG auch im Fall des Vorliegens der Voraussetzungen für die Schachtelbefreiung nach dem DBA USA in der aktuellen Fassung Anwendung findet.[1]

Art. 23 Abs. 3 Satz 2 DBA USA bestimmt wiederum für Zwecke der Anrechnung nach deutschem Recht, dass die Einkünfte, die nach dem DBA USA in den USA besteuert werden können, als Einkünfte aus US-Quellen gelten.

Führen Qualifikationskonflikte zu einer Doppelbesteuerung oder doppelten Nichtbesteuerung oder sind die USA trotz Besteuerungsrecht nach dem DBA aufgrund ihres innerstaatlichen Rechts an einer Besteuerung gehindert, wird die Doppelbesteuerung bzw. doppelte Nichtbesteuerung durch Übergang von der Freistellungsmethode zur Anrechnungsmethode verhindert („*switchover clause*" gemäß Abs. 4).

VIII. Art. 25 DBA USA – Verständigungsverfahren

Durch das Änderungsprotokoll von 2008 wurde in Art. 25 Abs. 5 und 6 DBA USA zusätzlich zum bereits zuvor in Art. 25 DBA USA enthaltenem, nicht bindenden Verständigungsverfahren erstmalig ein bindendes Schiedsverfahren eingeführt. Zu beachten ist, dass nicht in allen Streitfällen das bindende Schiedsverfahren offen steht. So ist ein solches ausgeschlossen für die Frage der Ansässigkeit von nicht natürlichen Personen.[2] Konkret steht das bindende Schiedsverfahren für Streitfälle folgender Artikel offen[3]:

- Artikel 4 (Ansässigkeit – jedoch beschränkt auf Streitfälle in Bezug auf die Ansässigkeit natürlicher Personen);
- Artikel 5 (Betriebsstätte);
- Artikel 7 (gewerbliche Gewinne);
- Artikel 9 (verbundene Unternehmen);
- Artikel 12 (Lizenzgebühren).

Das bindende Schiedsverfahren steht daher nicht für alle Streitigkeiten, wohl aber für die mit großer Relevanz offen.

---

1 BFH v. 22.9.2016 - I R 29/15; IStR 2017, 194; BFH v. 29. 8. 2012 I R 7/12, BStBl. 2013 II S. 89.

2 Protokoll Nr. 22 zu Art. 25 Abs. 5 und 6; vgl. auch Art. 4 Abs. 3 DBA USA für doppelt ansässige Gesellschaften.

3 Protokoll Nr. 22 zu Art. 25 Abs. 5 und 6.

Das Schiedsverfahren ist grundsätzlich zwei Jahre nach Einleitung eines Verständigungsverfahrens einzuleiten (Abs. 6 Buchst. c). Ein Verständigungsverfahren ist spätestens vier Jahre nach Steuerfestsetzung, die zu der Doppelbesteuerung führt, einzuleiten (Abs. 1).

Die Schiedsstelle setzt sich aus insgesamt drei Personen zusammen, und zwar durch jeweils eine durch den jeweiligen Staat benannte Person und durch eine dritte Person, die gemeinsam durch die beiden erstbenannten Personen ernannt wird (letztere darf jedoch weder deutscher noch amerikanischer Staatsbürger sein). Können sich die erstbenannten Personen nicht auf eine Person einigen, wird die dritte Person durch den höchstrangigen Bediensteten der Abteilung für Steuerpolitik und -verwaltung der OECD (der wiederum weder deutscher noch amerikanischer Staatsbürger sein darf) ernannt.[1]

Eine Besonderheit in dem Schiedsverfahren laut DBA USA besteht darin, dass die Schiedsstelle nicht auf einen Kompromiss der Staaten hinwirkt bzw. einen solchen regelt. Stattdessen unterbreitet jeder Staat innerhalb bestimmter Fristen[2] der Schiedsstelle einen Lösungsvorschlag. Die Schiedsstelle hat sich sodann – ohne weitere Anpassungen und ohne Begründung – für einen der Lösungsvorschläge zu entscheiden.[3] Diese Vorgehensweise soll von vornherein sicherstellen, dass die Vertragsstaaten „vertretbare" Positionen einnehmen, da ansonsten das Risiko, dass die Schiedsstelle sich für den Vorschlag des anderen Staates entscheidet, hoch ist.

Bei der Entscheidung hat die Schiedsstelle folgende Regelungen in absteigender Reihenfolge zu beachten[4]:

- die Bestimmungen des Doppelbesteuerungsabkommens;
- die vereinbarten Kommentare und Erläuterungen der Vertragsstaaten zum Doppelbesteuerungsabkommen;
- die Gesetze der Vertragsstaaten, soweit sie sich nicht widersprechen;
- die OECD-Kommentare, -Leitlinien oder Berichte zu dem jeweiligen Teil des DBA.

Deutschland und die USA wird in Bezug auf Verständigungs-/Schiedsverfahren eine besondere Rolle zuteil, da diese Länder per Ende 2023 zu den Ländern mit den weltweit meisten offenen Verfahren gehören (Deutschland Platz 1 mit 1.332 offenen Verfahren/ USA Platz 7 mit 662 offenen Verfahren).[5]

1 Protokoll Nr. 22 zu Art. 25 Abs. 5 und 6 – Buchstabe e).

2 Protokoll Nr. 22 zu Art. 25 Abs. 5 und 6 – Buchstabe g).

3 Protokoll Nr. 22 zu Art. 25 Abs. 5 und 6 – Buchstabe h) und j).

4 Protokoll Nr. 22 zu Art. 25 Abs. 5 und 6 – Buchstabe i).

5 https://www.oecd.org/en/data/datasets/mutual-agreement-procedure-statistics.html

Die durchschnittliche Verfahrensdauer von Verständigungsverfahren zwischen Deutschland und den USA beträgt 20,71 Monate für Verrechnungspreisverfahren und 7,75 Monate für sonstige Verfahren. Diese ist damit kürzer als die durchschnittliche Verfahrensdauer aller Verständigungsverfahren (21,68 Monate für Verrechnungspreisverfahren und 22,39 Monate für sonstige Verfahren).[1]

IX. Art. 28 DBA USA – Schranken für die Abkommensvergünstigungen

1. Allgemeines

Die *limitation-of-benefits*-Klausel des Art. 28 DBA USA ist fester Bestandteil der US-Abkommenspolitik, findet im OECD-MA jedoch keine Entsprechung.

Der Gedanke hinter Art. 28 DBA USA ist, dass einer Person auch bei Erfüllen aller sonstigen Voraussetzungen für eine Abkommensvergünstigung (z. B. Ansässigkeit in einem Vertragsstaat gemäß Art. 4 DBA USA sowie z. B. Vorhandensein einer Schachteldividende im Sinne von Art. 10 Abs. 2 Buchst. a DBA USA) die jeweilige Vergünstigung (Inanspruchnahme des 5%igen Quellensteuersatzes gemäß Art. 10 Abs. 2 Buchst. a DBA USA) dennoch nicht gewährt wird, wenn diese keine „berechtigte Person" ist. Ob eine Person „berechtigte Person" ist, bestimmt sich grundsätzlich nach Art. 28 Abs. 2 - 4 DBA USA. Art. 28 DBA USA ist damit insbesondere für alle in Art. 6 - 22 DBA USA enthaltenen Besteuerungsbeschränkungen des Quellenstaates zu beachten.[2]

Für die Qualifikation als „berechtigte Person" nach Art. 28 Abs. 2 - 4 DBA USA reicht es grundsätzlich aus, dass einer der Tests des Art. 28 Abs. 2 - 4 DBA USA erfüllt wird.[3] In bestimmten Fällen, insbesondere der vollständigen Quellensteuerbefreiung von Dividenden (Art. 10 Abs. 3 DBA USA) und Entnahmen aus US-Betriebsstätten (Art. 10 Abs. 10 DBA USA), genügt lediglich das Erfüllen bestimmter Tests bzw. das Erfüllen einer Kombination bestimmter Tests.

Art. 28 DBA USA dient damit der Vermeidung des *treaty shopping*, d. h. der Einschaltung von Gesellschaften in einem Staat mit dem wesentlichen Zweck der Inanspruchnahme von Abkommensvergünstigungen, ohne dass ein hinreichender nicht-steuerlicher Anknüpfungspunkt für die Einschaltung dieser Gesellschaft in dem Staat besteht. Art. 28 DBA USA dient damit grundsätzlich demselben Zweck wie § 50d Abs. 3 EStG.

1 https://www.oecd.org/content/dam/oecd/en/topics/policy-issue-focus/map-statistics/map-statistics-germany.pdf
2 *Treasury Explanations* zu Art. 28 Abs. 1 DBA USA.
3 *Treasury Explanations* zu Art. 28 DBA USA.

§ 50d EStG soll nach deutschem Verständnis im Verhältnis zu allen DBA, also auch im Verhältnis zu den USA, Anwendung finden, auch wenn das entsprechende DBA eine eigene Missbrauchsvermeidungsregelung mit abschließendem Charakter enthält. Dies ergibt sich aus dem Wortlaut des § 50d Abs. 3 Satz 1 EStG, der Ansprüche „auf Grundlage eines Abkommens" bei Vorliegen eines Missbrauchs versagen kann sowie der dazugehörigen Gesetzesbegründung[1]. Im Ergebnis muss der Steuerpflichtige damit Art. 28 DBA USA und § 50d Abs. 3 EStG erfüllen. Nach Auffassung der USA verdrängt Art. 28 DBA USA dagegen nicht die nationalen Missbrauchsbekämpfungsvorschriften, sondern ist parallel anwendbar.[2]

Bei dem Katalog der Tests der Abs. 2 - 4 handelt es sich um einen Positivkatalog, d. h. die jeweilige Abkommensvergünstigung wird grundsätzlich nicht gewährt, wenn keiner der Tests erfüllt wird. Eine Ausnahme hiervon bildet Abs. 7. Hiernach werden gleichwohl Abkommensvergünstigungen gewährt, wenn die Steuerbehörde des Quellenstaates der Einkünfte dies zulässt, obwohl keiner der Tests des Abs. 2 - 4 erfüllt ist. Hierfür ist es allerdings erforderlich, dass die Steuerbehörde zu der Überzeugung gelangt, dass der Einschaltung in dem Staat nicht-steuerliche Gründe zugrunde lagen und die Nicht-Anwendung des DBA USA damit ungerechtfertigt ist. Bei entsprechender Begründung können Anträge auf Basis von Abs. 7 im Einzelfall durchaus erfolgversprechend sein, insbesondere, da vor Ablehnung eines solchen Antrages eine Konsultation zwischen den US und deutschen Steuerbehörden erforderlich ist.

Die Tests des Abs. 2 - 4 sind objektive Tests, d. h. die subjektive Absicht zum *treaty shopping* ist nicht relevant. Die Anwendung eines Tests von Abs. 2 - 4 braucht bei den US-Steuerbehörden nicht beantragt werden oder von diesen genehmigt werden.[3] Im Rahmen einer Prüfung durch die US-Steuerbehörden kann jedoch festgestellt werden, dass Abkommensvorteile zu Unrecht in Anspruch genommen wurden und damit zurück zu gewähren sind.

Auf Abs. 5 (Dreiecksfälle) und Abs. 6 (Sonderregelungen für deutsche Investmentvermögen) soll an dieser Stelle nicht eingegangen werden.

2. Absatz 2 Buchst. a - e – „Unverdächtige" Personen

Der Positivkatalog der Abs. 2 - 4 beginnt mit Personen, die des *treaty shoppings* „unverdächtig" sind bzw. die per se in den Genuss der Abkommensvergünstigungen kommen sollen. Bei diesen Personen reicht es grundsätzlich aus, dass sie zu dem dort genannten Personenkreis gehören, d. h. es müssen keine weiteren Tests (z. B. Prüfung der Anteils-

1 BT-Drucksache 19/27632, Seite 58.

2 *Treasury Explanations* zu Art. 28 Abs. 1 DBA USA.

3 „Self-executing", *Treasury Explanations* zu Art. 28 Abs. 1 DBA USA.

eignerstruktur/Prüfung, ob die steuerliche Bemessungsgrundlage durch übermäßige *base-erosion-payments* (z. B. Zinsen) ausgehöhlt wird) erfüllt werden. Zu den „unverdächtigen" Personen zählen:

- natürliche Personen (Abs. 2 Buchst. a);
- der Vertragsstaat selbst und seine Gebietskörperschaften (Abs. 2 Buchst. b);
- in den USA oder Deutschland börsennotierte Gesellschaften (vgl. Abs. 2 Buchst. d Doppelbuchst. aa) und mittelbare/unmittelbare Tochtergesellschaften von börsennotierten Gesellschaften (vgl. Abs. 2 Buchst. d Doppelbuchst. bb, vorausgesetzt, dass bei mittelbarer Beteiligung alle zwischengeschalteten Personen in den USA bzw. Deutschland ansässig sind (Abs. 2 Buchst. c)[1];
- mildtätige, religiöse usw. Rechtsträger (Abs. 2 Buchst. d) und
- bestimmte Rechtsträger im Bereich der Altersvorsorge (Abs. 2 Buchst. e);

Die Eigenschaft als börsennotierte Gesellschaft im Sinne von Abs. 2 Buchst. d Doppelbuchst. aa bzw. deren Tochtergesellschaft im Sinne von Abs. 2 Buchst. d Doppelbuchst. bb führt zugleich dazu, dass eine vollständige Quellensteuerbefreiung von Dividenden (Art. 10 Abs. 3 DBA USA) und Entnahmen aus US-Betriebsstätten (Art. 10 Abs. 10 DBA USA) in Betracht kommt.

Fällt die Person, die die Abkommensvorteile in Anspruch nehmen möchte, nicht unter diesen Personenkreis, wird diese Person des *treaty shoppings* als „eher verdächtig" angesehen. In diesem Fall liegen die Hürden für die Qualifikation als „berechtigte Person" höher bzw. es sind mehrere oder detaillierte Tests durchzuführen. In diesen Fällen kommt eine Qualifikation als berechtigte Person in Betracht

- durch Erfüllen des *ownership-* und *base-erosion-tests* des Abs. 2 Buchst. f;
- durch abgeleitete Abkommensberechtigung nach Abs. 3 (beinhaltet ebenfalls einen *ownership-* und *base-erosion-test*);
- aufgrund aktiver gewerblicher Tätigkeit nach Abs. 4.

3. Abs. 4 – Aktive gewerbliche Tätigkeit

In der Praxis spielt die Qualifikation aufgrund aktiver gewerblicher Tätigkeit nach Abs. 4 die wesentlichste Rolle.

Zu beachten ist allerdings, dass das Erfüllen dieses Tests nicht zugleich auch zur Inanspruchnahme der vollständigen Quellensteuerbefreiung von Dividenden (Art. 10 Abs. 3 DBA USA) und Entnahmen aus US-Betriebsstätten (Art. 10 Abs. 10 DBA USA) berechtigt.

1 Zum Begriff der „anerkannten Börse" vgl. Art. 28 Abs. 8 a DBA USA.

Diese wird in einem solchen Fall lediglich gewährt, wenn zugleich der *ownership-* und *base-erosion-test* des Abs. 2 Buchst. f erfüllt wird.

Gemäß Abs. 4 qualifiziert eine Person als berechtigte Person und kann damit Abkommensvorteile in Anspruch nehmen, wenn

- diese Person (oder ein im selben Staat ansässiges verbundenes Unternehmen) in ihrem Ansässigkeitsstaat aktiv gewerblich tätig ist;
- die gewerbliche Tätigkeit im Ansässigkeitsstaat im Vergleich zu einer gewerblichen Tätigkeit (ihrer selbst oder eines verbundenen Unternehmens) im anderen Staat (Quellenstaat) erheblich ist und
- die Einkünfte aus dem Quellenstaat im Zusammenhang oder aus Anlass der gewerblichen Tätigkeit im Ansässigkeitsstaat anfallen.

Der Begriff der aktiven gewerblichen Tätigkeit bzw. der entsprechende US-Begriff des *trade or business* ist im DBA USA nicht definiert und wird daher nach nationalem Recht ausgelegt.[1] Die Verwaltung von Kapitalanlagen stellt grundsätzlich kein aktives *trade or business* dar. Tätigkeiten von im selben Staat ansässigen verbundenen Unternehmen werden gemäß Abs. 4 Buchst. c zugerechnet.

Die Einkünfte aus dem Quellenstaat fallen im Zusammenhang oder aus Anlass der gewerblichen Tätigkeit im Ansässigkeitsstaat an, wenn sich die Tätigkeiten im Quellen- und Ansässigkeitsstaat ergänzen oder wenn die Tätigkeit im Quellenstaat einen Teilbereich der Tätigkeit im Ansässigkeitsstaat ausmacht. Dieses Kriterium ist z. B. erfüllt, wenn die gleichen oder ähnliche Produkte oder Dienstleistungen hergestellt/erbracht werden, beide Unternehmen über Lieferketten miteinander verbunden sind oder in derselben Industrie tätig sind.

Das Erfordernis der „Erheblichkeit" im Abs. 4 Buchst. b soll verhindern, dass Personen bereits durch minimale gewerbliche Tätigkeit in den Genuss der Abkommensvergünstigungen kommen. Ob eine gewerbliche Tätigkeit im Ansässigkeitsstaat erheblich im Vergleich zur gewerblichen Tätigkeit im Quellenstaat ist, ist grundsätzlich für jeden Einzelfall zu prüfen. Die USA berücksichtigen hierbei auch die Größe der deutschen Wirtschaft im Vergleich zur US-Wirtschaft.[2] Dieses Erfordernis ist allerdings nur zu erfüllen, wenn die entsprechenden Einkünfte von einem im Quellenstaat ansässigen verbundenen Unternehmen erzielt werden.

---

1 Zum Begriff „*trade or business*" vgl. Kapitel D.VIII „Beschränkt Steuerpflichtige".

2 USA circa 29 Billionen $ Bruttoinlandsprodukt; Deutschland etwa 4,6 Billionen $; https://de.statista.com/statistik/daten/studie/157841/umfrage/ranking-der-20-laender-mit-dem-groessten-bruttoinlandsprodukt/.

BEISPIEL I.9: Eine kleine deutsche Forschungsfirma überlässt ein Patent einem großen US-Pharmakonzern.

Lösung:

Das Kriterium der „Erheblichkeit" im Abs. 4 Buchst. b ist nicht zu prüfen, da die Einkünfte nicht von einem in den USA ansässigen verbundenen Unternehmen erzielt werden.

4. Abs. 2 Buchst. f – ownership- und base-erosion-tests

Abs. 2 Buchst. f enthält einen vergleichsweise einfach zu prüfenden *ownership-test* sowie einen schwieriger zu prüfenden *base-erosion-test*. Nur bei Erfüllen beider Tests qualifiziert die Person nach Abs. 2 Buchst. f als „berechtigte" Person und kann damit die Abkommensvorteile in Anspruch nehmen.

Eine vollständige Quellensteuerbefreiung von Dividenden (Art. 10 Abs. 3) und Entnahmen aus US-Betriebsstätten (Art. 10 Abs. 10 DBA USA) kommt allerdings nur in Betracht, wenn zugleich Abs. 4 erfüllt wird.

Der *ownership-test* ist erfüllt, wenn die Person mehrheitlich von einem oder mehreren der oben genannten „unverdächtigen" Rechtsträgern im Sinne von Abs. 2 Buchst. a - e (ausgenommen hiervon ist lediglich Abs. 2 Buchst. c Doppelbuchst. bb) gehalten wird. Bei mittelbarem Halten muss allerdings auch jeder Zwischenbeteiligte im selben Staat ansässig sein.

Sinn und Zweck des *base-erosion-test* ist es, Abkommensvorteile zu versagen, wenn die steuerlichen Einkünfte des Empfängers einer grundsätzlich im Quellenstaat freizustellenden Zahlung durch übermäßige schädliche Zahlungen erodiert wird.

BEISPIEL I.10: Die A-GmbH in Deutschland erzielt Zinsen von ihrer US-Tochtergesellschaft in Höhe von 2 Mio. €. Zugleich zahlt die B-GmbH Zinsen in Höhe von 2 Mio. € an eine Drittstaatengesellschaft.

Lösung:

Der *base-erosion-test* verhindert, dass die A-GmbH als „berechtigte" Person nach Abs. 2 Buchst. f qualifiziert, da die steuerliche Bemessungsgrundlage der A-GmbH durch übermäßige Zahlungen an Personen in Drittstaaten ausgehöhlt wird und die Zinserträge damit faktisch nicht in Deutschland, sondern im Drittstaat der Besteuerung unterliegen. Die Einkünfte aus den USA sollen damit nicht in den Genuss der Abkommensvorteile des DBA USA gelangen.

Der *base-erosion-test* wird nicht erfüllt, wenn der Rohgewinn zu mehr als 50 % durch steuerlich abzugsfähige Zahlungen an „schädliche" Empfänger gemindert wird. Der Begriff Rohgewinn (*gross income*) ist im Abkommen nicht definiert. Aus US-Sicht fällt hierunter das Bruttoeinkommen (*gross income*), was den Bruttoeinnahmen (*gross receipts*) abzgl. des Wareneinsatzes (*cost-of-goods sold*) entspricht.[1] Für die deutsche Sicht wird

1 Treas. Reg. 1.61-3 „*Gross income derived from business*".

vertreten, dass hierbei auf das Rohergebnis gemäß § 276 HGB zurückgegriffen werden kann.[1]

Schädliche Empfänger sind solche, die in keinem der Vertragsstaaten ansässig sind und keine „unverdächtigen" Rechtsträger i. S. v. Abs. 2 Buchst. a - e) (ausgenommen hiervon ist wiederum Abs. 2 Buchst. c Doppelbuchst. bb) sind.

Positiv ausgedrückt können Zahlungen an die genannten „unverdächtigen" Rechtsträger mit Ansässigkeit in Deutschland oder den USA in unbegrenzter Höhe geleistet werden. Alle anderen – unterhalb des Rohgewinns – steuerlich abzugsfähigen Zahlungen dürfen nur höchstens 49,9 % („weniger als 50 vom Hundert") des Rohgewinns ausmachen. Machen sie dagegen 50 % des Rohgewinns oder mehr aus, ist der *base-erosion-test* nicht erfüllt.

5. Abgeleitete Abkommensberechtigung nach Abs. 3

Abs. 3 enthält – ähnlich wie Abs. 2 Buchst. f wiederum einen *ownership-* und einen *base-erosion-test.*

Der *ownership-test* wird nunmehr erfüllt, wenn die Gesellschaft zu mindestens 95 % von sogenannten „gleichberechtigten Begünstigten" gehalten wird. Zudem dürfen die mindestens 95 % von nicht mehr als sieben „gleichberechtigte Begünstigten" gehalten werden.

Der *base-erosion-test* ist wiederum erfüllt, wenn die steuerlichen Einkünfte der Gesellschaft nicht übermäßig durch Zahlungen an Personen erodiert werden, die keine „gleichberechtigten Personen" sind. Positiv ausgedrückt können Zahlungen an „gleichberechtigte Begünstigte" in unbegrenzter Höhe geleistet werden. Alle anderen – unterhalb des Rohgewinns – steuerlich abzugsfähigen Zahlungen dürfen nur höchstens 49,9 % („weniger als 50 vom Hundert") des Rohgewinns ausmachen. Machen sie dagegen 50 % des Rohgewinns oder mehr aus, ist der *base-erosion-test* nicht erfüllt.

Der Begriff „gleichberechtigter Begünstigter" ist in Abs. 8 Buchst. e definiert und erweitert im Grundsatz den Umfang der „unverdächtigen" Rechtsträger im Sinne von Abs. 2 Buchst. a - e (ausgenommen hiervon ist wiederum Abs. 2 Buchst. c Doppelbuchst. bb) auf solche, die in einem anderen Staat der EU, des EWR oder des Nordamerikanischen Freihandelsabkommens ansässig sind.

1 Linn in Wassermeyer, DBA, Art. 28 USA, Rz. 80.

Werden die Abkommensvergünstigungen des DBA USA auf Basis der abgeleiteten Abkommensberechtigung nach Abs. 3 in Anspruch genommen, ist jedoch insbesondere eine Quellensteuerreduzierung auf Dividenden und Lizenzen auf den Satz beschränkt, den das DBA zwischen den USA und dem anderen EU-, EWR-, NAFTA-Staat vorsieht.

LITERATURVERZEICHNIS

Bal, Sales-Tax-Verpflichtungen von Online-Marktplätzen in den USA, beck.digitax 2023, S. 398

Bal, Sales Taxes im digitalen Zeitalter in den USA, beck.digitax 2023, 271

Baltes, Die Antragsberechtigung für Freistellungs- und Erstattungsanträge nach § 50c Abs. 2 S. 1 Nr. 1 und Abs. 3 S. 1 EStG bei hybriden US-LLC-Strukturen, IStR 2024, S. 937

Bernard/Jorde, Investitionen in US-Vermögen und Check-the-Box, DB 2013, S. 2765

Brix/Scherer, Änderungen der US-Erbschaftsteuer aufgrund der US-Steuerreform 2010, ZEV 2011, S. 118

Brix, Die US-Steuerreform 2017 im Bereich der Einkommen- und Nachlasssteuer, IWB 2018, S. 266

Brix, Länderkapitel USA in: Oppel/Jander-McAlister/Bäuml, Beck'sches Handbuch Family Office, C.H. Beck Verlag München 2025

Ballenger/Schreiber, No more BEATing around the Bush, Das US-Finanzministerium schafft Klarheit mit endgültiger Verwaltungsvorschrift zu BEAT, IStR 2020, S. 748

Braml, Das politisches System der USA, Informationen zur politischen Bildung, Heft 349 v. 11. 1. 2022, Hrsg. von der Bundeszentrale für politische Bildung

Burke, Federal income taxation of corporations and stockholders in a nutshell, 9th edition 2024

Burke, Federal income taxation of partners and partnerships in a nutshell, 6th edition 2019

Bärsch/Spengel/Olbert, Analyse der neuen internationalen Unternehmensbesteuerung in den USA, DB 2018, S. 1815

Bohlmann, Besteuerung von Einkünften aus einem US-amerikanischen "401(k) pension plan", EFG 2023, S. 57

Chirelstein/Zelenak, Federal income taxation, Thomson Reuters, 15th edition 2023

Dahlke, US-Steuerreform – Auswirkungen auf das Tax Accounting deutscher Unternehmen, BB 2018, S. 431

Dauer/Scheller, Besteuerung von US-Renten in Deutschland, ISR 2019, S. 32

Demleitner, Hinzurechnungsbesteuerung nach US-Amerikanischem Recht, IStR 2012, S. 459

Dendorfer/Kickler-Kreuz, Im "Iron Grip" des US-Fiskus: in Deutschland lebend Greencard-Besitzer bzw. US-Staatsbürger, RIW 2020, S. 20

Djanani/Brähler/Lösel, Investitionen und Steuern in den USA, NWB Verlag 2005

Dorfmueller, Die Qualifikation der deutschen GmbH & Co. KG aus US-amerikanischer Sicht: Risiken für die Anwendung des DBA-USA, IStR 2010, S. 644

Endres/Jacob/Gohr/Klein, DBA Deutschland/USA, Kommentar, C. H. Beck Verlag München 2009

Endres/Schreiber, Investitions- und Steuerstandort USA, C.H. Beck Verlag München 2008

Faßbender/Goulet, Die Steuerreform 2017 in den USA, IWB 2018, S. 254

Fleischer, Die Erfolgsgeschichte der Limited Liability Company in den Vereinigten Staaten, GmbHR 2022, S. 1179

Frank/Wainwright IV, Todesfallbesteuerung von Deutschen mit Vermögen in den USA, ZEV 2015, S. 553

Frase, Deutsch-US-amerikanische Steuerplanung in der Ära Biden, IWB 2021, S. 409

Freer, The Law of Corporations in a nutshell, 8th edition, 2020

Frotscher, Die Branch profits tax und das DBA-USA, IStR 2009, S. 51

Geberth/Bartelt, USA: Mögliche steuerpolitische Auswirkungen der US-Wahlen, GmbHR 2021, S. R8

Heidecke/Sauer/Zieger, Praxisfolgen der Entscheidung "3M v. Commissioner" in den USA für deutsche Konzerne, IWB 2023, S. 585

Haase, Harmonia est discordia concors: Die Sicht der USA auf die Auslegung von DBA und Folgerungen für die deutsche Abkommenspolitik, Ubg 2021, S. 21

Helde, Auswirkungen der Einführung von § 50d Abs. 1 Satz 11 EStG durch das AmtshilfeRLUmsG auf die Erstattung von Kapitalertragsteuer zu Gunsten US-amerikanischer S-Corporations, EFG 2023, S. 658

Herzfeld, International taxation in a nutshell, 13th edition 2023

Hess, Implikationen der US-Steuerreform auf Investitionen in die USA, IStR 2019, S. 11

Hilbert, Auswirkungen der US-Steuerreform für Arbeitnehmer und Arbeitgeber, IWB 2018, S. 613

Jacob, Das revidierte DBA-USA - Eckpfeiler – Fortentwicklungen – Neuland, Teil I und Teil II, IStR 2011, S. 45 und IStR 2011, S. 98

Jacob/Klein, S-Corporation die Zweite - Kernaussagen und Folgewirkungen des BFH- Urteils vom 26. 6. 2013, IStR 2014, S. 121

Jarass/Tokman/Wright, Steuern und Sozialabgaben in den USA und in Deutschland: Update nach der US-Steuerreform 2018, BB 2018, S. 412

Jesch/Striegel, Grundlagen des US-Amerikanischen Steuerrechts, Erich Schmidt Verlag, Berlin, 2007

Jochimsen, Die US-Steuerreform und ihre Auswirkung auf deutsche Unternehmen, ISR 2018, S. 91

Jamison/Stephenson, Essentials of Federal Income Taxation for Individuals and Business, CCH Tax Law 2023

Krüger/von Einem, Die US-Steuerreform, IWB 2018, S. 592

Jülicher, Praxisprobleme im internationalen Erbschaftsteuerrecht, BB 2014 S. 1369

Kahlenberg, Fallszenarien zur Steuerentlastung bei hybriden Gesellschaftsstrukturen, IStR 2016, S. 834

Kahlenberg, Anwendung von LoB-Klauseln bei hybriden Rechtsträgern am Beispiel DBA Deutschland/USA, IStR 2020, S. 17

Karami/Schütz, Zur Behandlung eines "Spin-off" nach US-amerikanischen Bilanz- und Gesellschaftsrecht im Lichte der BFH-Rechtsprechung, DStR 2019, S. 1939, 1991

Kawka/Gifford, Die steuerlichen Konsequenzen der geplanten US-Regelungen zur Qualifizierung von Eigen- und Fremdkapital für deutsche Unternehmen, IStR 2016, S. 953

Kempf/Loose/Oskamp, Quellensteuerreduktion für hybride US-Gesellschaften nach Inkrafttreten der Vorschrift des § 50d Abs. 1 S. 11 EStG, IStR 2017, S. 735

Kessler/Egelhof/Probst, F+E-Aktivitäten nach dem neuen US-Steuerrecht – Ein Vorbild für Deutschland?, IStR 2018, S. 473

Kister, Besteuerung der Auflösung von US-amerikanischen Trusts, EFG 2023, S. 1087

Klumpp, Die Check-the-Box Regulations in den USA und steuerliche Implikationen in Deutschland, IWB 2020, S. 655

Klumpp, Die beschränkte Steuerpflicht in den USA aufgrund der Beteiligung an einer transparent besteuerten US LLC, ISR 2020, S. 393

Kockrow, Transatlantische Betrachtung des US-amerikanischen Steuersystems, ifst-Schrift 554, 5. Dezember 2024

Kockrow, Zur aktuellen US-amerikanischen Zoll-, Handels- und Steuerpolitik, DB 2025, S. 1244

Lemaitre/Schnittker/Siegel, Die steuerliche Einordnung der US-amerikanischen Limited Liability Company (LLC) auf der Grundlage des BMF-Schreibens vom 19. 3. 2004, Auswirkungen auf die Beratungspraxis, GmbHR 2004, S. 618

Linn, Die US-Steuerreform und ihre Auswirkungen auf das deutsche Unternehmenssteuerrecht, DStR 2018, S. 321

Linn/Maywald, Der Rechtstypenvergleich nach MoPeG und KöMoG, IStR 2021, 825.

Linn/Maywald, US-GILTI als Blended CFC Tax Regime iSd globalen Mindestbesteuerung und die sich daraus ergebenden Konsequenzen für US-Konzerne, IStR 2023, S. 521

Linn/Maywald, Typische Investitionsstrukturen für Direktinvestitionen von US-Unternehmen in Europa, Steuerplanung und Compliance, Loseblattausgabe, 1. Ergänzungslieferung 2021, NWB Verlag

Loose/Oskamp, Quellensteuerreduktion für hybride US-Gesellschaften nach Inkrafttreten der Vorschrift des § 50d Abs. 1 S. 11 EStG, IStR 2017, 735

Lüdicke/Eiling, Nutzung von US-Trusts in der Nachfolgeplanung, IStR 2017, S. 841

Mair/Zawodsky, South Dakota v. Wayfair, Inc. - Urteilsbesprechung und Analyse der Auswirkungen des Urteils auf die internationale Besteuerung, StuW 2019, S. 85

Maywald, Tax Cuts and Jobs Act: Bedeutung der US-Steuerreform für ausländische Investoren, DB 2018, S. 279

Maywald, Die US-Steuerreform aus Sicht ausländischer Investoren, IWB 8/2018, S. 296

Maywald, Die USA nach der Steuerreform – Bestandsaufnahme und Ausblick, DB 2019, S. 1404

Maywald, Die Auswirkungen der US-Steuerreform auf Ebene der US-Bundesstaaten, IStR 2019, S. 805

Maywald, Die Umsetzung der US-Steuerreform durch den IRS -Verwaltungsanweisungen enthalten praktische Hinweise für Steuerpflichtige in den USA, IWB 2/2020, S. 64

Maywald, Eine Übersicht über die steuerlichen Vorschläge im „Greenbook" der US-Regierung Biden, PIStB 2021, S. 250 (Teil I), S. 271 (Teil II)

Maywald, Verschärfung der Voraussetzungen zur Anrechenbarkeit von ausländischen Steuern in den USA, IWB 11/2022, S. 409

Maywald, Der Inflation Reduction Act of 2022 – Was lange währt, wird endlich gut? IWB 18/2022, S. 697

Maywald, Die Übertragbarkeit von Tax Credits in den USA, IWB 9/2024, S. 384

Maywald, Supreme Court bestätigt die Verfassungsmäßigkeit der transition tax der US-Steuerreform von 2017, IWB 16/2024, S. 665

Maywald, Höhere US-Steuern für ausländische Bürger und Unternehmen, IWB 8/2025, S. 297

Maywald, "One Big Beautiful Bill" – Die Steuerreform in den USA, IStR 2025, S. 529

Maywald, Der „One Big Beautiful Bill Act" und die Änderungen im internationalen Steuerrecht der USA, PIStB 2025, PIStB 2025 S. 253.

McNulty, Federal estate and gift taxation in a nutshell, 9th edition 2019

Lathrope, Yamamoto, McNulty, Federal income taxation of individuals in a nutshell, 9th edition 2023

Meincke/Hannes/Holtz, Erbschaftsteuer und Schenkungsteuergesetz, 19. Auflage 2025, C.H. Beck Verlag München

Peter, Einbeziehung ausländischer Kapitalgesellschaftsanteile in die beschränkte deutsche Erbschaftsteuerpflicht unter besonderer Berücksichtigung des US-Nachlasssteuerrechts, ZEV 2014 S. 475

Pignot/Paar, Aktuelle Entwicklung zur Erstattung von Quellensteuern bei hybriden Strukturen, RdF 2024, S. 32

Pinkernell, „GILTI" as charged? Mögliche Auswirkungen der US-Steuerreform auf die deutsche Lizenzschranke gemäß § 4j EStG, IStR 2018, S. 249

Pohl, USA – Auswirkungen von Zöllen und anderen Entwicklungen auf das (deutsche) internaitonale Steuerrecht, in: 76. Steuerrechtliche Jahresarbeitstagung Unternehmen 2025 Wiesbaden, 5. Generalthema: Aktuelle Brennpunkte des internationalen Steuerrechts, S. 232

Raquet, Die steuerliche Einordnung ausländischer Gesellschaften am Beispiel der US-amerikanischen Limited Liability Company, IStR 2024, S. 10

Raquet, Quo vadis Rechtstypenvergleich, IStR 2025, S. 90

Rautenstrauch, Trumps "Kündigung" des OECD Global Tax Deal – Konsequenzen für die globale Mindeststeuer, DB 2025, Heft 9, M4

Reinhardt/Faltings, Vereinigte Staaten von Amerika: IRS Tax Audits – Quo vadis 2025, IStR 2025, S. 721

Ruthardt/Hachmeister, Unternehmensbewertung für die Erbschaftsteuer in Deutschland und den USA: Gemeiner Wert vs. Fair Market Value, DStR 2016, S. 1048

Ruthardt/Hachmeister, Unternehmensbewertung für die Erbschaftsteuer in Deutschland und den USA: Bedeutung von Prämien und Abschlägen, DStR 2016, S. 1127

Scheller, Limited Liability Company - Zuzug nach Deutschland verboten?, ISR 2019, S. 114

Scheller/Brill, Anglo-amerikanische Nachlasstrusts und die Besteuerung der Begünstigten in Deutschland, DStZ 2022, S. 309

Scheller/Scheller, Ausländische Vermögensverwaltungsgesellschaften - am Beispiel einer LLC, DStZ 2024, S. 211

Scheller/Wangerowski, Zuzug von Gesellschafter-Geschäftsführern US-amerikanischer Gesellschaften, Ubg 2022, S. 20

Scherer, Keine Erstreckung der Nachlasssteuer auf außerhalb der USA verwahrte Aktien von US-amerikanischen Unternehmen, ZEV 2010 S. 246

Schienke-Ohletz, Die Besteuerung von Begünstigten ausländischer Trusts, insbesondere US-Trusts, ISR 2022, S. 52

Schmid/Rost, Die US-Steuerreform und deren Auswirkungen auf international agierende Unternehmen, BB 2018, S. 988

Schnitger/Holle, Die neue US-Book Minimum Tax und das Zusammenwirken mit den GloBE-Regeln der OECD, IWB 2022, S. 822

Schnitger/Kopec, Einfluss der US-Steuerreform auf die Bestimmung der Niedrigbesteuerung iSd § 8 Abs. 3 S. 1 AStG, IStR 2019, S. 43

Schnitger/Steinbiss, Geplante Änderungen des US-Musterabkommens, IStR 2015, S. 686

Schönfeld/Zinowsky/Rieck, Die US-Steuerreform – Überblick über die wichtigsten Neuregelungen für Unternehmen, IStR 2018, S. 127

Schümmer/Leusder/Weinrich, Implikationen der US-Steuerreform auf die Hinzurechnungsbesteuerung nach dem AStG, IStR 2018, S. 397

Schweinitz von/Geurts, Steuerrisiken bei Wegzug in die USA, IWB 2022, S. 97

Sezer/Oppermann, Besteuerung von Inbound-Lizenzierungen im US-amerikanischen Kapitalgesellschaftskonzern, ISR 2023, S. 317

Stein/Reich, Anglo-Amerikanische Nachlasstrusts und inländische Grundstücke bzw. grundstücksbesitzende Erbengemeinschaften, ZEV 2013 S. 109

Sturm/Kölbl/Kelly, Länderreport USA, RIW 2024, S. 806

Tegge/Slabon, „Sonnenuntergang" des doppelten allgemeinen Freibetrags? Überblick über das US-Nachlass- und Schenkungsteuerrecht und Folgen des (möglicherweise) absinkenden Freibetrags ab 2026, ZErB 2025, S. 48

Troll/Gebel/Jülicher/Gottschalk, Kommentar zum Erbschaftsteuer- und Schenkungsteuergesetz, 70. Auflage 2025, C.H. Beck Verlag München

US Master Tax Guide – Special Edition 2018 – Tax Cuts and Jobs Act, CCH Tax Law 2018

Vogel/Lehner, Doppelbesteuerungsabkommen, 7. Auflage 2021, C.H. Beck Verlag München

von Oertzen/Lemmer, Der US-Estate im deutschen Steuerrecht, IStR 2015, S. 952

von Oertzen/Stein, Deutsch-US-amerikanische Nachfolgeplanung: Steuervorteile im ErbStG durch Verwendung von Trusts, ZEV 2010, S. 500

Wassermeyer, Kommentar zum DBA Deutschland USA, 170. Ergänzungslieferung, Juli 2025, C. H. Beck Verlag, München

Zinowsky/Ellenrieder, Innovative Besteuerung des Foreign-Derived Intangible Income als Ergebnis der US-Steuerreform – Präferenzregelung iSd Lizenzschranke?, IStR 2018, S. 134

Zöller/Zondler, Vermögensübertragungen auf einen US-Trust unter Berücksichtigung des DBA-USA, IStR 2015, S. 960

2025 US Master Tax Guide, CCH Tax Law, 108th edition 2025

One Big Beautiful Bill Act, Law, Explanation and Analysis, Wolters Kluwer, 2025